資訊誤判如何釀成世界大戰

The Pulitzer Prize-Winning Classic About the Outbreak of World War I

# 八月砲火

# THE GUNS OF AUGUST

Barbara W. Tuchman

芭芭拉・塔克曼 ——著　顧淑馨 ——譯

所有戰爭均始於人心。

——薩克森元帥（Maréchal de Saxe）著《我的沉思》（*Reveries on the Art of War*），〈序言〉，一七三二年

可怕的情境接二連三。

——邱吉爾（Winston Churchill）著《世界危機》（*The World Crisis*）卷一，第十一章

# 在地好評

芭芭拉・塔克曼所作的《八月砲火》，可說是上個世紀最佳的戰史文學之一，由廣場出版的重譯版，在此跟各位推薦。戰爭是人類活動中最龐大也是最血腥的，我們卻對戰爭的發生所知不多，一般人想像中是由國家菁英所謀測、完美無缺的計畫所進行。但有幾人知道，菁英在戰爭前的表現與市井小民無異，計畫越是完美就越難執行，災難就是由這些普通人，在自信與不知所措下推動。本書推薦給所有人，來了解平凡的人如何製造危機，又在平凡中解決。

——**王立**，「王立第二戰研所」版主

從德軍屍體在比利時堡壘堆積成的高牆，到德皇批註電報的短語。芭芭拉・塔克曼的筆下，檔案重新充實為故事。讀者得以重新注視歷史裡的「人」，不管我們喜不喜歡他們的長相。

——**李志德**，新聞工作者

面對當下美中關係與台海的詭譎情勢，描述古巴飛彈危機的經典電影《驚爆十三天》有一幕讓人印象深刻。片中，甘迺迪提及史學家芭芭拉・塔克曼（Barbara W. Tuchman）的經典著作《八月砲火》。他

認為一次世界大戰之所以造成數百萬士兵死亡，源自於雙方固執的決策經驗。

芭芭拉．塔克曼在書中分析，十九世紀後期各國基於現實主義邏輯下施以一系列權力平衡、祕密外交與軍備競賽所累積的「安全困境」，使得大戰爆發前夕列強之間擁有高度的不信任感，導致接連的決策錯誤造成連鎖性的骨牌效應與「騎虎難下」的災難。對照中國近期多次的軍機與軍艦繞台，引發台海的危機局勢，為免北京誤判情勢，把「戰爭邊緣策略」弄假成真，華府必須傳達清晰的訊號構成實質的嚇阻作用。

——**張宇韶**，台灣韜略策進學會副理事長

## 【共同聯名．好評推薦】

**Seayu**，即食歷史版主、歷史普及作家

**沈榮欽**，加拿大約克大學副教授

**陳雨航**，作家

**顏擇雅**，作家

# 目次

## 第二部 大戰爆發



## 第三部 八月戰役

# 推薦序　砲火餘燼的點點星火

郭重興，讀書共和國出版集團社長

《八月砲火》的英文版導讀是這麼開場的：

一九六二年一月的最後一週，約翰．葛倫在三度延期後終於飛向太空，成為美國環繞地球軌道飛行的第一人……那一週也出版了本世紀美國作家筆下最出色的歷史著作之一。《八月砲火》問世後立刻大受歡迎。評論家佳評如潮……

導讀者沒有提到的是，另一位亦著有戰史的作者則於三年後的一九六五年去世，享壽九十歲。邱吉爾寫的一戰史，包括四冊《世界危機》、以及《東線戰事》及《戰役談判》各一冊。皇皇巨著於一九二〇年代出版時是文壇與歷史學界的盛事，今日讀之亦興味無窮。邱吉爾治史如治國，「治大國如烹小鮮」，總能綜覽全局，視戰局如棋局。加以運筆流暢，夾議夾敘，總讓今昔讀者展卷後即難釋手。

塔克曼的《八月砲火》書如其名，處理的故事就簡約多了。除了歷史背景的鋪陳及分析德、法兩國自一八七〇年的色當一役即發展出迥然相異的戰略思維及建軍方案外，講的就是從八月四日第一聲槍響開始，直至九月五日馬恩河戰役前夕法軍總司令霞飛簽署攻擊命令為止，這短短一個月內的大小戰役。

但重點還是在人：宰制命運的是人，被宰制的亦是人。宰制者及被宰制者，塔克曼都以她溫暖包容不失機鋒的筆觸為其刻劃出生動的面貌。例如她寫「列日英雄」、坦能堡之役的勝利者魯登道夫的崛起，欽羡之情躍然紙上：

……魯登道夫進到中庭時，發現此處沒有德軍占領士兵，顯示前鋒部隊尚未抵達，但他仍毫不遲疑地「猛敲大門」，大門開啟時，城塞內所剩的比國士兵向他投降。他當時四十九歲，比拿破崙一七九三年發跡時的年紀大上一倍，列日之於他，有如拿破崙之於土倫。

至於對戰爭的描寫，除了無日無夜的砲轟和殺戮，書中也有別開生面的「潑墨」寫法。這或許不符戰史學家的胃口，但對於奔馳於戰場的數十萬生靈而言，可能更符合他們的真實經歷：

戰鬥已進入第三天。兩軍此時都全力投入，先一擁而上，咬住不放，再分開，相互廝殺，在四十英里長的戰線上各自打著混戰。某個團有進展，鄰軍被擊退，出現缺口，敵軍或穿過去，或不可理解地不穿過去。戰場上砲聲隆隆，騎兵隊、步兵單位、馬拉重砲連，走過或零亂通過村莊森林，渡過湖泊，越過田野道路……有三十萬人在互打，發射砲彈，前進與疲憊地倒退。要是夠幸運能占領村莊，或能坐在森林地上，等夜晚來臨，就要與幾個同袍喝醉，次日繼續拚鬥。東線大戰役就這麼打完。

邱吉爾很少在書中臧否人物，但他在《世界危機》中對英國遠征軍統帥法蘭奇的推崇以及對法軍總司令霞飛的「不滿」倒是毫不掩飾。正因如此，塔克曼在《八月砲火》的最後一章，對兩位統帥在馬恩河戰役已箭在弦上的「對決」那入木三分的描述，不僅更見公允，也不失見地：

法蘭奇元帥站在桌前等候……霞飛走上前去，僅此一次不拐彎抹角直接切入正題。他說，「最緊要的時刻」已經來臨，命令已經下達……「法國全民的性命、法國的國土與歐洲的未來」都取決於此次攻勢。「我不相信英軍會拒絕在這場最大危機中盡一分力……歷史會嚴厲地評斷你們缺席。」然後霞飛一拳打在桌上。「元帥先生，這事關係英國的榮譽！」

原本法蘭奇一直在「熱切」地聆聽，聽到這幾個字突然臉紅。周遭突然安靜下來。眼淚慢慢湧入英軍總司令眼中，流下他的臉頰。他掙扎著想要用法語說些話，但最終放棄。「可惡，我無法解釋。跟他說，我們會盡力而為。」

霞飛將軍所謂的「最緊要的時刻」難道來自天賜？若不是德國第一軍團司令克魯克直取巴黎的洪流大軍在最後一刻轉向東南，暴露其側翼，因此被時任巴黎總督的霞飛老長官加利埃尼逮住機會，那麼往後的歷史是否會不一樣？邱吉爾認為會，他毫不吝嗇地強調，若非加利埃尼的「識見」，「我們早就活不過來了。」

姑且不論讀者是偏好歷史偶然還是必然，塔克曼對歷史「關鍵時刻」的描述，絕對稱得上《八月砲火》的高潮，說它是上乘的文學佳作亦不為過：

翌日九月三日上午，加利埃尼確定克魯克已遠離巴黎……軍官間默默地傳達著興奮之情……地圖上有彩色圖釘追蹤德軍前進方向。加利埃尼的參謀長克萊傑利走進來，剛好另一份英軍飛行員的偵查報告也送到。那些圖釘又移動一次，克魯克轉向的軌跡準確地呈現在地圖上。克萊傑利與吉何東一起大喊出聲：「他們把側翼送給我們！他們把側翼送給我們！」

三天後的九月六日，法軍第六軍團攻擊德軍側翼，克魯克轉身應戰，馬恩河戰役開打。邱吉爾的《世界危機》成書於一九二〇年代，他走筆至此時難免意氣飛揚：

不過，現在骰子已擲下去了，那天的著名命令已經發出，從凡爾登到巴黎令人激動的百萬大軍向後轉，把一百萬把刺刀和一千門大砲指向入侵的敵人。馬恩河戰役開始了。

出版於一九六二年的《八月砲火》，其作者目睹過歐洲在短短三十年間歷經兩次戰火的浩劫，看待馬恩河之役就少了興奮之情：

馬恩河戰役之所以是世界史上的決定性戰役之一，並非因為該役決定了德軍最後會戰敗，或協約國最後會勝利，而是它決定了大戰會繼續打下去。

一九六〇年代的世界並不太平，打過韓戰的美國正逐步陷入越戰的泥淖，而當年有如黑雲罩頂的危機則是人類可能自我毀滅的核武戰爭。但終究還是走過來了。二十一世紀的今天，我們是否變得更有智慧、更有同情心，能夠在戰火的灰燼中，看到希望猶存的那一點星火？

# 英文版序

羅伯・馬西（Robert K. Massie），美國傳記史家、普立茲獎得主

一九六二年一月的最後一週，約翰・葛倫（John Glenn）在三度延期後終於飛向太空，成為美國環繞地球軌道飛行的第一人。洋基隊資深一壘手史柯隆（Bill "Moose" Skowren）因這一年成績甚佳（五百六十一個打數，擊出二十八支全壘打，打下八十九分打點）而加薪三千美元，年薪增至三萬五千美元。文學類暢銷書第一名是《法蘭妮與卓依》（*Franny and Zooey*），再隔幾名是《梅崗城故事》（*To Kill a Mocking Bird*）。非文學類榜首是尼塞（Louis Nizer）所著《我的法庭生涯》（*My Life in Court*）。那一週也出版了本世紀美國作家筆下最出色的歷史著作之一。

《八月砲火》問世後立刻大受歡迎。評論家佳評如潮，好口碑也迅速吸引成千上萬的讀者。甘迺迪總統送了一本給英國首相麥克米倫（Macmillan），並表示當代政治人物一定要設法避免重蹈一九一四年八月的覆轍。普立茲獎委員會無法頒發歷史獎給塔克曼，因為獎項創辦者當初指定該獎僅能頒發給以美國為題的著作，於是頒給塔克曼「最佳非虛構寫作獎」。《八月砲火》使作者一舉成名，她的後續作品同樣精采且令人愛不釋手，但大部分讀者只要知道作者是「芭芭拉・塔克曼」就會買單。

這本主要講述一戰首月軍事史的著作，為何能成為經典並享有盛名？本書有四個顯著特點：一、豐富生動的細節，使讀者浸淫於事件中，有如身歷其境。二、散文式的寫作風格，清晰、聰慧、節制、機

敏。三、冷靜超然於道德判斷，塔克曼從不說教或責難，始終保持懷疑但不譏諷的態度。她讓讀者對人類惡行憤怒，但又不會強過對人類愚行所感受到的可笑或悲哀。塔克曼的所有著作都具備這三項特質，但《八月砲火》還具有第四個特點，讓讀者一看就欲罷不能。她很厲害地說服讀者，放下原本已知的那段歷史。她的描寫使龐大的德軍動了起來，使讀者能夠想像合計三個軍團、十六軍、三十七師、七十萬的德軍官兵，如何行經比利時，再向巴黎進發。這潮水般的人員、馬匹、大砲、車輛，綿延於法國北部塵埃四起的道路上，長驅直入，看似所向無敵。德軍將領計畫的要在六週內攻下巴黎、結束西線戰事。讀者看著德軍前進，或許已知道他們抵達不了目標，或許知道克魯克（von Kluck）將軍會臨時轉向，或者明白馬恩河之役（Battle of the Marne）後，還會有德法數百萬士兵身陷戰壕中，忍受長達四年的殺戮。但塔克曼的筆法極為高明，使讀者忘卻原來已知的發展。當讀者讀到砲火聲隆隆，刺刀又戳又閃，彷彿自己就置身戰場。疲累的德軍會繼續攻過來嗎？絕望的英法聯軍守得住嗎？巴黎會陷落嗎？塔克曼的成功之處，在於把一九一四年八月的相關事件寫得一如當年親身經歷，感受到那般驚心動魄。

《八月砲火》出版時，媒體把塔克曼描述成一位五十歲的家庭主婦，育有三女，夫婿是紐約市名醫。但實情卻更為複雜有趣。塔克曼出身紐約市兩大學術與商業猶太世家。外祖父亨利．摩根索（Henry Morgenthau, Sr.）一次大戰時是駐土耳其大使。舅舅小亨利．摩根索（Henry Morgenthau, Jr.）曾任羅斯福總統的財政部長十二年。父親威坦姆（Maurice Wertheim）曾創辦投資銀行。她童年時住在紐約上東城的五層樓豪宅，有法籍女家教為她朗讀拉辛（Racine）和高乃依（Corneille）等法國劇作家的著作，另外在康乃迪克州有附馬房和馬匹的鄉間別莊。塔克曼家與父親共進晚餐時，是禁止提到羅斯福總統的。

有一回青春期的女兒違反禁忌，父親便命她離座。芭芭拉．塔克曼卻直挺挺坐著：「我已經長大了，不能隨便趕我走。」父親驚訝地盯著她，但她堅持留下。

當塔克曼自瑞德克里夫女子學院畢業時，她缺席畢業典禮，寧可隨擔任美國代表團團長的外祖父，參加在倫敦舉行的世界貨幣暨經濟會議。她曾在東京一年，替太平洋國際學會當研究助理，之後她到《國家》雜誌（*The Nation*），開始接觸寫作，她的父親曾為拯救該刊免於破產而買下它。她二十四歲時就在馬德里報導西班牙內戰。

一九四〇年六月，希特勒進入巴黎的那一天，她與紐約市的勒斯特．塔克曼（Lester Tuchman）醫生結婚。當時塔克曼的先生即將上戰場，所以他認為那不是適於生養子女的世界，但塔克曼太太卻說：「如果要等前景變好，可能永遠等不到。若遲早要有孩子，也應該現在就生，別管希特勒。」九個月後他們的長女出生。一九四〇、五〇年代塔克曼一邊育兒、一邊撰寫第一本書。一九五四年出版的《聖經與利劍》（*Bible and Sword*）講述的是以色列建國史，接著是一九五八年的《齊默曼電報》（*Zimmermann Telegraph*），此書講述一九一七年德國外交大臣企圖以保證歸還德克薩斯、新墨西哥州、亞利桑納州、加利福尼亞等地，誘使墨西哥與美國交戰。她之後的作品也沿襲此書明快的風格和諷刺幽默的筆法。

繼《八月砲火》後，多年來塔克曼陸續完成《驕傲之塔》（*The Proud Tower*）、《史迪威與美國在中國的經驗》（*Stilwell and the American Experience in China*）、《遠方之鏡》（*A Distant Mirror*）、《愚政進行曲》（*The March of Folly*）、《第一響禮砲》（*The First Salute*）等書，使她幾乎被視為國寶。人們好奇她如何辦到。她多次演講，也寫許多文章告訴大家，文集名為《實踐歷史》（*Practicing History*）。她首先表示，最不可或缺的特質是「愛上你的主題」。她形容在哈佛有位教授熱愛《大憲章》（*Magna Carta*），永遠記得「討論到《大憲章》時，他的藍眼睛是如何閃閃發亮，而我當時又是多麼興奮」。她承認多年後遇到一位不快樂的研究生，這位研究生被迫寫自己不喜歡、但系裡為了原創研究而建議他寫的論文主題，那曾使她多麼沮喪。她懷疑要是自己都不感興趣，怎能讓別人覺得有趣呢？她自己的書都是寫令她著迷的人物或事件。有東西引起她注意，她就去研究，無論那主題冷門與否。如果她發現自己的好奇心愈來愈強，她就會繼續下去。到最後她總會為每個研究主題帶來新事物、新觀點、新生命、新意義。由於那個特殊的八月，她發現「一九一四年有種氛圍，讓能感覺到它的人，會為人類顫抖」。一旦她傳達出自身的著迷之情，一旦讀者受其熱情和技巧吸引，就絕對逃不過她的敘事魔力。

她從研究著手，也就是累積史實。她一生廣泛閱讀，不過此時的目的是浸淫在這個時代和這些事件中，她會讓自己近身接觸她要描述其生活的那些人。她閱讀信件、電報、日記、回憶錄、內閣文件、戰爭命令、保密密碼、情書。她常駐圖書館，諸如紐約公共圖書館、國會圖書館、美國國家檔案局、大英圖書館暨公共紀錄室、法國國家圖書館、耶魯史特林圖書館、哈佛韋德納圖書館等等。她記得學生時代韋德納圖書館一堆堆的書，宛如「我的阿基米德浴缸、燃燒荊棘[1]、發現盤尼西林的培養皿。……我就像一頭幸運的乳牛，放養在清新的苜蓿草原上，即使晚上被關起來也不在意」。她下筆寫《八月砲火》前的某個夏天，曾租用小型雷諾汽車造訪比利時和法國的戰場，「我看到騎兵當年踐踏過的田野上，全是成熟的穀物，我測量默茲河（Meuse）在列日（Liège）最大的寬度，看著法國士兵當年在孚日山脈（Vosges）高處，俯瞰亞爾薩斯（Alsace）的失土，是怎樣的一番景象。」她在圖書館裡，在戰場上，在書桌前，採集的總是生動明確的史實，能使人物或事件的本質深植於讀者心中。以下舉幾個描述的例子：

德皇：歐洲發言最百無禁忌的皇帝。

斐迪南大公：日後悲劇的源頭，高大肥胖，衣著合身，綠色羽毛在其頭盔上飛揚。

主導德軍作戰計畫的施里芬（von Schlieffen）：普魯士軍官分兩種：頸粗的和腰細的，他屬於第二種。

法軍總司令霞飛（Joseph-Jacques-Césaire Joffre）：穿著寬大制服，高高胖胖……看似耶誕老人，給人慈愛無邪的印象，但這兩種特質都看似與他的性格不符。

俄國陸軍大臣蘇霍姆林諾夫（Sukhomlinov）：身材矮胖，機靈狡猾，好逸惡勞，愛享樂……態度宛如貓一般討喜，他迷上某省長二十三歲的夫人，設計誣陷她離婚，除掉其夫，再娶那恢復單身的美人為第四任妻子。

芭芭拉·塔克曼的研究還有著更大的目標：不僅要查明歷史究竟發生了什麼事，還要盡其所能得知身歷其境者的真實感受。她不用歷史體系或理論化的解釋，她曾贊同地引用《泰晤士報文學附刊》（*Times*

1 譯注：聖經中描述上帝在此命摩西帶領以色列人出埃及。

Literary Supplement）一名匿名評論者的話：「把理論擺在首位的歷史學者，很難避免偏好最符合其理論的史實，此非正道。」她建議讓事實帶路：「一開始查明歷史經過便已足夠，不必太快想要確定『原因』為何。我認為留待蒐集好事實，並按時間順序排好，也就是安排好句子、段落、章節後，再探究『原因』會比較保險。把大量人物、日期、火砲口徑、信件、發言，轉換成歷史敘述的過程，終將迫使『原因』浮出檯面。」

當然，做研究的要點就在於知道何時該適可而止。而她的建議是：「你必須在完成前停止，否則永遠不會停止，也永遠無法完成。」原因是因為「研究讓人無法釋手，寫作卻是苦差事」。但她終究開始挑選、擷取精華、讓事實前後連貫、建立模型、確立敘事形式，簡言之就是開始下筆。她說寫作過程「辛苦緩慢，痛苦是常態，有時難過至極。那需要重組、修改、增刪、改寫。可是也會帶來狂喜般的興奮感，有如一時置身奧林匹斯山（Olympus）[2]。意外的是，她花費多年才練就著名的寫作風格。她在瑞德克里夫寫的論文上，還附著教授留下的便條，上頭寫著「風格普通」四個字。她首本著作《聖經與利劍》被退稿三十次後才有人願意出版。她堅持不放棄，最後找到可行的準則：「勤奮，有鑑賞力，持續練習。」

塔克曼對「英文」的力量尤其具有信心，認為那是「我們都掌握得了的偉大工具」。她對自己的歸屬與認同，確實常常在筆下的歷史主題與寫作這項表達工具之間游移。她提到：「對我來說，最重要的就是寫作，只是寫的主題是歷史。我對寫作技藝的興趣不下於對歷史技藝。……字音令我著迷，字音與字義的相互作用也令我著迷。」當她想到特別巧妙的片語、句子或段落時，就想要馬上分享。她會打電話給編輯，唸給他聽。她自認精準節制、用語典雅，是讓歷史得以發聲的工具。她的最終目標是「讓讀者翻開下一頁」。

在講究平等與平凡的大眾文化時代，她無疑是菁英。她自稱判斷寫作品質的兩項基本標準是「密集努力與對寫作目的的開誠布公。其差別不只在於技藝，更在於意圖。你若非寫的很好，就是寫得不怎麼樣。」

塔克曼小心翼翼地與學者、批評家、書評家保持關係。她沒有博士學位，自承「我想是此事救了我」，她認為傳統學術生涯的要求，可能會使想像力無用武之地，遏殺熱情並削弱散文寫作。她說：「歷史學者有一群非讀不可的讀者，先是其論文指導教授，然後是學術界，而讓讀者翻開下一頁並非其主要考量。」有人曾建議她或許會喜歡教學，而她強而有力地答道：「我幹麼教書？我是作家！我不想教書，即使去嘗試，我也教不來。」在她看來，作家的位子在圖書館，在田野調查，或是在書桌前寫作。她指出，希羅多德（Herodotus）、修昔底德（Thucydides）、吉朋（Gibbon）、麥考利（MacCauley）、帕克曼（Parkman）等有名史家，全都沒有博士學位。

書評家與學界的部分評論者，將塔克曼的作品貶低為「通俗史」，暗指由於此書賣得很好而不符他們的嚴格標準，這使她很受傷。她照例忽略大多數作者從不回應負面評論的慣例，無懼回應有可能會刺激到評論者並帶來更多傷害。她選擇立即反擊。她寫給《紐約時報》時提到：「我發現，忙著抱怨作者

2 譯注：希臘神話中的眾神之家。

未納入如此這般內容的評論者，通常自己都未讀過被評論的文本。」她接著寫道：「身為非虛構的創作者，我明白評論者非要找出錯誤加以揭露，才能顯示他們有學問。我特別想知道那是怎樣的學問。」到頭來，大多數學者都被塔克曼的作品征服了，或至少不會公開批評。多年來她在許多國內最著名的大學演講，接受榮譽學位，兩度贏得普立茲獎，並成為美國藝文學會成立八十年來首次選出的女性會長。

塔克曼的個性如此強悍，她在寫作中卻有著少見的寬容。她盡量以人性化的角度描繪虛榮、浮誇、貪婪、愚蠢與懦弱，也盡量從善意角度解讀。有一個好例子是她分析派往法國的英國遠征軍，原本態度積極的指揮官法蘭奇（Sir John French）為何不願意派部隊參戰，「不論原因是基奇納的指示，因其強調維持部隊存續的必要並警示要防止『損失與浪費』，還是某種頓悟滲入了法蘭奇的意識：也就是英國缺乏足夠受過訓練的後備軍人來補充遠征軍的損失。或是出於抵達歐陸後，距離強大敵人及戰鬥僅數英里之遠的重責大任帶給他沉重壓力；還是在他大膽的言論與態度底下，勇氣其實正在悄悄乾涸……無論如何，不曾處於同樣地位者無法加以評斷。」

芭芭拉．塔克曼撰寫歷史，是為講述人類的掙扎和成就、挫折和失敗的故事，不是為了下道德評判。然而《八月砲火》同樣能給予我們歷史教訓。愚昧的君王、外交官和將領犯下大錯，陷入一場誰也不願發生的戰爭，那是像希臘悲劇般，悲慘而無法挽回的毀滅性大戰。她寫道：「一九一四年八月有種不祥徵兆，無從迴避且牽連廣泛，人人都涉入其中。在完美的計畫和易犯錯的人類之間，那可怕的鴻溝令人感到心驚膽戰，『只能懇求上帝垂憐』。」她希望人們讀她的書，或許會心生警惕，避免這些錯誤，下次能夠應對得好一點。正是這種書寫的努力和歷史的教訓，吸引著多位總統、總理和千百萬的一般讀者。

家庭和工作占據塔克曼的人生。她最感快樂的事是坐在桌前寫作，從不允許自己分心。她成名後，有一次女兒艾兒瑪（Alma）告訴她，珍芳達（Jane Fonda）和芭芭拉・史翠珊（Barbra Streisand）想請她寫電影劇本。她卻搖搖頭。艾兒瑪說：「可是媽，難道你不想見珍芳達嗎？」塔克曼說：「噢，不必，我沒有時間，我在工作。」她最初的草稿是手寫在黃色筆記本上，「亂七八糟，這裡刪掉一段，那裡插入一句。」草稿寫好後用打字機打，間隔三行，以便剪開，調整次序再用透明膠帶黏好。她習慣一口氣工作四五個小時。女兒潔西卡（Jessica）記得：「《八月砲火》最後完稿的那個夏天，她進度落後，拚命趕工……。為遠離電話，她在牛棚旁的舊奶品場裡擺上輕便桌椅——那房間在夏天也很冷。她每天早上七點半開始工作。我的任務是在中午十二點半用餐盤送午餐給她：一個三明治、一杯果菜汁、一份水果。每當我默默走近牛棚周圍的松葉，總會發現她保持不變的姿勢，全神貫注，直到下午五點左右才收工。」

那年夏天，塔克曼為了某個段落，一共寫了八個小時才完成。這也是她所有作品中最著名的段落，也就是《八月砲火》的開場：「一九一〇年五月某日上午……場面壯觀至極……」尚未接觸過此書的幸運讀者，請翻開下一頁，開始閱讀吧。

# 八月砲火

# THE GUNS OF AUGUST

# 作者序

本書發想於我前兩本書以一次大戰為焦點的著作。第一本是《聖經與利劍》，講述一九一七年英國《貝爾福宣言》(Balfour Declaration)的源起。時值一次大戰期間，英國對中東土耳其作戰，預期要進軍耶路撒冷。耶城是猶太教與基督宗教的中心和發源地，正好也是伊斯蘭教聖地，不過這並非當時的主要考量。占領聖城耶路撒冷，應該要是令人敬畏的時刻，需要伴隨某種重要姿態，提供合宜的道德基礎。以正式聲明承認巴勒斯坦為其原始居民的故鄉，被視為可滿足此需要，而那並非親猶太主義的結果，而是另兩樣因素所造成：一是聖經對英國文化的影響，尤其《舊約》聖經。二是同一年《曼徹斯特衛報》(*Manchester Guardian*)所稱的，「蘇伊士運河兩岸軍事狀態相持不下。」簡言之就是《聖經與利劍》。

我的第二本一戰著作是《齊默曼電報》，內容是德國外相齊默曼(Arthur Zimmermann)的提議。為吸引墨西哥和日本跟德國結盟對美作戰，齊默曼保證讓墨國收復亞利桑納、新墨西哥、德克薩斯等失土。他的如意算盤是讓美國忙於應付美洲，避免它加入歐戰。結果卻適得其反：此提議以無線電報發給墨西哥總統時遭英國人破解，再轉交給美國政府，經公布後引起民眾憤慨，反而促成美國參戰。

直到本書動筆前，我始終認為一九一四年是鐘聲響起的時刻，也就是十九世紀結束、我們的時代(邱吉爾口中的「可怕的二十世紀」)開始的日子。我感覺一九一四年就是我下一本書的主題，但我不知道切入點或架構該怎麼寫。正當我苦心搜尋該怎麼做時，突然發生一個小奇蹟。經紀人打來問我：「你要不要跟一位出版商談談，他想請你寫一本一九一四年的書？」我大感震驚，但又沒震驚到忘記回話：「好啊，可以談談。」居然有人跟我想法一樣。我雖然很高興他找對人，但也覺得相當困擾。

他是英國人，麥克米倫公司的塞西爾．史考特（Cecil Scott），很遺憾現已辭世。後來我們見面時他告訴我，他想要一本書寫蒙斯之役（Battle of Mons）始末的著作。那是英國遠征軍一九一四年在海外的第一場戰役，對德軍造成特殊的生存考驗及挫折，以致出現有超自然力量干預的傳說。那星期跟史考特先生見面後，我打算去滑雪，於是就帶著一箱書到佛蒙特州。

返家時，我已帶著撰寫德國戰艦「格本號」（Goeben）逃逸的寫作計畫。此艦為逃避英國巡洋艦的追逐，躲到了地中海的君士坦丁堡（Constantinople），使中東的鄂圖曼帝國捲入戰爭，從而決定了中東自往後的歷史方向。寫格本號對我似乎理所當然，因它已成為我親身經歷的家族史，當時兩歲的我正身處其中。事件發生時，我們也正渡過地中海，到君士坦丁堡去探望外公，當時他是美國駐鄂圖曼帝國大使。家族圈裡常講起這段故事：從我們船上可以看見在後頭追逐的英國巡洋艦擊出的一波波砲火，格本號則加速駛離。抵達君士坦丁堡後，我們是最先把消息與海上精彩的所見所聞告訴帝國首都官員和外交官的人。母親說她甚至尚未下船便被德國大使問個不停，連跟外公問好的機會也沒有。那是兩歲的我對德式禮貌的第一印象，也幾乎是第一手印象。

近三十年後，當我從佛蒙特滑雪歸來，我對史考特先生說：這就是我想寫的一九一四年故事。他卻說不行，那不是他要的。他還是認為寫蒙斯比較好：英國遠征軍如何擊退德軍？他們真的在戰場上空見到天使顯靈？後來對西線戰場如此重要的蒙斯天使傳說，究竟有何根據？坦白說我對格本號的興趣還是大過蒙斯天使，但出版商願意出一本關於一九一四年的書，這才是最重要的事。

整場一次大戰似乎牽連太廣，超出我的能力範圍，可是史考特先生一直說我辦得到。我後來擬好了計畫，只打算寫戰爭的第一個月。我打算寫這場戰爭的起源，也有格本號和蒙斯之役，好讓雙方都滿意。這案子開始像是可行了。

當我陷入軍團的羅馬數字和左右翼等術語時，很快就發現這遠超出自己的能耐。我應該去參謀指揮學校唸個十年再來寫這種書，尤其是戰爭爆發時，處於守勢的法軍如何收回亞爾薩斯，那過程我始終弄不懂，只得迂迴處理。這是我在歷史寫作中學到的對策：無法全懂的部分就略微模糊地帶過，這點可以參考愛德華・吉朋的範例，參考他如何寫出鏗鏘有力、四平八穩的句子。如果我們去分析那些句子，往往看不出有什麼含意，但其精巧的結構會使你忘了這一點。我不是吉朋，可是我學會大膽進入不熟悉的領域，而不是待在以往研究過、原始資料和所有人物皆熟悉的領域。寫熟悉的領域當然比較容易，卻少了發現和驚喜的感受，這是我寫新書喜歡換新主題的原因。這或許會惹惱書評家，但我喜歡這麼做。《八月砲火》出版時，書評家幾乎不認識我，也沒有名聲好讓他們打破，結果此書反而大受好評。法德曼（Clifton Fadiman）在「每月一書俱樂部」（Book-of-the-Month Club）的書訊中寫道：「誇大字眼要小心使用，但《八月砲火》卻很有可能成為歷史經典之作。其優點幾乎與修昔底德等量齊觀：智慧、精簡、不偏不倚。書中講述一次大戰爆發前後那段時日，其主題如同修昔底德，超越了純敘事的有限範圍及廣度。此書以扎實而精雕細琢的散文，盯住導致當前時代的那些時刻。它從長遠角度來看那段令人畏懼的日子，指出若全世界的男女老幼即將化為灰燼，那毀滅便是源自於一九一四年八月開始的八月砲火。這麼說或許過分簡化，卻點出作者以極度沉靜所表現出的論點。她深信那可怕的八月僵局，決定了一次大戰未來的走向及和平的條件，也決定了兩次大戰間的樣貌，以及第二次大戰的景況。」

他接著描述故事中的要角，並說：「這位優越史家的特色之一，是能夠凸顯人物和事件。」他選出的突出人物有：德皇威廉、比利時國王艾伯特（King Albert）、法國將領霞飛和福煦（Ferdinand Foch）等，都是我想要傳達的，也使我覺得寫作目標已然達成。法德曼的理解令我深受感動，更別說把我比喻為修昔底德。我發現自己流下淚來，此種反應之後不曾再有過。或許能引得完美理解可遇而不可求。

我想週年紀念版的重點，在於本書被賦予的重要性是否禁得起時間的考驗。我相信它禁得起，沒有任何段落是我想更改的。

本書最著名的篇章，應該是一開始愛德華七世喪禮的盛大場面。但我認為〈後記〉的最後一段，同樣為本書與本書的主題傳達了我們所認知的一戰歷史意義。我這麼說或許自以為是，但我認為這段並不輸給任何我所知的一戰總結。

在法德曼的讚譽外，圖書出版業的聖經《出版者週刊》（*Publishers Weekly*）也曾做出驚人的預測，宣稱「《八月砲火》將是今年冬季最暢銷的非文學類新書」。受其所用的最高級形容詞影響，該週刊寫出相當反常的文句，指本書「將牢牢吸引美國閱讀大眾，對這段迄今遭忽略的歷史篇章，對這段令人激動的時刻，產生全新的熱情。……」我覺得我大概不會用「熱情」兩字來形容人們對一戰歷史的感受，也不覺得可正當地稱一次大戰為歷史上「被忽視的篇章」，畢竟紐約公共圖書館圖書目錄最長的主題正是一次大戰，不過我為《出版者週刊》衷心的歡迎感到高興。我在寫作期間也曾有倍感沮喪的時刻，還曾對史考特先生說：「誰會讀這本書？」他回答：「兩個人：你和我。」那實在沒有鼓舞作用，也更突顯我對《出版者週刊》評語的吃驚程度。事實證明他們是對的。《八月砲火》像脫韁野馬般大賣，我把版稅和國外版權指定給三個女兒，此後她們一直收到一張張可愛的小支票。雖然一分為三後金額或許不大，但知道它出版二十六年後仍然能吸引新讀者，著實令人感到欣慰。

我很高興能藉此新版本引薦本書給新世代，但願它步入中年後不會失去魅力，或者更恰當的說，仍能引起興趣。

巴拉拉．塔克曼，一九八八年

# 致謝

本書最要感謝麥克米倫公司的塞西爾·史考特先生，他對主題的建議、鼓勵及了解，還有從頭到尾堅定的支持，是促成本書誕生的關鍵。筆者也十分幸運有丹寧·米勒（Denning Miller）先生鼎力相助，釐清許多寫作和詮釋問題，對本書增益不少。對其協助筆者永遠感激。

我也要向紐約公共圖書館無可比擬的資源表達謝意，同時希望有一天，我故鄉的這座圖書館能夠提供給學者更好的設備，能媲美它無可比擬的材料。另外要感謝紐約社會圖書館持續提供優良閱覽及寫作環境，感謝史丹福胡佛圖書館的彼得森太太（Agnes F. Peterson），出借法國洛林的布利葉紀錄（Briey Procés-Verbaux），並費心替我挖出許多解答。我要感謝倫敦皇家戰爭博物館的庫姆比小姐（R. E. B. Coombe）提供多張圖片，感謝巴黎現代國際文獻圖書館（Bibliothèque de Documentation Internationale Contemporaine Paris）館員提供原始資料，還有美國軍械協會（American Ordnance Association）的沙克斯先生（Henry Sachs），提供技術諮詢並補作者德文之不足。

在此，我想向讀者解釋，本書省略奧匈、塞爾維亞、俄奧及塞奧等前線，並非完全武斷之舉。巴爾幹長期以來就存在無止境的衝突，使它自然有別於戰爭的其他部分。況且在前三十一天裡，奧地利前線的戰事純屬初步階段，尚未到達高潮，對大戰整體起到影響也要等到對俄軍的倫堡（Lemberg）之役，以及對塞爾維亞軍的德里納河（Drina）之役。這兩場戰役發生於九月八至十七日，超出筆者設定的八月時限。筆者認為去掉這部分能使本書內容更加一致，加入反而可能拖得過長。

經過一段時期完全浸淫於軍事回憶錄，我原期望能夠不用羅馬數字來表示部隊番號。事實卻證明慣例強過煞費苦心。我無法省略羅馬數字，它們似與軍隊密不可分，但我可提供讀者一個有用的原則：河流的左岸與右岸是依據從上游到下游的方向，而軍隊在行進時，無論是否轉身撤退，左右方向皆維持不變。

書中所有內容及引述的文字，出處皆列於書後的參考書目。我避免使用想當然耳，或「想必如何」的歷史寫作風格，好比「當拿破崙看到法國的海岸線消失，他想必會回想起漫長的……」。本書所有的氣候條件、思想或感受，公開或私下的心理狀態，都有文獻佐證。必要時，我會將證據列於參考書目之中。

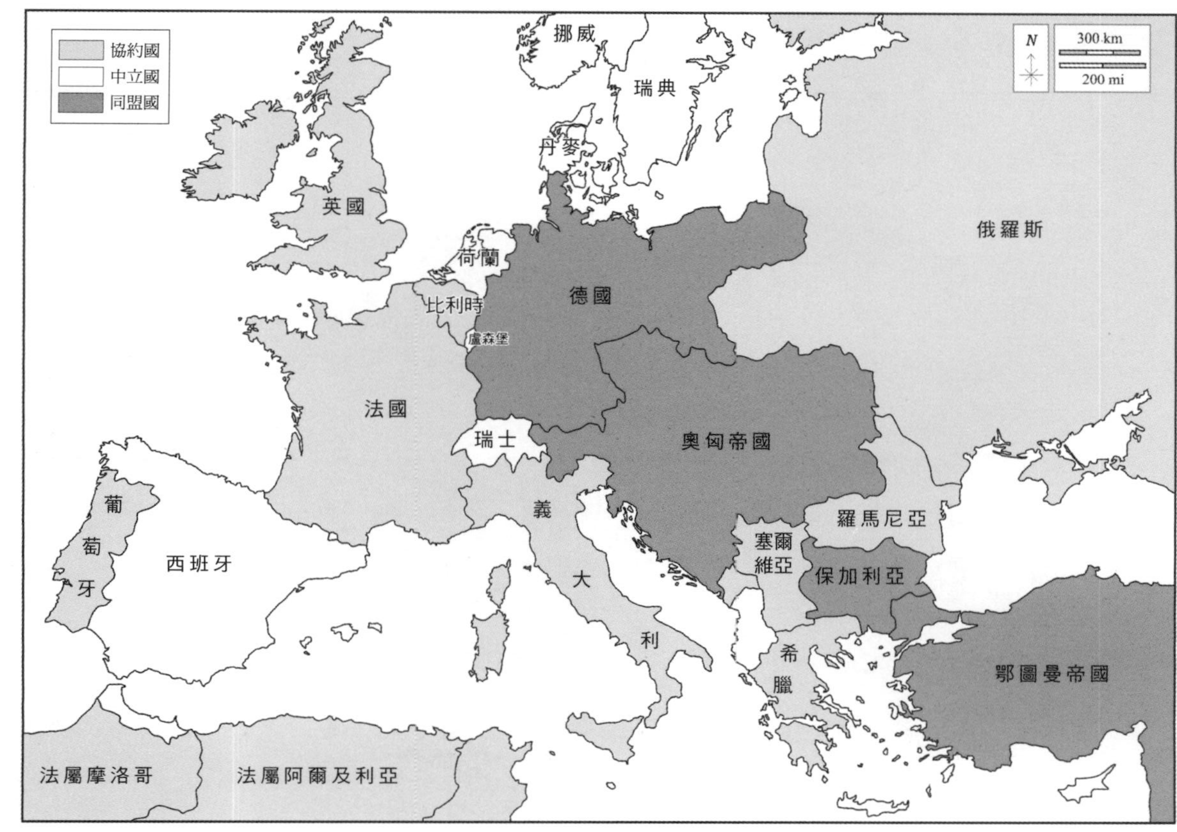


1914年歐洲情勢

（參考原圖重新繪製）

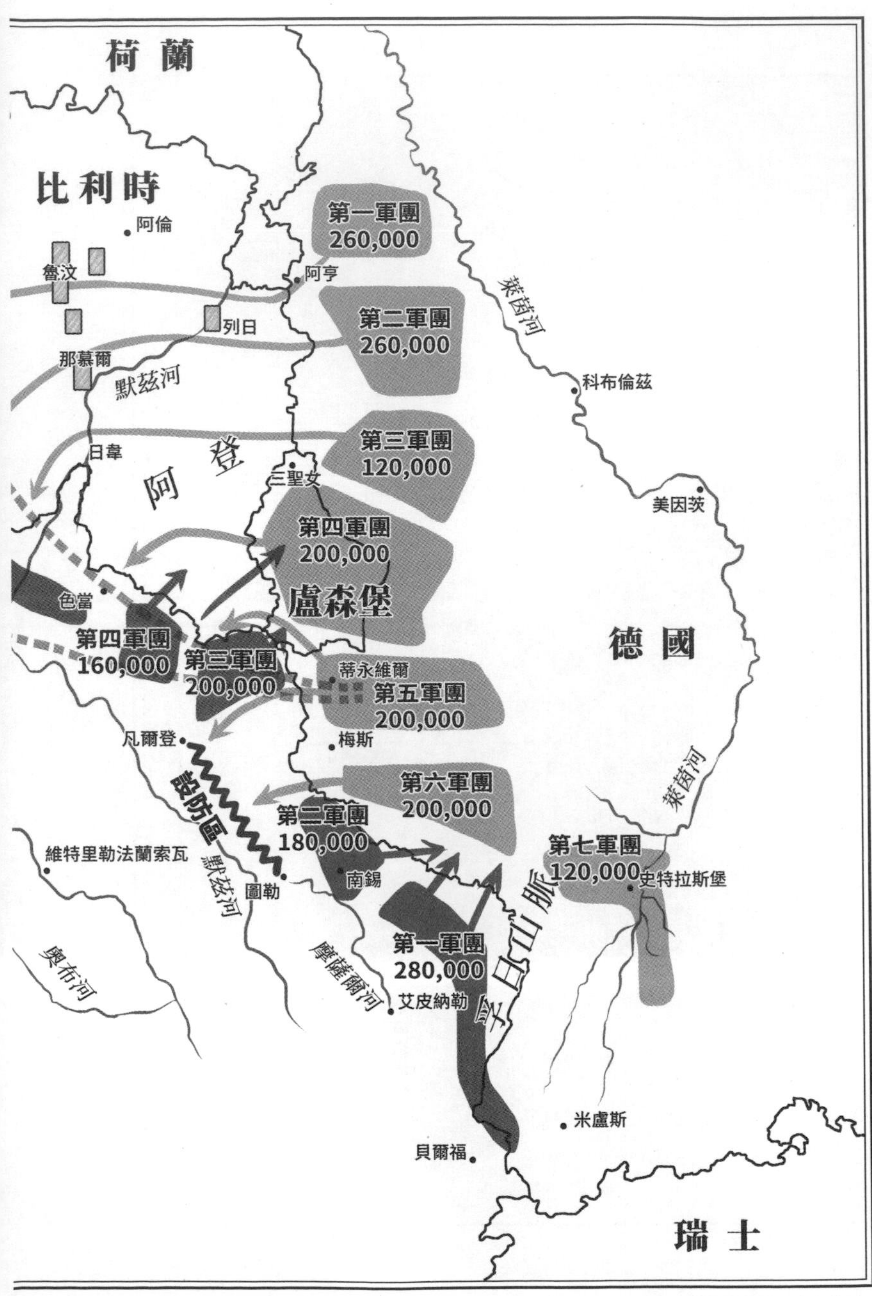
荷蘭
比利時
阿倫
魯汶
阿亨
列日
那慕爾
默茲河
日韋
阿登
三聖女
色當
盧森堡
德國
萊茵河
科布倫茲
美因茨
第一軍團
260,000
第二軍團
260,000
第三軍團
120,000
第四軍團
200,000
第五軍團
200,000
第六軍團
200,000
第七軍團
120,000
第四軍團
160,000
第三軍團
200,000
第二軍團
180,000
第一軍團
280,000
蒂永維爾
梅斯
凡爾登
設防區
維特里勒法蘭索瓦
默茲河
圖勒
南錫
摩薩爾河
孚日山脈
艾皮納勒
史特拉斯堡
萊茵河
奧布河
米盧斯
貝爾福
瑞士
（地圖繪製：鍾語桐）

北海
英國
多佛海峽
英吉利海峽
奧斯滕德
安特衛普
根特
加萊
布洛涅
里耳
第22日
瓦朗謝訥
蒙斯
莫伯日
英國遠征軍
索姆河
亞眠
聖康坦
伊爾松
第五軍團
240,000
第31日
努瓦永
貢比聶
埃納河
盧昂
塞納河
蘭斯
馬恩河
法國
巴黎
默倫
塞納河
三斯堡
(參考原圖重新繪製)
【西線戰場】
1914年8月4日-14日
各國軍隊集結狀況
0
25
50
75
100
英里
施里芬計畫
十七號計畫
德軍
法軍
英軍
比軍
洛琳河

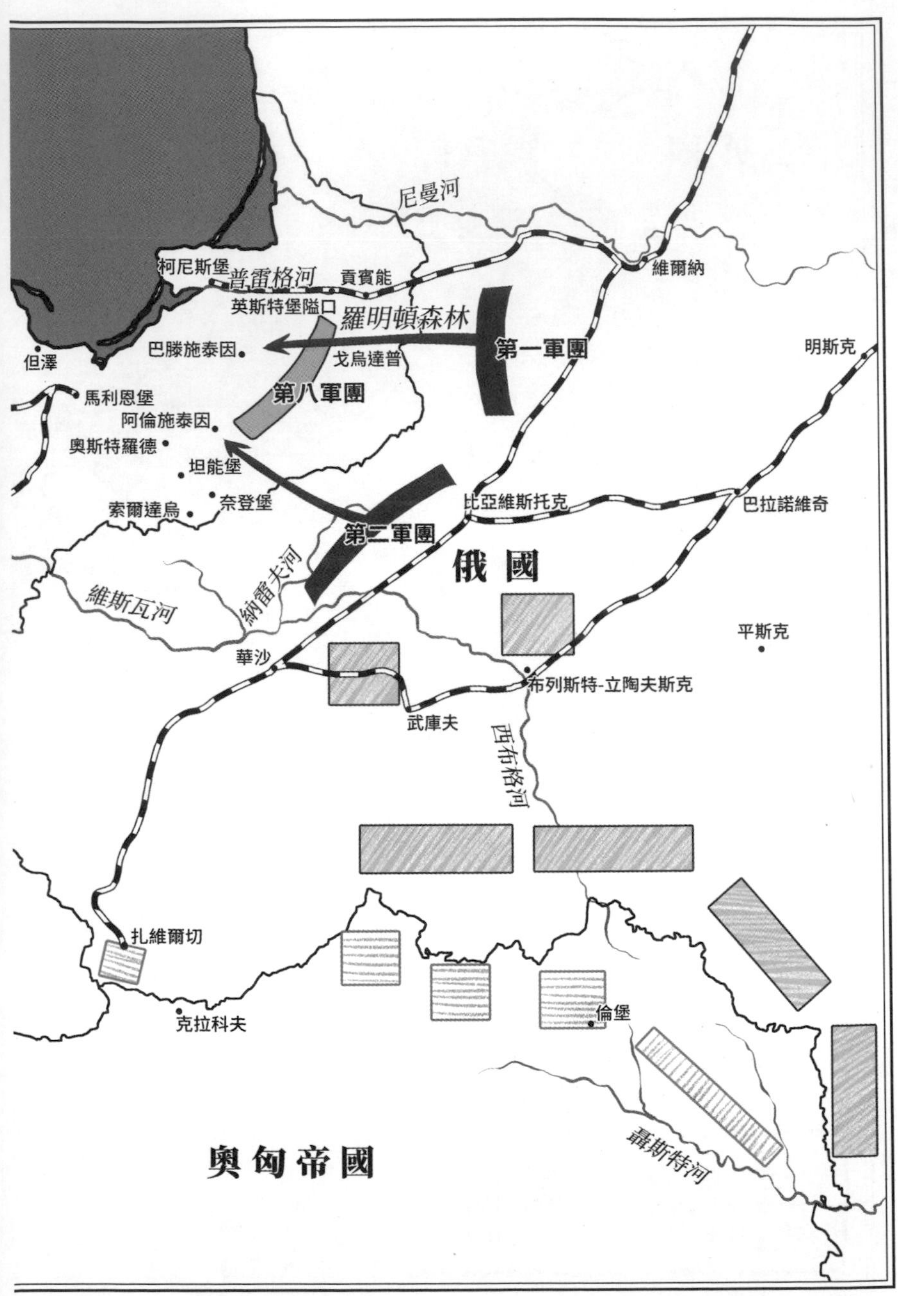
尼曼河
柯尼斯堡
普雷格河
貢賓能
維爾納
英斯特堡隘口
羅明頓森林
巴滕施泰因
戈烏達普
第一軍團
明斯克
但澤
第八軍團
馬利恩堡
阿倫施泰因
奧斯特羅德
坦能堡
奈登堡
索爾達烏
比亞維斯托克
巴拉諾維奇
第二軍團
俄國
納雷夫河
維斯瓦河
平斯克
華沙
布列斯特-立陶夫斯克
武庫夫
西布格河
扎維爾切
克拉科夫
倫堡
聶斯特河
奧匈帝國

（地圖繪製：鍾語桐）

波羅的海
漢堡
易北河
柏林
德國
奧得河
尼薩河
【東線戰場】
俄國戰爭計畫與
軍隊集結狀況
0
50
100
150
200
英里
德國第八軍團
俄國第一與第二軍團
俄國其他部隊
奧國其他部隊
德國其他部隊
鐵路線
(參考原圖重新繪製)

帝　國
敖德薩
塞凡堡
費奧多西亞
羅馬尼亞
黑　海
塞爾維亞
保加利亞
內哥羅
阿爾巴尼亞
君士坦丁堡
薩羅尼加
達達尼爾海峽
土 耳 其
崔布里吉分遣隊
士麥那
山提島
德努薩島
格本號
布雷斯勞號
馬里阿角
羅德島
格拉斯特號攔截
布雷斯勞號
克里特島
賽普勒斯
蘇相與格本號
地 中 海
亞歷山卓港
蘇伊士運河

（地圖繪製：鍾語桐）

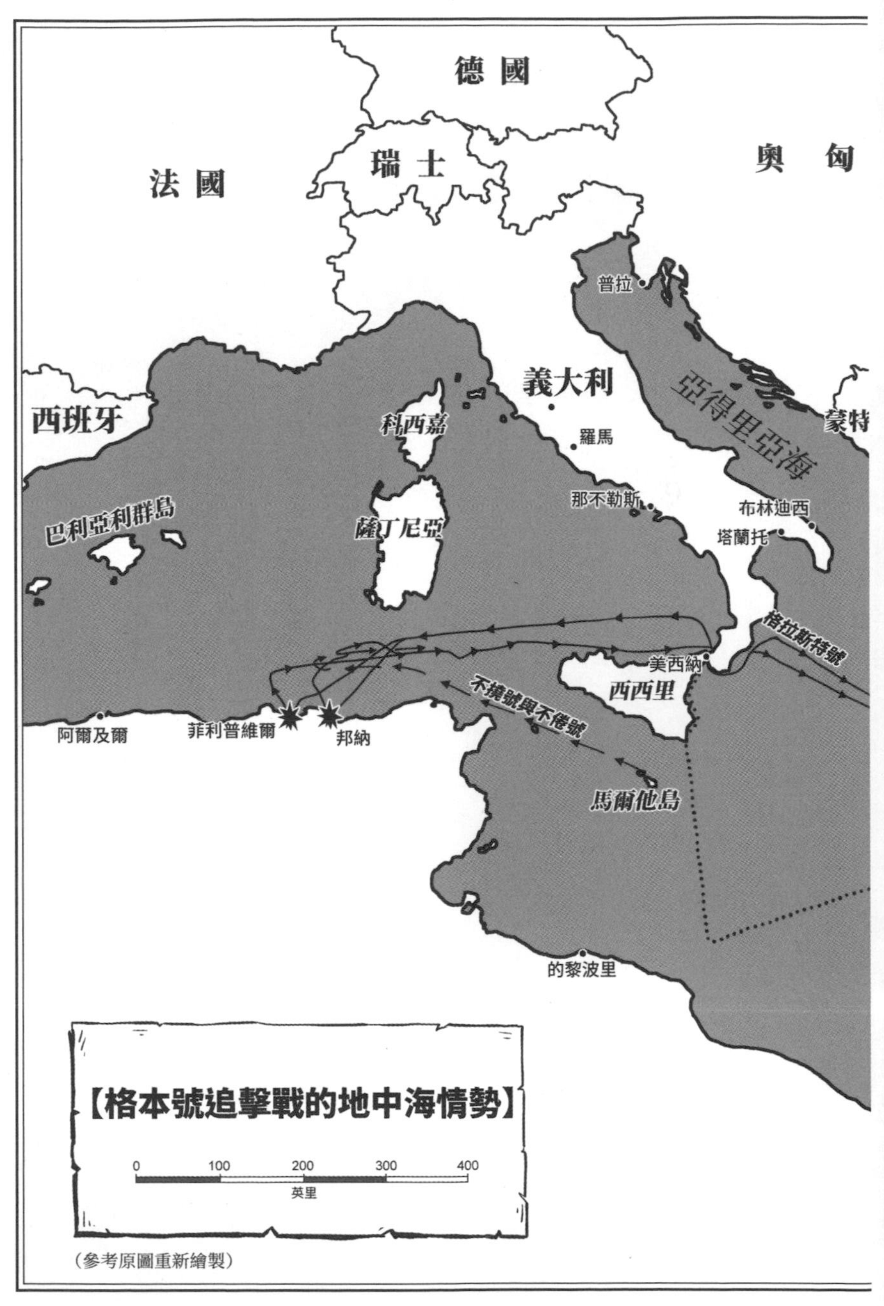
德國
瑞士
奧匈
法國
普拉
義大利
西班牙
科西嘉
羅馬
亞得里亞海
蒙特
巴利亞利群島
薩丁尼亞
那不勒斯
布林迪西
塔蘭托
格拉斯特號
美西納
西西里
不撓號與不倦號
阿爾及爾
菲利普維爾
邦納
馬爾他島
的黎波里
【格本號追擊戰的地中海情勢】
0
100
200
300
400
英里
（參考原圖重新繪製）

# 第一章　喪禮

一九一〇年五月某日上午，英王愛德華七世（Edward VII）的喪禮場面壯觀至極。多達九位國王為他送行，使身穿黑衣、噤聲恭敬等候的群眾，忍不住發出讚嘆之聲。只見紅、藍、綠、紫色，三位一排，排成三列的國王們，騎馬邁出王宮大門，羽飾頭盔、金黃穗帶、深紅肩帶、鑲珠寶的勳章，在陽光下閃閃發光。在他們之後是五位繼承人，四十位王親國戚，七位王后（四位遺孀、三位在位者），再來是眾多非君主國家的特使。七十國代表齊聚一堂，冠蓋雲集的程度堪稱史上之最，同時也是最後一次如此盛大的喪禮。送葬隊伍離開王宮時，大笨鐘低沉的鐘聲響了九下。但在歷史的刻度上，此時的舊世界已是夕陽西下，落日餘暉的榮光再也難見。

第一排中央是新王喬治五世（George V），他左邊是康諾特公爵（Duke of Connaught），先王唯一還在世的兄弟，右邊則是被《泰晤士報》稱為「最重要的外國弔祭者」、「在雙方關係最緊張之時仍深受國人歡迎」的德皇威廉二世（William II）。他騎著灰色駿馬，身穿英國陸軍元帥的鮮紅制服，手持元帥權杖，在著名的翹鬍子下，面露「莊重到近乎嚴肅」的神情。威廉二世敏感的內心中翻騰著複雜情緒，只有在信函中才能看出蛛絲馬跡。他在母親住過的溫莎城堡寓所過夜後寫信回家：「我以稱這裡為家鄉為榮，以身為此王族的一分子為榮。」威廉與英國的親戚們一同參加各個哀傷的場合，分享著相同的情懷與思念。但他也從中感受到至高無上的驕傲，交織著舅舅退出歐洲舞台的強烈快感。威廉來此埋葬愛德華七世，也一併埋葬他的心腹之患：愛德華是威廉的舅舅，也是他想像中欲孤立德國的主謀。威廉既不能欺凌他也不能感動他，只能任由他的肥胖身軀遮住太陽，並在德國投下陰影。「他是撒旦，你們無法想像他是多可怕的撒旦！」

這句話是德皇威廉二世於一九〇七年所說，那時他正在柏林宴請三百位賓客。當時愛德華七世也正出訪歐陸，顯然心懷圍堵德國的惡意計謀。愛德華在巴黎待了一週，無緣無故拜訪西班牙國王（剛娶了愛德華外甥女），接著又拜訪了義大利國王，顯然意圖誘使後者退出德、奧、義的三國同盟（Triple Alliance）。威廉是歐洲發言最百無禁忌的皇帝，在位二十年間時不時會說出令外交官神經緊繃的言論，那晚他又神情激動地重蹈覆轍。

幸好圍堵者現已辭世，繼位的喬治則是個「好孩子」，德皇在喪禮前幾天對老羅斯福總統（Theodore Roosevelt）這麼說（喬治五世當時四十五歲，比德皇小六歲）。「他是徹頭徹尾的英國人，討厭所有外國人，但只要他沒有特別憎恨德國人，我就不在意。」威廉此時正在喬治身旁，自信地騎著馬，行經他擔任榮譽上校所屬的第一皇家龍騎兵團旗幟時行禮致敬。威廉曾四處分送他身穿騎兵團制服的照片，並模稜兩可地簽上一句：「我等候時機。」如今時機已到：歐洲再無人能挑戰他的地位。

威廉後面跟著未亡人亞歷珊卓王后（Queen Alexandra）的兩個兄弟：丹麥國王弗雷德里克與荷蘭國王喬治，再來是她的姪子挪威國王哈康，以及三位後來失去王位的國王，分別是西班牙的阿方索、葡萄牙的曼努埃爾、纏絲質伊斯蘭教頭巾的保加利亞國王斐迪南。斐迪南自稱沙皇，惹得其他君王不悅，他還從戲服製作者那裡取得一箱拜占庭皇帝的全套裝束，準備等到未來收復拜占庭疆土時穿戴。《泰晤士報》稱之為「在坐騎上威武的君王們」，在他們的光環下很少人會注意到第九位國王——比利時國王艾伯特，但他卻是唯一會成就偉大之人。艾伯特不喜王室儀典的鋪張，儘管他身材高大，騎術一流，但被安排在那一群國王中卻使他看來尷尬且心不在焉。他當年三十五歲，登基還不滿一年。日後當他那象徵英勇和悲劇的面容聞名於世時，臉上始終掛著一副出神的表情，彷彿若有所思。

騎在艾伯特右邊的，正是日後悲劇的源頭奧地利斐迪南大公。他高大肥胖，衣著合身，綠色羽毛在其頭盔上飛揚，他是老皇帝約瑟夫（Franz Joseph）的繼承人。艾伯特左邊是另一位與王位無緣的王室後裔尤索夫親王（Yussuf），土耳其蘇丹的繼承人。國王身後是王族，包括日本天皇之弟伏見親王（Fushimi）、俄國沙皇之弟米哈伊爾大公（Michael）、身穿鮮藍色衣飾與綠色羽毛的義大利國王之弟奧斯塔公爵（Aosta）、瑞典國王之弟卡爾親王（Carl）、荷蘭女王之夫亨利親王（Henry），以及塞爾維亞、羅馬尼亞與蒙特內哥羅的王儲。最後這位達尼洛王太子（Danilo），是「親切、討人喜歡、極為俊美的年輕人」，他不止表面上像似風流寡婦的情夫，更令英國接待人員驚愕的是，他前一晚抵達時是由一位「年輕貌美、魅力十足的女子」陪同。他介紹此女子為其夫人的侍女，說是要到倫敦來採買些東西。

再後面是一群次要的德國王族，包括梅克倫堡—施威林（Mecklenburg-Schwerin）、梅克倫堡—施特雷利茲（Mecklenburg-Strelitz）、瓦爾代克—皮爾蒙特（Waldeck-Pyrmont）、薩克色—科堡哥達（Saxe-Coburg Gotha）、薩克森（Saxony）、黑塞（Hesse）、符騰堡（Württemberg）、巴登（Baden）、巴伐利亞（Bavaria）等地的統治者，最後是魯普雷希特（Rupprecht）皇儲，不久即將率領一支德軍上戰場。出席喪禮的還有暹羅王子、波斯王子、前法國奧爾良王朝的五位王子、戴金色流蘇土耳其毯帽的埃及赫迪夫（Khedive）[1]之弟、身穿刺繡淺藍長袍的中國載濤親王（Tsia-tao），其古老王朝只會再持續兩年，再來則是代表德國海軍的總司令暨德皇之弟普魯士亨利親王。在這些顯貴當中有三位平民裝束的紳士，分別是瑞士特使格斯通—卡林（Gaston-Carlin）、法國外長皮松（Pichon）、美國特使前總統老羅斯福。

愛德華的喪禮盛況空前，聚集了這麼多國家來此悼念。他生前常被稱為「歐洲姨舅」（Uncle of Europe），就歐洲各統治家族而言，此稱號可謂名副其實。他不只是德皇威廉的舅舅，也因王后的姐妹是俄國瑪莉皇太后（Marie），所以成為了俄國沙皇尼古拉二世（Nicolas II）的姨父。他自己的外甥女艾莉絲（Alix）是沙皇皇后，女兒莫德（Maud）是挪威王后，另一個外甥女艾娜（Ena）是西班牙王后，再一個外甥女瑪莉即將成為羅馬尼亞王后。愛德華自己的王后出身的丹麥家族，不但出了丹麥國王，俄國沙皇之母、希臘和挪威國王也來自此家族。從維多利亞女王九名子女繁衍而來的親戚人數眾多，開枝散葉於歐洲各國朝廷。

然而，前來致意者會如此之多，並不只是因為家族情感，甚至也不是因為愛德華走得突然而令人震驚（民眾才得知他生病，次日他便辭世，以致造成出乎意料的弔祭盛況），而是因為愛德華十分擅於交際。事實證明他這項天賦對英國彌足珍貴。他在位短短九年裡，英國在壓力下捨棄了光榮孤立，改由一連串「諒解」或緊密結合所取代。但這還稱不上是同盟，因英國不喜明確承諾。諒解的對象過去的宿敵法國、俄國與新興強國日本，由此造成的均勢變化受全世界矚目，也影響各國與其他國家的外交關係。愛德華雖不主動影響英國的外交政策，他的個人作風卻促成改變得以發生。

愛德華小時候曾被帶到法國訪問，他當時對拿破崙三世（Napoleon III）說：「您的國家很好，我想做您的兒子。」他對法國事物的愛好一直不變，或許是出於對母親喜愛德國事物的抗議，並在母后過世後被善加運用。當英國對一九〇〇年德國海軍計畫隱含的挑戰日益急躁，決定修補與法國舊有的嫌隙時，這位魅力國王的過人天賦使此一過程進行順利。他在一九〇三年前往巴黎，不顧正式國事訪問會遭到冷落的建言。他抵達時群眾繃著臉，默不作聲，偶爾有幾聲嘲弄的喊叫：「波爾人（Boers）[2]萬歲！」「法紹達（Fashoda）[3]萬歲！」愛德華充耳不聞。擔心的隨從輕聲道：「法國人不喜歡我們。」他回答說：「有何不對？」然後繼續在馬車上屈身微笑。

接下來四天，他持續公開露面，在萬塞訥城堡（Vincennes）閱兵，在隆尚（Longchamps）參觀賽馬，在巴黎歌劇院享受音樂饗宴，在艾麗榭宮出席國宴，在法國外交部參加午宴，在劇院中場休息時與觀眾打成一片，並在大廳以法語對一位著名女演員大加讚賞，把冷漠化為微笑。他處處以優雅、有技巧的言詞，表達對法國人的友好和讚美。他大談法國的「光榮傳統」與「美麗城市」，承認對巴黎很有感情，且「因許多快樂回憶更為強化」，他對此行「誠感愉快」，相信過往誤會「已幸運地化解和遺忘」，法英兩國的繁榮脣齒相依，他會「持續關切」兩國友誼。當他離開時，群眾已改口呼喊「吾王萬歲！」比利時某外交官在報告中說：「像這樣如此徹底的態度轉變，在該國極為少見。他贏得所有法國人的心。」

1　譯注：鄂圖曼帝國總督。
2　譯注：英國剛在南非與他們打過重要殖民地戰爭。
3　譯注：英法在東非爭奪殖民地，引發一八九八年法紹達事件。

德國大使認為，英王此行是「再奇怪不過的事」，並推論英法「親善」是「對德整體反感」的結果。經大臣們勉力解決各項爭端後，親善在一年內變成《英法協約》（Anglo-French Entente），於一九〇四年四月簽訂。

若非德國領導人懷疑英國的動機，因此在一八九九及一九〇一年兩度回絕英國殖民地大臣張伯倫（Joseph Chamberlain）的提議，它也可能與英國簽下協約。無論是幕後執行德國對外事務的郝斯坦（Holstein）、儒雅博學的首相比洛親王（Bülow），或德皇本人，都不太確定他們懷疑英國什麼，但很確定與背信有關。德皇一直想與英國簽訂協議，但表面上卻不可顯露出來。有一次在維多利亞女王喪禮上，在置身英國環境和家族情感影響下，他向愛德華坦承有此願望。他對英德同盟的想像是：「未得我們同意，連一隻老鼠都別想攪亂歐洲。」可是每當英方一表現出有意願的跡象，他和大臣就變卦，懷疑其中有詐。他們害怕在會議桌上被利用，寧可完全迴避，倚賴日益強大的海軍，威嚇英國屈服。

前首相俾斯麥曾警告德國，要以陸權強國為滿足，但繼起者卻無一人得俾斯麥精髓。俾斯麥堅定地追求清晰可見的目標，繼起者摸索更大的範圍，卻不清楚究竟想要什麼。郝斯坦是沒有政策的馬基維利信徒，只依據一個原則行事：懷疑每個人。比洛親王則沒有原則，其同僚鐵必制（Tirpitz）將軍曾嘆道，比洛太滑溜，跟他相比鰻魚只是水蛭。德皇則是反覆無常，心血來潮時就新點子不斷，每小時都在更換目標，他做外交的精力彷彿永無止境。

他們君臣都不相信英國最後會與法國達成協議。所有針對此事的警告，都被郝斯坦嗤為「異想天開」，連駐倫敦大使艾卡斯坦（Eckhardstein）男爵毫無保留的示警也不例外。一九〇二年艾卡斯坦在倫敦馬爾博羅樓的晚宴上，目睹法國大使康彭（Paul Cambon）與張伯倫消失在撞球房，兩人在房內「熱烈交談」二十八分鐘，其間他只聽到「埃及」和「摩洛哥」兩個地名（男爵回憶錄中未提及房門是否開著，或他是自鑰匙孔聽見的）。後來他被召至英王書房，愛德華請他抽一八八八年製的烏普曼雪茄，並告訴他，英法將解決一切有爭議的殖民地問題。

當《英法協約》的消息傳來，威廉怒不可遏。但比怒氣更難受的還是愛德華在巴黎的外交成就。德皇因經常出行而有「旅行皇帝」之稱，大張旗鼓地進入外國首都可帶給他慰藉，但他最想去的巴黎卻難以企及。他到過各個地方，甚至包括耶路撒冷，耶城還為讓他能騎馬進入，把雅法門鑿出一道缺口。然而巴黎，那令人嚮往、一切美好、象徵一切柏林欠缺事物的巴黎，卻一直給他吃閉門羹。他想要接受巴黎民眾歡呼，想要獲頒榮譽軍團大綬勛章，他曾兩度對法方表明自己的願望，卻從未收到邀請。他可以去到亞爾薩斯，發表讚美一八七〇年對法勝利的演說，他可以率軍在洛林的梅斯（Metz）遊行，然而直到他八十二歲去世，卻從未看過巴黎。在所有國王的命運中，這或許是最悲哀的故事。

威廉羨慕歷史悠久的國家，但這也令他苦惱。他向老羅斯福抱怨，英國貴族訪問歐陸時從不到柏林，卻一定拜訪巴黎。他覺得不受重視。他對義大利國王說：「我在位那麼多年，與我同時在位的歐洲那些君王，始終不重視我說的話。以後我就會有強大的海軍為我撐腰，想想他們將會多尊重我。」同樣的感受瀰漫全國，德國人民像德皇一樣，急切需要獲得肯定。他們精力和野心十足，意識到自身的實力。他們受尼采和德國歷史學家特萊奇克（Treitschke）思想薰陶，自認有權統治，卻謊稱世人不承認其權利。軍國主義代言人本哈蒂（Friedrich von Bernhardi）曾寫道：「我們需在全球各地，確保德國國格及精神受到應有……但迄今未取得的高度尊重。」他坦承達到此目的只有一種方法，上到德皇，下到本哈蒂自己的家族，都要透過威脅及展現實力的方式來獲取他們渴望的尊重。他們揮舞「鐵腕」，要求「在陽光下的地位」，以讚頌「鐵血」和「閃亮盔甲」，宣揚武力的美德。老羅斯福當時與鄰國和睦相處的準則，到德國手上便德國化為「大聲說話，炫耀武力。」當他們耀武揚威，當德皇告訴遠赴中國平定義和團拳亂的德軍，要表現得像阿提拉手下的匈人（以匈人為德軍典範是他自己所選），當泛日耳曼社團和海軍聯盟紛紛成立並召開會議要求他國承認德國擴張的「正當目標」，他國則以結盟作為回應。而當他國結盟時，德國就高喊：「圍堵！」（Einkreisung）完全包圍德國的論調吵吵嚷嚷了十年。

愛德華繼續出訪羅馬、維也納、里斯本、馬德里，且不只是訪問王室。他每年都到瑪麗亞溫泉鎮（Marienbad，在今捷克境內）做療癒，並在那裡與「法蘭西之虎」克里蒙梭（Clemenceau）交換意見。克里蒙梭跟愛德華同年，他在愛德華在位期間做過四年法國總理。愛德華平生兩大喜好是得體衣著和非正統友人，但他忽視前者，欣賞克里蒙梭。這頭老虎認同拿破崙的意見（普魯士是「從砲彈中孵出來的」），並看到那枚砲彈正飛向自己。克里蒙梭認為「德國渴望權力……並定消滅法國為其政策」，並根據這個概念進行工作、謀劃、運籌帷幄。他對愛德華說，當法國需要援助時，英國的海上實力還不夠。他還提醒愛德華，拿破崙是在滑鐵盧（Waterloo）被徹底擊敗的，而不是在特拉法加（Trafalgar）。

一九〇八年，愛德華不顧得罪子民，搭乘皇家快艇到列巴爾（Reval，今愛沙尼亞首都塔林）國事訪問俄國沙皇。英國的帝國主義者認為，俄國是克里米亞的舊敵，近來則是逼近印度的威脅，而自由黨和工黨則認為，俄國是鞭笞酷刑、集體屠殺一九〇五年革命者的國家。依日後擔任首相的麥克唐納（Ramsay McDonald）所見，沙皇是個「謀殺慣犯」。厭惡是互相的。俄國不滿英日結盟，俄國素來盼望取得君士坦丁堡和博斯普魯斯海峽，也討厭英國勢力阻撓。尼古拉二世曾以簡單一句話結合兩種偏見：「英國人就是猶太人。」

然而舊敵意不如新壓力來得強：法國急於讓這兩位盟友達成協議。在法國力促下，《英俄協約》（Anglo-Russian Convention）於一九〇七年簽訂。有感於王室友誼需要個人加以鞏固，好清除任何不信任感，愛德華啟程前往列巴爾。他與俄國外相伊斯沃斯基（Isvolsky）長談，與皇后共舞「風流寡婦」華爾茲，引得她露出笑顏，不快樂的她自從戴上羅曼諾夫王朝（Romanov）后冠後，愛德華是首位令她發笑的男士。那並非看似輕佻的成就，因為沙皇雖然是俄國的專制君主，但在國政的實際運作卻受制於志大才疏的妻子。皇后貌美、神經質、病態地多疑，她討厭所有人，除非是最親近的家人，和一連串狂熱或精神錯亂的騙子，後者為她看不到光明的靈魂提供慰藉。沙皇既非天縱英才，又未受到良好教育，在德皇看來「只適合住在農舍種蕪菁」。

德皇認為沙皇屬於自己的勢力範圍，試圖以巧計吸引沙皇，放棄與法國同盟（儘管法俄同盟原本就是威廉自己搞砸所致）。俾斯麥秉持「與俄國交好」原則，雙方簽訂了《再保險條約》（Reinsurance Treaty），結果威廉把這條約連同俾斯麥一起捨棄，那是他在位期間犯下的第一個且也是最嚴重的大錯。當時高大嚴厲的沙皇亞歷山大三世（Alexander III），迅速在一八九二年轉向與共和制的法國結盟，甚至不惜向法國國歌《馬賽曲》（*The Marseillaise*）立正行禮。沙皇還冷落威廉，認為威廉是「沒教養的男孩」，不肯與他正面說話。自尼古拉繼位後，威廉一直努力修補自己的錯誤，（用英文）寫長信給年輕沙皇，提供他建議、流言蜚語和政治長篇大論，信中稱呼他為「最親愛的尼基」，自己則署名「摯友威利」。他對沙皇說，沾有君主血跡汙點、無宗教信仰的共和國，沙皇不宜與之為伍。「尼基，請相信我，上帝的詛咒已永久打擊那民族。」威利告訴尼基，真正的利益是俄、奧、德三皇聯盟。想起老沙皇的冷落，威廉不免對其子托大。他會拍著尼古拉的肩頭說：「我給你的忠告是多講話，多閱兵，多講話，多閱兵。」他提議派德軍去保護尼古拉，對付叛亂分子，此建議觸怒了皇后，每次互訪後她都更恨威廉。

德皇既然無法斷開俄法之間的鎖鏈，便轉而草擬精心設計的俄德條約，約定兩國在遭受攻擊時彼此互助，結果沙皇簽署後卻通知法國並邀請法國加入。當時俄國歷經對日戰爭大敗（德皇曾力促俄國參戰），加上繼起的革命起事，威廉於是趁沙皇政權最低潮之時邀請他隻身至芬蘭灣（Gulf of Finland）的比雅給（Björkö）密會。威廉十分清楚俄國若加入此約勢必背信於法國，但他以為只要兩國皇帝簽署即可排除困難。尼古拉簽了字。

威廉欣喜萬分。他已修復致命失誤，保全德國的後方，突破他國的包圍。他寫信給比洛：「我眼中滿是歡快的淚水」，他確定爺爺（威廉一世，過世時還在擔心德國會面臨兩面作戰）在天上眷顧著他。他感覺此約將是德國外交的王牌，事實也確實如此——要不是因為該約名稱上有了瑕疵。當沙皇帶條約回國時，過目的大臣們心驚膽戰地先後指出，在可能發生的戰爭中要加入德國作戰就等於是斷絕俄國與法國的同盟，「陛下因威廉皇帝口才便給，顯然未注意到」此一細節。《比雅給條約》（Treaty of Björkö）僅短暫存活一天後便壽終正寢。

然後就是愛德華在列巴爾與沙皇過從甚密的消息。德皇讀到德國大使對此次會面的報告，其中提到愛德華確實渴望和平，他氣憤地在空白處潦草寫下：「謊言。他想要戰爭，只是他要逼我先開戰，才能免去自己的惡名。」

那一年以威廉帝王生涯中最爆炸性的失言告終。當時他接受《每日電訊報》（*Daily Telegraph*）專訪，直言表達對當前局勢誰應該打誰的看法。此次發言不但困擾鄰國，連德國人民也感到憂心。民意反對聲浪大到使德皇倒下，病了三週，沉默了好一段時間。

此後多年不再有刺激性的新事件發生。那十年的最後兩年是最平靜的兩年，歐洲享有富足的日子。一九一〇年和平而繁榮，第二輪摩洛哥危機和巴爾幹戰爭尚未發生。英國作家安吉爾（Norman Angell）剛出版新書《大幻覺》（*The Great Illusion*），試圖證明戰爭已變得徒勞無益。安吉爾以突出的例證及無可辯駁的論述證明，以當時各國在金融和經濟上相互倚賴的程度來看，戰勝國會與戰敗國同樣遭殃，因此戰爭已變得無利可圖，沒有國家會笨到發動戰爭。已被譯為十一種語言的《大幻覺》成為某種信仰。曼徹斯特、格拉斯哥等四十多個工業城大學的信徒組成了研究小組，致力於宣揚安吉爾的教義。安吉爾最忠誠的門徒，是對軍事政策極有影響力、也是英王友人兼顧問的艾雪（Esher）子爵。當英軍在波爾戰爭（Boer War）的拙劣表現造成舉國震撼後，他被指派為重建英國陸軍的戰爭委員會主席。艾雪曾在英國劍橋和巴黎索邦（Sorbonne）講述《大幻覺》的歷史教訓，說明「新經濟因素」如何「證明侵略戰爭的愚蠢」。他認為二十世紀的戰爭規模勢必大到造成「商業災難、金融崩潰、個人痛苦」，以致於「充滿強大的拘束力」，使得發動戰爭變得不可思議。他在總長法蘭奇主持的高階軍官俱樂部對一群軍官說，各國的交錯縱橫已使戰爭「變得日益困難而不太可能」。

艾雪有信心，德國會「像英國一樣接受安吉爾的說法」。我們不得而知他曾致贈或轉贈《大幻覺》一書的德皇及皇儲有多麼認同此書，也沒有他曾贈予一冊給本哈蒂將軍的證據。一九一〇年本哈蒂正在撰寫《德國與下一場戰爭》(*Germany and the Next War*)，次年出版，其影響力不下於安吉爾的著作，觀點卻正好相反：這點可以從書中某三章的章名看出：「發動戰爭的權利」、「發動戰爭的義務」、「成為世界強權或是走向沒落」。

本哈蒂曾是騎兵軍官，一八七〇年普法戰爭時二十一歲。當德軍進入巴黎時，他是首位騎馬通過凱旋門的德國人。從此他對戰爭理論、哲學、科學的興趣，就遠勝於對旗幟和榮耀的興趣，一如他在書中另一章章名所說，他希望能將這些知識應用在「德國歷史任務」上。他曾任參謀本部軍史組組長，是該單位認真思考、工作勤奮的知識菁英之一，並著有關於騎兵的經典之作。之後他集結畢生研究克勞塞維茲(Clausewitz)、特萊奇克和達爾文的心血結晶，完成那本使他有戰神之稱的名作。

他指出，戰爭「有生物學必要性」，人類只不過是在履行「自然法則，自然界所有定律均以此為基礎，即鬥爭求生法則」。他說，國家必須進步，不然便會衰敗，「不可能靜止不動」，而德國必須選擇「成為世界強權或是走向沒落」。在世界各國當中，德國「在社會與政治方面都是所有文化進步的領先者」，卻「被壓縮於狹隘、非自然的限制中」。德國若不增加政治權力，擴大勢力範圍，取得新領土，便無法達成其「偉大的道德目標」。如此提升力量「適於我國的重要性」，「我國有權做此主張」，此為「政治上所必需」，也是「國家首要義務」。本哈蒂自己以斜體字宣布：「要取得我國所希望的地位，就必須藉助戰爭。」他由此匆匆做出結論：「征服因此成為了必要法則。」

本哈蒂證明「必要性」（德國軍事思想家最愛用的詞）後，繼續提出施行方法。一旦承認有發動戰爭的義務，第二義務便是打勝仗。為求勝，國家就必須在自行選定的「最有利時刻」開戰，而國家具有「公認的權利……保障採取此種主動的自尊特權」。於是侵略戰爭又成為另一「必要」，從而無可避免得出第二項結論：「我們義不容辭……要採取攻勢，先發制人打出第一擊。」本哈蒂並不認同德皇對侵略者會沾上「惡名」的顧慮。他也不介意說出那一擊會落在哪裡。他寫道：「難以想像」德法需要談判雙方問題。「法國必須被徹底消滅，以致永不會與我們狹路相逢」，法國「必須被一勞永逸地逐出強國之林」。

英王愛德華生前並未讀到本哈蒂的書。一九一〇年一月他按往年慣例向德皇致上生日祝福，並送手杖為禮物，然後前往瑪麗亞溫泉鎮和比亞里茲（Biarritz，法國西南部）。數月後辭世。

俄國外相伊斯沃斯基聽到消息後說：「我們失去了外交政策的中流砥柱。」這難免是誇大其辭，畢竟愛德華只是新結盟的促成者而非主事者。據《費加洛報》（*Le Figaro*）報導，英王故去在法國造成「深切情緒」及「真心驚愕」。該報說，巴黎與倫敦同樣深感失去「偉大的友人」。和平街的街燈柱及商店櫥窗，與皮卡迪利街一樣繫上黑絲帶；馬車夫在鞭子上繫黑蝴蝶結，覆黑布幔的新故英王肖像，如法國要人亡故一般，這副景象甚至出現於法國鄉間小鎮。東京為向英日同盟致敬，家家戶戶交叉懸掛英日國旗，旗杆綁著黑絲帶。德國無論感受如何，仍遵守正確的程序。陸、海軍軍官一律奉命穿著喪服八天，在本國水域的船艦發一聲禮砲並降半旗。德國國會起立聆聽議長宣讀悼詞，德皇親自拜訪英國大使，停留一個半小時。

次週在倫敦，王室忙於在維多利亞車站迎接貴賓。德皇乘坐「霍亨索倫號」（Hohenzollern）快艇前來，四艘英國驅逐艦護航。他停泊於泰晤士河口，然後乘火車到倫敦，與一般王室貴賓一樣搭到維多利亞車站。月台上鋪著紫色地毯，馬車停靠處放著覆蓋紫毯的階梯。當正午鐘響時，德皇乘坐的火車進站，熟悉的身軀步下車廂，迎接他的是表弟喬治國王，他親吻喬治的兩頰。午餐後他倆同行到停放供瞻仰愛德華遺容的西敏廳（Westminster Hall）。前一晚的雷雨和整個早晨的滂沱大雨，並未影響愛德華子民默默耐心排隊，等候穿越大廳。這一天，五月十九日星期四，隊伍綿延長達五英里。那天也是哈雷彗星尾部預定通過地球的日子。哈雷彗星的出現，令人想起它向來預示著災難：不就是它預兆了諾曼征服（Norman Conquest）嗎？彗星也促使一家文學刊物印出莎翁劇作《凱撒大帝》（*Julius Caesar*）的台詞：

乞丐之死不見彗星；
君主之亡照亮天庭。

棺架莊嚴肅穆地陳列於龐大廳堂內，上方擺放王冠、王珠、權杖，四角由四位軍官守衛，分別來自大英帝國不同軍團，以傳統哀悼態度站立：低頭，手戴白手套握著劍柄。德皇以專業興趣觀察著帝王供瞻仰的種種儀節。他留下深刻印象，多年後仍記得在「令人讚嘆的中世紀環境」中，現場的每個細節。他見到陽光自狹窄的哥德式窗花透進來，照亮王冠上的珠寶，他觀看棺架的換衛兵儀式，四名新衛兵向上持劍前行，到守衛地點時把劍轉朝下，換下來的守衛則以慢動作滑行，消失在陰影處某個看不見的出口。德皇把紫色、白色花圈放在棺木上，與英王喬治五世一同跪下默禱，起身時抓著表弟的手，給他有氣概和同情的一握。此姿態獲得廣泛報導，引來很正向的評語。

德皇在公開場合表現完美，但私底下他抗拒不了這重新密謀的機會。當晚英王在白金漢宮為七十位前來弔喪的王族和特使舉行晚宴，晚宴上德皇強拉住法國外長皮松，提議若德國發現在衝突中與英國對立，法國應站在德國這一邊。以那種場合及地點，這最新的帝王式神來一筆引起了軒然大波，也引來焦慮疲憊的英國外相格雷（Sir Edward Gray）評論道：「其他君王安靜得多。」德皇後來否認他曾說過這種話，說自己只是討論摩洛哥和「其他政治事務」。皮松嘴裡也只能得到謹慎的說法：德皇用語「友好而平和」。

次日早晨的送葬隊伍中，威廉一度無法開口說話，行為足為表率。他妥善駕馭坐騎，保持在喬治身後一個頭的距離。在報導喪禮特派員道爾（Conan Doyle）眼中，他看來如此「高貴，英國今日若不將他銘記在心，將有失舊有善意」。隊伍抵達西敏廳時，他率先下馬，等亞歷珊卓王太后的馬車接近時，「他快步來至車門前，快到比王室僕役搶先一步」，卻發現王太后正要從另一邊下車。威廉敏捷地繞過去，仍比僕役先到車門前，他扶下那位遺孀，以失去舅舅的外甥之情親吻她。幸好此時喬治走上前來為母后解圍，親自護送她，因她討厭德皇，既出於個人因素也出於政治因素。雖然德國當年搶走丹麥轄下的石勒蘇益格－霍斯坦兩省（Schleswig-Holstein）這兩塊公爵領地時，威廉才八歲，但她始終未原諒他或德國。一八九〇年喬治訪問柏林時受封為普魯士軍團的榮譽上校，王太后寫信給兒子：「我兒喬治已貨真價實地成為身穿藍外套與釘盔的骯髒德國士兵！我從未想到會活著見到那種事！但不要緊……那是你運氣不好，錯不在你。」

當二十名著藍衣戴草帽的士兵，將覆蓋王旗的棺木抬出大廳時，傳來低沉的連續鼓聲和悲鳴的風笛聲。騎兵立正站好，在陽光下閃閃發亮的佩劍突然發出顫動之聲。四聲尖銳哨音就是訊號，水手們隨之將棺木抬上蓋著紫、紅、白布幔的砲車。送葬行列走在兩旁不動如山的禁衛軍紅牆之間，衛兵身後擠滿完全靜默的黑衣群眾。倫敦從未如此擁擠，如此安靜。由皇家騎馬砲兵拉行的砲車，兩側及後方跟著先王的六十三位副官。他們全是陸軍或海軍上校，也都是貴族，包含五位公爵、四位侯爵、十三位伯爵。三位英國陸軍元帥則騎馬同行，包括基奇納勛爵、羅伯茲勛爵（Lord Roberts）、伍德爵士（Sir Evelyn Wood）。再來是六位英國艦隊司令，其後獨自行走的是愛德華的摯友費雪爵士（Sir John Fisher），他是前第一海務大臣（First Sea Lord），脾氣暴燥，言行古怪，相貌也是奇怪的非英式中國面孔。所有著名軍團都派出了分遣隊：冷泉衛隊、戈登高地聯隊、近衛騎兵及線列騎兵、騎兵暨長矛騎兵隊、皇家燧發槍團，加上德、俄、奧出色的驃騎兵及龍騎兵，還有愛德華曾是其榮譽軍官的其他外國騎兵隊，更不用說德國海軍將領。在某些不以為然的旁觀者眼中，這對有「和平家」美譽者的喪禮而言，簡直是太誇張的軍事秀。

愛德華過去的坐騎由兩名馬夫引導前行，載著空馬鞍和倒放的馬靴，跟在後面的是愛德華的硬毛犬凱撒，徒增私人情感的痛楚。隨後是英式壯盛排場：身穿中世紀紋飾外衣的紋章官，近衛騎兵指揮官，王室官員，王室侍從，蘇格蘭弓箭手，戴假髮著黑袍的法官，著紅衣的首席大法官，著神職紫披肩的主教，著黑絲絨帽與伊莉莎白式褶領的王室衛士，小號手護衛隊，然後才是國王隊伍：搭載未亡人王太后和其姐妹俄國皇太后的玻璃馬車，加上十二輛載著各國王后、貴婦和東方貴賓的馬車。

長長的隊伍沿白廳大道、林蔭大道、皮卡迪利街、海德公園，前往帕丁頓車站，遺體將由火車載運到溫莎城堡下葬。皇家騎兵樂隊演奏《掃羅》[4]的〈送葬進行曲〉(Dead March)。人們自行進者緩慢的步伐和莊嚴的哀樂中，感受到終點已至。艾雪在喪禮後的日記裡寫道：「過去從未有如此的訣別。所有指引我們生命道路的舊浮標，似乎都被一掃而空。」

4　譯注：韓德爾的三幕神劇。

# 第一部

# 作戰計畫

# 第二章　「讓右翼最靠邊那人用袖子掃到海峽」

一八九一至一九〇六年擔任德國參謀總長的施里芬伯爵，就跟所有德國軍官一樣，都學過克勞塞維茲的格言：「法國心臟地帶介於布魯塞爾與巴黎之間。」這說法令人倍感挫折，因為這條出路受到比利時的中立地位所禁錮，而德國與歐洲四大強國都曾保證比利時的永久中立。施里芬相信戰爭必定發生，相信德國必須在最有可能戰勝的情況下參戰，他決心不讓比利時的難題阻擋德國。普魯士軍官分成兩種：頸粗的和腰細的，他屬於第二種。他戴單片眼鏡，面露疲態，態度冷漠疏遠，一心一意只專注於自身專業。某次在東普魯士考察整晚後，副官指給他看普雷格河（Pregel）在太陽升起時閃閃發光之美，這位將軍匆忙看了一眼後卻回答：「不重要的障礙。」他認為比利時的中立也一樣不重要。

中立且獨立的比利時是英國的產物，更精確來說是英國最有能力的外相帕默斯頓勛爵（Lord Palmerston）的創見。比國海岸是英國的邊境，威靈頓（Wellington）曾在比國平原擊敗過西班牙無敵艦隊以來對英國最大的威脅。此後英國便決意要讓這片易於通過的開放領土成為中立地區。據拿破崙戰爭後的維也納會議（Congress of Vienna）決議，英國與其他列強皆同意把比利時與荷蘭王國合併。但比利時人不願與新教國家結合，並在十九世紀民族主義熱潮激使下於一八三〇年發動反抗，引發了國際爭奪戰。荷蘭為保住省分走上戰場，法國也加入戰局，希望再度合併曾由其統治的領土；俄、普、奧等專制國則熱衷於讓歐洲繼續受制於維也納決議，已準備任何地方一出現反叛跡象就予以鎮壓。

帕默斯頓比這些人都更高瞻遠矚。他知道附屬的省分對各鄰國永遠是誘惑，唯有決心維護自身完整的獨立國家，才能以安全地帶長存。經過九年沉著努力，他以絕不偏離目標的柔軟身段，在必要時呼叫英國艦隊而贏過所有角逐者，最終談妥國際條約，保證比利時為「獨立永久中立國」。一八三九年英、法、俄、普、奧簽訂此約。

自一八九二年法俄成立軍事同盟起，簽署比利時條約的五國中已有四國顯然有可能陷入交戰：局面是二對二，而施里芬須為此擬定計畫。歐洲就像疊滿刀劍的疊疊樂，難以抽出一個而不影響另一個，牽一髮而動全身。據德奧同盟條款，德國在奧地利與俄國發生衝突時有義務支持奧國。而據法俄同盟條款，任一方涉入與德國的「防衛戰」時，彼此也有義務對抗德國。這些約定使得德國不論參與什麼戰爭，都勢必同時對法俄兩面作戰。

英國不確定自己要扮演什麼角色，也許保持中立，若有理由也許會對抗德國。那個理由可能就是比利時，而這是公開的祕密。一八七〇年普法戰爭時，德國還是崛起中的強國，當英國發出暗示，俾斯麥也很樂於保證比利時的不可侵犯。時任英相格萊斯頓（Glastone）自交戰的普法雙方取得協議，若任一方違反比國中立，英國便會與另一方合作防衛比國，但不會參與全面作戰。儘管格萊斯頓此方案的後半部有些不切實際，但德國沒有理由認為英國會在一九一四年時改變一八七〇年的初衷。然而施里芬仍認定，一旦開戰就是要借道比利時去攻打法國。

他的理由是「軍事上有必要」。他認為在兩面作戰時，「整個德國只能全力應付一個敵人，最強大、最有力、最危險的敵人，那只能是法國。」一九〇六年施里芬退休，他在當年構想了一套完整計畫，當中分配了六週時間，以八分之七的德軍軍力去擊潰法國，再以八分之一的軍力在東線擋住俄國，直到能把大批軍隊調回來為止。他先選法國是因為即使德軍迅速獲勝，俄國也能退回近乎無盡的領土深處，讓德軍像拿破崙那樣捲入無止境的戰爭。法國距離較近，動員也較快。德軍、法軍各需兩週完成動員，好在第十五日展開重大攻擊。照德方計算，俄國因領土廣袤、兵員眾多、鐵路不足，需要六週才能發動重大攻擊，到那時德國已經打敗法國了。

東普魯士是貴族領地，也是霍亨索倫家族發源地，只由九個師來防守，其風險令人難以接受，但腓特烈大帝（Frederick the Great）曾說過：「失去一個省總好過打散用來致勝的部隊。」最能安撫軍方心理的，莫過於偉大的已逝將領名言。唯有把最多士兵投入西線，才能迅速解決法國。依施里芬所見，只有採取包圍戰略，借道比利時，德軍才能攻法成功。純從軍事觀點來看，其推理似乎無懈可擊。

將用於對付法國的一百五十萬德軍，已是一八七〇年規模的六倍，他們需要行動的空間。一八七〇年後，法國沿亞爾薩斯及洛林邊境建造的堡壘，妨礙了德國跨越兩國國界發動正面進攻。只要法國後方戰線保持開放，一旦德軍攻勢時間拉得過長便無機會以殲滅戰快速消滅敵人。唯有包圍始能自後方攻擊並摧毀法軍。不過，德國對法戰線的兩端分別是瑞士和比利時，兩者都是中立國。龐大的德軍沒有足夠的迂迴空間包圍法軍，除非超出法國邊界。德軍曾在一八七〇年時完成包圍，但當時兩軍規模都很小，如今則是要調動百萬大軍，從側翼去包圍另一支百萬大軍。空間、道路、鐵路都很重要。這些條件在比利時北部平坦的法蘭德斯（Flanders）平原都有。在施里芬的致勝方案裡，比利時提供了德軍側翼行動的空間，能夠避免德軍對法發起正面進攻所導致的災難。

德國軍事思想大師克勞塞維茲立下定律，攻方的首要目標就是以「決定性戰役」快速取勝。第二目標才是占領敵人領土，控制其資源。關鍵在於快速做出決定，時間最為重要。克勞塞維茲譴責任何對戰事的延誤，害怕「逐步消滅」敵軍或消耗戰，有如地獄深淵。他的《戰爭論》成書於滑鐵盧之役那十年，自此被奉為戰略寶典。

為求取決定性勝利，施里芬寄望能學習漢尼拔在坎尼會戰（Battle of Cannae）的戰略。漢尼拔將軍已離世很久很久，但施里芬對他卻是如此著迷，因為他曾在兩千年前經典的坎尼會戰兩面包夾羅馬軍隊。施里芬寫道，野戰砲和機槍雖已取代弓箭和彈弓，「但戰略原則依舊未變。敵軍正面並非目標，重點在於摧毀敵方側翼……並以攻擊其後方完成殲滅。」在施里芬時代包圍戰略備受尊崇，正面進攻則被這位德國參謀總長深惡痛絕。

施里芬納入違反比利時中立的作戰計畫，最早的版本完成於一八九九年。他規畫要穿過比國默茲河以東的角落。此計畫隨後年年擴大，到一九〇五年已拓展為大規模包圍右翼的掃蕩，德軍將由列日到布魯塞爾，橫越比國再往南走，利用法蘭德斯空曠地帶向法國進攻。這一切取決於對法決策要迅速，即使繞行法蘭德斯路程較遠，也比圍攻德法邊界的堡壘戰線來得快。

施里芬沒有足夠部隊可以像坎尼戰役一樣兩面夾擊法國。他以布防重兵於單邊右翼取而代之，士兵將分布於比利時全境，在默茲河兩岸，宛如收割牧草的龐大耙子般一路掃過比國，越過法比邊境全線，沿瓦茲河（Oise）河谷下到巴黎。德國大軍將切斷法軍與首都的聯繫，並在決定性的殲滅戰中擒拿為了抵禦德軍而捨棄陣地的回防法軍。計畫要點在於德國故意弱化沿亞爾薩斯與洛林的左翼戰線，誘使當地法軍落入梅斯河到孚日山脈間的「圈套」。德國預料法軍會為了收復亞、洛兩省失土而攻擊此地，若真是如此就將大大有利於德國的計畫，因這些法軍會被德軍左翼牽制在圈套裡，而德軍就能自其後方取得主要勝利。施里芬隱約期望當戰鬥揭開序幕時，德國的左翼可以展開反攻，來達到真正的兩面夾攻，畢竟他最大的夢想就是效法坎尼會戰的漢尼拔。儘管如此，施里芬並未被那遠大的野心迷惑，始終嚴格保留最大實力給右翼。但左翼的誘惑始終吸引著其後繼者。

於是德軍來到比利時。為決戰必定要包圍，為包圍勢必要用到比國領土。德國參謀總長宣稱軍事上有此必要，德皇及首相或多或少都平靜地接受此說法。至於此舉是否明智、是否有利於國際輿論（尤其中立意見），則都無關緊要。唯一的標準就是這麼做對德國武力獲勝似有必要。德軍自一八七〇年得到的教訓是，武力和戰爭是展現德國偉大的唯一來源。他們受教於陸軍元帥戈茲（von der Goltz），他在著作《武裝國家》（*The Nation in Arms*）中說：「我們是靠刀劍鋒利，不是靠才智敏銳，贏得國家地位。」不難想像，德國很容易就做出了違反比利時中立的決策。

希臘人相信，性格等於命運。百年來的德國哲學都助長了這項決策，種下了自我毀滅的種子，只等待萌芽時機。施里芬只是成長後的果實，但澆灌這一切的卻是費希特（Fichte）、黑格爾、尼采與特萊奇克。費希特認為德國人是上帝選民，要占據宇宙最崇高的地位；黑格爾看出德國人民將領導世界，接受德國文化的光榮命運；尼采告訴德國人民，超人高於一般掌控；特萊奇克把擴大權力視為國家乃至全體德國人民的最高道德義務，他稱德國人的俗世統治者為「至高無上」。促成施里芬計畫的並非克勞塞維茲及坎尼會戰，而是逐步累積的利己主義。這套思想滋養德國人民，讓德國產生了「只有己意才是絕對」的「嚴重妄想」。

以決戰為目標，是一八六六和一八七〇年戰勝奧、法的產物。如同陣亡先烈，決戰的思想牢牢主導著軍中思想。德國人不輸給其他民族，也願意決一死戰。他們以漢尼拔為榜樣，把一切賭在決戰上。但若漢尼拔真的顯靈，他恐怕也會提醒施里芬：迦太基雖贏得坎尼之役，贏得整場戰爭的卻是羅馬。

一八九〇年陸軍元帥老毛奇（Moltke the Elder）預言，下一場戰爭可能持續七年或三十年，因現代國家資源豐富，即便碰上單一軍事挫敗也不會知道自己已被擊敗，因此也不會放棄。他的同姓姪子小毛奇（Moltke the younger）繼施里芬後出任參謀總長。小毛奇也有過見識清明的時刻，他在一九〇六年一度對克勞塞維茲的觀點表示異議，他對德皇說：「未來將是全國性戰爭，一場決戰無法左右勝負，而是要長期勞心勞力地與他國爭戰，直至其全國力量瓦解才能戰勝。而即使我方獲勝，戰爭也會使我國民窮財盡。」但這套預言的邏輯卻違反人性，也違反參謀總長的本性。德國人的科學方法無法用來評估這種天馬行空、無極限的長期作戰概念，但可預測、做法簡單且速戰速決的正統決戰觀卻可以。小毛奇做此預言時已是參謀總長，但他或他手下的參謀，或其他國家的參謀，卻從未就長期作戰做過籌畫。除這兩位毛奇（如今一位已過世，另一位則優柔寡斷），別國也有一些戰略家曾探究過長期戰爭的可能性，但他們全都跟銀行家和實業家一樣，寧願相信全面性歐戰不可能持續三四個月以上，因為經濟生活將會陷入混亂。如同其他時代，一九一四年的特色之一就是各方人馬都對替代方案毫無準備，即便事先想到了困難卻沒有採取正確行動。

施里芬衷心接受「決戰」戰略，把德國的命運託付於其上。他預期一旦德國陳兵比利時邊界，則看見德方戰略的法國也會立即違背比國中立，所以他計畫搶先法國一步。他的理論是：「比利時中立勢必會被打破，不是被我方便是被彼方。凡是先占領布魯塞爾並課徵十億法郎戰爭稅的人，就能在這場戰爭占上風。」

賠償，即讓國家用敵人而非本身的錢打仗，是克勞塞維茲立下的第二目標。第三目標是贏得民心，這可由「獲取重大勝利及擁有敵人資本」達成，也有助於平息反抗。施里芬知道物質勝利可爭取民意，但他卻忘記道德失敗也可能失去民心，而失去民心便可能危及戰爭。

法國人從未忽略這種危險，這使他們得出與施里芬預期相反的結論。無論是法蘭德斯還是阿登地區（Ardennes），比利時也是法軍發動進攻的通道，但法國作戰計畫卻禁止法軍搶在德國之前違反比國中立。在他們看來，此事的邏輯很清楚：德、法固然都可以借道比利時，但誰會真正付諸實行，取決於哪一方更想要打仗。如法軍某將領所說：「比另一方更意欲作戰的，就會違反比國中立。」

施里芬和其參謀們並不認為比利時會抵抗，或是讓其六個師加入法軍。比洛首相曾在一九〇四年與施里芬討論過這個問題，以俾斯麥的警語作為提醒：讓反德勢力多一個敵人是違反「常識」之舉。施里芬習慣性地扭動幾次他的單片眼鏡，回答道：「當然，我們已經比那個時候更聰明了。」他說比利時不會武力反抗，頂多只會外交抗議。

德國的自信來自於太過看重施里芬時期的比國國王利奧波德二世（Leopold II），他以貪婪出名。利奧波德身材高大，配上黑色鬍鬚，頗有威嚴，其邪惡光環集合了情婦、金錢、對剛果殘酷統治及其他醜聞，在奧皇約瑟夫看來，他是「十足的壞人」。奧皇說，很少有人能配得上如此形容，但比利時國王是其一。由於利奧波德的罪孽包含貪得無饜，德皇認為貪心會蒙蔽常識，所以他想出聰明計謀，給予他法國領土來誘使利奧波德跟自己結盟。每當德皇中意於某個計畫，他就企圖立即執行，當行不通時通常會吃驚而懊惱。一九〇四年德皇邀請利奧波德到柏林訪問，以「世上最親切的方式」與他相談，談到讓比利時人驕傲的祖先：歷任勃艮第公爵（Dukes of Burgundy），並提議為他重建舊勃艮第公國（Duchy of Burgundy），納入阿圖瓦區（Artois）、法屬法蘭德斯區、和法屬阿登區。利奧波德「張大嘴」盯著德皇，然後試著一笑置之。他提醒德皇，世事自十五世紀以來變化很大，而且無論如何其大臣和國會絕不會考慮這種建議。

他不該這麼說。德皇大為震怒，責罵比國國王，說他把國會和大臣看得比神權更為重要（威廉有時會把君權與神權混為一談）。威廉告知首相比洛：「我對他說，不要跟我玩花樣。一旦歐洲開戰，誰不跟我一邊，就是與我為敵。」他自稱戰士，是拿破崙與腓特烈大帝的傳人，他們開戰時會先發制人，「我也是，假使比利時不站在我這邊，我也會對它採取先發制人。」

德皇如此揚言要撕毀中立條約的明白宣示，令利奧波德目瞪口呆。他驅車前往車站時頭盔都戴反了，還「彷彿中邪似地」看著隨身助理。

儘管威脅並未成功，德皇仍預期兩百萬英鎊的利誘就足以使奧波德交換比利時中立。戰後法國某情報員在聽到德國軍官說出金額時，對德國的慷慨表示吃驚。對方提醒他：「那是法國人要付的。」一九〇九年，利奧波德的姪子艾伯特國王繼位，兩人個性相差甚遠，但施里芬的後繼者仍預期比利時的抗拒只是做做樣子。一九一一年有個德國外交官說，比國的抗議了不起就是「讓軍隊在德軍攻下的道路旁排排站」。

施里芬指派三十四個師攻打行經比利時的道路，若比國選擇反抗（雖德國人認為可能性不大），這批軍隊也能順道處理掉比國的六個師。德軍極度渴望比軍不要反抗，因反抗意味著會摧毀鐵路和橋樑，繼而打亂德軍參謀本部無比重視的時程。反之比國若默許，則可避免須分散兵力去圍攻比國的要塞，也易於壓住不贊同德國行動的輿論。為說服比國勿做無用的抵抗，施里芬安排在入侵前對比國發出最後通牒，要求它放棄「所有要塞、鐵路、軍隊」，否則城市就將面臨砲轟。重砲已預備好，在必要時將砲轟威脅化為實際行動。施里芬在一九一二年寫道，那些重砲在戰爭中還用得到。「如工業重鎮里耳（Lille）便是極好的轟擊目標。」

施里芬要右翼部隊盡可能向西延伸，直達里耳，以完成法國包圍戰。他說：「大軍進入法國時，讓右翼最靠邊那人用袖子掃到海峽。」由於他預料英國將會參戰，因此便想藉此把英法聯軍一網打盡。比起英國陸軍，他更看重英國海軍的封鎖能力，因此決心要快速擊潰英法地面部隊，在英國實施讓人有感的經濟制裁之前早日分出勝負。為此目的，一切均以壯大右翼為要。他必須擁有人數優勢，因每英里的士兵密度決定可占領的領土有多大。

現役軍人並不足夠。為了快速求勝，施里芬既要在東線抵擋俄軍突破，在西線上又要有優於法軍的人數。他的解決方式很簡單，卻深具革命性。他決定在前線使用後備部隊。按照當時盛行的軍事理論，唯有最年輕且剛受過嚴格軍事訓練的士兵才適合上戰場；已服完義務役的退伍後備軍人被視為不夠強壯而不適合戰場。只有不到二十六歲的後備軍人才會併入現役單位，其餘則會組成用來擔任占領部隊及其他後方勤務的後備師。施里芬改變了一切。他把二十餘個後備師（數字依計畫年分而有差異）加入到五十餘個現役師的行列。增加那麼多兵員，使他鍾愛的包圍戰略變得可行。

施里芬在一九〇六年退休，把餘生用於撰寫坎尼會戰、改進計畫、撰寫備忘錄指引後繼者。一九一三年去世，享年八十歲，最後的遺言是：「仗一定要打，只須把右翼增強。」

繼任他的是小毛奇將軍，他是悲觀主義者，不像施里芬那樣願意把所有軍力集中於一次行動。若說施里芬的座右銘是「勇敢再勇敢」，小毛奇則是「別勇敢過頭」。他擔心攻法的左翼部隊不夠強，也擔心留在東普魯士抵擋俄軍的部隊太弱。他甚至與參謀們辯論對法打防衛戰是否明智，但又拒絕此議，因為它排除所有「在敵人領土上與之交手」的可能性。參謀們同意，侵入比利時「完全正當且必要」，因為要打仗也是為「德國的防禦及生存」而打。施里芬計畫獲得保留，小毛奇在一九一三年自我安慰地寫道：「我們必須放下所有關於侵略者責任的老生常談。……單是勝利便足以合理化戰爭。」但為求計畫周全，他每年總是削減施里芬臨終的要求，從右翼借調兵力到左翼。

照小毛奇的計畫，德軍左翼八個軍約三十二萬人，防守梅斯以南的亞爾薩斯和洛林前線。中央十一個軍約四十萬人，經盧森堡和阿登區進攻法國。右翼十六個軍約七十萬人，負責進攻比利時並粉碎比國在默茲河的列日及那慕爾（Namur）要塞，然後德軍逕自渡河，抵達平坦地帶及遠處的直行道路。德軍事先訂好每日行軍時程，預期比利時人不會反抗，就算反抗也很快就會在德軍的攻擊下投降。德軍要求列日的道路必須在動員的第十二天打通，第十九天要攻下布魯塞爾，第二十二天跨越法國邊界，第三十一天建立蒂永維爾（Thionville）至聖康坦（St. Quentin）戰線，第三十九天進入巴黎並贏得決定性勝利。

作戰計畫嚴謹而完備，有如戰艦的設計藍圖。德軍聽從克勞塞維茲的警語：軍事計畫若未預留發生意外的空間，就可能導致災難。無比小心的他們，試圖為所有偶發事件做準備。德軍參謀們受過操演訓練，也在戰爭學院書桌前研究，要為任何假定狀況提供解決方案，相信他們能因應意外情勢。無論是困難的、荒謬的還是危險的情境，德國人都採取了預防措施。他們只差一點：彈性。

隨著德軍強化全力攻打法國的計畫，小毛奇對俄國的擔憂也逐漸降低。他的自信來自於他的參謀，他們仔細計算俄國鐵路長度，相信俄國最快要到一九一六年才會「準備好」作戰。根據德國間諜回報，俄方認為「一九一六年會有事情展開」，更證實德軍心中的盤算。

一九一四年還發生兩件事，使德國相信自己已準備好戰爭。英國與俄國在四月展開海軍談判，六月德國完成拓寬基爾運河（Kiel Canal），使其新型無畏戰艦可直接由北海航行到波羅的海。毛奇在五月訪問奧國參謀總長赫岑多夫（Franz Conrad von Hötzendorff），得知英俄在談判後說，今後「任何拖延都會降低我方的成功機率」。兩週後的六月一日，他對駐倫敦大使艾卡斯坦男爵說：「我們準備好了，愈快開戰對我們愈有利。」

# 第三章 色當的陰影

一九一三年某日，法國的里耳軍事總督勒巴（Lebas）將軍來到陸軍部，拜訪副參謀總長凱斯蒂諾（de Castelnau）將軍，他是來抗議參謀本部放棄里耳為設防城市的決定。里耳距比利時邊界僅十英里，距英吉利海峽四十英里，入侵軍隊若借道法蘭德斯，里耳很接近其必經之路。勒巴要求防衛里耳，凱斯蒂諾回應時攤開地圖，用尺丈量自德國邊界經比利時到里耳的距離。他提醒來客，強力進攻時軍隊需要的一般密度，是每公尺五到六人。凱斯蒂諾指出，德軍若是向西拉長戰線至里耳，就會延長為一公尺兩人。

副參謀總長斷言：「我們會從中截斷他們！」他解釋可用於西線的德軍現役部隊有二十五軍，約百萬人。「這裡，你自己算算。」他把尺遞給勒巴，諷刺而滿意地重複：「這對我們更有利。」

法國的戰略並未忽視被德軍右翼包圍的威脅。法國參謀總長相信，德軍愈是強化右翼，相對就會使中央及左翼更弱，而法軍正打算由此突破。法國的戰略是背對比利時邊界，面對萊茵河。當德軍繞遠路去猛攻法軍側翼，法軍則計畫兵分兩路，自梅斯德軍設防區的任一側進攻，擊潰德軍中央及左翼，在此獲勝後截斷德軍右翼與陣地的聯繫，使之失去攻擊力。這大膽計畫是法國自一八七〇年的色當（Sedan）屈辱復原後的新構想。

據一八七一年德國在凡爾賽（Versailles）要求的談和條件，法國要割地賠款、領土被占。德軍的勝利條件還包括讓德軍在巴黎的香榭麗舍大道舉辦勝利遊行。遊行時整條大街靜默無聲，空無一人，家家戶戶垂著黑幕。當法國國民議會在波爾多（Bordeaux）批准和約時，亞爾薩斯和洛林的議員流淚走出議事廳，留下抗議：「我們永遠主張亞爾薩斯人和洛林人為法國國民的權利。我們為自己、選民、子女與子女的子女立誓，要當著竊奪者的面，在任何時候以一切方式主張那種權利。」

俾斯麥雖反對併吞這兩地，認為那是新德意志帝國的致命弱點，但老毛奇和其參謀卻要求這麼做。他們堅持並說服德皇，這兩個邊界省分加上梅斯、史特拉斯堡（Strasbourg）及孚日山脈山頂必須被割讓，好讓法國在地理上永久處於守勢。他們又加上壓倒性的五十億法郎賠償，好困住法國一個世代，並留下占領軍，直到拿到賠款。法國人拚命在三年內籌足並付清賠款，然後開始復原。

色當的記憶揮之不去，那是法國人意識中常駐的暗黑陰影。法國政治家甘必大（Gambetta）勸民眾：「閉口不提，但常記在心。」四十多年來，對「再戰」的考量，是法國政策最基本的核心。一八七〇年後幾年，基於直覺及軍事上的弱點，法國必須採取構築堡壘戰略，把自己包在由碉堡串連而成的牢固兵營體系之後。防線有兩道：一道從貝爾福（Belfort）到艾皮納勒（Epinal）、圖勒（Toul）到凡爾登（Verdun），防衛東邊國界；另一道從莫伯日（Maubeuge）到瓦朗謝訥（Valenciennes）再到里耳，防衛法比邊界的西半部；其間的空檔意在引誘入侵部隊。

修築高牆之後，一如雨果（Victor Hugo）所極力倡議的：「法蘭西只會有一種想法：重建武力，匯集能量，滋養神聖怒火，教養年輕一代為全民皆兵，努力不懈，研究敵人戰法與戰技，再次成為偉大的法蘭西，那一七九二年的法蘭西，有思想有戰力的法蘭西。然後有一天，它將所向無敵。然後它會拿回亞爾薩斯和洛林。」

法國經過回復繁榮，帝國擴張，經歷諸如保王黨、布朗熱運動（Boulangism）[1]、教士干政、工人罷工等長期內鬥，然後到最高潮且後果最嚴重的德雷福斯事件（Dreyfus Affair）[2]，但神聖的怒火仍在燃燒，尤其是在軍中。團結軍中各種勢力，不分保守派或共和派、耶穌會或共濟會的一件事，就是亞爾薩斯的奧祕。大家的眼睛都盯著孚日山脈那條藍線。某步兵上尉在一九一二年坦承，他曾率領他那一連的士兵，祕密巡邏兩三次，穿越濃密的松林登至山頂，在那裡可俯視科爾馬（Colmar）。「我們祕密探查回來時，全隊如經過洗禮般無法言語，情緒呆滯。」

亞爾薩斯原本不屬於德法，卻在兩國之間被搶來搶去，直到法王路易十四時，才由一六四八年的《西發利亞條約》（Treaty of Westphalia）確認它屬於法國。一八七〇年德國併吞亞爾薩斯和部分洛林後，俾斯麥建議盡可能給當地居民最多自治，並鼓勵他們保持特殊民風，因為他們愈覺得自己是亞爾薩斯人，就愈不會自認是法國人。俾斯麥的後繼者看不出這必要性。他們不考慮新子民的意願，不努力去贏得民心，把這兩省當成由德國官員治理的「帝國領地」（Reichsland）來管，與德國的非洲殖民地幾乎同等待遇，只成功地激怒及疏離當地人民，直到一九一一年才給他們一部憲法。但為時已太晚。一九一三

1　譯注：將軍兼政治人物布朗熱（George Boulanger）利用反德情緒取得支持，險些顛覆法國第三共和。

2　譯注：猶太裔軍官德雷福斯被誤判為叛國，引發法國社會嚴重衝突，多年後才獲平反。

年，德國統治當局碰上了爆炸性的「薩本事件」(Zabern Affair)，起因是德國軍官用軍刀打殘疾鞋匠，引起鎮民和駐軍互罵。結果造成德國對帝國領地的政策被完全公開，激起國際輿論反德情緒高漲，同時軍國主義也在柏林勝出，軍官薩本成為英雄，受到皇儲恭賀。

對德國而言，一八七〇年並非終局。當德意志帝國在凡爾賽宮鏡廳（Hall of Mirrors）宣布成立，德國人以為他們在歐洲稱霸之日已現曙光，但這道曙光卻遲遲未現。因為法國尚未被擊垮，法蘭西帝國在北非及中南半島仍在擴張，藝術、美感、時尚仍向巴黎朝拜。德國人仍苦惱於豔羨被他們征服的國家。有句德國俗語說：「像法國神明那麼富足。」同時他們又認為法國文化頹廢，並因民主而軟弱。德國頂尖歷史學者戴布流克（Hans Delbrück）教授宣稱：「四十三年裡有四十二個陸軍部長的國家，不可能有戰力。」德國人自認在靈性、實力、能量、工業、國家道德上具優越性，覺得他們理當主宰歐洲。色當的任務必須完成。

法國生活在那未竟之業的陰影下，雖恢復了精神及力量，卻厭倦於要永久警惕、要永久受領導人物告誡須自我防禦。世紀交替後，法國人在精神上對三十年來的守勢及其隱含的自承低人一等，產生了反叛之心。法國自知實力不及德國：人口較少，出生率較低。它需要某種德國欠缺的武器，使它對自身生存有信心。「具戰力的思想」滿足此種需要。文學家柏格森（Bergson）表達出此一概念，稱之為「生命衝力」(élan vital)，也就是可征服一切的意志。德國哲學家叔本華（Schopenhauer）及黑格爾都曾聲稱，進化力量是不可抗拒的；而法國對此生命衝力的信念使它相信，人類精神不必屈服於命定的進化力量。法國精神將是扳回一城的因素。求勝意志，生命衝力，可使法國擊敗敵人。其天賦在於精神，是光榮且無可比擬的一七九二年《馬賽曲》精神，是馬傑利特（Margueritte）將軍在色當展開英雄式騎兵衝鋒的精神，連觀戰的威廉一世都忍不住叫出：「噢，勇敢的人們！」

對法蘭西的熱忱，對「高盧怒火」的信念，恢復了一八七〇年後的世代對國家的自信。若有一天「再戰」到來，那種熱潮將展開旗幟、吹響號角、武裝士兵，帶領法國取得勝利。

把柏格森的生命衝力翻譯成軍事用語，就成了「攻勢原則」。當守勢為攻勢戰略取代，對比利時前線的重視也逐漸被取代，重心逐步向東移，直到法國可發動攻勢直搗萊因河。在德國人看來，繞道法蘭德斯是為進攻巴黎；而在法國人眼中，法蘭德斯卻毫無意義，法軍只能以最短路徑攻抵柏林。法國參謀本部的思考愈接近攻勢，法軍便愈會集中於攻擊德法邊境，愈少會留下來防禦法比邊界。

攻勢原則源自法蘭西最高戰爭學院（Ecole Supérieure de la Guerre），那是軍方知識菁英的方舟，院長福煦將軍是當時法國軍事理論塑造者。福煦的心智與心臟一樣，也有兩個瓣膜：一個把精神注入戰略，另一個讓常識四處流通。他一方面倡導意志的奧妙，正如其名言所說：「有征服意志是勝利的首要條件」，甚或可簡化成「意志即勝利」，但他同時也倡導「不承認被打敗即代表勝利」。

這影響了後來的馬恩河之役。當情勢告急需要撤退時，這項精神成為他著名的進攻令。當時他手下的軍官記得，他曾以憤怒、勢不可擋的姿態怒吼：「進攻！進攻！」並像充滿電的電池一般，急速地四下衝撞。後來福煦被人問到，他在馬恩河理論上已被擊敗，為何還要前進？「為什麼？我不知道。因為我的部隊，因為我有意志，因為上帝也在。」

福煦雖曾深入研究克勞塞維茲，但不像其德國的後繼者，他不相信可事先擬訂萬無一失的作戰時程。福煦反而倡導持久的適應能力，以及視情況隨機應變的必要性。他會說：「規則十分適用於演練，但危險時刻派不上用場。……你必須學習思考。」思考意指要為採取主動的自由，保留空間讓無法估量的精神贏過物質，讓意志展現大於環境的力量。

但福煦警告，單靠士氣就能征服的想法是「幼稚的概念」。在他演講和戰前的著作《戰爭原理》（*Les Principes de la Guerre*）及《戰爭行為》（*La Conduite de la Guerre*）中，他從形而上的高論降到實際的戰術，諸如前鋒部隊的部署、安全或保護的必要性、火力的要素、服從和紀律的不可或缺等等。他在務實面的教導，可總結於另一句他在一次大戰時為人熟知的名言：「問題的癥結何在？」

福煦講戰術雖頭頭是道，但令追隨者著迷的還是他所說意志的奧祕。一九〇八年克里蒙梭曾考慮請當時還是教授的福煦出任戰爭學院院長，他私下派人去聽福煦講課，此人不明所以地回報：「這位軍官教導極深奧的形上學，讓學生都像是笨蛋。」儘管如此克里蒙梭仍舊任命福煦，但從某個角度看，這份報告有其真實性。福煦的原則並非由於太深奧，而是因為太吸引人，因此為法國埋下陷阱。特別熱衷於此的是「忠誠且傑出的軍官」格蘭梅松（Grandmaison）上校，也是參謀本部第三局（Troisième Bureau，相當於軍事行動局）局長，他一九一一年曾在戰爭學院發表過兩次演講，造成具體影響。

格蘭梅松僅掌握到福煦原則的理念，未掌握到其務實面。他只闡述「衝力」，不提安全，所講述的軍事哲學令聽眾情緒激昂。他在眼花撩亂的聽眾面前揮舞「思想的劍」，說明法國要如何求勝。其精義在於「極限攻擊」（offensive à outrance）。唯有這才能達成克勞塞維茲的決戰，把決戰「運用到底是戰爭的必要行動」，決戰「一旦投入便須堅持到底，不作他想，直至人類忍耐極限」。掌握主動是絕對要件。

武斷預判敵人的行為再事先準備反而會失之草率，唯有將我方意志施於敵人才能享有行動自由。「所有指揮決策均出於欲搶得先機的意志。」防守戰略被拋至九霄雲外，留待偶爾「在特定時刻精簡軍力，以便作戰時再增加力量」。

這對參謀本部影響深遠，令該部在兩年後為戰時行為新訂的戰地守則，一九一三年五月又採行了新作戰計畫「十七號計畫」(Plan 17)。格蘭梅松演講後不出數月，法國總統法利埃（Fallières）即宣布：「唯有進攻才符合法國軍人的性格。……我國決心毫不遲疑地正面進攻敵人。」

法國政府一九一三年十月制定的新戰地守則是法軍訓練及行動的基本文件，它開宗明義便高調宣布：「法國軍隊回復傳統，今後僅承認攻勢法則。」接著列出八條規定，文中「決戰」、「直接進攻」、「攻勢猛烈不屈不撓」、「瓦解敵人意志」、「追擊不留情不停歇」等字眼歷歷在目。新守則在正統剷除異端的狂熱下，踐踏並遺棄防守的概念，宣稱「唯有攻擊可導致正面結果」。第七條規定中，制訂者用斜體字強調：「戰役主要是士氣之爭。一旦自認征服無望，戰敗勢不可免。勝利並不屬於受創最少者，而是意志最堅定、士氣最高昂者。」

八條守則中絲毫未提到物資、火力或福煦所說的安全。新戰地守則的要旨，後來簡化為法國軍官團最愛用的名詞：奮勇，或較粗俗的說法：膽量。就像年輕人在「精益求精」的旗幟下，出發去征服山頂。一九一四年法軍也在「奮勇向前」的旗幟下，走向戰爭。

這些年來法國的軍事哲學變了，但法國地理未變。其邊境的地理事實，仍是德國於一八七〇年定下的。威廉一世曾向提出抗議的法國王后歐珍妮（Eugénie）解釋，德國的領土要求「唯有一個目標，即把法軍將來可攻擊我方的出發點向後退」。他們也把德軍可攻擊法國的出發點向前推。進入二十世紀後，雖然法國的歷史與發展使它一心一意只想進攻，但法國的地理卻仍需要守勢戰略。

一九一一年，格蘭梅松發表演講同一年，最高戰爭委員會（Supreme War Council）最後一次努力促使法國採取防守戰略，主導者正是法軍總司令指定人密歇爾（Michel）將軍。他是該會議的副主席暨高階軍官，一旦發生戰爭便會兼任總司令。他提出精準反映施里芬思維的報告，其中有他評估德軍可能的攻擊路線，並有如何反制的建議。密歇爾主張，基於法德邊界的天然屏障及法國的防禦工事，德軍無法冀望在洛林速戰速決。經由盧森堡及較近的默茲河以東比利時一角，也無法給德軍偏好的包圍戰略足夠空間。他認為德軍唯有利用「整個比利時」，才能「立即、殘酷、決定性地」進攻，他們必須在法國的盟軍能加入戰鬥前，發動此種攻勢。密歇爾指出，德國對比利時良港安特衛普（Antwerp）垂涎已久，這使他們又多一個理由經法蘭德斯來犯。他建議設置凡爾登、那慕爾、安特衛普防線，以百萬法軍與德軍正面對陣，而法軍左翼如施里芬的右翼，應讓最靠邊那人用袖子掃到海峽。

密歇爾的計畫令同儕軍官憎恨，不僅是因為他提議防守，更因為他建議每一團現役部隊都附加一個後備團——他主張法軍在人數上要與德國在比利時的兵力勢均力敵，而唯有後備團才能使法方前線可作戰人數增加一倍。就算他提名法國當時最紅的藝人米絲垣潔特（Mistinguette）成為法蘭西學術院院士（Immortals of the French Academy），恐怕也不會比此議更引起群情譁然及憎惡。

法國軍官團的傳統信條是：「後備軍人等於零！」男性受完一般義務役訓練後，二十三到三十四歲之間的便會歸類為後備軍人。動員時視戰力需要由最年輕的梯次成為正規軍，其餘按所在地理區，編為後備團、旅、師。一般認為後備軍只適合後勤任務，或作為要塞守軍，由於缺乏訓練有素的軍官和士官，無法加入作戰部隊。正規軍及右派政黨對後備軍的輕視，更因反對「全民皆兵」原則而加重。把後備軍併入戰鬥部隊，將拖累法軍的攻擊力。他們認為，保國衛士只能仰賴現役軍人。

左派政黨則正好相反。他們把軍方與政變聯想在一起，想到當年騎馬謀反的布朗熱將軍。他們認為「全民皆兵」原則，才是捍衛共和國唯一之道。他們認為只要經過數月訓練，任何公民都能上戰場，並強烈反對把役期延長為三年。軍方於一九一三年要求改革役期，不僅為配合德軍增兵，也是基於同時間受訓的兵員愈多，對後備軍的倚賴就愈少。經過激辯，《三年兵役法》在一九一三年八月通過，並造成法國嚴重的分裂。

新的攻勢理念也加重對後備軍人的蔑視，因咸信唯有正規軍能將此理念深植心中。要進行敵人無法抵抗的突襲猛攻（像是刺刀攻擊），其最基本的要求便是衝勁，而法軍無法預期安於平民生活、背負家庭責任的男性具有衝勁。把後備軍與正規軍混在一起，會造成「軍隊墮落」，缺乏征服意志。

據悉萊因河對岸也是類似氛圍，據說德皇因敕令「沒有一個家庭的父親應在前線」而廣受讚譽。法軍參謀們也全都相信，德軍不會把後備單位摻雜到正規軍裡，這使他們認為德軍在前線的人員將不足以同時兩面行動：派出強大右翼部隊，廣泛掃蕩比利時默茲河以西地區，在中央和左翼又有足夠兵力，阻擋法軍攻過萊因河。

當密歇爾提出其計畫時，陸軍部長梅西米（Messimy）視之為「愚蠢荒唐」。他以最高戰爭委員會主席身分，不但企圖壓下它，並立即諮詢其他委員，是否該撤密歇爾之職。

梅西米精神奕奕、精力旺盛，他圓臉粗頸、眼鏡後是粗人的犀利眼神，聲如洪鐘，看似暴徒，過去是職業軍官。一八九九年他三十歲時曾擔任輕步兵隊長，為抗議軍方拒絕重啟德雷福斯案而辭職。軍方在事情鬧大時仍舊堅持己見，認為若在德雷福斯被定罪後承認他有可能是無辜的，將破壞軍方聲譽。梅西米無法把對軍方的效忠凌駕於正義之上，他決定轉去政壇發展，並明示他的目標是「調和軍方與政府」。他滿懷改革熱忱，高調進入陸軍部。卻發現不少將領「不但無能力領導部隊，連跟上部隊都辦不到」，他借用老羅斯福總統的便宜之計，下令所有將領演習時要騎在馬上。當此舉引起抗議，指某某老將軍會被迫退伍，梅西米回答那正是他的目的。一九一一年六月三十日他獲任命為陸軍部長，在此之前的四個月內已換過四任部長，而次日又碰上德國砲艦「豹號」(Panther）在阿加迪爾（Agadir）示威，造成突如其來的第二次摩洛哥危機。[3]梅西米預期隨時可能動員，卻發現預定要成為總司令的密歇爾「舉棋不定，優柔寡斷，因隨時可能轉移到他身上的重責大任而崩潰」。梅西米認為密歇爾的身分恐怕會導致「國家級危險」，而密歇爾的「荒唐」提議，正提供除去他的藉口。

但密歇爾拒絕在向戰爭委員會提出其計畫前去職。委員會成員囊括法國一流將領：殖民地大將加利埃尼（Gallieni）、獨臂的一八七〇年老將巴奧（Pau）、沉默的工程師霞飛、英勇模範杜拜伊（Dubail），他斜戴軍帽遮住一眼，深具法蘭西第二帝國「講究的時髦之風」。這些人在一九一四年全都擔任作戰指揮官，有兩人更成為法國元帥。但他們沒有一位支持密歇爾的計畫。陸軍部與會的某軍官說：「沒必要討論，密歇爾將軍昏頭了。」

無論這是否代表全體出席者的看法，毫不掩飾敵意的梅西米仍舊主導著整個委員（密歇爾後來說，至少杜拜伊將軍原本是贊同他的）。命運之神的詭計，讓梅西米強勢，密歇爾則屈居下風。做出正確決定卻被否決，對身負重任者來說是不可原諒之事——密歇爾為他的洞察力付出了代價。他被解除指揮職後，獲任命為巴黎軍政長官。未來在巴黎面臨考驗的關鍵時刻，他的確證明自己「舉棋不定和優柔寡斷」。

梅西米極力排除密歇爾的守勢邪說後，試圖以陸軍部長身分盡其所能給法軍最好的裝備，助他們成功發動攻勢。但他卻在自己期望最深的改革碰到挫折：法軍軍裝。英軍在波爾戰爭後已採用卡其服，德軍也即將由普魯士藍改為灰綠色。但法軍在一九一二年時的裝束仍與一八三〇年相同，頭戴紅色軍帽，身穿藍外套與紅長褲。一八三〇年代的步槍射程僅兩百步，兩軍如此近距離交戰時尚不需任何掩護。當梅西米一九一二年訪問巴爾幹戰線時，曾目睹保加利亞士兵穿著暗色軍服的優點，回國後決定不要讓法軍穿得如此醒目。他計畫讓士兵穿藍灰或綠灰色，結果引來大聲抗議。軍方不肯妥協放棄紅長褲的程度，不下於排斥採用重型砲。軍方再次感到聲譽受到威脅。軍方擁護者宣稱，讓法國士兵穿上渾濁、不體面的色彩，只是在助長德雷福斯派及共濟會的願望。《巴黎回聲報》（*Echo de Paris*）則說，放棄「所有鮮豔色彩，放棄所有令士兵看來精神抖擻的服裝，只會違反法式品味，也不符合軍事功能」。梅西米認為這兩者或許不再是同義詞，但反對者堅持立場。在國會聽證會上，前陸軍部長埃提安（Etienne）為法國主持正義。

3 譯注：阿加迪爾是摩洛哥港口，此次事件與殖民地之爭有關，也是一戰前的危機之一。

他大喊：「換掉紅長褲？絕對不行！紅長褲代表法蘭西！」

梅西米後來寫下：「愚蠢盲目地執著於最醒目的顏色，將帶來殘酷後果。」

此時阿加迪爾危機尚未解除，梅西米必須提名接替密歇爾的新總司令人選。他打算廢除當時由杜拜伊擔任的陸軍部參謀長，並結合總司令與參謀總長職位以賦予總司令更大權威。密歇爾的繼任者會集所有軍權於一身。

梅西米的第一人選是嚴格而傑出的加利埃尼，卻加利埃尼卻拒絕了。戴夾鼻眼鏡的加利埃尼解釋說，密歇爾去職一事他曾幫上忙，因此取代密歇爾會令他感到良心不安，何況自己已六十四歲，再過兩年就要退休。加利埃尼也認為，任命「殖民地將領」會引起首都部隊不滿。他用服裝上的差別做比喻說：「這是鈕扣問題。」第二人選是巴奧，他提的條件是要讓他任命自己選中的將領來擔任高階指揮官，但他以意見反動著稱，有可能再掀起才逐漸平息的右派軍方與共和政府的長期不和。政府尊重他誠實的態度，但拒絕他的條件。梅西米去請教加利埃尼，加利埃尼推薦他在馬達加斯加的前部屬，「冷靜，行事有方，頭腦清楚且精明」。於是照其推薦，這職位就給了當時五十九歲的霞飛，他曾任工兵部隊長官，現任後勤部司令。

霞飛穿起寬大制服顯得粗大肥胖，圓潤的臉上留著幾近全白的濃髭及濃眉，明亮光滑的膚質，加上鎮定的藍眼及坦誠平靜的眼神，看似耶誕老人，給人慈愛無邪的印象，但這兩種特質都看似與他的性格不符。霞飛並非出身仕紳家庭，並非畢業於法國最頂尖的聖西爾軍校（St. Cyr），而是較不貴族化但更科學化的理工學院（Ecole Polytechnique），也未受過戰爭學院的進階訓練。他在工兵部隊當軍官，負責防禦工事和鐵道等不浪漫的工作，屬於不會被挑選為高階將領的軍種。他出生於法國庇里牛斯山（Pyrénées）小資產階級酒桶製造商家庭，是十一個子女中的老大。對從軍生涯做過的每一職位，他都默默做出成績和效率：他曾在福爾摩沙和中南半島當連長，在蘇丹和廷布克圖（Timbuktu）當少校，在陸軍部鐵道處當參謀官，在砲兵學校當講師，一九〇〇至一九〇五年在馬達加斯加當加利埃尼底下的要塞官，一九〇五年當將軍師長，一九〇八年當軍長，一九一〇年起出任後勤司令及戰爭委員會委員。

他沒有知名的教會、王室或其他令人困擾的人脈，德雷福斯事件發生時他在國外。而親共和派的名聲就跟他修剪整齊的指甲一樣討好，為人實在且沉靜自若。他顯著的特點是習慣性寡言，這在別人身上看似自我貶抑，但在霞飛高大鎮定的身軀上，卻像一種自信光環的展現。他還有五年才退休。

霞飛很清楚自己的一項缺點：他未受過純粹參謀工作領域的訓練。七月某個大熱天，在聖多米尼克街的陸軍部門戶洞開，官員們自辦公室望出去，只見巴奧抓著霞飛制服的鈕扣，口中說著：「接受吧，老友。我們會把凱斯蒂諾指派給你。他很懂參謀工作，一切都會自然解決。」

凱斯蒂諾畢業自聖西爾軍校和戰爭學院，像達太安（D'Artagnan）[4]一樣出身加斯科涅（Gascony），據說那裡專產頭腦冷靜的熱血男子。他受許多不利背景所累：家族與某侯爵有關係，他與耶穌會有來往，他信仰個人天主教，奉行十分熱切，以致在戰時贏得「軍靴僧侶」(le capucin botté）的稱號。不過他在參謀本部資歷甚久。霞飛較喜歡福煦，但知道梅西米對福煦有原因不明的偏見。他習於聽從巴奧的

4　譯注：路易十四時的劍客隊隊長，名著《三劍客》是以其生平為本的小說。

建議，不做評論，馬上接受。

當霞飛要求用凱斯蒂諾為副手，梅西米抱怨：「唉！你會在左派政黨引起風暴，並為自己樹敵。」但在總統和對此條件「做鬼臉」的總理同意下，兩項任命案一起通過。某將軍因有所圖謀而警告霞飛，說凱斯蒂諾可能取代他。霞飛不以為意，答道：「讓我走！別讓凱斯蒂諾走。我需要他做六個月，然後我會給他當軍長。」事後證明，他發現凱斯蒂諾是不可多得的人才。霞飛在戰爭爆發時讓他指揮整個軍團，而非一個軍。

霞飛超強的自信心在次年表露無遺，當時助理亞歷桑德（Alexandre）少校問他，他是否預期戰爭會很快發生。

霞飛回答：「我當然是這麼想。我一直認為會很快。戰爭會來，而我會應戰並贏得勝利。我不論做什麼都會成功，就像在蘇丹。這次也一樣。」

助理對如此抱負有些驚奇，說：「這意味著你會當上元帥。」

「對。」霞飛簡潔、平靜地承認有此可能。

在這穩如泰山的人物支持下，參謀本部自一九一一年起便投入修改戰地守則，再教育部隊精神，制訂新作戰計畫，取代已過時的十六號計畫等工作。參謀們的導師福煦，已離開戰爭學院，晉升並轉至戰地，最後來到南錫（Nancy），這裡是一八七〇年的邊界。如他所說，「像是在法國胸膛割下一道疤痕」。他在此防守邊境，指揮很快就會因他而出名的第二十軍。但他留下一個「小教堂」，那是法軍對內部派系的稱呼，這群福煦的門徒成為霞飛的隨員。福煦也留下戰略計畫，後成為十七號計畫的骨架。此計畫完成於一九一三年四月，未經討論或諮詢，便在五月與新式戰地守則一起由最高戰爭委員會通過。其後八個月是依據此計畫進行軍隊重整，以及針對動員、運輸、補給、部署與集結的地區及時程，準備所有指示及命令。到一九一四年二月，各部分指令已準備就緒，可傳達給法軍總共五個軍團的將領，各人只會收到與自己相關的部分。

如福煦所說，擬訂十七號計畫計畫的動機是：「我們須經過美因茨（Mainz）攻到柏林」，即必須從南錫東北方一百三十英里的美因茨渡過萊因河。但這目標只是一個概念。十七號計畫不像施里芬計畫，其內容沒有明訂的整體目標，也沒有確切的行動時程。它並非作戰計畫，沒有既定目標，只是部署計畫，提供數條可能的攻擊路線給各軍團視情況而定。它基本上是應戰計畫，是對德軍攻勢的還擊，而法軍事先無法確定德軍會走哪條路，因此它必須如霞飛所說，做「伺機而動者和機會主義者」。十七號計畫的主旨仍是進攻，但除此之外的安排都保持著彈性。

負責執行該計畫的將領們都會收到一則由五句構成的簡短總指令，這項指令被列為機密而不准私下討論：它其實也沒有多少討論餘地。這則指令像戰地守則一般，有著漂亮的開場：「無論情況如何，總司令的意向是全軍聯合進攻德軍。」這總指令其餘部分只講到法軍行動包括兩波主攻勢，一向左一向右，攻擊自梅斯到蒂永維爾的德軍要塞地區。朝梅斯右方或南方的攻勢，將直接向東進攻，越過洛林舊界，其次是進攻亞爾薩斯，目的在讓法軍右翼固守於萊因河。朝梅斯左方或北方的攻勢，將向北邊進攻，或是敵軍若違規進入中立領土，便經盧森堡及比利時阿登區向東北進攻，但此調動僅能「依總司令命令」執行。雖無白紙黑字言明，但整體目的是攻抵萊因河，同時自後方隔絕並切斷入侵的德軍右翼。

基於此，十七號計畫將法軍的五個軍團沿邊界部署，由亞爾薩斯貝爾福，一直遠至伊爾松（Hirson），涵蓋了三分之一的法比邊界。由伊爾松到海邊的其餘法比邊界沒有布防，那是密歇爾原規畫為法國應防衛的地帶。霞飛繼任後在辦公室保險箱發現密歇爾的計畫。法軍最左側的防線原本是密歇爾計畫的防禦重心，霞飛卻未部署軍隊。它是純守勢的計畫，不許採取主動，是以霞飛仔細研讀後判定為「愚蠢」。

雖然法國參謀本部第二局（Deuxième Bureau，也就是軍情局）蒐集到許多跡象，指出德軍會以強大的右翼進行圍攻，但該局卻忽視相關證據，認為德軍不會這麼做。他們不相信德軍會掃蕩法蘭德斯，儘管其實有德國參謀本部的軍官以戲劇性方式揭露此事。這位軍官在一九〇四年向法軍洩露了施里芬計畫的較早版本。此人連續三次在布魯塞爾、巴黎、尼斯與某法國情報官見面，他頭部纏著繃帶，僅露出灰髭和銳利隻眼。他為大筆金錢交出的文件，透露出德軍打算借道比利時，經列日、那慕爾、沙勒羅瓦（Charleroi），然後沿瓦茲河谷，經吉斯（Guise）、努瓦永（Noyon）、貢比涅（Compiègne）侵入法國。這路線在一九一四年是正確的，文件也屬實。當時的法國參謀總長彭德薩克（Pendezac）將軍認為，這情報「完全吻合當前德國戰略趨勢，即主張有必要廣泛包圍」，但其有不少同僚表示懷疑。他們不相信德軍可動員足夠人數來進行如此大規模的行動，也懷疑該情報是為了聲東擊西，轉移法軍遠離真正攻擊區。法方的規畫受制於各種不確定性，其中最大變數是比利時。照法方的邏輯，德國若違約侵犯比國，攻擊安特衛普，顯然會讓英國加入對抗德國。德國有可能故意幫自己的倒忙嗎？難道德國「真的不可能」避開比國，回到老毛奇的計畫，在俄國遲緩的動員未完成前先攻擊俄國嗎？

霞飛與凱斯蒂諾試圖以德軍戰略的一項假說來配合十七號計畫，認定最可能的劇本是敵人的主攻勢會越過洛林平原。他們預期這攻勢將侵犯比國默茲河以東的角落。他們計算德軍在西線的兵力是二十六個軍，不包括在前線動用後備軍人。凱斯蒂諾判定，以此人數要延伸兵力部署至遠處的默茲河，「沒有可能」。霞飛同意：「我也持這種看法。」

社會黨重要領袖饒勒斯（Jean Jaurès）想法不同。他曾領導反對《三年兵役法》，並在演講和著作《新軍隊》（*L'Armée nouvelle*）中堅持：未來戰爭將是動用全民的大軍交戰，而德軍正在做此準備。二十五至三十三歲的後備軍人正值體力高峰，也比無責任在身的更年輕士兵更認真，除非法國在前線運用所有後備軍人，否則會遭致可怕的人海「淹沒」。

在十七號計畫派系外，仍有軍事評論家強力主張守勢戰略。古阿赫（Grouard）將軍在一九一三年出版的《冒險戰》（*La Guerre aventuelle*）一書中寫道：「我方尤其應全力防範德軍經由比國來襲。我們可毫不遲疑地說，若我方一開始便採取進攻，則合理的結果就是必會被擊敗。」但法國若是以守勢反擊德軍右翼，則「一切可能性都對我方有利」。

一九一三年，第二局蒐集到有關德國將後備軍人投入戰鬥部隊的足夠資訊，使法國參謀本部無法再無視於這關鍵要素。法國取得的情報是那一年小毛奇對德國軍演的一篇評論，該評論指出後備軍人將上戰場。比利時駐柏林武官梅洛特（Melotte）少校也回報，德國在一九一三年召集了數目多得反常的後備軍人，他報告中的結論是，德軍正為每一個現役軍組成一個後備軍。然而，十七號計畫擬訂者不願接受。他們排斥那些支持守勢戰略的證據，因為他們的內心和希望、訓練和戰略，都死守在攻勢戰略上。他們說服自己，德軍只打算用後備單位防守交通線及「被動戰線」，並作為攻城與占領部隊使用。他們堅持若德軍延伸右翼遠至法蘭德斯，只會使德軍中央過於單薄，以致如凱斯蒂諾所說，法軍可「將他們從中截斷」。他們以此作為不防衛法比邊界的理由。強大的德軍右翼會，只會使法軍享有人數超過德軍中央及左翼的優勢。凱斯蒂諾的經典名句就是：「情況反而對我們更有利！」

當勒巴要求防衛里耳未果而離開聖多米尼克街時，他對隨行的里耳眾議員說：「我袖子上只有兩顆星，他有三顆。我能怎麼辦？」

# 第四章 「一個英國兵就夠了」

英法聯合軍事計畫起因於一九〇五年，俄國在遠方敗於日本手下，暴露其軍事無能，也動搖歐洲均勢。各國政府突然同時意識到，若任一國選擇突然發動戰爭，法國勢必孤軍作戰。德國政府立即就展開試探。一九〇五年俄國在奉天戰敗後，三週內法國便受到挑戰：三月三十一日，德皇在摩洛哥北部的丹吉爾（Tangier）現身，並引起轟動。對法國人而言，那代表德國在試探「再戰」的時刻，並發現那個時刻並不遙遠。「我跟別人一樣，在那天早上九點到達巴黎。」寫這句話的佩吉（Charles Péguy），是詩人、編輯、神祕主義者、反黨的社會黨員、反教會的天主教徒，並盡其所能為法國的良心發言。「我跟別人一樣，在十一點半得知，過去那兩小時內，個人歷史、我國歷史、世界歷史，都開啟了新時期。」

佩吉對自己的人生並未說空話。一九一四年八月，他四十一歲時自願從軍，九月七日在馬恩河作戰陣亡。

英國也對德國政府的挑戰做出回應。當時英軍的編制正由艾雪主持的委員會徹底整頓。除了他，委員還有以現代化帝國戰略思想著稱的陸軍軍官克拉克（George Clarke）爵士，以及行事火爆的第一海務大臣費雪，他持續以爆炸式手法改革海軍。「艾雪三人組」成立了帝國防禦委員會（Committee of Imperial Defence），主管戰爭政策。艾雪是常任委員，克拉克是主祕，也給軍方一個清新的參謀本部。

當德皇緊張地騎著精神亢奮的白馬走過丹吉爾街頭時，英國參謀本部正在做兵推，假設德軍會經由比利時在默茲河北面、西面做大規模側擊移動。地圖上的演練使作戰處長格瑞森（Grierson）將軍及其助理羅伯森（Robertson）將軍相信，除非英軍「迅速強勢地抵達戰場」，否則阻止德軍的可能性很小。

當時英方思考的是在比利時獨力行動。保守黨首相貝爾福立即要求軍方報告，一旦德國入侵，有多快可動員四個師的兵力登陸比利時。結果，貝爾福政府在危機發生時失去執政權，而格瑞森與羅伯森正在歐陸訪視沿法比邊界的地形。

因預期德國可能利用俄國的災難，在即將來臨的夏季突然發動戰爭，各方均繃緊神經。英法共同軍事行動尚未做成任何計畫。英國正值大選，部會首長分散全國各地忙著競選，法國被迫採取非正式處置。法國駐倫敦武官宇傑（Huguet）少校，與積極熱心的中間人利平頓（Repington）上校聯繫，後者是《泰晤士報》軍事特派員，經艾雪和克拉克首肯而展開協商。利平頓向法國政府提出備忘錄，詢問：「我方是否可認定，除非迫於德國違反在先，否則法國原則上不會違犯比國領土？」

法方答：「絕對，是的。」

利平頓問，意在傳達警告及「法方是否清楚，違反比國中立會使我國自動參戰，以維護我國條約義務？」英國有史以來從無任何政府曾承諾對某事「自動」採取行動，但利平頓不受節制，衝得特別快。對方有點茫然的回覆是：「法方向來如此認定，但從未接獲正式保證。」

再討論過其他重要問題後，利平頓認定法國對英國在比利時單獨行動的評價不高，反而認為統一指揮「絕對有其必要」，法國主導陸上，英國主導海上。

此時自由黨在大選中獲勝。他們素來反戰及出兵海外，有信心以善意維持和平。新任外相是格雷（Edward Gray）爵士，他上任一個月後便遭逢妻子過世。新陸軍大臣是愛好德國哲學的出庭律師霍丹（Richard Haldane），當防禦委員會的軍人問他心目中的軍隊是哪一種，他答：「黑格爾式軍隊。」他又記下：「此後雙方對話就變少了。」

法方謹慎地來探詢格雷，格雷表示不打算「收回」前任外相給法國的保證。格雷上任首週便面對重大危機，他問霍丹英法是否有緊急狀況時並肩作戰的安排。霍丹查看檔案，發現沒有。他查問後發現，把四個師送上歐陸需要兩個月。

格雷不確定英法參謀本部是否要現在進行協商，英國又是否不必許下承諾，只要視其為「軍事預防措施」。霍丹請示首相甘貝爾—班納曼（Henry Campbell-Bannerman）爵士。儘管其政黨的傾向，甘氏個人熱愛法國事物，有時會乘海峽渡輪一天來回，只為到法國加萊（Calais）吃午餐。他同意進行參謀會談，但對於把重點放在「聯合備戰」上有些疑慮。他認為那「非常接近應尊重的諒解」，可能破壞兩國原本相對寬鬆的協約，事實也的確如此。為避免這種不愉快，霍丹安排由格瑞森將軍和宇傑少校簽署一封信，信中表明此次會談不會要求英方做出承諾。安全立下這一原則後，他授權啟動談判。霍丹、格雷和首相並未馬上告知其他閣員，而是把進一步發展交到軍方手中，視為「部門事務」。

參謀本部由此接管。英國軍官參與那年夏季的法軍演習，包括因波爾戰爭享有盛名的騎兵將軍法蘭奇。格瑞森和羅伯森在宇傑陪同下，重訪法比邊境。他們與法軍參謀本部商討後，按照預料德軍會經比利時入侵，便一路沿著沙勒羅瓦、那慕爾到阿登區的前線，選定登陸基地和進攻區。

但「艾雪三人組」嚴厲反對把英軍附屬於法軍之下。摩洛哥危機的緊張解除後，一九〇五年展開的聯合軍事規畫就此中斷。格瑞森被替換，以艾雪為代表的意見成為主流，贊同不受法國指揮，應在比利時採取行動來保住安特衛普和鄰近海岸，因為這裡直接攸關英國利益。海務大臣費雪強烈主張，英國行動應以海軍為主。他懷疑法軍戰力，預料德軍會在陸上打敗法軍，認為何必渡海送英軍過去一起吃敗仗。他唯一贊成的陸上行動，是大膽迅速地行至德軍後方，並沿波羅的海的東普魯士海岸選定一處「綿延十英里的硬沙地」。此地距柏林僅九十英里，是可由海路抵達、最接近德國首都的地點，由海軍送上岸的英軍可攻下此地，建立作戰基地，「牽制一百萬德軍」。除此之外，軍方行動應「絕對限於……突襲海灘，收復黑爾戈蘭島（Heligoland）和派兵駐守安特衛普」。依費雪所見，英軍計畫在法國作戰是「自殺式愚行」，他認為陸軍部素來以對戰爭無知著稱，應該把陸軍當作「海軍附屬單位」來管理。費雪早在一九一〇年就以六十九歲之姿獲得貴族爵位，同時遭解除海軍部職務，但他日後還會受重用。

一九〇五至〇六年的緊急狀況過去後，英法共同軍事計畫停滯數年。其間有兩人結成跨海峽友誼，成為築起橋樑的第一根鋼索。

當時英國參謀學校（Staff College）校長是亨利．威爾森（Henry Wilson）准將，他身材高瘦，性情奔放，是英裔愛爾蘭人，他自認面孔長得像馬臉。威爾森反應快，無耐心，幽默、熱情，總是構想，想像力源源不絕，尤其精力無限。他在倫敦的陸軍部服務期間，習慣早餐前在海德公園慢跑運動，並隨身攜帶早報，在慢下來走步時閱讀。他是由多位法籍女家庭教師帶大的，法語流利，對德語興趣不大。一九〇九年一月，施里芬在《德意志評論》（*Deutsche Revue*）匿名發表文章，抗議繼任者小毛奇對其計畫的某些修改。為包圍英、法軍而規畫的「巨大版坎尼會戰」基本綱要也因而曝光（即使不包括細節），作者身分引起眾人猜測。參謀學校的學生把此文拿給校長看，威爾森看完後將文章遞還給他，輕描淡寫地說：「有趣。」

一九〇九年十二月威爾森興起念頭，要訪問對等職務的法國最高戰爭學院院長福煦。他共參加四場演講、一次研討會，並禮貌性接受福煦邀請茶敘，福煦雖不耐煩被名人訪客打擾，但覺得欠英國對等將領這份人情。威爾森對所見所聞十分熱衷，待了三小時與他聊天。當福煦總算得以送客到門口，向他說自以為是最後的再見，威爾森卻高興地宣布，他明天還要再來繼續聊，再多看看該校課程。福煦不得不佩服這位英國人的「衝力」，也很高興他有興趣。次日的討論打開他們彼此的心防。不到一個月威爾森又回巴黎再敘，福煦接受他邀請春天訪問倫敦，威爾森則答應夏天回訪法國參謀本部。

福煦到倫敦時，威爾森介紹他認識霍丹及陸軍部其他官員。他衝進某同事的辦公室時說：「外面有一位法國將領，福煦將軍。記住我的話，大戰開打時，他將會指揮盟軍。」顯然威爾森已接受英軍應由法國統一指揮，心中也內定了指揮人選。但要等到打了四年仗與快要戰敗時，福煦才會正式當上聯軍總指揮。

一九〇九年後的多次訪問，使兩位校長成為知交，威爾森甚至被視為福煦家的一分子，還受邀參加他女兒的婚禮。福煦與好友「亨利」（即福煦）一聊便是幾小時，聊旁觀者所謂「說不完的流言蜚語」。他倆一高一矮，會互換軍帽，一起散步，邊開玩笑邊爭辯。威爾森對最高戰爭學院學習的快速及衝勁印象特別深刻。教官不斷督促學員「快，快！」「前進，前進！」這種督促技巧被引進坎伯利參謀學校的課堂上，很快獲暱稱為威爾森的「前進作戰」。

威爾森一九一〇年一月二度訪法時，曾問福煦一個問題，所得到的答案一語道破英法結盟的問題何在（至少從法國人的角度來看）。

威爾森問：「若要對你們有實質助益，英軍最少應派出多少兵力？」

福煦的答覆有如一道劍光：「一個英國兵就夠了，而且我們會保證他陣亡。」

威爾森也想看到英國給出承諾。他相信對德作戰近在眼前，而且勢所難免，他極力把本身的急迫感灌輸給同事及學生，自己也心心念念於此。一九一〇年八月他的機會來了。他獲提名為作戰處長，格瑞森就是在此職務上與法國開啟參謀談判。當宇傑立即來見新處長威爾森，表示對一九〇六年來英法軍事合作的重要問題無甚進展的悲哀時，威爾森回答他：「是重要問題！沒有比這更生死攸關的問題了！」

聯合規畫馬上如火如荼進行。威爾森眼裡只有法國和比利時，看不到其他事、其他地點。他一九〇九年首次出訪，便是以十天時間乘火車和自行車，走訪從瓦朗謝訥到貝爾福的法比和法德邊界。他發現福煦「對德軍行經比利時的看法與我一模一樣，重要的防線是在凡爾登到那慕爾」，亦即默茲河以東。其後四年他年年重覆這種巡察三、四次，每次都騎自行車或機車，走過一八七〇年的舊戰場，及未來預期會變成戰場的洛林和阿登。他每次來都會與福煦商議，福煦走後又與霞飛、凱斯蒂諾、杜拜伊及法國參謀本部其他人開會。

威爾森在陸軍部的辦公室裡，有整面牆是比利時的大地圖，每條他認為德軍可能行經的路線，都以粗黑線條標示。當他來到陸軍部時發現，有「將軍中的叔本華」之稱的霍丹已發布新命令，要正規軍徹底完成受訓、準備與組織，以便在有需要時成為遠征軍。一切安排均已妥當，在動員日可立即上場作戰。但如何運送英軍渡過海峽，彈藥、糧草補給如何張羅，以及如何抵達法國集結區、如何與法軍配合等，卻毫無規畫。

威爾森覺得參謀本部對此事漠不關心，使他不時倍感苦惱，並載於日記中：「……十分不滿……未安排鐵路……未安排馬匹供應……事情糟到令人憤慨……未安排到港口的火車，未安排港口接應人員，未安排海軍……完全看不到醫藥安排……馬匹難題未解決……一切付之闕如，簡直可恨！……毫無準備太可恥……馬匹問題也極糟糕！」但到一九一一年三月，儘管欠缺這些安排和馬匹，他仍舊生出一份動員時程表。根據此表，「全部六個步兵師將在第四天登船，騎兵在第七天，砲兵在第九天。」

動員計畫來得正是時候。一九一一年七月一日德國砲艦「豹號」抵達阿加迪爾。「戰爭」的耳語傳遍歐洲各國政府高層。當法國戰爭委員會趕走密歇爾、永久放棄守勢戰略，威爾森便在同月趕赴巴黎。他與杜拜伊一同起草備忘錄，預計英國一旦介入，將派出六個正規師和一個騎兵師的遠征軍。兩人在七月二十日簽字。備忘錄中言明，總計十五萬兵員及六萬七千匹馬，會在動員第四至第十二天，於法國阿弗爾（Havre）、布洛涅（Boulogne）及上游的盧昂（Rouen）登陸，再乘火車至莫伯日區的集結地，預備第十三日加入戰鬥。

就實務層面來看，這份協議相當於使英軍在參戰後附屬於法軍，作為法軍戰線的延伸，並防範法軍側翼遭包圍。如宇傑高興地記載，那代表法方已說服威爾森及英國參謀本部不要另闢「次要戰場」，支持在「主要戰場，亦即法國」共同行動。其實促成此事的不僅是法國人，英國海軍也推波助瀾：英國海軍最多僅能將遠征軍載到多佛（Dover）彼岸的加萊，並拒絕保證能將其運送到更北端更接近比利時的地方登陸。

威爾森在日記中寫到，回倫敦後面對的首要問題是，德國會不會與「法國和我國」交戰。午餐時當格雷和霍丹問起，他提出一項特別強調的三點計畫。「首先我們必須加入法軍，其次我們必須與法軍同一天動員，第三我們必須派出全部六個師。」

他對那兩名文人掌握情況的程度感到「極為不滿」，但立即再次獲得機會，向政府說明戰爭的實情。八月二十三日首相阿斯奎斯（Asquith，一九〇八年起接替甘貝爾—班納曼）召集帝國防禦委員會特別祕密會議，以釐清英國開戰後的戰略。會開了一整天，威爾森在上午闡述陸軍觀點，接替費雪的海軍將官亞瑟．威爾森（Arthur Wilson）爵士在下午說明海軍看法。除阿斯奎斯、格雷、霍丹，另有三位閣員與會，包括財相勞合．喬治（Lloyd George）、第一海軍大臣麥肯納（McKenna），以及年僅三十七歲的年輕內相。這位年輕人令人無法忽視，雖不在其位，卻在危機時刻頻頻向首相提出有關海軍及軍事戰略的想法，且全都相當正確，並異常準確地預測了未來戰事的走向，對於需做哪些準備也毫不遲疑。這位內政大臣正是邱吉爾。

威爾森由同僚及日後長官但「完全不懂報告主題」的法蘭奇陪同，把自己那幅比利時大地圖釘在牆上，向這群他稱為「無知之徒」的人講了兩小時。他詳盡解釋德軍將仰仗俄國動員遲緩，把大批軍力用於攻打法軍，以達到人數優勢。威爾森也正確預言，德軍計畫做右翼包圍攻擊。但威爾森也受法軍理論影響，估計會來到默茲河以西的德軍不會超過四個師。他說戰爭爆發時，若立刻派出英國總共六個師到法國戰線最左邊，那擋住德軍的機率很大。

下午輪到海軍將官報告時，已頭昏腦脹的文人驚訝地發現，海軍的計畫與陸軍截然不同。海軍提議的不是讓遠征軍登陸法國，而是在普魯士北海岸那「十英里硬沙地帶」，那裡可使「德軍自戰線抽調超過英軍全部兵力的人數回防」。但這主張遭致陸軍將領們激烈反對。費雪不在場，使首相阿斯奎斯鼓起勇氣表示反對，於是那一天陸軍占上風。此後費雪憎惡的怒吼時不時爆發。數月後他寫信給友人：「英國海軍壓倒性的優勢……是抵擋德軍進入巴黎唯一的利器。我國軍人對戰爭的荒謬想法很可笑，好在他們沒有力量。我們應拿下安特衛普，少管乎日山脈的前線。」對安特衛普的主張隱含某種無可免的邏輯，即拖延英國軍事計畫直到一九一四年最後一刻，甚或更晚。

一九一一年八月那次會議，如同數週前罷黜密歇爾的法國戰爭委員會會議，對英國戰略起了決定性的影響，但也因此產生決定性的副產品：海軍決策職位奉令重新改組，熱心的邱吉爾高興地轉任第一海軍大臣。他會在一九一四年成為不可或缺的人物。

那次祕密會議的另一個影響，就是惹惱被排除在外的閣員，他們均屬黨內堅決主和派。亨利・威爾森得知自己被指為會議上的主戰壞人，以至於有人「要取我的人頭」。內閣從此分裂，這點成為影響政策最終決定的關鍵。政府採取虛與委蛇立場，借霍丹的說法，政府認為英法軍事對話「只是我們與法方密切友誼自然而然但非正式的結果」。或許真的是自然而然，但卻不能說非正式。艾雪以某種現實態度對首相說，兩國參謀本部共同擬出的計畫，「當然就表示我們承諾參戰，不論內閣喜不喜歡。」

沒有紀錄顯示阿斯奎斯是怎麼回答的，或是在他內心深處對此關鍵問題曾考慮過什麼。即使在最佳狀況下，要看透人心也難。

一九一二年，英法終於達成海軍協議——只不過促成此事的並非巴黎，而是柏林。為勸阻德國通過擴增艦隊的新海軍法，霍丹銜命去說服德皇、總理貝特曼—霍爾韋格（Bethmann-Hollweg）、鐵必制等德國領袖。那是英德最後一次嘗試找出雙方能共同諒解的立場，可惜失敗了。為補償德軍維持艦隊規模次於英國，德方要求英國保證在德法交戰時保持中立。英國拒絕。霍丹回國時相信，英國遲早要對抗想成為歐洲霸權的德國：「以我對德國參謀本部的研究，我認為一旦德國主戰派得勢，戰爭就不只為打倒法、俄，而是稱霸世界。」這出自霍丹的結論，對自由黨的思維和規畫影響很大。出訪結果之一就是與法國簽訂海軍協定，英國同意在面臨戰爭威脅時，防禦英吉利海峽及法國沿岸，好讓法國艦隊可不受牽制地集中於地中海。這使法國艦隊藉由協議可做到原本辦不到的部署，卻為英國訂下明顯的義務。

儘管內閣並非全部人都知道英法協議的內容，但卻到處都瀰漫著事情已逾越分際的不安氛圍。反戰派不滿「無承諾」的說詞，堅持須訴諸文字。格雷不得不採取寫信給法國駐英大使康彭的形式：這封經內閣起草並通過的信函，是避重就輕的傑作。信中說，英法軍事會談使雙方可在未來任何時間自由決定「要不要以武力協助彼此」，而英法海軍協定「並非以保證戰爭中合作為基礎」。在遭遇戰爭威脅時，雙方會「考慮」各自參謀本部的計畫，「然後決定應如何施行」。

這奇怪的文件令各方均感滿意：法國滿意是因為英國內閣如今正式承認雙方有聯合計畫存在，反戰派滿意是因為信中說英國並未做出「承諾」，外相格雷滿意則是因為自己想出了既能保住這些計畫又能讓反對者噤聲的辦法。若是像某些人所說採取正式的英法聯盟，他認為恐將「使內閣分裂」。

自阿加迪爾後，每年夏天都發生危機。風雨欲來前，空氣變得愈來愈凝重，參謀本部的聯合作業加緊進行。亨利・威爾森更頻頻出國。他發現法國新總長霞飛是「優秀、有氣概的沉著軍人，很有品格和決心」，凱斯蒂諾「非常聰明且有智慧」。他持續調查比國邊境，騎車在不同道路上來來去去，並總是回到他最愛的一八七〇年戰場：在梅斯附近的馬斯拉圖爾（Mars-la-Tour）。每次在此看到紀念那場戰役的「法蘭西」雕像，都令他感到悲痛。他記著有一次前去，「我在雕像腳下放上我一直攜帶的一小張地圖，上面顯示英軍在其領土上的集中區。」

威爾森在一九一二年檢視德國新建鐵路，每一條都交會於阿亨（Aachen）及比利時邊界。同年二月英法聯合計畫已有明確進展，使霞飛得以向最高戰爭委員會報告。他預計英國會派出六個步兵師、一個騎兵師、兩個騎馬步兵旅，總計十四萬五千人。為感謝威爾森而稱W軍（l'Armée）的這批軍隊，將由法方指定在布洛涅、阿弗爾、盧昂登陸，集中於伊爾松到莫伯日一帶，並在動員第十五日準備好加入戰鬥。同年稍後威爾森與霞飛、凱斯蒂諾，還有俄國尼古拉大公（Grand Duke Nicholas）一起出席秋季演習。眾人之後再到俄國，與俄國參謀本部商談。一九一三年他每兩個月就去巴黎一趟，與法國參謀首長開會，並參與防守邊界的福煦第二十軍的演習。

威爾森加緊做好與法軍的安排，並力求萬無一失，但英國新任帝國參謀總長法蘭奇卻在一九一二年試圖恢復在比利時獨力行動的構想。直到英國駐布魯塞爾武官小心探聽，發現比利時人對嚴守中立十分堅持，才使此議無疾而終。當英國武官問到，比利時是否可能為英軍登陸比國做出聯合安排，前提是德國先違反中立，他得到的答覆是英國必須等到比國提出需要軍援的要求。英國總長自行詢問的結果是，英軍若在德軍侵入前就登陸比國，或是未獲比國正式請求前就登陸，則比軍會對英軍開火。

比利時的一絲不苟，證實英國不厭其煩向法國重申的原則：一切取決於德國是否先違反比國中立。一九一一年艾雪警告宇傑：「不論基於什麼藉口，千萬不要讓法國指揮官先跨過比利時邊界！」要是法軍這麼做，英國絕不可能站在他們那邊；要是德軍先跨越，將使英國加入戰局。法國駐倫敦大使康彭則把這項條件反過來說：唯有德國侵犯比利時（而他有立即通報的責任），法國才有辦法確保英國支持。

一九一四年春，英法參謀本部的聯合規畫已細緻到連每一營的住宿都規畫完成，連在哪裡喝咖啡的地點都選好了。要撥用的法國火車車廂數量、譯員的派用、密碼及密碼檢索本的準備、馬匹的糧草，都已安排妥當或預計七月完成。威爾森和其幕僚持續與法軍溝通一事必須保密。兩國參謀本部都稱遠征軍的調動為W計畫，該計畫所有的作業均列入最高機密，僅六位軍官參與其中：連打字、整理檔案與事務工作都不假他人之手。當軍方在事先為戰線做安排，英國的政治領袖卻頂著「不承諾」的大帽子，堅決對此視而不見。

# 第五章　勢不可擋的俄國

俄羅斯這巨人彷彿對歐洲下了咒語。在軍事推演中，俄國的面積和整體實力總是占最大一塊。雖說它在對日戰爭表現太差，但想到宛如「鋼鐵洪流」般勢不可擋的俄國，仍會讓英、法感到安心和鼓勵，反觀德國人則忌憚斯拉夫人如芒刺在背。

儘管俄軍缺點罄竹難書，儘管促使拿破崙自莫斯科回頭的是寒冬而非俄軍，即便俄軍曾在本土被法軍擊敗過，在克里米亞被英軍擊敗過，縱使一八七七年俄軍圍攻普列文（Plevna）時一度輸給土耳其人，後來是以壓倒性兵力才使土耳其投降，且在滿洲也被日本打敗，然而俄軍所向無敵的神話卻流傳廣遠。哥薩克騎兵呼喊衝鋒的凶猛印象，在歐洲人心目中如此揮之不去，以致距俄國前線千英里之外的報紙插畫家居然能在一九一四年八月畫出令人激動的戰爭細節。哥薩克騎兵及數百萬源源不斷、任勞任怨、不怕死的俄國農民，形成對俄軍的刻板印象。其人數令人咋舌：平時兵力一百四十二萬三千人，戰時動員可再召集三百一十一萬五千人，加上後備的兩百萬地方軍及募兵，總共可用兵力是六百五十萬人。

那規模光是想像就已是其大無比。俄軍原本像在冬眠，一旦被喚醒後，不論有多少損傷都會不為所動地向前推進，一波波前仆後繼的人力無窮無盡。各方相信俄國軍方已有進步，已掃除對日戰爭以來的無能及腐敗。格雷一九一四年四月在巴黎時注意到，法國政壇「人人都強烈有感於俄國日增的實力，及其龐大的潛在國力與財富」，那次他是去談與俄國的海軍協議。格雷自己也有同感。他對法國總統彭加勒（Raymond Poincaré）說：「俄國資源太豐富，長期來看毋須我們協助俄國，德國也會被耗盡國力。」

對法國人而言，一旦十七號計畫成功、法軍所向無敵地進軍萊因河，就能證明其國力，也將是歐洲史上的偉大時刻。為保證突破德軍中央，法軍極力想讓俄軍牽制住部分德軍。問題是該如何鼓動俄軍在德法於西線戰場交戰時，讓俄軍在十五日內動員完成並朝德軍後方進攻。法方與其他人都明白，俄國實際上無法在十五天內完成動員和集結，但法國希望他們在第十五日不論準備到什麼程度都出兵開戰。法國認定必須迫使德國自一開始就兩面作戰，以降低德軍對法軍的人數優勢。

一九一一年擔任陸軍部參謀長的杜拜伊，奉派向俄國參謀總長灌輸掌握先機的必要性。儘管歐戰爆發時，半數俄軍會專注對付奧地利，而預計要對上德國的部隊也僅有一半能在動員第十五日準備好，但俄國政府的精神是勇氣與意願兼具。俄國人急於恢復被玷汙的軍隊榮譽，計畫細節則寄望船到橋頭自然直。他們勇敢多於審慎，同意與法國同時發動攻勢。杜拜伊獲得保證，只要前線部隊就位，不等完成集結，俄軍就會在動員第十六日越過東普魯士邊界進攻。沙皇在簽訂的協議中認可：「我們應攻擊德國最心臟的地帶，雙方目標均應是柏林。」

在年度參謀談判中，俄國及早進攻的約定更加具體成形。一九一二年俄國參謀總長吉林斯基（Jilinsky）將軍來巴黎，一九一三年霞飛去俄國。此時俄國人已臣服於「衝力」的魔力。他們必須彌補滿洲戰敗的屈辱，以及改進自身軍事上的缺陷。格蘭梅松的演講翻譯為俄文後大受歡迎。俄國參謀本部瀰漫著極限攻勢論，於是進一步擴大了對法承諾。一九一二年吉林斯基答應，讓八十萬將前往德國前線的大軍在動員第十五日完成備戰，儘管俄國的鐵路明顯無法完成此項任務。一九一三年他把進攻日再提前兩天，儘管俄國兵工廠生產的砲彈根本不到估計需求量的三分之二，步槍彈匣也不到需求量的一半。

英國派駐日本的軍事觀察家漢米爾頓（Ian Hamilton）曾在滿洲毫無保留地報導俄軍缺失，但盟軍對此卻並不十分在意。俄軍的缺失包括情報不足、忽視掩護、不重視保密及敏捷、缺乏衝勁、不夠積極、將領素質欠佳。日俄戰爭期間，利平頓每週都在《泰晤士報》發表評論，他後來把專欄集結成書，獻給日本天皇。然而英法參謀本部相信，不管行動能力如何，凡是能讓俄國巨人動起來最為重要。但這十分困難。動員時平均每一俄軍士兵需被運送七百英里，是德軍士兵平均里程的四倍，而俄國每平方公里可通行的鐵路卻只有德國的十分之一。俄國為防禦侵略，故意把鐵軌修築得比德國寬。儘管法國大量貸款以提供俄國更多修建鐵路的經費，但這項目標尚未落實。同等速度的動員顯然做不到，但盟軍仍然認為俄國對德國戰線承諾的八十萬部隊，即使僅有半數可在動員第十五日就位攻向東普魯士，無論其軍隊組織多差，想必也會產生重大效應。

要出兵至敵方領土打現代戰爭，尤其在鐵軌寬度不同的不利條件下，是一件危險而複雜的作業。這需要仔細組織的大分，有系統地注意細節，但俄國陸軍並不以此著稱。

俄國軍官團頭重腳輕，高齡老將充斥，他們最費腦力的活動是打牌。而為維持朝廷特權和聲望，無論這些將領是否真能行動也要留在現役名單上。軍官任命和升遷主要靠社交或金錢資助，儘管不乏英勇能幹的軍官，但整體制度不像是能讓最優秀人才升至最高位。「他們懶惰又不喜戶外運動」，令某英國武官氣餒，他造訪阿富汗邊界附近的衛戍部隊時，發現當地「一座網球場都沒有」而感到膽寒。在對日戰爭後的清算中，眾多俄軍軍官辭職或被迫離職，希望解開阻塞晉升最高位的障礙。一年內有三百四十一位將軍（幾乎是法國陸軍全部將領）和四百位上校因不稱職而被迫退休。縱然待遇和升遷都有改善，但俄軍在一九一三年仍然短少三千名軍官。自日俄戰爭以來，為清除軍中腐敗雖多所著力，但俄國政權畢竟仍是同一個。

俄羅斯最有才幹的捍衛者是微德（Witte）公爵，他曾在一九〇三至一九〇六年擔任總理。他稱俄羅斯為「這瘋狂的政權」，「這懦弱、盲目、狡詐、愚蠢的糾結體」。這政權由一位高高在上的君王尼古拉二世統治，而君王只有一個政治理念：完整無缺地維護由父皇傳下來的絕對君權。但他卻缺乏治國所需的智慧、精力或訓練，仰賴個人寵信、一時興起、頑固執拗及其他頭腦空空專制者的手法。其父亞歷山大三世刻意在兒子三十歲前不讓他接受政事教育，可惜他卻錯估自己的壽命，在尼古拉二十六歲時就離世。如今新沙皇已四十六歲，此期間他一無所學，給人的冷靜印象實際上是冷淡，心智膚淺到僅剩外表的漠不關心。當他收到日俄戰爭電報，宣告俄國艦隊已在對馬島被殲滅，他看完後卻塞進口袋，繼續打網球。當總理科科夫佐夫（Kokovtsov）一九一三年十一月自柏林歸來，向沙皇提出個人對德國備戰的報告時，尼古拉以一貫專注堅定的凝視聆聽，宛如「直視我的雙眼」。總理報告完畢後是很長的停頓，然後尼古拉「他彷彿大夢初醒，嚴肅地說：『上帝的旨意將實現。』」科科夫索夫猜想他只感到厭煩。

帝俄政權的基礎是如螞蟻般無所不在的祕密警察，他們滲透每一部會、局處、地方機關，無孔不入到微德公爵每年都覺得，為保險起見，不得不把他為寫回憶錄保留的筆記和紀錄，存放在法國某銀行的地窖。另一位總理斯托雷平（Stolypin）在一九一一年遇刺，結果發現行凶者是臥底的祕密警察，目的在破壞革命黨人名譽。

介於沙皇與祕密警察間的政權主幹，是貴族出身的官僚階級，掌管實際政務。他們不必向憲法機關負責，只受沙皇專斷地罷黜，而沙皇又經常受朝廷詭譎及皇后多疑所左右。在此情況下，能者均無法在位太久。當某人以「健康因素」辭官時，一位同事有感而發地說：「那時候大家身體都不好。」

俄國在尼古拉二世統治下，長期累積的民怨一觸即發，又遭逢天災、濫殺、戰敗、暴動肆虐，最後終於爆發一九〇五年革命。當時微德建議沙皇必須給予人民要求的憲法，否則就須以軍事獨裁恢復秩序，沙皇極不情願地被迫接受第一選項，因其父堂弟尼古拉大公，也是聖彼得堡軍區司令，拒絕負責執行第二選項。大公為此事從未獲波旁王朝激進成員的原諒，此外還有波羅的海具德國血統及同情德國的貴族、俄國「右派無政府主義者」黑色百人團（Black Hundreds）及其他守衛專制堡壘的反動團體等。他們與許多德國人一樣，包括反覆無常的德皇，都覺得專制政體的共同利益，像之前德、奧、俄三帝同盟的連結，使德國而非西方民主國家是俄國更自然的盟友。俄國反動派視國內自由派為首要敵人，寧可偏向德皇而非俄國議會，正如後來法國右派傾向希特勒而非左派的布魯姆（Léon Blum）總理。只因德國的威脅在大戰前二十年日增，才導致帝俄違背天然傾向與共和政體的法國結盟，最後甚至使英俄攜手。百年來英國始終阻止俄國取得君士坦丁堡，而沙皇的叔叔亞歷山德羅維奇（Vladimir Alexandrovich）大公曾在一八九八年說：「但願我有生之年可聽到英國的喪鐘。我每天如此向上帝虔誠祈禱！」

與他志同道合者主宰的朝廷，正過著有如古羅馬暴君尼祿（Nero）時代的生活。貴族婦女很享受平民出身的狂人「聖僧」拉斯普丁（Rasputin）午後降靈儀式的刺激。但俄國也有議會裡的民主派和自由派，有虛無主義者巴枯寧（Bakunin），有成為無政府主義者的克魯泡特金（Kropotkin）親王。俄國也有「知識分子」，沙皇曾說：「我厭惡此名詞至極！但願我可下令國學院，將它自俄文字典中移除。」還有對個人靈魂、社會主義及土地始終極度煩惱的列文（Levin）們，[1]有失去希望的凡尼亞舅舅（Uncle Vanya）們。[2]俄國人還有人稱「斯拉夫氣質」的獨有特色，某英國外交官因而認定：「俄國人個個都有點瘋狂」，一半冷漠，一半無效率，像某種世紀末的無能為力，如薄霧般籠罩在涅瓦河（Neva）上這座城市，即世人所知的聖彼得堡，世人卻不知有櫻桃園（Cherry Orchard）[3]。

就備戰而言，帝俄政權是陸軍大臣蘇霍姆林諾夫的天下。六十來歲的他身材矮胖，機靈狡猾，好逸惡勞，愛享樂，同僚外相薩宗諾夫（Sazonov）說：「要他工作很難，但要讓他說實話更是難如登天。」一八七七年對土耳其戰爭中，蘇霍姆林諾夫是衝勁十足的年輕騎兵軍官，曾獲頒聖喬治十字勛章（Cross of St. George），他便認為那場戰爭獲得的軍事知識，是永久的真理。他任陸軍大臣時，曾在參謀學校教官會議上，大罵有志於「創新」的軍官，像是以火器對抗軍刀、長矛、刺刀衝鋒。他說他一聽到「現代戰爭」一詞即感到厭惡。「戰爭始終未變……這些只是邪惡的創新。以我為例，我過去二十五年就不曾讀過一本軍事手冊。」一九一三年他趕走五位參謀學校教官，因他們持續宣揚「火力戰術」的異端邪說。

蘇氏為人輕浮，擅使奸巧與小聰明。他身形矮小柔軟、面容似貓、白髯白鬚修剪整齊，態度宛如貓一般討喜，甚得沙皇這種人喜愛，他也極力討好沙皇。在法國大使巴列奧洛格（Paléologue）等他人眼中，蘇氏給人的印象是：「第一眼就不可信任。」任命和罷黜大臣全憑沙皇一時興起，蘇霍姆林諾夫卻贏得並保有沙皇關愛。他靠的是諂媚與有趣，善說奇聞軼事又行為滑稽，避開嚴肅及不愉快的事，小心翼翼結交「好友」拉斯普丁。因此貪汙無能的指控、轟動一時的離婚醜聞，甚至更轟動的間諜醜聞，都傷不到他。

一九〇六年蘇霍姆林諾夫迷上某省長二十三歲的妻子，便設計誣陷她離婚，除掉其夫，再娶那恢復單身的美人為第四任妻子。天性懶散的他，此時把愈來愈多工作交給屬下，據法國大使的說法：「他把所有力氣都用在與小他三十二歲的妻子享夫妻之樂。」蘇氏夫人喜歡在巴黎訂購服飾，在昂貴餐廳用餐、舉辦大型宴會。蘇霍姆林諾夫為滿足其奢華，很早便成功運用報假帳手法。他向政府申報二十四匹馬里程的差旅費，實際上卻是乘火車去視察。他從中大賺差額，再以熟悉股市走勢的內線消息擴大財富。他在六年期間的總薪資是二十七萬盧布，在銀行卻有七十萬二千七百三十七盧布的存款。在他快樂的策畫下，有一群人為他出錢出力，以換取軍方通行證、演習邀請函及其他形式的資訊。其中之一是奧地利人艾奇拉（Altschiller），他曾為蘇氏夫人離婚提供證據，在蘇氏家中及辦公室均被視為密友，而那兩處的文件都是隨意擺放。一九一四年一月艾奇拉離開後，被揭發是奧地利在俄國的情報首腦。另一個是名聲欠佳的麥亞西迪夫（Myasoedev）上校，據說是蘇氏夫人的情夫，雖僅是邊界鐵路警察的首長，卻擁有五枚德國勛章，並有幸獲邀與德皇在德俄邊界旁羅明頓（Rominten）的皇家狩獵行館共進午餐。

1　譯注：列文為托爾斯泰名著《安娜卡列尼娜》中主要人物之一。

2　譯注：《凡尼亞舅舅》是俄國文豪契訶夫劇作。

3　譯注：契訶夫最後劇作，表達了俄國貴族與中產階級的無力感。

麥亞西迪夫被懷疑為間諜並不讓人意外。一九一二年他被捕並受審，但因蘇霍姆林諾夫親自介入而無罪開釋，官復原職，直至戰爭開打第一年結束。一九一五年因俄軍戰敗，庇護他的蘇霍姆林諾夫終於去職，麥亞西迪夫再次被捕定罪，並以間諜罪判處絞刑。

蘇霍姆林諾夫在一九一四年後的命運也很精采。他與麥亞西迪夫同時遭起訴，僅因沙皇及皇后力保才躲過一劫，然而一九一七年八月沙皇遜位，臨時政府已搖搖欲墜，他最終也被送上法庭。在當時的殘破騷亂中，他受審並非因為犯了叛國罪，而是要清算他在舊政權的所有罪行。檢察官把那些罪行總結為一項：俄國人民被迫手無寸鐵的上戰場，對政府的不滿有如瘟疫般散播，造成「嚴重後果」。經過一個月轟動全國的證詞，蘇霍姆林諾夫的財務侵吞及感情糾葛細節被公諸於世，叛國罪名倒是獲判無罪，但「濫權及不作為」的罪名成立。他被判終身勞役，數月後被俄共解放，他設法移居柏林，直到一九二六年過世。一九二四年他出版回憶錄，獻給已被廢黜的德皇。他在序言中說，俄德君主政體皆因戰時敵對而瓦解，唯有兩國重修舊好才能使君王重新掌權。此說深獲流亡的德皇之心，他在自己的回憶錄也寫下給蘇霍姆林諾夫的獻辭，但顯然在送印前最後一刻被人勸阻。

蘇氏是一九〇八至一九一四年的俄國陸軍大臣。他代表著反動派的意見，也享有這群人的支持。他並不認真盡心於陸軍部的主要職責：為對德作戰做準備。他立即終止自日俄戰爭屈辱以來已有進展的軍方改革運動。一度獨立出來以進一步研究現代軍事的參謀本部，卻再次於一九〇八年後從屬於陸軍大臣，唯有蘇氏能接近沙皇。參謀本部失去主動性和權力，找不到有才能的領導者，連二流人才也做不久。一九一四年的前六年，俄國連續換過六位參謀總長，造成作戰計畫缺乏系統。

蘇霍姆林諾夫雖把工作交給別人，卻不容許思想自由。他固執死守過時的理論與古老的榮耀，他指稱俄國以往戰敗，錯在指揮官，而非訓練、準備或補給不足。他對刺刀優於子彈的信念牢不可破，所以對蓋工廠增產砲彈、步槍、彈匣一事心不在焉。各國軍事評論家在戰後發現，彈藥始終準備不足。英國砲彈不足成為國家醜聞，法國從重砲到軍靴一概都缺則在戰前就已是醜聞，蘇霍姆林諾夫則是根本連俄國政府撥給軍火的經費都未能用完。開戰時俄國每門砲有八百五十枚砲彈，蘇霍姆林諾夫在一九一二年曾同意妥協為一千五百枚，但西方軍隊平均儲備則有兩千至三千枚可用。俄軍步兵師有七個野戰砲連，德軍卻有十四個。全俄軍共有六十個重砲連，德軍有三百八十一個。有人警告未來作戰將是火力對決，蘇霍姆林諾夫卻對此嗤之以鼻。

蘇霍姆林諾夫厭惡「火力戰術」，但他更討厭尼可拉大公。尼可拉小他八歲，代表軍中的改革勢力。大公身高六呎六吋，身材瘦削，面龐英俊，留尖鬍鬚，皮靴高度到馬匹腹部，是風度翩翩、氣勢宏偉的人物。對日戰爭後，尼可拉大公被任命為國防委員會主席，負責重組軍隊。該委員會的宗旨與英國在波爾戰爭後的艾雪委員會相同。然而，委員會雖然仿照英國範例，卻很快淪為不作為及官僚的犧牲品。反動派不滿尼可拉大公在《憲政宣言》（Constitutional Manifesto）[4]中扮演的角色，害怕他贏得民心，於一九〇八年成功解散國防委員會。大公是職業軍官，日俄戰爭時曾任騎兵監察長，與軍官團各成員幾乎都熟識。他是軍中最受尊崇者，每位軍官就任新職時，均須向他這位聖彼得堡軍區的指揮官報到。並非

---

4　譯注：尼古拉二世一九〇五年十月發布詔書，是次年俄國首部憲法的前身。

由於特定成就，而是出於他威風凜凜的儀表與態度，令士兵們產生信心和敬畏，也引起同袍忠誠或嫉妒。

尼可拉大公對軍官和士兵的態度同樣直率，甚至嚴厲，在朝廷外被視為皇家唯一的「真男人」。故事開始在從未見過他的農民兵之中流傳，把他講成對抗「德國派」及宮廷腐敗的神聖俄羅斯傳奇英雄。這類民間情緒無助於他在朝廷的人緣，尤其是對皇后來說，她已因大公蔑視拉斯普丁而深恨這位「尼可拉夏」（Nikolasha）[5]。她寫信給皇夫：「我對尼可拉夏毫無信心。我曉得他無聰明可言，又違抗上帝，其職務不可受祝福，其建議不可聽取。」她頻頻暗示大公圖謀強迫沙皇退位，想藉他在軍中的人望讓自己登上皇位。

王室疑慮使他在日俄戰爭時無法當上總司令，戰敗的責難也怪不到他。他成為此後每次戰爭不可或缺的人物，在大戰前的戰爭計畫中也被指派統帥對德戰線。沙皇本人預定擔任總司令，並由參謀總長指揮作戰。大公曾數次到法國參與演習，他受福煦影響，也對福煦的樂觀頗有同感。法國對他盛大款待，一則因他現身具重要意義，彷彿即俄國軍力的保證象徵，再者也因他以討厭德國著稱。法方很樂於重申大公助理柯茲布（Kotzebue）親王的談話，他說大公相信唯有一勞永逸擊垮德國，把它再度分割為小邦國或各個沒有野心的小朝廷，世界才能享有和平。同樣熱愛法國的是大公夫人安娜絲塔夏（Anastasia），及嫁給大公之弟彼得的夫人之妹蜜莉莎（Militza）。她們是蒙特內哥羅（Montenegro）尼基塔（Nikita）國王之女，對法國的喜好與對奧地利的天生仇恨成正比。一九一四年七月下旬某次皇家野宴上，被巴列奧洛格稱為「蒙特內哥羅夜鶯」的兩位公主，聚集在這位法國大使身邊，嘰嘰喳喳地談論戰爭危機。「一定會打起來……奧地利將一無所有……你們會拿回亞爾薩斯和洛林……我們的軍隊會在柏林相會。」其中一位公主給大使看一個珠寶盒，裡面放著來自洛林的泥土，另一位公主則對他說，她在花園裡種下洛林薊的種子。

俄國參謀本部為了備戰，擬定了兩套作戰計畫，最後抉擇取決於德國的行動。若德軍把主力用於攻擊法國，俄方就會把主力用於攻打奧地利。四個軍團對奧，兩個軍團對德。

對德國前線的計畫將由俄國第一及第二軍團，雙向進攻東普魯士，第一軍團向北，第二軍團向南，突破馬祖爾湖區（Masurian Lakes）的障礙。第一軍團依其集結區命名為維爾納軍團（Vilna Army），有直達鐵路線可搭乘，準備先行出發攻打德軍。它預計超前第二軍團華沙軍團（Warsaw Army）兩天，「目標是盡最大可能拖住敵軍」。第二軍團將自南邊繞過湖區障礙，來到德軍後方，切斷其退往維斯杜拉河（Vistula River）的道路。這鉗式行動的成敗取決於協同行動的時機掌握，防止德軍與俄軍兩翼之一單獨交戰。「無論何時何地遭遇」敵軍，都要「積極決然地予以痛擊」。一旦德軍被包圍並殲滅，接著便是向距維斯杜拉河一百五十英里的柏林進發。

---

德軍的計畫不曾考慮放棄東普魯士。當地有肥沃的農田及廣袤的牧場，霍爾斯坦牛在此放牧，豬、

5 譯注：為區分他與沙皇，王室內部以此稱呼大公。

雞在石牆圍起的農場內放養。為補充德軍所需的新馬，此地也飼養著名的特拉克寧（Trakehnen）種馬。當地大農莊的主人都是德國貴族大地主（Junker，容克），其中一位雇用的英國女家教，對他們不是在馬背上獵狐而是直接用槍射殺大感震驚。再往東接近俄國之地，分布著「平靜流水，茂密森林」，寬廣湖泊四周圍繞著灌木、松樹林、樺樹林，以及許多沼澤和溪流。此地最著名的地標是羅明頓森林，位於與俄國交界處，占地九萬英畝，是霍亨索倫狩獵保護區，德皇每年都會穿著燈籠褲，頭戴羽毛帽，來此獵野豬和鹿，偶爾會有俄國麋鹿無辜地走出邊界，送上門成為皇家獵槍的目標。儘管當地人不是條頓人（Teutonic），而是斯拉夫人（Slavic），但自條頓騎士團一二二五年在此建立基地以來，此地區即一直受日耳曼人統治達七百年，其間偶有成為波蘭領土。這群騎士一四一〇年雖在坦能堡（Tannenberg）一場大戰役中敗給波蘭人及立陶宛人，卻依然留下並成長（或淪落）為貴族大地主。該地區的主要城市是柯尼斯堡（Königsberg），首位霍亨索倫君王便是一七〇一年在此加冕成為普魯士國王。

東普魯士的海岸受波羅的海沖刷，歷代普魯士國王也在柯尼斯堡這座「國王城市」登上王位，它不是德國人會輕易放棄的領土。流經英斯特堡隘口（Insterburg Gap）的安格拉普河（Angerapp）沿岸，防禦陣地已準備妥當。沼澤遍布的東區也已鋪好道路作為堤道，好把敵人侷限於狹窄的堤道頂。此外整個東普魯士鐵路網縱橫交錯，使守軍享有機動優勢，可快速由甲戰線移往乙戰線，以迎戰敵軍的任一翼。

德軍首度採用施里芬計畫時，並不擔憂東普魯士的情況。當時他們假設俄國須在遠東保留大批軍力防禦日本。德國外交雖有手腕笨拙的紀錄，但仍預計能用外交手段解決《英日條約》這項德國眼中不自然的結盟，使日本保持中立，成為俄國後方的威脅。

德國參謀本部的俄國事務專家是霍夫曼（Max Hoffmann）中校，其任務為研究俄國對俄德交戰的可能計畫。霍夫曼四十歲出頭，高壯結實，大圓頭上的普魯士髮型剪得極短，看似禿頭。他表情和善但態度堅定。他戴黑框眼鏡，黑眉毛也仔細修成尾部明顯上彎。他對自己細致的小手和筆直的褲管折痕都十分小心且引以為傲。霍夫曼雖懶散，但足智多謀；雖不善騎術，劍術更差，又好吃貪杯，但思路敏捷，決斷快速。他友善、幸運、精明，不尊敬任何人。戰前在軍務空檔時，他會整晚待在軍官俱樂部，飲葡萄酒和大啖香腸直到清晨七時，然後在早餐前帶連上士兵外出行軍，回來再吃香腸，喝兩夸脫摩薩爾白葡萄酒（Moselle）當點心。

霍夫曼一八九八年自參謀學校畢業後，曾出差至俄國擔任譯員半年，隨後在施里芬的參謀本部俄國科服務五年，然後到日俄戰爭戰場，任德國軍事觀察員。當日本某將軍不許他在附近山頭觀看作戰，某種德國人的本色便取代了禮節，其表達方式常令人不敢恭維。霍夫曼當著其他外國武官與至少一位特派記者的面，對將軍大喊：「你這黃皮膚的，如果不讓我上那座山，你就是野蠻人！」日本民族的自尊心可不亞於德國，將軍吼了回去：「我們日本人用血為代價獲得的軍事情報，不打算與別人分享！」這種場合的外交禮儀被全部打破。

霍夫曼回到小毛奇主持的參謀本部，恢復研究俄國的作戰計畫。俄國參謀本部有個上校，曾在一九〇二年以高價出售較早版本的俄國戰爭計畫，但此後據霍夫曼不見得全然認真的回憶錄，其價格一直漲到超出德國分配給軍事情報的拮据經費。考慮到東普魯士的地形，俄軍攻勢的大致輪廓其實已不言而喻：必定是沿馬祖爾湖區兵分兩路前進。霍夫曼研究俄國陸軍及左右其動員和運輸的因素，使德軍得以判斷攻擊時機。面對優勢敵軍自雙翼進擊，人數較少的德國陸軍有兩種選擇：一是撤退，一是先攻一側再攻另一側，看哪邊勝算最大。施里芬計畫規定的嚴格準則是，「盡全力攻打第一波進入可及範圍的俄軍」。

# 第二部

# 大戰爆發

俾斯麥曾預言：「某件巴爾幹可惡的蠢事」將引發下一場戰爭。一九一四年六月二十八日，奧地利皇儲斐迪南大公遭塞爾維亞民族主義分子刺殺，實現了俾斯麥的預言。奧匈帝國以老邁帝國的好戰又輕舉妄動，決定要藉此機會併吞塞爾維亞，一如一九〇九年併吞波士尼亞和赫塞哥維納。當年俄國因對日戰爭而國力削弱，在收到德國最後通牒、表示德皇將以他所謂的「騎士精神」支持盟友奧地利後，只得默許兩國遭到併吞。為報復此次受辱，也為斯拉夫盟主的聲譽，俄國如今也準備發揮騎士精神支援塞爾維亞。七月五日德國向奧國保證，後者可對塞爾維亞採取任何懲罰行動，若因此與俄國產生衝突，都可依恃德國「忠誠的支持」。這是事情一發不可收拾的訊號。七月二十三日奧地利向塞爾維亞發出最後通牒，七月二十六日拒絕塞爾維亞的回覆（儘管現在感到緊張的德皇原本認為此舉能「打消一切戰爭理由」），二十八日奧國向塞爾維亞宣戰，二十九日轟炸塞國首都貝爾格勒（Belgrade）。同一天俄國開始沿奧國邊界動員，三十日奧俄均下令全面動員。三十一日德國向俄國發出最後通牒，要求在十二小時內取消動員並「向我方清楚宣示已照辦」。

邊界上戰雲密布，各國政府大感驚慌，多方設法加以阻擋卻徒勞無功。邊界探員每見騎兵巡邏，都回報為對方搶先動員的部署。各國參謀本部受無情的時間表驅趕，頻頻敲著桌子等候行動訊號，深怕對手占了一小時先機。各國元首在戰爭邊緣倍感驚懼，他們要為國家命運負最終責任而企圖退縮，但最終仍被軍方的時程表拖著前進。

# 第六章　八月一日：柏林

八月一日週六正午，德對俄最後通牒的期限已到，卻未收到俄方回覆。一小時內即有電報發給德國駐聖彼得堡大使，指示他在當天下午五時宣戰。德皇在五時下令全面動員，但前一天的「戰爭危險」（Kriegesgefahr）宣告早已露出搶先行動的蛛絲馬跡。下午五時三十分，首相貝特曼－霍爾韋格一邊盯著手上的文件，一邊由外相小雅戈（little Jagow）陪同，匆忙走下外交部階梯，叫了計程車趕往皇宮。不久，臉色陰沉的參謀總長小毛奇於驅車辦公的途中被攔了下來，當時他口袋裡放著德皇簽署的動員令。另一輛車的信差超過他，遞來發自皇宮的緊急召回令。他返回聽取德皇最後一刻的急切建議。小毛奇為此轉折流下淚來，而二十世紀的歷史可能因此改變。

如今那一刻來臨。儘管屬下再三保證，在俄國完成全面動員前有六週的餘裕，德皇仍擔心東普魯士的處境。他曾向奧地利官員坦承：「我痛惡斯拉夫人。我知道這是有罪的，我們不該憎惡別人。可是我忍不住。」他聽到了令人感到快慰的消息：聖彼得堡發生罷工及暴動，暴民打破窗戶，「革命分子與警方在街頭激烈打鬥」，宛如一九〇五年的事件重演。年事已高的德皇大使普塔勒斯（Pourtalès）駐俄已七年，他一再向德國政府保證俄國不會參戰，因為俄國害怕革命。德國武官艾格林（von Eggeling）同樣不斷重申俄國一九一六年才會準備好的信念。當俄國依然動員，艾格林居然在報告中說，俄國「並非要頑強進攻，而是如一八一二年在緩慢撤退。」這類錯誤判斷創下德國外交史的新紀錄。德皇因此大受鼓舞，遲至七月三十一日仍擬訂公文「指導」他的參謀們，並根據這些外交使節提供的證據，認為俄國朝廷和軍中瀰漫「病貓氛圍」而甚感愉快。

八月一日，民眾在柏林街頭踱來踱去，成千上萬人聚集於皇宮前，因焦慮而緊張沉重。大多數柏林工人宣稱對社會主義的信仰，不如他們對斯拉夫人的恐懼仇恨來得深切。前一晚德皇在陽台演講中宣布「戰爭危險」，他雖告訴人民德國是「被迫舉劍」，人民仍懷著局勢會緩和下來的微弱期望。最後通牒的時限已過，人群中一位記者感覺空氣中「謠言滿天飛。人們互相走告俄國要求延後時限。交易所驚慌不安。下午在焦慮難耐中度過」。首相貝特曼—霍爾韋格發表聲明，最後一句是：「若鐵骰子滾動，願上帝協助我們。」到五時一名警員出現在皇宮大門，向群眾宣布動員，群眾服從地高唱國家讚美詩：「此刻我們齊聲感恩上帝。」柏林林登大道上汽車紛紛疾駛而過，軍官們站在車上，搖著領巾高喊：「動員！」人們立即由馬克斯（Marx）變成戰神馬爾斯（Mars），瘋狂喝采，急於把情緒發洩在可疑的俄國間諜身上，並在隨後數日內打死或踹死若干可疑分子。

動員按鈕一旦按下，召集、裝備、運輸兩百萬人的整座大機器便開始自動運轉。後備軍人趕到指定兵站，領取制服、裝備、武器，組成連，連再組成營，又納入騎兵、砲兵、騎車兵、醫務隊、伙食車、鐵工車，甚至郵務車，依預定時刻表乘火車到邊界附近集結地，再組成師，師組成軍，軍又組成軍團，準備進發去作戰。德國陸軍共有四十軍，單單一個軍的軍官，就需要一百七十節車廂，步兵需要九百六十五節、騎兵兩千九百六十節、砲兵和補給車一千九百十五節，共六千又十節車廂，由一百四十列火車運送，相關補給也需要相同數量的車次。自動員令下達的那一刻起，一切都必須按照時程表的時間移動，其精確度細到列出特定時間內通過特定橋樑的火車輪軸數。

副參謀總長韋德西（Waldersee）將軍對德國偉大的體系深具信心，是以他在危機發生之初甚至未回到柏林，只寫信給雅戈：「我會待在這裡，準備躍起。我們參謀本部的人全都準備好了，但此時我們無事可做。」這是傳承自老毛奇（又稱「偉大」毛奇）的驕傲傳統。當年在一八七〇年的動員日當天，有人發現他躺在沙發上閱讀《奧黛莉女士的祕密》（*Lady Audley's Secret*）。

但韋德西那令人欽羨的鎮定，並未出現於皇宮。德國如今正面臨兩面作戰的現實，德皇近乎「病貓」的心態，宛如他想像中的俄國。他比典型普魯士人更都會化，更膽小，他其實從不想打一場全面戰爭。他只想要更多權力，更大的聲望，讓德國在世界上有更多權威，但他寧可以威嚇取勝，而非真的與他國交戰。他想要不戰而取得鬥士的獎賞，每當打仗的可能性降臨，如在阿爾赫西拉斯（Algeciras）和阿加迪爾的兩次摩洛哥危機，他就會選擇退縮。

當最終危機在鍋裡翻攪，德皇在電報上的旁注愈來愈激動：「啊哈！又是欺騙」「混帳！」「他說謊！」「格雷先生是紙老虎！」「廢話！」「那無賴瘋了，不然就是笨蛋！」當俄國動員時，他頻頻發出強烈不祥預感的攻擊言論，不是針對斯拉夫叛徒，而是壞心舅父難忘的身影：「世界將陷入最可怕戰爭中，最終目的在毀掉德國。英法俄陰謀欲消滅我國……那是赤裸裸的真相，是愛德華七世緩步但確切製造的情勢。……圍堵德國終成既定事實。我們中了圈套。……活著的我居然輸給了死人愛德華！」

德皇始終忘不了已故愛德華的陰影。他迫切需要任何不必同時與俄法作戰的解決辦法，況且法國背後還有尚未表態的英國。

有人在最後一刻提出建議。貝特曼有個同僚來求他，請他盡一切可能使德國免於兩面作戰。解方之一是多年來曾討論過的亞爾薩斯方案，讓該省成為德意志帝國內的自治聯邦州。若亞爾薩斯人能接受這項方案，法國便毫無理由解放失去的省分。晚至七月十六日，法國社會黨大會還明文表示支持德國的這項提議。但德國軍方始終堅持必須在這二省駐軍，當地政治權利必須讓位給軍事需要。直到一九一一年前，德國都未予這兩省憲法，也未給予自治。貝特曼的同僚此時促請他立即公開正式提議，召開亞爾薩斯自治會議。此會可以議而不決，但其道德效應可迫使法國不致進攻，或至少考慮該提議。德國便可爭取到時間，把武力轉向俄國，同時仍駐守西線，讓英軍勿越雷池。

提出此議者身分不詳，也許是假託的，但這無所謂。機會原本就存在，首相自己也可能想到。但掌握機會需要膽識。貝特曼儘管有高大出眾的身形、憂鬱的雙眼、修剪整齊的小鬍鬚，其背後卻是如美國總統老羅斯福形容前任塔夫特（Taft）總統的說詞：「用心良善，意志薄弱。」結果，德國政府不僅沒有提出這項可能誘使法國保持中立的提議，反而在發給俄國最後通牒時，也發給法國最後通牒。它要求法國在十八小時內回覆是否會在德俄交戰時保持中立，還表示就算中立，也「要把圖勒及凡爾登要塞交給我方作保，我方將加以占領，戰後交還」。換言之法國要先把大門鑰匙交出來。

對於這「殘酷的」要求，德國駐巴黎大使修恩（von Schoen）實在說不出口。在他看來，法國若願採取中立已是德國莫大的優勢，政府應主動表示願付代價而非施以懲罰。他對法國政府說明了要求中立的要求，隻字未提交出要塞的部分。但法方攔截並解密他得到的指示，早已對一切了然於胸。八月一日上午十一時修恩要求法方答覆時，法方的回答是「將依照本國利益行事」。

五時剛過，柏林的外交部就響起電話聲。接聽的是副外相齊默曼，他對坐在辦公桌旁的《柏林日報》（*Berliner Tageblatt*）總編輯說：「小毛奇想知道是否可動員了。」那時倫敦來的一則電報剛解完密，打斷規畫好的程序。這則電報帶來希望：若攻法行動可立即停止，德國便有可能避免兩面作戰。貝特曼和雅戈帶著電報，搭計程車火速趕往皇宮。

那是駐倫敦大使李希諾斯基（Lichnowsky）親王發來，報告一項英國提議，就他所了解是「若我們不攻打法國，英國將保持中立，並保證法國中立。」

在德國，李希諾斯基屬於會說英語並仿效英國舉止、運動、衣著的階層，極力想成為典型的英國紳士。跟他志同道合的貴族有普列斯（Pless）親王、布魯夏（Blücher）親王、穆恩斯特（Münster）親王等，都娶英國人為妻。一九一一年在柏林歡迎某英國將軍的晚宴上，這位貴賓驚訝地發現，四十位德方賓客英語都很流利，包括貝特曼、鐵必制將軍。李希諾斯基不同這些人的地方在於，他不但外表舉止是親英派，連內心也是熱血的親英派。他派駐倫敦時，決心為自己和為國家贏得好感（或許也傾心於英國社會週末要到鄉下豪華度假的流行）。對他來說，最大的悲劇莫過於一心嚮往的國家與母國發生戰爭，因此他打算盡量設法避免。

當天早上英國外相格雷趁內閣會議空檔打給他，李希諾斯基出於焦慮，以為格雷對他講的是英國提議保持中立，並在德俄交戰時讓法國也保持中立，只要德國保證不攻打法國。

格雷實際上不是這麼說的。他是以隱晦的方式提議，若德國保證對法國與俄國都保持中立，英國就保證讓法國中立，亦即要德國在塞爾維亞事件得出結果前不要對法俄開戰。格雷在比洛所稱的「波士尼亞」沉痾期間當了八年外相，早已練就說話含意愈少愈好的工夫，有同事說他避重就輕的功力已近乎出神入化。李希諾斯基因即將發生的悲劇而昏頭轉向，不難想見誤會了格雷的話。

德皇緊緊抓著李希諾斯基發來的單線作戰通行證。時間分秒必爭。動員已無法停止地朝德法邊界進行。首發的敵意行為是奪占盧森堡某火車交會點，在一小時內即將發動，而盧森堡的中立是由德國在內的五國所保證。此行動必須加以制止，立即制止。但是怎麼做呢？毛奇在哪裡？毛奇已離開王宮。德皇派出助理，響著警鈴去攔截他，將他帶回。

德皇又恢復本色，至高無上，戰場主帥，時而有新想法，忙著規畫，提議，安排。他唸那則電報給小毛奇聽，並以宣告勝利的語氣說：「現在我們可以只對俄作戰，只須讓全軍向東前進！」

毛奇驚駭於他精心策畫的動員行動要猛然反轉，直截了當地加以拒絕。過去十年他從施里芬的助手當起，再繼任其職位，始終在為這「重大日子」做準備。德國所有的能量都為此事而聚集，最終將征服歐洲的長征也在此日展開。那是他肩頭有千斤重、幾乎難以承受的責任。

「小」毛奇如今已六十六歲，高大壯碩，頂著禿頭，習慣帶著愁眉不展的表情，令德皇稱他為「悲傷的朱利厄斯」。他因健康不佳，每年要到卡爾斯巴德（Carlsbad）治療，加上名人叔父老毛奇的陰影，或許都是他陰鬱的成因。位於國王廣場的參謀本部紅磚建築，是他住宿與工作之處，他每天從窗口望出去，看著與他同名者的叔父騎馬雕像，那是紀念一八七〇年英雄，與德意志帝國締造者俾斯麥並列。身為老毛奇姪子的他騎術很差，在軍中練騎時經常摔下馬，更糟的是他加入基督科學教會（Christian

Science），另外又對擬人論（anthroposophism）及其他宗派感興趣。由於這配不上普魯士軍官的弱點，使他被視為「軟弱」。還不止於此，小毛奇喜歡畫畫、拉大提琴，口袋裡帶著歌德的《浮士德》（*Faust*），甚至著手翻譯梅特林克（Maeterlinck）的劇作《拜梨雅士與梅李三德》（*Pelléas et Mélisande*）。

毛奇的個性內省、時常自我懷疑。一九〇六年他獲任命時曾對德皇說：「一旦發生戰爭，我不知當如何應戰。我對自己很不滿意。」然而他在政治上並不膽小。一九一一年他不滿德國在阿加迪爾危機中退卻，便寫給奧國參謀總長赫岑多夫，表示若情況更惡化他將辭職、提議解散軍隊，「把我們交由日本保護，然後就能放心賺大錢，變成愚人。」他會毫不遲疑地反駁德皇，一九〇〇年更曾「頗直接地」勸諫德皇，遠征北京是「瘋狂的冒險之舉」。當德皇提議任命他為參謀總長時，他反問德皇是否以為「可在同一次樂透彩中贏得兩次大獎」，這如意算盤必然曾影響威廉的抉擇。毛奇拒絕接任此職，除非德皇戒除每次演習都要贏的習慣，那將使演習失去意義。德皇出人意料地順從其要求。

此刻在八月一日夜晚的緊要關頭，毛奇無心再讓德皇攪亂嚴肅的軍情，或任何已定好的安排。當出發時刻在即，要把百萬大軍的部署由西轉東，需要比毛奇天性更強硬的膽量。他預見的情景是部署陷入混亂，補給品在東，士兵在西，彈藥半途遺失，連沒有軍官，師沒有參謀，而那一萬一千節車廂，那些以十分鐘為間隔、行駛在特定軌道上，各自精細地安排好時刻，將會亂成一團，史上規畫最完美的軍事行動被可笑地破壞。

毛奇此刻對德皇說：「陛下，此事不可為。部署百萬大軍不可隨興所致。若陛下堅持率領全軍向東，那將不是準備作戰的大軍，而是拿著武器的烏合之眾，補給也未曾安排。完成那些安排需要勞心勞力一整年。」然後毛奇以嚴厲地收尾：「一旦定案，無法更改。」德國每次重大失誤都是如此，未來入侵比利時和對美潛艇戰也是這麼來的：軍事計畫支配政治決策

計畫其實可以改。德軍參謀本部雖自一九〇五年起就致力於擬訂先攻法國的計畫，但檔案裡也有著攻俄的替代計畫，是所有火車都向東行，並年年修訂直至一九一三年。

老毛奇曾下令：「勿再建碉堡，要建鐵路。」他在鐵路圖上布局戰略，並留下鐵路為戰爭關鍵的遺訓。德國鐵路系統由軍方控制，每條線指派一名參謀官；未得參謀本部批准，不可鋪設或更動鐵軌。每年的動員軍演讓鐵路官員經常演練，並以通知路線中斷、橋樑被毀的電報，考驗官員的應變及改道能力。據說戰爭學院出身的頂尖人才，都會先進鐵道處，最後才進瘋人院。

小毛奇在戰後回憶錄中披露，他曾說出：「此事不可為。」這使當時的鐵道處長史塔布（von Staab）將軍認為他是在指摘鐵道處，因此氣得寫書證明要德軍轉向其實可以辦到。史塔布用許多圖表和示意圖證明，若八月一日接獲通知，他如何能在八月十五日前，將七個軍團中的四個部署到東線，留下三個軍團防衛西線。國會議員暨中央黨（Catholic Centrist Party）領袖埃茨貝格爾（Matthias Erzberger）留下另一證言。他說在毛奇早在大戰爆發後的半年內，親自向他承認一開始就進攻法國是錯誤的，「我軍主力應先派往東線，摧毀俄國鋼鐵洪流，西線行動則限於擊退敵人對我前線之攻擊。」

八月一日晚上毛奇遵照既定計畫，卻缺乏必要的膽識。德皇憤憤地對他說：「你叔叔會給我不一樣的回答。」毛奇後來寫道，這責備「深深傷害我，我從未假裝可媲美老元帥」。但他還是拒絕轉向：「法德都已動員，兩國間不可能維持和平，我這種抗議無人放在心上。大家都愈來愈亢奮，我的意見孤掌難

嗚。」

最後毛奇說服德皇，動員計畫不可改變。於是貝特曼和雅戈等一行人草擬致英國的電報，對德國朝法國邊界前進的行動「無法再改變」深表遺憾，但保證八月三日下午七時前不會越過邊界。這項聲明對德軍毫無損失，因原計畫就不會在那之前越界。雅戈連忙致電駐巴黎大使，指示他「請暫時讓法國保持緘默」。法國在下午四時已下令動員。德皇另發私人電報給英王喬治，告訴他基於「技術原因」，動員已箭在弦上，無法取消，但「法國若向我提議中立，同時須由英國艦隊和陸軍擔保，我理當會節制，不攻擊法國，並將我軍用於別處。願法國勿緊張不安」。

七時前數分鐘，是第十六師預定要進入盧森堡的時刻。貝特曼激動地堅持，在等候英方回覆期間都絕不可進軍盧森堡。德皇未詢問毛奇，便立即下令其侍從武官透過電話和電報給在特里爾（Trier）的十六師總部，取消預定行動。毛奇再次看到計畫失敗。盧森堡的鐵道對經由比利時進攻法國十分重要。他在回憶錄中說：「當時我想我的心要碎了。」

儘管他再怎麼懇求，德皇都拒絕改變主意，反而在致英王喬治的電報上加入最後一句：「正以電話電報制止我方邊界部隊越界進入法國。」這是對實情略微卻關鍵的扭曲，畢竟德皇無法向英國承認自己原本打算違反某國的中立。如此承認等於暗示他有意侵犯比利時，那將是促使英國開戰的理由，而英國當時尚未拿定主意。

毛奇說，在原本應是他事業最高峰的日子，他「崩潰了」，他回到參謀本部，「因極度絕望而痛哭失聲。」當助理拿取消盧森堡行動的書面命令給他簽字，「我把筆丟在桌上，拒絕簽字。」若在動員後簽署的第一道命令，是廢除所有悉心做好的準備，他知道那將被當作「遲疑猶豫」的證據。他對助理說：「隨便你怎麼處置這封電報，我不會簽。」

十一時他仍在憂傷中，皇宮又要召見。毛奇到時發現德皇在寢宮，身穿符合場合的衣著，睡袍外罩著軍用外套。李希諾斯基有電報過來，指他與格雷再談過並發現自己的錯誤，於是悲哀地來電：「整體而言，英方沒有提出正面提議的可能性。」

德皇說：「現在可以照你的意思做了。」然後回去就寢。那對毛奇是永久的震撼，他是總司令，現在要指揮一場將決定德國命運的行動。他後來寫道：「那是我對這場戰爭的首個體驗。我從未自此事的震撼中復原。我內在有什麼東西碎了，我再也不是同一個人了。」

他或許可加一句：世界也不一樣了。德皇下令打給特里爾的電話未能及時接通。當日七時，第一次世界大戰的第一道邊界被按照時程跨越，功勞要歸於第六十九團費德曼（Feldmann）中尉指揮的步兵連。剛過盧森堡國界，在阿登區山坡上，距比利時巴斯托涅（Bastogne）約十二英里有一小鎮，德人稱為烏夫林根（Ulflingen）。牛群在小鎮四周山坡草地放牧，鎮上有著陡峭的鵝卵石街道。即使是在八月收割季，該鎮也不許有一束失散的乾草，違反盧森堡管理市容整潔的嚴格法律。小鎮山腳下有火車站和電報局，德國與比利時的鐵路在此交會。這是德軍目標，費德曼中尉那一連乘汽車而來，照計畫攻下此地。

以德軍笨拙的殘酷天分，他們選在當地正式名稱為三聖女（Trois Vierges）的地方，侵入盧森堡。這三聖女原本代表著信仰、希望與仁慈，但如今歷史以它貼切的筆觸，安排她們在大眾心目中代表盧森堡、比利時和法國。

到七時三十分，第二分遣隊乘車抵達（想必是回應德皇的訊息），下令第一隊撤兵，說是「命令有誤」。此期間盧森堡首相埃申（Eyschen）已發電報，把消息告知倫敦、巴黎、布魯塞爾，並向柏林抗議。三聖女表達意見了。到午夜毛奇矯正轉向之議。次日八月二日，也就是德軍時程的動員第一日結束時，全盧森堡已被占領。

從此以後，歷史記載始終脫離不了一個問題：要是一九一四年德國向東進攻，對法國採取守勢，歷史會如何改變？史塔布曾說明轉攻俄國在技術上的可行性。但當「重大日子」來臨時，德軍是否能克制不進攻法國，則是另一回事。

———

就在德軍進入盧森堡的同時，駐俄大使普塔勒斯也在聖彼得堡向俄國外相薩宗諾夫遞交德國宣戰書。他藍眼溼潤，眼眶泛紅，白色山羊鬍顫動，雙手發抖。

薩宗諾夫喊道：「各國的詛咒會落在你們身上。」

德國大使答以：「我們是維護國家榮譽。」

「這無關你們的榮譽，關乎神聖的正義。」

「確實如此」，普塔勒斯低聲應道，「神聖的正義，神聖的正義。」他蹣跚來到窗邊，靠著窗子，哭出聲來。等能開口時他說:「我的使命到此結束。」薩宗諾夫拍拍他的肩膀,兩人互相擁抱,普塔勒斯踉蹌地走到門口,顫抖的手差一點打不開門,他走出去,喃喃說著:「再見,再見。」

薩宗諾夫記下這感人的一幕,再加上法國大使巴列奧洛格精采的補充,想必是薩宗諾夫告訴他的。普塔勒斯自己的報告只寫著,他曾三次要求對最後通牒回覆,當薩宗諾夫三次都給否定答案:「我便照指示遞出文書。」

為何一定要遞交宣戰文書?海軍大臣鐵必制在宣戰書草擬的前一晚也這麼問道。他說這麼問「出自直覺多於理性」,他好奇德國若不打算侵略俄國,為何有必要宣戰,並承擔進攻方的惡名?他的問題值得留意,因為德國原本的目標是讓俄國背負挑起戰端的罪名,以說服德國人民他們是為自衛而戰,也為使義大利遵守三國同盟的約定。

義大利僅有義務在防衛戰時加入盟國,而此刻其忠誠已在動搖,各方預期一旦狀況出現漏洞,義大利就會悄悄溜走。貝特曼為此煩惱。他警告說,若奧地利堅持拒絕對塞爾維亞讓步,「即無可能將引發歐洲戰火的罪名歸於俄國」,也會「使我們在本國人民眼中處於站不住腳的地位」。他的話無人聽聞。當動員日到來時,外交禮儀要求德國正式宣戰。鐵必制回憶,外交部法律專家堅持宣戰是法律上的正確做法。他可悲地說:「德國以外,無人懂得這些道理。」

法國比他知道的要理解得多。

# 第七章　八月一日：巴黎與倫敦

法國的政策由一個主要目標主宰：與英國一起參戰。為確保此事，並協助在盟友英國克服內閣及國民的遲鈍與不情願，法國必須明白呈現誰是侵略者，誰又是被侵略者，必須讓侵略行動及道德惡評落在德國身上。德國的攻擊在預料之中，但為免太過緊張的法國巡邏隊或邊界部隊越界，法國政府採取了大膽破格的步驟。法國在七月三十日下令，要各單位沿著自瑞士到盧森堡的法德邊界後退十公里。

總理維維亞尼（René Viviani）是口才便給的社會黨演講家，過去主要關切社福及勞工，後撤建議是他提出的。他是法國政壇的異數，過去從未當過總理，現在既是總理又兼代外交部長。他上任僅六星期，前天（七月二十九日）才與總統彭加勒結束對俄羅斯國是訪問，返回法國。奧地利等到維維亞尼與彭加勒在海上時，才發出對塞爾維亞的最後通牒。法國總統和總理收到此消息後，取消原定的哥本哈根訪問，匆匆返國。

他們到巴黎時得知，德軍掩護部隊已在距邊界數百公尺處就位。他倆還不知俄奧已動員，此刻以談判解決問題的希望依舊濃厚。維維亞尼「始終放心不下，擔心戰爭會因一堆樹叢、因兩方巡邏隊相遇、因威脅姿態……陰沉的臉色、殘酷的言詞或擦槍走火而爆發！」只要還有一線希望，可不打仗就解決危機，也為開戰後便於看清楚侵略路線，內閣同意後退十公里。以電報發送給各軍司令的命令，告訴他們此舉是為「確保鄰國英國的合作」。通知英國此一措施的電報同時發出。在被侵略的門戶採取後退行動，是刻意冒著經過盤算的軍事風險，目的在於政治效應。維維亞尼說，他是冒著「史上前所未有」的風險。他或許也可像小說家西哈諾（Cyrano）一樣再加一句：「啊，多了不起的姿態！」

對深受攻勢原則薰陶、只知進攻的法軍總司令來說，要求他撤退是相當不堪的事情。那有可能粉碎霞飛，就如毛奇對戰爭的首次經驗粉碎了他。但霞飛並未心碎。

自總統和總理回國後，霞飛就一直催促政府下動員令，至少要採取初步步驟：召回休假士兵（因很多軍人為農地收成而獲准請假），並在邊界部署掩護部隊。他頻頻拿軍情報告給他們看，內容是德軍已採取的動員前措施。他在剛成立不久的內閣面前極有權威，那已是五年內第十個內閣，前一內閣只維持了三天。本屆內閣有一個特色，即法國的政治強人多半不在裡面。白里安（Briand）、克里蒙梭、卡約（Cailaux）等所有前任總理全都在野。維維亞尼本身的跡象顯示他正處於「恐懼、神經緊張」的狀態，據回任陸軍部長的梅西米說，這「狀況持續了整個八月」。海軍部長高提耶（Gauthier）原是醫生，其前任因政治醜聞下台後才被胡亂推舉為海軍部長，接踵而來的事件令他無法承受，以致「忘記」下令艦隊進入英吉利海峽，必須當場由教育部長取而代之。

好在總統彭加勒就算無憲法權力，卻集智慧、經驗及使命感力量於一身。彭加勒是律師、經濟學家、法蘭西學院院士，前財政部長，一九一二年任總理兼外長，一九一三年一月當選總統。性格帶來力量，尤其在危機時刻。當時未經危機考驗的內閣，情願倚靠憲法上虛位元首的能力和堅強意志。彭加勒生於洛林，他還記得十歲時看過戴著釘盔的長長德軍隊伍，行經其家鄉巴勒迪克（Bar-le-Duc）。他被德國人歸為最好戰派，部分原因是他曾在阿加迪爾事件時擔任總理並堅守立場，部分則由於他當總統時運用影響力強推社會黨激烈反對的《三年兵役法》，並在一九一三年通過施行。此事加上他舉止冷靜、不浮誇、立場穩定，使他在國內支持度始終不高。選情對現任政府不利，《三年兵役法》眼看要被廢止，勞資糾紛和農民不滿蔓延。七月炎熱潮濕，暴風和夏雷更添鬱悶，卡約夫人槍殺《費加洛報》總編輯，正因謀殺罪受審。每天的審判都暴露金融界、新聞界、司法界、政府等令人不快的不當新事證。

那天，法國人一覺醒來，發現卡約夫人的新聞退居到報紙第二版，並突然驚恐地得知法國要打仗了。這最熱衷政治、最愛爭執的國家，從此瀰漫著一股愛國情緒。彭加勒和維維亞尼自俄歸來時曾驅車行經巴黎，不斷聽見一遍又一遍長長的呼喊：「法蘭西萬歲！」

霞飛告訴政府，若不給他命令，以召集和運送陸軍五個軍及騎兵組成的掩護部隊到邊界，德軍「將不發一槍就進入法國」。他接受讓已就位部隊退後十公里，但此舉並非出於順從文人政府。霞飛天性如凱撒一般不聽命於人，他接受命令只是因為想要把所有論述力量放在掩護部隊的單一議題上。各種外交提議透過電報來來去去，政府仍不願放棄達成協議的努力，只同意給他「縮減」版的命令，即不召集後備軍人。

翌日七月三十一日四時半，阿姆斯特丹某銀行的友人打給梅西米，告訴他德國宣告「戰爭危險」，一小時後這消息獲柏林正式證實。梅西米憤怒地向內閣表示，那是「對動員的虛偽作態」。他在阿姆斯特丹的友人說，戰爭在所難免，德國「上自德皇下至最後一個德佬」都已準備好。緊接著傳來法國駐倫敦大使康彭的電報，報告英國對此事「反應平淡」。過去十六年來，人在英國的康彭都為同一目的而努力：確保當關鍵時刻來臨，英國會積極支持法國。但他現在卻必須通報，英國政府似在等待某種新的局勢發展，並對德法之爭「不感興趣」。

霞飛帶著有關德國軍事行動的新備忘錄抵達，堅持要求動員。他獲准發出完整的「掩護令」，但僅此而已，因又有消息傳來，沙皇對德皇提出最後請求。內閣繼續等候，梅西米對每位部長必須輪流發言的慣例感到焦躁不耐。

傍晚七時，德國大使修恩在七天內第十一度造訪法國外交部，要求知道法國的行動方針，並說次日一時會來聽取答覆。內閣卻仍坐著，爭論財政措施、國會復會、宣布戒嚴，整個巴黎都停頓下來等待。一名瘋狂年輕人苦惱至極而爆發，對著咖啡店窗開槍，射殺了社會黨領袖饒勒斯。饒勒斯在國際社會主義及反《三年兵役法》運動中的領導角色，使他在愛國者眼中成為反戰主義的象徵。

面色蒼白的助理在九時衝進內閣報告此一消息。饒勒斯遭槍殺！此事有可能引發內亂，內閣大為震驚。戰爭當前，街頭卻有可能出現路障、暴動，甚至叛亂。部長們又開始熱烈爭論，是否要祭出「筆記本B」（Carnet B），即在動員日時一併逮捕記錄在案的煽動者、無政府主義者、和平主義者和可疑的間諜。巴黎警察廳長與前總理克里蒙梭，都建議內政部長馬維（Malvy）執行此一計畫。維維亞尼及其他閣員表示反對，因為希望維持國家團結。他們立場堅定。確實有些有間諜嫌疑的外國人被捕，但沒有法國人。當晚軍隊曾獲警示，要嚴防發生暴動，但次晨僅有深深哀痛和深深靜默。列於筆記本B的共有兩千五百零一人，百分之八十最後都自願服役。

當晚凌晨二時，彭加勒總統被壓抑不住的俄國大使伊斯沃斯基叫醒。他過去曾是無比積極的外長，如今卻顯得「非常沮喪，非常憤怒」，他想知道，「法國要打算怎麼做？」

伊斯沃斯基並不懷疑彭加勒的態度，但他與其他俄國政壇人士一直擔心，當關鍵時刻來臨，從未被告知相關條款的法國國會不會履行俄法軍事同盟。其條款明文規定：「若俄國遭德國、或受德國支持的奧地利攻擊，法國將竭盡可用武力去攻擊德國。」只要德或奧一動員，「法俄不必事先協議，應立即同時動員所有軍力，並盡可能運送至邊界。……雙方部隊應全速展開行動，使德軍必須同時東、西線作戰」。

這些條款看似明確，但正如伊斯沃斯基一九一二年焦急地問過彭加勒，法國國會是否會承認相關義務？沙皇在俄國擁有絕對權力，所以法國「不必擔心我們」，但「法國政府若不得國會同意便一籌莫展。國會不知一八九二年的內容……。我們如何相信貴國國會將遵循政府領導？」

彭加勒當時回答，「若德國攻擊」，國會「無疑地」會遵循政府指示。

如今彭加勒得在半夜再次向伊斯沃斯基保證，幾小時內將召集內閣會議並做出答覆。同一時間俄國武官身著正式外交裝束，出現在梅西米臥室，提出同樣問題。梅西米打給總理維維亞尼，維維亞尼因晚間活動十分疲累，但尚未就寢。他大叫：「老天！這些俄國人愛喝酒，更糟的還不睡覺。」他激動地建議：「鎮定，鎮定，再鎮定。」

法國政府遭俄人逼迫表態、遭霞飛逼迫動員，但法國政府不打算輕舉妄動，因為必須向英國證明法國只會為自衛而行動。然而，保持鎮定並不容易。次日八月一日早上八點，霞飛來到聖多米尼克街的陸軍部，「以可憐的語氣，明顯不同於慣有的鎮定」，請求梅西米促使政府動員。他希望讓命令及時抵達郵政總局，以便用電報傳送全國，好在午夜開始動員，最後時限是四時。他在上午九時與梅西米一起前往內閣，提出他的最後通牒：全面動員每延誤二十四小時，即等於失去十五至二十公里的國土，而他也將拒絕擔任總司令。然後他離去，交給內閣收拾問題。彭加勒贊成行動，維維亞尼代表反戰立場，仍希望時間會解決問題。十一點維維亞尼被請去外交部，去見因焦急提早兩小時來的修恩，修恩是來聽取對昨日德方提問的答覆。法國在德俄交戰時是否保持中立？不悅的修恩說：「我的問題或許有些天真，因為我方知道你們有盟約。」

維維亞尼答：「顯然如此。」並說出他與彭加勒事先講好的回答：「法國會依照自身利益行動。」修恩離去時，輪到伊斯沃斯基衝進來，帶來德國對俄國下最後通牒的消息。維維亞尼回到內閣，內閣終於同意動員。命令簽好字並交給梅西米，但維維亞尼仍盼望接下來幾小時內會出現某種挽救情勢的發展。他堅持梅西米把命令放在口袋到三時三十分。與此同時十公里撤退獲確認。梅西米當晚親自打給各軍軍長：「據共和總統令，軍中任何單位，任何巡邏、偵察、搜索，任何細節，均不得越過所定界線以東。凡違反者可受軍法審判。」為了福煦指揮的第二十軍，還多加了一句警告。據可靠報告說，有人見到一隊法國的胸甲騎兵，正與一隊德國的烏蘭騎兵（Uhlan）「正面相對」。

一如事先安排，三時三十分一到，霞飛的參謀伊比奈（Ebener）將軍就由兩名軍官陪同來到陸軍部，要取動員令。梅西米默默交出。「明知那一小張紙將引發巨大的無盡後果，我們四人都覺得心中糾結。」他與三名軍官一一握手，對方行禮後離開，把命令送至郵局。

巴黎牆上在四時出現第一張宣戰告示，位於協和廣場與皇家路轉角，至今仍留存並保護在玻璃框下。在上流社會聚集地布洛涅林苑（Bois de Boulogne）的阿莫農維（Armenonville），茶舞突然停止，經理上前要樂隊暫停，宣布「動員令已下達，自午夜生效，請演奏《馬賽曲》」。市中心街道應陸軍部徵用而將車輛淨空。一隊隊後備軍人帶著包裹和送行花束走向火車東站，百姓向他們揮手歡呼。有一隊停下來，把花束放在協和廣場覆蓋黑幔的史特拉斯堡雕像腳下。群眾流淚呼喊：「亞爾薩斯萬歲！」並扯下雕像自一八七〇年便穿上的喪服。餐廳樂隊演奏法、俄、英國歌。有人說：「想想這些都是匈牙利人演奏的。」演奏英國國歌，彷彿在表達某種希望，使群眾裡的英國人感到不自在，最尷尬的是英國大使柏提（Francis Bertie）。臉色紅潤的他身形微胖，穿著灰色大禮服，頭戴灰色禮帽，手拿綠色陽傘遮陽。有人看見他步入法國外交部。柏提感到「難過和羞恥」，他下令關閉大使館，如他在日記中所寫：「今天人們雖喊著『英國萬歲』，但明天可能就換成了『背信忘義的阿爾比恩（Albion）[1]』。」

這種想法也正在倫敦某房間內強烈蔓延。白鬍鬚、小個子的駐英大使康彭，在此與英國外相格雷爭辯。格雷對他說，必須等候某種「新發展」，因俄國與德奧爭端無關「英國利益」。康彭大怒，穿透無懈可擊的老練及優雅的尊嚴。他問，難道英國「要等法國領土被侵略才介入嗎？」並表示果真如此，其協

1 譯注：英國古稱。

助也許會「非常延誤」。

在緊口風和鷹鉤鼻之後，格雷同感苦惱。他強烈認為，支持法國符合英國利益。事實上英國若不這麼做，他已準備辭職。他相信將發生的事件會迫使英國出手，然而目前他無法正式向康彭表達什麼。他也缺少非正式表達自己意見的能耐。格雷在英國民眾眼中，是強勢而沉默的形象，雖令人安心，外交部同仁卻覺得他太過「冰冷」。他僅勉力表達大家心中煩燥的想法：「比利時中立或許會成為關鍵。」那是格雷等待的發展，而且不止於他。

英國的困境來自人格分裂，從內閣及兩黨都看得出來。內閣的分裂衍生自波爾戰爭，一邊是以阿斯奎斯、格雷、霍丹、邱吉爾為代表的自由黨帝國派（Liberal Imperialists），另一邊是其他人的自由黨小英國派（Little Englanders）。後者繼承已故格萊斯頓首相的遺志，對介入外國深懷疑慮，認為援助被壓迫人民，是對外事務唯一合宜的關切對象，否則便會被認為是可惡地干預改革、自由貿易、國內自治及上議院否決權。他們傾向認為法國是頹廢輕佻的蚱蜢，而德國則是勤勞可敬的螞蟻，不過德皇和泛日耳曼好戰分子近日的裝腔作勢和大言不慚已有些動搖此種看法。這群人原本決不會支持為法國而戰，儘管他們或許會為了比利時這個「小國」而改變，如果比國要求英國保護的話。

另一方面，以格雷為首的內閣成員則認同保守黨的基本前提：英國國家利益與保護法國有密切關聯。論據最清楚的莫過於格雷自己平淡無奇的發言：「我國和他國都不樂見德國主宰歐陸，因我國將被孤立。」這句經典名言概括了英國政策，由此引申的認知是，若出現挑戰，英國必須戰鬥，以防止那「不樂見」的結果。但格雷要是真這麼說，勢必引發內閣和國家分裂，未開戰便造成致命內耗。

英國是歐洲唯一不徵兵的國家，戰時必須倚賴自願軍。政府若在戰爭議題上退卻，意味著將出現異議人士領導的反戰政黨，對募兵造成災難性效應。若法國參戰的主要目標是以英國為盟友，那英國以團結的政府參戰就屬首要條件。

參戰問題的試金石在此。反介入派在內閣擁有強大勢力，其領袖是格萊斯頓老友暨傳記作者莫利（Morley），他認為可依靠「八或九個可能贊同我們的人」，去反對由邱吉爾以「魔鬼般精力」與格雷以「費力簡化」後所公開草擬的提案。莫利自內閣討論中明白看出，比利時中立「次於我國在德法鬥爭中的中立問題」。格雷同樣明白看出，唯有德國違反比利時中立，主和派才會相信德國的威脅，乃至於為了國家利益而走上戰場。

八月一日，內閣和國會中的裂痕明顯擴大。那天十八位閣員中有十二位宣布，反對向法國保證說英國會支持作戰。那天下午在下議院大廳，自由黨議員幹部召開會議，以十九票對四票（多票棄權）通過動議：「無論比利時或其他地方發生什麼事」，英國都應保持中立。那週《猛擊》週刊（*Punch*）刊出一篇「代表一般英國愛國民眾的設計對話」：

為什麼我要追隨你的戰線
為了一件與我無關的事？……
我會被要求掃過
整個歐洲地圖，

被拖入他人的戰爭

那正是含糊其詞的目的。

英國一般愛國民眾的激情和義憤已在當時的愛爾蘭危機中用盡。該年三月的「科拉叛變事件」（Curragh Mutiny）宛如英國版的卡約夫人案。因賦予愛爾蘭自治權的《國內自治法》（*Home Rule Law*）通過，阿爾斯特省（Ulster）揚言要發動反愛爾蘭自治的武裝叛變，而駐紮在科拉的英軍則拒絕攻打阿爾斯特的親英分子。科拉指揮官高夫（Gough）將軍與軍官集體辭職，參謀總長法蘭奇隨之辭職，繼霍丹出任陸軍大臣的席利（John Seely）上校也跟著辭職。軍方情緒沸騰，全國陷入喧囂與分裂。各黨領袖與英王召開宮廷會議也無結果。勞合・喬治不祥地談到：「這是自斯圖亞特王朝（Stuarts）以來，我國最嚴峻的議題。」他提到「內戰」和「叛變」等字眼，還有德國某武器公司可望運四萬枝步槍和一百萬彈匣的貨物至阿爾斯特。此刻英國沒有陸軍大臣，由首相阿斯奎斯兼任，他既無時間更無興趣多管此事。

好在阿斯奎斯有位特別積極的第一海軍大臣。當邱吉爾嗅到遠方的戰爭氣息，他像《約伯記》（*Job*）中的戰馬，看到刀劍並不轉身後退，反而「在谷中刨地，在號角聲中蓄勢待發」。他是唯一具完全清晰信念，知道英國應如何應對，並會毫不遲疑採取行動的英國大臣。七月二十六日，奧地利拒絕塞爾維亞回覆那天，早在英國政府下定決心的十天前，邱吉爾就發出關鍵命令。

七月二十六日，英國艦隊正完成全員參與、作戰強度的測試動員及操練，但與危機無關。各隊次日早晨七時預定解散，有的去公海做各種演習，有的回國內港口，船上部分人員要回訓練學校，有的到碼頭進行整修。七月二十六日是星期天，邱吉爾後來記得，那是個「非常美麗的日子」。當他得知奧地利的消息，便決心要確保「外交情勢不會搶在海上情勢之前，在德國可得知我國是否應參戰前，甚或**在我們做出決定前，皇家海軍的大艦隊（Grand Fleet）都應留在戰爭基地**」。粗體是他自己所加。他與第一海務大臣巴滕貝格的路易親王（Prince Louis of Battenberg）商量後，下令艦隊原地待命。然後他知會格雷，並在格雷同意下把海軍部命令發給各報社，希望這消息對柏林和維也納或有「冷靜作用」。

讓艦隊集結還不夠，必須像邱吉爾特別強調的，艦隊要待在「戰爭基地」。海軍將領馬漢（Mahan）認定，艦隊的主要職責是維持「存在艦隊」，而他在海軍的地位宛若海上版的克勞塞維茲。艦隊是島國英國的性命所繫，一旦開戰英國艦隊就必須掌控海洋貿易線，保護英倫三島不受侵略，保護英吉利海峽與法國沿岸以履行對法協約。同時應集中充分戰力，來贏得任何德軍艦隊地挑戰。英國艦隊尤其必須對抗極具威脅性且潛力未知的新武器：魚雷。海軍部一直擔心不宣而戰的魚雷偷襲。

七月二十八日邱吉爾下令大艦隊航行至斯卡帕灣（Scapa Flow）的戰爭基地，該地位於北海頂端、雲霧繚繞的奧克尼（Orkney）。艦隊在二十九日駛出波特蘭（Portland），到傍晚時，綿延十八英里的戰艦群向北航行通過多佛海峽，謹慎而非光榮地駛向集合地。邱吉爾寫道：「無論如何，魚雷突襲的夢魘是完全擺脫了。」

邱吉爾讓艦隊準備好行動後，又把豐富精力和急迫感投注在讓全國備戰。七月二十九日他說服首相阿斯奎斯發出「警告電報」，那是已安排好由陸軍部和海軍部發出、啟動警戒時期的訊號。英國雖未宣告戰爭危險，或如法國施行戒嚴，但警戒時期仍被形容為「天才發明」，「允許陸軍大臣在時間緊迫時……不必知會內閣，逕自採取某些措施。」

時間擠壓著強韌的邱吉爾，他預期自由黨政府會分裂，便主動接觸前東家保守黨。首相無意組成聯合政府，因他決心維持政府的團結。眾人皆預期已七十六歲的莫利會在戰爭爆發後離開政府內，好在政府不可或缺的關鍵人物並非莫利而是強健的財相勞合．喬治，他的才幹屢獲證實，對選民也有影響力。喬治精明、有抱負、擁有威爾斯人式的好口才，他偏向主和派但立場搖擺。勞合．喬治近來民意支持度受挫，他看見了未來的黨魁競爭對手，看見莫利稱為「海軍部厲害角色」的邱吉爾正在崛起。有些同僚認為，喬治也許看出「打和平牌」與邱吉爾抗衡能帶來政治優勢。他對主戰派來說完全是個不定時炸彈。

阿斯奎斯無意領導一個分裂的國家參戰。他繼續以令人生氣的耐心，等候或許可說服主和派的事件。他在七月三十一日的日記中冷靜地寫著，眼前的問題是：「我們要加入還是旁觀。當然大家都很想旁觀。」格雷在當天的內閣會議採取較為主動的態度，幾乎到直言不諱的程度。他說德國的政策是「像拿破崙一樣可惡的歐洲侵略者」（這名字當時在英國只有一種意思），並告訴內閣，是時候決定要支持三國協約（Entente）或是維持中立，不能再拖延了。他說若內閣選擇中立，他也不會是執行該政策的人。他暗示要辭職的威脅迴盪在耳邊，彷彿這句話已被說了出來。

閣員之一寫道：「內閣似乎嘆了一口氣」，在「令人屏息的靜默」中坐了好一會兒。閣員面面相覷，忽然領悟到政府的存續已成疑慮。內閣未做出決定就宣布散會。

週五，八月銀行假日週末前夕，奧地利對塞爾維亞宣戰。從紐約開始出現一波金融恐慌，造成全歐股市停止交易，倫敦交易所也於上午十時關閉。倫敦金融界震盪，預言外匯市場末日及崩盤。勞合・喬治說，銀行家和企業家一想到戰爭就「嚇壞了」，戰爭會「破壞以倫敦為中心的信用體系」。蘇格蘭銀行總裁在週六來訪，告訴喬治，金融界「完全反對介入」戰爭。

同一週五，保守黨召集各領導人，由鄉間別墅回到倫敦，討論此次危機。亨利・威爾森在英法兩地穿梭，敦促懇求，闡述若自由黨現在退縮將是英國之恥，他是英法軍事「對話」的靈魂骨幹與精神支柱。英國參謀本部對聯合軍事計畫的委婉說法是雙方會持續「對話」，而英國的官方立場仍是由霍丹最早建立的「不承諾」原則，雷曾於一九一二年寫給康彭的信中對此有過具體說明。這項原則過去曾引起前首相甘貝爾－班納曼疑慮、曾遭艾雪拒絕，但即使再不合理，仍舊是當前英國的官方立場。

它的確很不合理。一如克勞塞維茲所說，戰爭是國家政策的延伸，作戰計畫也是。英法作戰計畫經九年商定細節，並非演習或虛幻的操練，也不是防止軍方把心思放在其他外務上的紙上談兵。英法的作戰計畫就是英法政策的延伸，它們與法俄或德奧的作戰計畫無異，差別只在於最後的法律假設宣稱，英國沒有因此「承諾」採取行動。不喜歡英法作戰計畫的政府及國會成員乾脆閉上雙眼，催眠自己相信這項假設是真實的。

駐英大使康彭痛苦地訪問完格雷後，接著去拜訪反對黨領袖。此時他完全不顧外交詞令。「我們的計畫都是共同安排，都諮詢過兩國參謀本部。你們看過我國所有的戰略與準備，請看我國艦隊！我們整個艦隊由於與貴國的安排而都在地中海，造成我國海岸對敵人敞開。是你們讓我國門戶大開！」他對反對黨領袖說，若英國不參戰，法國將永不原諒英國。最後他憤怒地喊道：「榮譽呢？英國懂不懂榮譽是什麼？」

榮譽在不同人眼中披著不同外衣，格雷知道它必須穿上比利時外衣，才能說服主和派看見。同日下午他發出兩封電報，要求法德政府正式保證，「只要無其他強國違反」，就願尊重比利時中立。法國在收到電報的一小時內，就在七月三十一日較晚時傳回肯定的答覆。德國則未回覆。

次日八月一日，格雷在內閣中提出此事。主和派的勞合・喬治用手指在地圖上比畫，他認為德軍只會沿著邊界行經比利時，會往距離巴黎最短的路線走。他說那只會「一點點違反」比利時中立。當邱吉爾要求授權動員艦隊，亦即召集所有海軍後備軍人，內閣在「尖銳討論」後拒絕。當格雷要求授權履行對法國海軍的承諾，閣員莫利、柏恩斯（John Burns）、賽門（John Simon）、哈柯特（Lewis Harcourt）等卻表示要請辭。內閣外流傳著各種謠言，包括德皇跟沙皇正在做最後的角力，以及德國發出最後通牒等。格雷走出會議室，與德國大使李希諾斯基通電話，並遭誤解，無意中成為令毛奇心煩意亂的原因。格雷也見了康彭，告訴他「法國此刻必須自行決定，勿指望我們目前無立場提供的協助」。他回到內閣會議，康彭則面色蒼白、混身顫抖，縮在老友常任次官尼可森（Arthur Nicolson）辦公室的椅子上，吐出一句：「他們要遺棄我們。」《泰晤士報》總編輯問他打算怎麼辦，他答：「我要等著看，看看『榮譽』一詞會不會自英文字典中移除。」

內閣裡誰也不想自斷後路。辭職已說出口，但辭呈卻未提出。阿斯奎斯繼續端坐，很少開口，靜候情勢發展。整天你來我往的電報與錯綜複雜的混亂漸近尾聲。當晚毛奇拒絕往東轉進，費德曼中尉的那一連則拿下盧森堡的三聖女，梅西米在電話上證實退兵十公里，邱吉爾在海軍部招待反對黨友人，其中有日後的畢弗布魯克（Beaverbrook）及貝肯海（Birkenhead）。為排遣等待的緊張，他們在飯後打橋牌轉移注意力。打到一半，信差送來紅色公文箱，剛好是尺寸最大的那種。邱吉爾從口袋中拿出鑰匙，打開公文箱，拿出裡面僅有的一張紙，讀著紙上僅有的一行字：「德已對俄宣戰。」他告訴賓客此事，換下他的用餐外套，「直接走出去，宛如去處理習以為常的例行公事。」

邱吉爾穿過騎兵衛隊閱兵場，來到內閣所在的唐寧街。他從花園的門口進入，發現首相與外相格雷、財相霍丹、印度大臣克魯（Crewe）等人在樓上。邱吉爾告訴他們，他打算「不顧內閣決定，立即動員艦隊。」阿斯奎斯沒說話，但邱吉爾認為他看似「相當滿意」。格雷陪著邱吉爾一起走出去時，對他說：「我剛做了一件很重要的事。我告訴康彭，我們不會讓德國艦隊進入海峽。」或許那是邱吉爾理解的格雷說法，他體驗過與格雷溝通有多危險。這話代表英國艦隊已準備參戰。格雷的那段話究竟是如何說的，他是已經向康彭提出保證，還是如後世學者所說是打算次日才提出，其實影響已不大。因為不論是哪種情況，都只是肯認邱吉爾的決定而已。邱吉爾一回到海軍部就「下達了動員令」。

邱吉爾的命令與格雷保證履行對法的海軍協議，都違反內閣多數成員的情緒。內閣必須在翌日批准這些行動，否則就要面臨分裂。格雷預期屆時會有來自比利時的「發展」。他像法國人一樣，覺得德國人會讓這類發展成真。

# 第八章 布魯塞爾收到最後通牒

德國駐比利時公使畢洛—沙勒斯克（Herr von Below-Saleske）的保險箱裡，鎖著一件彌封信函，那是柏林來的特使在七月二十九日交給他的，連同「未獲此地電報指示前勿開封」的命令。八月二日星期天，畢洛接到電報，通知立即打開信封，將信中照會在當晚八時前遞交比利時政府，並注意要留給比利時政府「你是今天首次收到相關指示的印象」。他應該要求比利時在十二小時內回覆，並「盡快」以電報傳給柏林，同時「立即以汽車送交在阿亨聯合酒店的艾米希（von Emmich）將軍」。阿亨又稱艾斯拉夏佩勒（Aix-la-Chapelle），是距比利時東部門戶列日最近的德國城市。

畢洛身形高大挺直，他單身，蓄黑色尖尖小鬍髭，常用一只玉製煙嘴。他自一九一四年初派駐到比利時。每當訪客造訪德國公使館，都會問起桌上的銀質煙灰缸上為何有一個彈孔，他都會笑著答道：「我是不祥的烏鴉。我當年派駐土耳其時曾碰上革命，在中國時則發生義和團。他們開槍，有一槍穿過窗戶，打出那個彈孔。」他會優雅地拿起香煙放在嘴上，擺出高雅的姿勢，然後說：「可是我現在在休養生息。布魯塞爾從來不會有事。」

彌封信函送來後，他再也無法休息。八月一日中午，比利時副外相貝松皮耶（Bassompierre）來訪，告訴他各晚報打算刊登法國對格雷的回覆，也就是法國保證尊重比利時中立。貝松皮耶建議，在德國未提出類似回覆之下，畢洛或許可發表聲明。畢洛未獲柏林授權這麼做。他藉外交手腕為掩飾，後倚在坐椅上，眼睛盯著天花板，透過一團香煙煙霧，一字一句地重覆貝松皮耶剛才對他說過的話，彷彿在播放錄音帶。他起身，向訪客保證：「比利時不用害怕德國。」然後結束會面。

次晨他向比國外相戴維農（Davignon）重複同樣的保證。戴維農是清晨六時被德國攻打盧森堡的消息吵醒，前來要求畢洛解釋。回到公使館，畢洛用巧妙措詞安撫一群喧嚷的記者，其中一句話廣被引述：「鄰居的屋頂著火，但你的房子安全。」

許多官方與民間的比利時人都願意相信他，有些是出自親德心理，有些是一廂情願，有些只是單純相信國際保障比利時中立的國家有信用。比國被保障獨立達七十五年，享有該國史上持續最久的和平。自凱撒攻打貝爾蓋人（Belgae）以來，比利時領土一向是戰士們的通道。勃根地的大膽查理（Charles the Bold of Burgundy）與法王路易十一（Louis XI），都曾在比利時打過漫長的慘烈戰爭。西班牙曾在當地蹂躪低地國，英國名將馬爾博羅（Marlborough）也在此打過法國人（馬爾普拉凱的「慘烈戰役」），拿破崙更是在比國滑鐵盧與威靈頓交戰。當地居民曾挺身反抗所有統治者：勃根地人、法國人、西班牙人、哈布斯堡王朝、荷蘭人，直到最後在一八三〇年反抗奧蘭治王朝。後來在維多利亞女王舅舅薩克森－科堡的利奧波德（Leopold of Saxe-Coburg）出任國王下，他們終於獨立建國，逐漸繁榮，然後又把精力用於兄弟鬩牆上：法蘭德斯人對瓦隆人（Walloons），天主教徒對新教徒，或為社會主義及法語、法蘭德斯語雙語制起爭執。他們熱切盼望鄰國不會打擾，讓他們繼續處於這種安樂狀況。

比利時國王、首相、參謀總長不再能像民眾那麼有信心，卻受阻於中立義務及對中立的信任，未能做出適當的防禦計畫。直到最後一刻他們都難以相信侵略之事真正發生了，侵略方還是擔保他們獨立的國家之一。七月三十一日一得知德國的戰爭危險宣告，他們便下令比國軍隊自午夜開始動員。當晚及次日，警方挨家挨戶按門鈴，發送動員令，男子倉促下床或離開工作崗位，捲起鋪蓋，向家人道別，趕往所屬兵站。由於比利時嚴守中立，至今尚未定好任何作戰計畫，動員也並非針對特定敵人，或朝向特定方向。那是沒有部署的召集。與擔保國一樣，比利時也有義務維護中立，在有公然針對它的行動之前不能採取明顯作為。

到八月一日傍晚，德國又沉默了二十四小時沒有回覆格雷的呼籲，比利時國王艾伯特決定最後一次對德皇提出私人請求。他與王后伊莉莎白（Queen Elizabeth）商量怎麼措詞。伊莉莎白是德國人，是巴伐利亞某公爵之女，她把內容一句一句譯為德文，並與國王斟酌遣詞用字，斟酌字義的細微差異。艾伯特在信中表示，他明白「政治反對意見」或許阻礙了發表公開聲明，但希望「親屬和友誼關係」能讓德皇給予艾伯特國王個人的私下保證，尊重比利時中立。此處提到的親屬關係源自艾伯特母親：霍亨索倫—錫格馬林根（Hohenzollern- Sigmaringen）的瑪麗公主（Princess Marie），屬於普魯士王族較遠的、信奉天主教的一支。但這層關係並未說動德皇回覆。

來的反而是過去四天留在畢洛保險箱裡的最後通牒。遞交時間是八月二日傍晚七時，正是外交部僕役把頭伸進次官辦公室的門縫，激動地低聲報告：「德國公使剛去見戴維農！」十五分鐘後有人看見畢洛駕車回到法律街，手上拿著帽子，額頭冒著汗珠，以機械式玩具快速抽動的動作吸著煙。一看到他「高大的側影」離開外交部，兩位次官就衝進外相辦公室，他們發現原本始終平穩樂觀的戴維農臉色極為蒼白。他說：「壞消息，壞消息」，一面遞給他們剛收到的德國照會。政務次官蓋費埃（Gaiffier）大聲唸出來，一面慢慢翻譯。貝松皮耶坐在部長辦公桌前記錄，並討論每個語意不清的字句，以確保翻譯正確。他倆工作時，戴維農和常務次官艾爾斯特（van der Elst）坐在壁爐兩側的椅子上聆聽。戴維農對任何問題的結語總是：「我相信事情一定會順利解決。」而艾爾斯特則是對德國人敬重有加，過去還曾因此向比國政府保證，德國加強武裝只是為向東擴展，不會為比利時帶來麻煩。

比國首相兼陸軍大臣布洛克維爾（Broqueville）在翻譯結束時走進來。他是高大膚黑、穿著講究的紳士，其堅毅氣質因黑亮鬍髭及表情十足的黑眼珠更為強化。唸最後通牒給他聽時，在場所有人認真地聽著每個字，其用心不亞於起草者花費的心力。起草者撰寫時極其小心，他們或許下意識感覺到，這將是本世紀最關鍵的文件之一。

毛奇在七月二十六日親手寫成初稿，那是奧地利向塞爾維亞宣戰前兩天，奧俄動員前四天，德奧拒絕格雷提議舉行五強會議同一天。毛奇把草稿送到外交部，經副外相辛莫曼及政務次官史多姆（Stumm）修改，再由外相雅戈和首相貝特曼—霍爾韋格訂正，最後定稿以彌封信封在二十九日送至布魯塞爾。德國人如此大費周章，反映對此文件的重視。

照會首先指出，德國接到「可靠情報」，法方有人建議沿日韋（Givet）到那慕爾路線進攻，「毫無疑問法國意圖經比利時領土進攻德國。」（比國人並未看到法軍朝那慕爾移動的證據，很有可能是法軍根本沒動，因此這項指控無法說服他們。）照會中說，德國難以仰仗比國陸軍阻止法軍，基於「自我防禦要求」，不得不「對此敵意攻擊預做準備」。若比利時認為，德軍進入比國土地是「敵意行動」，德國將以

「最深切遺憾」視之。反之比利時若採取「善意中立」，德國保證「一旦保障和平後立即撤出其領土」，賠償德軍造成的損害，並「保證其王國主權及獨立」。原本這句還有一段：「以最大善意支持比國可能訴求法國的賠償。」這句話在遞交前的最後一刻，被接到指示的畢洛給加以刪除。

照會最後說，要是比利時反對德國穿越其領土，就會被視為敵人，日後與比國的關係將交由「武力決定」。德方要求十二小時內收到「明確回覆」。

貝松皮耶回憶，當場每個人都想到國家面臨的抉擇，讀完後是「數分鐘漫長、悲傷的靜默」。比利時是小國，才剛獨立不久，因此更強烈堅守獨立。但在場各人也都知道，決定捍衛獨立的後果是什麼。國家會遭到攻擊，家園被毀，人民被十倍大的軍隊報復。他們位於德軍的直接通道，無論戰爭最後結果是什麼，他們對此種下場並無懷疑。反之若屈服於德國的要求，他們將使比利時成為攻打法國的共犯，也違反本身中立。倘若任憑德軍占領，德國戰勝後真的撤軍的可能性也很小。這兩種情況下都會被占領，但投降更會失去榮譽。

貝松皮耶記下他們的情緒：「若我們要被摧毀，且讓我們光榮地被摧毀。」一九一四年時說出「光榮」一詞，不必感到尷尬，光榮是人們相信的熟悉概念。

艾爾斯特打破沉默，他問首相：「那，大人，我們準備好了嗎？」

布洛克維爾答：「是的，我們準備好了。」他再說一遍「是的」，彷彿想要說服自己，「除了一件事，我們尚未取得重砲」。比國政府去年才以中立為條件，從不情願的國會取得更多軍費。重砲定單是下給德國克魯伯公司，後者不出所料延遲交貨。

十二小時已過去一小時。同僚們開始召集所有大臣，參加九時召開的國務會議。貝松皮耶和蓋費埃開始草擬回覆。他們不必互問該怎麼寫。首相布洛克維爾把任務交給他倆，便前往王宮去通知國王。

---

艾伯特國王對身為統治者的責任感，使他對外在壓力感受敏銳。他並非生來要做國王，原本是利奧波德國王弟弟的次子，從小在宮中的角落長大，由堪稱平庸的瑞士家教照顧。科堡家族的生活並不快樂。利奧波德自己的兒子過世後，一八九一年利奧波德的姪兒博杜安（Baudouin），也就是艾伯特的哥哥也跟著過世，使十六歲的艾伯特成為王位繼承人。老國王為失去王子和姪兒而傷痛，他原本把父愛轉移給博杜安，此時並不看好艾伯特，稱他為「封閉的信封」。

信封裡是無比豐沛的體力和智力，是屬於老羅斯福和邱吉爾這兩位同代偉人的那種特質，但其他方面艾伯特一點也不像他們。他們外放，但艾伯特內斂。艾伯特的脾氣和羅斯福相去甚遠，但兩人在品味上也有許多相同之處，他愛好戶外活動、鍛練身體、騎馬爬山，對自然科學及保育感興趣，嗜好看書。艾伯特跟羅斯福一樣，每天要讀兩本書，遍及各種主題，舉凡文學、軍事學、殖民主義、醫學、猶太教與航空。他騎機車，開飛機。他最愛登山，曾隱姓埋名爬遍歐洲各地山岳。他在成為王儲後遊歷非洲，第一手研究殖民問題，繼位後以同樣方式研究軍事，或研究瓦隆區博里納日（Borinage）人稱「紅地」的煤礦。有位大臣說：「國王講話時的神情，總像是要準備打造什麼一般。」

艾伯特一九〇〇年與威特爾斯巴赫（Wittelsbach）的伊莉莎白結婚，岳父是公爵，在慕尼黑的醫院當眼科醫師。他倆明顯相愛，育有子女三人，過著模範家庭生活，與舊王室的不得體形成對比，這讓艾伯特在一九〇九年繼利奧波德二世登上王位時，一開始就甚得民心，國民普遍感到寬慰和歡欣。新王與王后不追求鋪張，款待想款待的人，發揮好奇心，喜歡到愛去的地方冒險，無懼危險、儀節和批評。他們不是資產階級，比較像波希米亞式王族。

艾伯特在軍校時與未來的參謀總長蓋雷（Emile Galet）同期。蓋雷是鞋匠之子，他上軍校是靠村民集資。蓋雷當上戰爭學院講師，後來因無法認同學院無畏的進攻理論而辭職。比利時參謀本部直接沿用法軍的理論，也不顧兩國國情不同。蓋雷也離開天主教會，成為嚴格的福音派信徒。他悲觀、過分挑剔、盡心盡力，對任何事就像對待自身專業一樣認真。據說他每天讀聖經，也沒人看過他笑。國王聽他講課，在演習時見過他，很欣賞他的主張。蓋雷主張，為攻擊而攻擊是危險的，軍隊「唯有可能獲得重要勝利」才求戰，「攻擊需要有武力優越」。儘管他官階僅有上尉，且出身於工人之子，又在天主教國家皈依新教，卻被艾伯特國王選為私人軍事顧問，那是國王特別設置的職位。

根據比國憲法，國王唯有在爆發戰爭後才成為總司令，因此艾伯特和蓋雷無法在戰前就把自己的憂慮或戰略思想施加於參謀本部。參謀本部死守著一八七〇年普法戰爭的觀念：當時法軍只要越界進入比國領土便可擁有足夠的撤退空間，但普軍、法軍卻都未越雷池一步。艾伯特國王和蓋雷都認為，如今狀況已日漸改變，各國軍隊已大幅成長，若各國再次交戰，勢必就會經過比利時的舊通道，再度於舊戰場交會。

德皇威廉曾在一九〇四年的會面中清楚傳達此點，令利奧波德二世十分驚訝。利奧波德回國後，震驚逐漸消散，因他把談話內容告訴艾爾斯特，後者卻認為威廉如此陰晴不定，他說的話誰能相信？一九一〇年德皇回訪布魯塞爾時，確實證明他再令人安心不過。他對艾爾斯特說，比利時不必對德國有任何畏懼，「你們沒有理由抱怨德國。……我完全了解貴國立場。……我絕不會把它擺錯位置。」

比利時人大體上相信威廉。他們認真相信自己獲得的中立保證。比國忽略了自己的軍隊、邊防、要塞或任何能強化一紙條約的東西。民眾不關心國外情勢，只關心社會主義。國會一心只在意經濟，以致任由軍隊退步到土耳其的程度。部隊疏於訓練，紀律鬆散混亂，彼此不敬禮，階級不嚴明，步調不一致。

軍官團稍微好一點，但因軍隊不受國人認真看待，所以吸引不到最優秀的人才，或有能力有抱負的年輕人。而真正以從軍為事業，並通過戰爭學校考驗的人，卻又感染到法軍的「衝力」與「極限攻勢」信仰。他們得出的行為準則是：「為確保不被忽視，攻擊實屬必要。」

無論這準則的精神多麼偉大，它都不符合比國處境的現實情況，攻勢理念對必須信守中立義務且只能擬訂防禦計畫的軍方參謀來說是自相矛盾的。中立禁止他們與別國共同計畫，也要求他們把踏入國土的外國（不論是英軍、法軍或德軍）都視為敵人。這種情況下要達成一致的作戰計畫是很困難的。

比國軍隊共有六個步兵師、一個騎兵師。他們必須面對德軍預計要行經比國的三十四個師。裝備和訓練均不足。由於軍費購買的彈藥只夠每人每週練習一回合，每回合射擊兩次，槍法也因此不如人。義務役在一九一三年才實施，只使得軍方更加不得人心。同年因國外不祥的騷亂，國會勉強提高每年徵兵員額，從一萬三千人增至三萬三千人，此外國會也同意撥款將安特衛普的防禦能力予以現代化，但交換條件卻是必須縮短役期來吸收相關費用。參謀本部更是一九一〇年在新國王堅持下才成立。

由於成員彼此歧見甚深，比國參謀本部的效能大為受限。有一派贊同攻勢計畫，認為在受到戰爭威脅時軍隊應集中於前線。另一派支持防禦計畫，認為軍隊應集中於內部。第三派以艾伯特國王和蓋雷為主，主張盡可能接近受威脅的邊界進行防禦，但不可危及與安特衛普的交通線。

歐洲的天空日趨黯淡，比利時的參謀官卻在爭辯，而未能完成軍隊集結計畫。他們的難處更因不許指明敵人是誰而難上加難。他們最終同意一個折衷方案，但只有大綱，沒有鐵路時刻表，也沒有補給站或住宿處。

一九一三年十一月，艾伯特國王如他伯父在九年前一樣，受邀訪問柏林。德皇設皇家晚宴款待，餐桌鋪著天鵝絨，賓客計有五十五位，包括陸軍大臣法金漢（Falkenhayn）將軍、皇家海軍大臣鐵必制、參謀總長毛奇、首相貝特曼－霍爾韋格。比利時大使貝揚（Beynes）也在場，他注意到國王整個晚宴上面容都不尋常地凝重。餐後貝揚看到他與毛奇交談，只見艾伯特聽著聽著，臉色愈趨暗淡沉鬱。他離去時對貝揚說：「明早九時過來，我們必須談談。」

次晨他與貝揚走過布蘭登堡門（Brandenburg Gate），經過一排排發亮的大理石雕像，那是霍亨索倫家族擺著英雄姿勢。幸好有晨霧籠罩，他們來到可「不受打擾」暢談的蒂爾加滕公園（Tiergarten）。艾伯特說，他首次受到震撼是在剛到不久的宮廷舞會上，德皇為他指著一位將軍，說那人已受指派「領導軍隊進軍巴黎」，那人是克魯克將軍。然後在前一晚的晚宴前，德皇把他拉到一旁說悄悄話，又大肆猛烈抨擊法國。德皇說，法國從未停止對他挑釁，所以與法國一戰不僅在所難免，而且近在眼前。法國新聞界也惡意對待德國，說《三年兵役法》是故意的敵對行動，全法國均為止不住的復仇渴望所驅動。艾伯特試圖打消德皇的念頭，他說自己每年都造訪法國，更了解法國人。他可向德皇保證，法國人並無侵略之心，是真誠希望和平。但德皇不買帳，始終堅持戰爭無可避免。

晚宴後毛奇繼續幫腔，說對法之戰即將發生。「這次我們必須做個了結。陛下無法想像那不可抗拒的熱潮在關鍵之日將瀰漫全德。」德軍所向無敵，什麼也擋不住條頓之怒，所到之處都將滿目瘡痍，勝利不容懷疑。

艾伯特大感憂心，憂心德國人令人吃驚的信心，以及信心背後的含意。他只能認定德國人是為了威嚇比利時人屈服。德國人顯然心意已決，艾伯特覺得自己應警告法國。他指示貝揚把這一切都複述給法國駐柏林大使康彭（駐英大使康彭之弟），並責成康彭以最強烈字句向彭加勒總統報告此事。

後來他們得知，比利時武官梅洛特也在同一場晚宴上，聽到毛奇更激烈的吐露心聲。梅洛特也聽到，對法一戰「在所難免」，且「比你想像的更近在眼前」。通常對外國武官十分保留的毛奇，在那晚「自我解放」。他說德國不想打仗，但參謀本部「已做好萬全準備」。「法國必須停止挑釁和惹怒我們，愈快愈好，否則我們必將動手。我們已經受夠了這些。」毛奇舉出法國挑釁的例子，除「大事」外，還有德國飛行員在巴黎遭到冷淡接待，巴黎社會抵制德國武官溫特費（Winterfeld）少校，以及少校的母親艾文史雷本（d'Alvensleben）女伯爵如何為此嚴詞抱怨。至於英國，毛奇認為德國建立海軍不是為了躲在港口。就算英國海軍會發動攻擊，就算德國很可能會被擊敗、會失去戰艦，但英國將會失去海上霸權，霸權會轉移至美國。歐洲若打仗，美國會是唯一受益者。然後毛奇來個邏輯大轉彎，他說英國明白這一點，因此很可能保持中立。

毛奇還有很多話要說。他問梅洛特，若有外國大軍侵犯比國領土，比利時會怎麼做？梅洛特回答，比利時會捍衛自己的中立。毛奇為查明比國是否會如德國人所相信的只表達抗議就好，還是會反抗，便逼他說得更明確。當梅洛特答以「我們將全力抵抗侵犯我國邊界的任何強權」，毛奇不慍不火地回說，空有良好意願並不夠。「你們也必須擁有能履行中立義務的軍隊。」

艾伯特國王回到布魯塞爾，立即要求針對動員計畫提出進度報告，結果自然是沒有任何進度。他在布洛克維爾同意下，根據在柏林的聽聞，以德國侵略為假設擬訂作戰計畫。他得到自己和蓋雷提名的人選，一位朝氣蓬勃、名叫芮克爾（de Ryckel）的上校軍官，指派他負責此項保證在四月完成的工作。但計畫到四月尚未完成。另外布洛克維爾也指定另一位軍官賽利埃（de Selliers de Moranville）將軍，出任在芮克爾之上的參謀總長。但到了七月，仍有四個不同的集結計畫還在考慮當中。

情況不利的打擊並未改變國王的心意。他的政策體現於蓋雷的備忘錄中，那是他在柏林之行後草擬的：「我們決心要在任何強國故意侵犯我國領土時宣戰，我們決心以最大力量作戰，竭盡所有軍事資源持續作戰。無論要打到何處，即使超出邊界，即使侵略者退卻，也要打到落實全面和平。」

——

八月二日，由艾伯特國王主持的國務會議於晚間九時在王宮召開，他以這番話開場：「不問後果，我方的答覆必須是『不』。我們的義務是捍衛領土完整。對此我們必不可失敗。」但他也堅持在場者不可心存幻想，因為後果將十分可怕，且敵人會冷酷無情。首相布洛克維爾警告那些仍搖擺不定者，切勿相信德國在戰後恢復比利時完整的保證。他說：「若德國人戰勝，不管比利時態度如何，都會被併入德意志帝國。」

一位老臣大表憤慨，他最近才在家中招待德皇的姻親石勒蘇益格－霍斯坦公爵。老臣止不住對公爵虛情假意示好的憤怒，不斷喃喃洩憤，像是在唱誦議程。當參謀總長賽利埃起身說明軍方的防禦戰略時，副總長芮克爾不斷咬牙切齒地咆哮：「我們必須打到他們的痛處，我們必須打到他們的痛處。」這兩人的關係，借用同僚的話是：「毫無愉快可言。」輪到芮克爾發言時，他令聽眾吃驚地提議，要對侵略者先發制人，在德國可以跨越比國邊界前，就先跨過邊界攻擊德國。

會議在午夜結束，首相、外相、法務大臣組成委員會，回到外交部起草回覆。他們工作到一半時，一輛機車駛近黑暗庭院，最後停在唯一透出燈光的一排窗戶下。德國公使來訪的通報令大臣們大吃一驚。現在是凌晨一時三十分，他這時候來要幹什麼？

畢洛在夜裡坐立難安，也反映出德國政府對最後通牒感到愈來愈不安。如今通牒已行諸文字無法撤銷，也無可挽回地影響到比利時的國家尊嚴。多年來德國人總告訴彼此，比利時不會反抗，但如今當這一刻來臨時，他們卻開始出現遲來的嚴重焦慮。比國勇敢響亮的一聲「不！」將響遍全世界，並對其他中立國產生對德國不利的效應。但德國並不擔憂中立國的態度，反倒更在意比利時的武裝反抗會延誤德軍的時程。比國軍隊若選擇交戰，而非「列隊於路旁」，德軍就得留下部分用於進軍巴黎所需的部隊。

比軍若摧毀鐵道、橋樑，就可切斷德國進攻路線和補給運送，後患無窮。

德國政府放心不下，在半夜派畢洛進一步去指控法國，試圖影響比國的回覆。畢洛告訴接待他的艾爾斯特，法國飛船投擲炸彈，法國巡邏隊越過邊界。

艾爾斯特問：「這些事發生在哪裡？」

畢洛回答：「在德國。」

「這樣的話，我看不出這消息與我們有什麼關聯。」

德國公使解釋道，由於法方不尊重國際法，因此可預期它也將違反比利時中立。比利時並未被這種巧妙的邏輯遊戲迷惑。艾爾斯特要德國公使離去。

凌晨二時三十分，國務會議再度在王宮召開，批准大臣們提出的對德回覆。回覆中說，比國政府若接受德方提議，「將犧牲國家榮譽且背叛對歐義務」。回覆宣稱，比國「有堅定決心，將以一切能動用的手段，抵擋對其權益的一切攻擊」。

國務會議未加變更地批准此一文件，但接著卻陷入爭議，因國王堅持在德軍實際進入比利時前，不向其他列強擔保國要求協助。儘管有強烈異議，國王依舊堅持己見。清晨四時，國務會議散會。最後離去的大臣轉過身，看到艾伯特國王背對著會議廳站著，手持回覆的複本，凝視著窗外。曙光開始照亮夜空。

——

柏林也在八月二日夜裡開會。貝特曼—霍爾韋格、毛奇和鐵必制都在首相府討論對法宣戰，他們前一晚已討論過對俄羅斯宣戰。鐵必制「一再」抱怨，他不懂為何有必要宣戰。宣戰總帶有「侵略意味」，而軍隊「不必有這種東西」也可前進。貝特曼指出，對法宣戰有其必要，因德軍打算行經比利時。鐵必制重述李希諾斯基發自倫敦的警告，指出侵犯比利時會讓英國也參戰，他建議或可延後進入比利時。毛奇深怕進軍時程再受威脅，立刻宣稱這「辦不到」，任何事都不能干預「運輸程序」。

毛奇說自己並不重視宣戰，因為法國過去的敵意行動已使戰爭成為事實。他指的是有關法國轟炸紐倫堡（Nuremberg）地區的傳聞報導，德國報紙整日不斷以號外刊出，導致柏林人來來去去緊張地望著天空。但轟炸其實是子虛烏有。按德國的邏輯，他們是為了幻想中的轟炸而不得不宣戰。

鐵必制仍極力反對。他說世人不會懷疑法國人「在理智上保有侵略意圖」，但德國政治人物卻疏於讓全世界認清這一點。這使德軍就算是出於「純屬緊急措施」而入侵比利時，世人也會不公平地只看見德軍的「殘酷暴行」。

回到布魯塞爾，當國務會議於八月三日清晨四時結束後，戴維農回到外交部，指示政務次官蓋費埃把比國的回覆交給德國公使。上午七時整，十二小時時限的最後一刻一到，蓋費埃就按下德國公使館門鈴，把回覆交給畢洛。蓋費埃在回程路上聽到報童的叫喊聲，週一早報刊出了最後通牒和比利時回覆的內文。他聽到人們讀到這消息時尖叫出聲，並激動地聚集在一起。比利時大膽說「不」讓民眾振奮。許多人相信這會導致德軍繞開比國領土，以免引起全球譴責。「德國人很危險，但他們並非瘋子」，人們相互安慰著。

這種期望也存在於比國王宮和政府部會，因為有些人很難相信德國人會故意選擇發動戰爭，讓自己站在歷史錯誤的一邊。當德皇遲遲才回覆兩天前（八月三日）收到的艾伯特私人請求，比利時人最後的期望也幻滅了。德皇的回覆中再次企圖勸誘比利時人不要戰鬥。德皇的電報說：「唯基於對比國最友好的意圖」，他才提出鄭重請求。「如提出的條件明白指出，維持你我過往與現在關係的可能性，依舊掌握在陛下手中。」

自危機開始以來，艾伯特首次讓自己顯現出怒氣：「德皇把我當成什麼？」艾伯特登上最高指揮位置，立刻下令炸毀列日的默茲河各橋樑，以及靠盧森堡邊界的鐵路、隧道與橋樑。但他仍推遲向英法請求軍援和結盟的時機。比利時的中立原本是歐洲列強堪稱成功的集體行動，而在侵略行動實際發生前，艾伯特國王無法說服自己簽下維持中立的死亡證明書。

# 第九章　「葉落前返鄉」

八月二日週日下午，在德國最後通牒於布魯塞爾遞交前數小時，英國外相格雷要求內閣履行防禦英吉利海峽與法國沿岸的海軍義務。英國政府如今面臨最苦惱的時刻，必須迅速做出困難又明確的決策。內閣一整個下午都侷促不寧，心理沒有準備，也無意願抓住最後承諾的機會。

在法國，戰爭已至。儘管有部分人非常希望能夠避戰，但多數民眾仍當作是國家命運而接受。過去經常有人預言，法國人受到無政府主義的影響，早已失去愛國心，並會成為戰爭爆發時的致命弱點。結果一位外國觀察家近乎驚奇地報告，「為國效忠情緒」高漲，同時「完全不見騷動」。比利時則出現史上少見的英雄，心地純正的國王使比利時有著超乎水準的表現。在面對投降或反抵的生死抉擇時，不到三小時即做出了決定。

英國沒有艾伯特或亞爾薩斯，空有武器但欠缺決心。過去十年英國都在研究及準備，自一九〇五年起更發展出一套「戰爭腳本」制度，一掃英國傳統臨機應變的陋習。如今大戰臨頭，所有戰爭爆發時該發的命令都已備好，只待簽字。該寄的信封都打好地址，通報和公告也都已印好或排好版，國王即便離開倫敦也會隨身攜帶需要立即簽署的文件。做法清楚明白，混亂不清的是英國人的心。

德國艦隊若現身英吉利海峽，對英國的威脅將不下於古久前的西班牙無敵艦隊。內閣在星期天勉強同意格雷的要求。當天下午他交給康彭的書面保證寫著：「若德國艦隊進入海峽或經過北海，對法國海岸或航運進行敵意行動，英國艦隊會盡全力給予保護。」但格雷說，此項保證「並不綁定我方要與德國開戰，除非德國艦隊採取前述行動」。他吐露內閣真正的恐懼：由於英國對保護本國海岸並無把握，「不可能放心把部隊派至國外」。

康彭問，這是否代表英國永不會派兵歐陸。格雷說自己的言論「只適用當前此刻」。康彭建議，英國至少要為了「道德效果」派出兩個師。格雷則認為，就算派出四個師，那麼少的兵力「只會對部隊造成最大風險，產生最小的效果」。格雷說，在次日向國會報告前，此項海軍承諾不可公開。

絕望的康彭仍抱持希望，他以「最機密」電報將此保證通知法國政府，電報在當晚八時三十分傳至巴黎。儘管格雷的片面承諾遠低於法國的期待，但康彭相信局勢將會發展成全面交戰，因為一如他後來所說，國與國不會「片面」交戰。

然而，格雷擠出海軍保證的代價，就是阿斯奎斯原本極力設法避免的內閣破裂。莫利及柏恩斯兩位大臣辭職，強勢的勞合．喬治仍對戰爭表示「懷疑」。莫利認為「那天下午完全看得到」內閣解體的勢頭。阿斯奎斯不得不承認，「我們正在分裂邊緣」。

總是防患於未然的邱吉爾，自命為將原屬政黨保守黨納入聯合政府的特使。內閣會議一結束，他就趕忙去見前保守黨首相貝爾福。貝爾福與同黨其他領袖都認為，英國應履行與法國和俄國的三國協約，即使痛苦也要堅持到底。邱吉爾對他說，如果宣戰，他預期自由黨內閣有一半人會辭職。貝爾福答，保守黨會準備好加入聯合政府，不過屆時退出的自由黨人可能領導反戰運動，撕裂英國。

此時英國尚不曉得德國給比利時的最後通牒。邱吉爾、貝爾福、霍丹、格雷等人，心中關切的是若法國被擊敗，德國便有成為歐洲霸權的危險。但支持法國所需的政策是在密室決定，從未向全國公開，自由黨政府多數成員也都不接受。政府與國家在此議題上難以團結一致。對不少英國人而言，這次危機只是德法舊仇的另一階段，不干英國的事，除非英國政策之子比利時遭到侵略。侵略者在比國的每一步，都在踐踏英國建構及簽署的條約。格雷決定翌晨要求內閣，將此種侵略視為正式的開戰理由。

那晚格雷與霍丹共進晚餐，外交部信差在此時送來公文盒。據霍丹記述，裡面的電報警告：「德國即將侵入比利時。」電報是何人所發，並不清楚，但格雷必然認為是真的。他把電報拿給霍丹看，問他怎麼想。霍丹答：「立即動員。」

他倆立即離開餐桌，驅車至唐寧街，發現首相有幾位賓客。他們把首相請到私人房間，拿那封電報給他看，並要求動員。阿斯奎斯同意。霍丹建議，為因應緊急情況，應暫時任命他回到陸軍部，因為首相將會太忙而無法履行陸軍大臣的職務。阿斯奎斯也同意，他求之不得。他對此感到不快，卻也明白擺在眼前的人選只剩下獨斷的陸軍元帥基奇納男爵。已有人敦促他提名此人為空缺的陸軍大臣。

次晨適逢週一銀行假日，也是風和日麗的夏日。倫敦擠滿了人群，他們因危機爆發而湧入首都而非海邊度假。中午時分，白廳大道已擠得水泄不通，連一輛車也過不去。內閣議事廳裡也是人聲鼎沸，大臣們在此幾乎不間斷的開會，設法決定是否要為比利時而戰。

霍丹在陸軍部已發出動員電報，召集後備軍人與地方自衛隊士兵。十一時內閣接獲消息，比利時決定以六個師抵抗德意志帝國。半小時後他們接到保守黨領袖的聲明，這封聲明顯然是在比利時的最後通牒公開前就已寫好。聲明中說，推遲給予法俄支持，將「對英國的榮譽與安全造成致命後果」。有俄國這種盟國，已令大多數自由黨大臣難以接受。又有兩人辭職，他們是賽門爵士和包項勛爵（Lord Beauchamp），但比國情勢仍使黨內關鍵人物勞合．喬治決定留在政府。

---

八月三日下午三時，格雷預定要到國會，就此次危機提出政府首次正式公開聲明。全歐洲和全英國都在等待。格雷的使命是把國家帶進戰爭，使國家團結參戰。他必須帶領他所屬、傳統上主和的政黨。他必須向世上最古老、經驗最豐富的國會解釋，英國如何非正式承諾過要支持法國。他必須呈現參戰原因在於比利時，但又不能隱匿法國才是根本原因。他必須訴求英國的榮譽，又需要表明英國的利益才是決定性因素。他必須站在辯論外交事務已有三百年傳統的場所，為他主持下的英國外交政策方向，以及外交也防止不了的戰爭辯護，但他卻缺少伯克（Edmund Burke）的才華或皮特（William Pitt the Younger）的說服力，也沒有坎寧（George Canning）的才幹或帕默斯頓的靈活大膽、格萊斯頓的辭令或迪斯雷利（Benjamin Disraeli）的機智。格雷並不具備這些政治前輩的能力，但他必須面向過去才能駕馭現在，才能對後世交代。

他沒時間準備講稿。他本想在最後一小時寫下發言要點，德國大使卻突然來訪。李希諾斯基焦急地走進來，詢問內閣做了什麼決定？格雷要對下議院報告什麼？會不會是宣戰？格雷答：不會宣戰，而是

「條件聲明」。李希諾斯基問，比利時中立是否是條件之一？他「懇求」格雷，即使是也勿說出口。李希諾斯基對德國參謀總長的計畫一無所知，儘管德軍也可能只會穿過比國的一個小角落，但他無法確定德軍不會「嚴重」違反比國中立。「若真是如此」，李希諾斯基說出了那句人們被事件壓倒時的永恆說詞，「現在也無法改變了。」

他們站在門口講話，各自承受著急迫壓力。格雷想要離開，好空下最後一點私人時間準備演講，李希諾斯基卻想要推遲真相揭曉的時刻。他倆分開，從此再也沒有正式見過彼此。

自一八九三年格萊斯頓提出「國內自治法案」以來，英國國會首次全體到齊。為容納所有議員，走道上也加擺了坐椅。外交人員旁聽席坐滿人，只有兩個坐位空著，代表德、奧大使缺席。上議院的訪客擠滿外人旁聽席，其中一位是陸軍元帥羅伯茲，他長期主張徵兵制未果。接著是緊繃的靜默，那一刻無人走動，也無人傳紙條或靠著椅背輕聲交談。突然，一陣喀啦聲，牧師退步離開議長席時踢到走道上加擺的坐椅。所有眼睛都望向政府席，格雷身穿輕薄夏季西服坐在那裡，一邊是面容溫和但毫無表情的阿斯奎斯，另一邊則是一頭亂髮、臉頰蒼白、顯得老了好幾歲的勞合・喬治。

格雷起身，看起來「蒼白憔悴又疲倦」。他雖當了二十九年下議員，過去八年也在政府服務，但整體來說，議員們對他如何執行外交政策所知甚少，全國人民知道的就更少。議員所提出的任何問題，很少能騙得格雷給予清楚明確的答覆，但其迴避作風並未遭到懷疑，反而是更大膽的政治人物會被挑戰。格雷如此非都會化，非常英國，非常鄉紳，非常保守，誰也不會認為他是外交爭端的積極舵手。他不喜歡外交事務，不喜歡他的工作，只遺憾地當作必要職責。他週末不會往歐陸跑，反而消失在鄉間。他除了小學程度的法文外就不會其他外語。他是五十二歲鰥夫，膝下無子女，不愛交際，似乎像對工作一樣無一般嗜好。突破他高牆般個性的熱情，全保留給鱒魚溪流及鳥鳴。

格雷語氣緩慢，但明顯帶有情緒。他籲請下議院從「英國的利益、榮譽與義務」來看待當前危機。他講出與法國軍事「對話」的歷史。他說，不存在任何「祕密約定」約束著下議院，或限制英國自由決定行動方向。他說，法國因對俄「信守承諾」而涉入戰爭，但「我們不屬於法俄同盟，我們甚至不知那同盟的條款」。他為了顯示英國並未做出承諾，似乎有些矯枉過正。憂心忡忡的保守黨德比勛爵（Lord Derby）對鄰座生氣地耳語道：「天啊，他們要放棄比利時。」

接著格雷透露與法國的海軍協議。他向下議院說明，由於與英國的協議，法國艦隊集中於地中海，導致法國北部與西部沿海「毫無防衛」。他說出自己的「感覺」：「若德國艦隊南下進入海峽，轟炸並猛攻法國毫無防衛的海岸，我們絕不能袖手旁觀，絕不能坐視這情況發生卻收著武器，無動於衷，無所作為！」反對黨席爆出歡呼聲，自由黨聽著，「悶悶地默認」。

格雷為解釋他已承諾英國海軍會防守法國的海峽沿岸，開始雜亂地講起「英國利益」及英國的地中海貿易路線。那是一團糾纏不清的論述，他接著連忙講到「更嚴肅的考量，每小時都變得更嚴重的」比利時中立。

為公平對待這主題，格雷明智地不靠自己的口才，而是借用格萊斯頓一八七〇年如雷貫耳的發言：「我國能夠旁觀並目睹玷汙史冊的可悲罪行，從而成為惡行的幫凶嗎？」他也借用格萊斯頓的話，表達問題的關鍵：英國必須堅持立場，「反對任何強權毫無節制地坐大」。

他再以自己的話補充：「我籲請下議院從英國利益的觀點考量。若法國遭徹底擊垮……若比利時屈服於同一霸權，接著就會是荷蘭，然後丹麥……，處於此種危機時，若我們逃避攸關榮譽與利益的義務，如比利時條約等……如果我們袖手旁觀，我完全不相信我們還有可能在這場戰爭結束時，扭轉戰爭的結果，避免整個西歐落入單一強權的掌控……我認為我們將在世人面前犧牲尊嚴、名譽掃地，更逃不過最嚴重的經濟後果。」

他把「問題和抉擇」放在議員們面前。下議院「痛苦但專心地」聽他講了一小時又十五分。然後答案揭曉：台下爆出如雷掌聲。個人能夠帶動國家的場合是值得紀念的，格雷此次演講正是這類關鍵場合之一，也是事後人們會記下日期的事件。有些意見不同者還是會發聲，因為英國下議院不像歐陸各國會，無法被規勸或說服為一致同意。為工黨發言的麥克唐納（Ramsay MacDonald）就說，英國應保持中立。工黨創始人哈第（Keir Hardie）則說要號召勞工階級反戰。會後在大廳裡，一群未被說服的自由黨議員通過決議，指稱格雷未能提供參戰的充分理由。但阿斯奎斯相信，整體來說「極端愛好和平者無話可反駁，但他們很快會再出聲」。當天早上辭職的兩位大臣，當晚被說服回到內閣。眾人皆覺得是格雷帶領了英國。

邱吉爾偕同格雷一起離開下議院，他問格雷：「現在呢？」格雷答：「我們要給他們一份二十四小時內停止侵略比利時的最後通牒。」數小時後他對康彭說：「要是他們拒絕，就意謂著戰爭。」儘管他要再等將近二十四小時才發出最後通牒，但李希諾斯基的恐懼卻已然成真：比利時果然是英國參戰的條件。

德國人預期戰爭不會太久，因此冒險一博。即便文人領袖擔心英國而在最後一刻發出悲鳴，但其實德國參謀本部老早就把英國參戰納入考量：只是他們認為英國無關緊要，只要四個月就能結束戰爭。

已故的普魯士戰略思想家克勞塞維茲，加上人還健在卻起了誤導作用的《大幻覺》作者安吉爾教授，兩人共同把速戰速決的概念根植於歐洲人心中。快速達成決定性勝利是德國的主流思想，所有人的信條就是持久戰在經濟上不可行。

德皇在八月第一週告訴出發的部隊：「你們將能在落葉前返鄉。」德國宮廷某社交日誌在八月九日記著，那天下午歐佩斯多夫（Oppersdorff）伯爵來訪，表示戰爭不會超過十週，而侯赫貝格（Hochberg）伯爵更認為只要八週，然後「你我會在英國再見面」。

要前往西戰線的某德國軍官說，他預期九月二日的色當日時就能在巴黎和平咖啡館吃早餐。俄國軍官則預期差不多時間就能攻下，合理預估是六週左右。俄國帝國衛隊的一名軍官請教了沙皇御醫，問說自己是否應隨身攜帶全套正式制服，好準備進入柏林時穿著，還是要請下一名到前線的信差把制服帶來。曾任駐布魯塞爾武官的某英國軍官，被視為熟知情勢，他在加入所屬部隊時被問到覺得戰爭會持續多久。軍官回答不知道，但他理解有「財政因素使列強無法打太久」。他是從首相那裡聽來的，「首相告訴我，是霍丹勛爵告訴他的」。

在聖彼得堡，問題並非俄軍能不能贏，而在於是否要花上兩三個月才能贏。悲觀者說要六個月，結果被當成失敗主義者。俄國法務大臣鄭重地預言：「腓特烈之子（即德皇）威廉犯下大錯，他必定難以持久。」他並未錯的那麼厲害。德國從未有持久戰的計畫，在開戰時所積存的火藥用硝酸鹽也只夠用六個月。後來是發現了將氮固化成硝酸鹽的方法，才使德國得以繼續作戰。法國也賭戰事會很快結束，所以未冒險部署軍隊在易攻難守的洛林鐵礦區，而讓給德軍占領，理論是法國戰勝利後可再拿回來。結果法國在戰爭期間失去八成鐵礦，一度戰敗。英國人以其不精確作風，從未明確指出戰爭的時間、地點或方式，僅約略計算勝利只是幾個月的事。

或出於直覺，或出於才智，只有三個人（全是軍人）看出戰爭的陰影會拉長為數年而非數月。一位是預言「漫長且令人厭煩的鬥爭」的毛奇。霞飛是另一位，他在一九一二年回答大臣的問題時答：若法國在戰爭中先獲勝，德國將展開全國抵抗，反之亦然。而無論哪種情況，都會捲入其他國家，結果將是「無限期」戰爭。他和毛奇各自於一九一一和一九〇六年起擔任法德軍事首長，但他們的戰爭計畫均未將他倆預見的消耗戰納入考量。

第三位是基奇納，他也是唯一對其遠見採取行動的人。他並未參與最初的戰爭規畫。八月四日他正要搭乘海峽蒸汽船前往埃及，卻匆忙被召回出任英國陸軍大臣。他從自身深不可測的玄奧感應中得出預言，指戰爭將會持續三年。他還對表示懷疑的同僚說，戰爭可能會持續更久，「至少要三年。像德國這種用武力把問題搬上檯面的國家，唯有被徹底擊垮才會投降。那需要很長時間，目前在世的人誰也不知道要多久。」

在基奇納上任首日，他就堅持要數百萬大軍準備打好幾年的仗。除他之外，無人的戰爭計畫是超過三至六個月。對信仰速戰速決的德軍來說，必然會得出英國參戰無關緊要的結論。

戰爭後期，德皇某天到總指揮部午餐時悲訴道：「但願有人事先告訴我，英國會拿起武器反抗！」有人冒昧地小聲補充：「有啊，保羅・梅特涅（Paul Metternich）」，他是指一九一二年遭到撤換的德國駐倫敦大使，因為此人總是不厭其煩地預言，若德國擴大海軍，恐在一九一五年前就會引起對英戰爭。霍丹曾在一九一二年對德皇說，英國絕不允許德國擁有法國在海峽沿岸的港口，並提醒他對比利時的條約義務。普魯士的亨利親王也曾在一九一二年問其表親英王喬治：「若德奧與俄法作戰，英國是否會援助後兩國？」喬治國王答：「在某些情況下當然會。」

儘管有這些警告，德皇卻拒絕相信。據同行者的證據，他七月五日給予奧地利無條件支持後，回到遊艇時仍「相信」英國會保持中立。首相貝特曼與外相雅戈都是他在波昂求學時的好兄弟（德皇特別在意兄弟之情，使他們能出任要職），他們別著象徵友誼的黑白緞帶，且直接以「你」互稱。他們三不五時會相互取暖，像虔誠天主教徒撫著念珠。他們也彼此催眠說英國會中立。

至於毛奇和參謀本部，他們不需要格雷或任何人為他們細說英國會怎麼因應，因為他們早已認定英國絕對會參戰。毛奇對鐵必制說：「英軍來得愈多愈好」，意思是登上歐陸的人愈多，德軍能在決定性戰敗抓住的英軍就愈多。毛奇天性悲觀，不存在有一廂情願的幻想。他在一九一三年草擬的一份備忘錄中，就做出比許多英國人自己都更準確的預測。他寫道，若德國未經比利時同意而借道比國，「那英國勢必加入敵方」，尤其英國早在一八七〇年就曾為此宣示。毛奇認為英國不會有人相信德國真的會在打敗法國後會撤出比利時，他也確信若德法交戰，無論德軍是否借道比利時，英國都會參戰，「理由是擔憂德國霸權，並忠於維持均勢政策，英國會盡一切努力，制止德國勢力擴大。」

參謀本部最高階軍官之一庫爾（Kuhl）將軍作證說：「在戰爭爆發前幾年，我們從不懷疑英國遠征軍會迅速抵達法國沿岸。」參謀本部估計，英國遠征軍會在第十日完成動員，第十一日聚集於登船港口，第十二日開始上船，第十四日移防法國。這證明幾乎完全正確。

德國的海軍參謀們也沒有幻想。海軍部早在七月十一日已致電在太平洋的沙恩霍斯特號（Scharnhorst）上的斯比（Spee）將軍：「英國若參戰，很可能是敵方。」

---

就在格雷於下議院演說後的兩小時，事情發生了。這事存在於一八七〇年以來萊茵河兩岸每個人的潛意識裡，自一九〇五年起更是歐洲大多數人立即會想到的事：那就是德國對法國宣戰。對德國人而言，如皇儲所說，這是「軍事解決」不斷升高的緊張，是終結被全面包圍的夢魘。德國某報在當天的特別版，以「武器的祝福」為題欣喜稱道：「活著真好。」文中說，德國人「歡欣鼓舞⋯⋯」。我們對此時刻期待已久。⋯⋯我們被迫舉起的劍，在達成目標，在國土延伸到必要之遠以前，不會入鞘。」但並非人人都歡喜雀躍，左派議員被召至國會，發現彼此「沮喪」而「緊張」。有一位議員承認，自己打算否決所有戰爭貸款，他輕聲道：「不能讓他們摧毀帝國。」另一位不停抱怨：「這無能的外交，這無能的外交。」

法國人在當天六時十五分收到訊息。法國總理維維亞尼的電話響起，他聽到美國大使赫瑞克（Myron Herrick）哽咽的聲音，說自己已收到接管德國大使館的要求，並要升起美國國旗。赫瑞克說會接受請託，但拒絕升旗。

維維亞尼完全明白此話的意義，他等著即將抵達的德國大使。不久，侍從宣告大使的到來。娶比利時人為妻的修恩一臉沮喪地走進來，先是抱怨在過來的路上有個女士把頭伸進他馬車的窗戶，並侮辱「我和我國皇帝」。維維亞尼也因過去幾日的極度苦惱而神經緊繃，他問對方來此的目的是否僅為抱怨此事。修恩承認他另有任務要履行，他打開攜來的文件並開始朗讀。法國總統彭加勒事後回憶，修恩有顆「榮耀的靈魂」，而文件內容令他大感窘迫。文件中說，由於法國「有系統的敵意」行動，及空襲紐倫堡和卡爾斯魯爾（Karlsruhe），加以法國飛行員飛經比利時領土而違反比國中立，「德意志帝國認為自身與法國處於戰爭狀態」。

維維亞尼正式否認這些指控，他很清楚那是子虛烏有。德國這麼做並非為提醒法國政府，而是為了讓德國民眾以為自己是法國侵略的受害者。維維亞尼送修恩到門口，然後彷彿不願做最後道別似地陪著他一同走出門外，走下階梯，直到等候他的馬車車門。這兩位「世仇」的代表，彼此難過地站了一會兒，無言地彼此鞠躬，修恩在暮色中乘車離去。

當晚在白廳大道，格雷與友人站在窗前，看著下面的街燈一一點燃。格雷道出了一句從此象徵此刻的名言：「全歐洲的燈火正在熄滅，我們有生之年都不會見到它們再亮起。」

---

八月四日早上六點，德國駐比利時公使畢洛最後一次造訪布魯塞爾的外交部。他遞交照會，指出

因比利時政府拒絕「好意的提議」，德國有義務為自身安全執行措施，「必要時訴諸武力」。這「必要時」意在留下餘地，讓比利時仍可改變心意。

當天下午美國公使威洛克（Brand Whitlock）奉命接管德國公使館，他發現畢洛和一等祕書史多姆跌坐在兩張椅子裡，不曾打包東西，看似「精神失常」。畢洛一手抽煙，一手摸著眉頭，一動不動地坐著，兩名年長的職員則手拿蠟燭、封蠟、紙條，在房間裡嚴肅緩慢地工作，彌封放置檔案的橡木箱。史多姆不斷重複地喃喃自語，或許是在說給自己聽：「可憐的笨蛋！他們為什麼要阻擋我們的鋼鐵洪流。我們不想傷害他們，可他們若擋住去路，就會被輾壓為塵土。噢，可憐的笨蛋！」

直到後來，德國才開始有人自問究竟笨的是誰。奧地利外相切爾寧（Czernin）伯爵事後發現，那天是「我們最大的災難」。就連德國皇儲多年後也悲哀地承認，那天「我們德國人在世人眼中輸掉第一場偉大戰役」。

當天早上八時二分，第一波身穿灰綠色制服的人流浪潮在距列日三十英里的蓋默里希（Gemmerich）突破比利時邊界。比國憲兵自崗哨內開槍。這支部隊為攻擊列日，自德軍主力分遣出來，在艾米希將軍指揮下，由六個配備火砲等武器的步兵旅及三個騎兵師組成。夜幕時分他們已抵達默茲河的維塞（Visé），此地將成為一連串廢墟的起點。

直到入侵那一刻，許多人仍相信德軍會為自身利益而繞開比國邊界。他們何必故意在戰場上多製造兩個敵人呢？所有人都認為德軍懂得這道理，所以法國人自然而然以為德國對比國的最後通牒只是詭計，並非代表要實際進攻，而是為「誘使我軍先進入比利時」，如梅西米在禁止法軍越界的命令中所說，

「即便是一支巡邏隊或一名騎兵」。

不論理由為何，格雷尚未發出英方的最後通牒。艾伯特國王尚未訴請擔保國提供軍援。他也擔心德國的最後通牒可能是「老奸巨猾」的詭計。要是他太早請來英法聯軍，那麼就算比國不參戰也會被拖入戰爭。他潛意識裡則憂慮，一旦這兩個鄰國長駐比利時，或許便不急著離開。直到德軍分遣隊的腳步邁向列日後，他才終結所有疑慮。國王別無選擇，只得在八月四日正午向擔保國請求「共同聯合」的軍事行動。

在柏林，毛奇仍冀望比利時人的首度開火只是榮譽心作祟，然後便能夠被說服「放下武器」。為此，德國最後的照會只說「訴諸武力」而暫時不宣戰。當比國大使貝揚在德軍入侵的那天早上前來取回護照，外相雅戈連忙搶先問道：「你有什麼要對我說的？」彷彿預期對方會主動提議。他重申若比利時不摧毀鐵路、橋樑、隧道，讓德軍自由通過也不防禦列日，則德國將尊重比國獨立並賠償所有損失。當貝揚轉身離去，雅戈滿懷希望地跟在後頭，說道：「或許還有事情可談。」

---

入侵開始一小時後，人在布魯塞爾的艾伯特國王已穿好樸素的戰鬥軍服，策馬去見國會。一小隊人馬快步來到皇家路，領頭的是一輛敞篷馬車，坐著王后和三名子女，接著還有兩輛馬車，後面則是國王策馬獨行。沿途房舍裝飾著旗幟和花卉，興奮的人民擠滿街頭。陌生人互相握手，又哭又笑，如某人回

憶，大家都覺得「因共同的愛與恨而與同胞團結在一起」。一波波歡呼迎向國王，彷彿同仇敵愾的人民想要說，他是國家的象徵，也是人民捍衛獨立的意志象徵。連奧地利公使也在拭淚，彷彿忘記自己該離開。他與其他外交官從國會的窗戶看著外頭那一行人。

在國會廳堂，議員、訪客、王后和大臣都坐定後，國王獨自走進來，有條不紊地把帽子和手套丟在講台上，開始用略微不穩的聲音講話。他提及一八三〇年會議締造了獨立的比利時，當他問道：「各位，你們是否義無反顧地決定，維持祖先神聖賜予的完好無缺？」議員們不由自主地站起來，大喊：「是！是！是！」

美國公使威洛克在日記中描述那一幕，說他如何看著國王年僅十二歲的繼承人，穿著海軍服，滿臉專注地聆聽，雙眼緊盯著父王。威洛克暗想：「那孩子心中會怎麼想？」宛若窺見了未來一般，威洛克接著自問：「這一幕日後還會不會回到他眼前？在何時？以何種方式？在什麼情況下？」這位穿海軍服的繼承人正是利奧波德三世，他會在一九四〇年向再次來犯的德國屈服。

演講完畢，街頭的熱情轉為語無倫次的狂喜。向來被蔑視的軍隊成為英雄。人民高喊：「打倒德國人！殺人者死！比利時獨立萬歲！」國王離去後，群眾改為陸軍大臣歡呼。出於職位特性，陸軍大臣通常都是政府中最不受歡迎的人。站在陽台上的首相布洛克維爾，受當天所有在布魯塞爾的人熱烈情緒所感動，一向老成持重的他也落下了眼淚。

——

同一天在巴黎，法國士兵穿著紅長褲，大下襬、衣角往後扣的藏青色外套。他們行經街頭時，高唱著：

亞爾薩斯和洛林
我們為亞爾薩斯而戰
噢，噢，噢，噢！

最後一個「噢」，以勝利的呼聲結束。特別受人歡迎的獨臂將軍巴奧，披戴著一八七〇年老兵的綠黑色飾帶騎馬經過。穿胸甲的騎兵團，金屬胸甲閃閃發光，頭盔上垂下黑色長毛馬尾，卻絲毫沒有時代違和之感。在他們之後是裝著飛機的巨大條板箱及帶輪子的平台，上面載著法國的驕傲：狹長漆灰的七五野戰砲。人員、馬匹、武器、設備，一整天川流不息地經過巴黎北站和東站的寬大拱門。

各大道不見車輛，只有一隊隊志願軍走過，手持宣示其目標的旗幟和布條：「盧森堡絕不會是德國的！」「羅馬尼亞為拉丁民族之母奮起」「義大利自由就靠法國之血」「法國相親相愛的姐妹西班牙」「英國助法志願軍」「熱愛法國希臘人」「巴黎北歐人」「支持法國斯拉夫民族」「拉丁美洲人民支持拉美文化之母」。當「亞爾薩斯人回家」的布條經過，引來高喊與歡呼。

在參議院和國民議會聯席會議上，總理維維尼亞臉色死白，看似身心俱疲，他突破自我熱情及辯才發表的演講，就像那天所有人的演講一樣，被譽為其職涯中講得最好的一次。他公事包裡帶著《法俄條約》的文件，但當天沒有人質詢此約。當他宣布義大利「以拉丁智慧擁有的清晰洞見」宣告中立，國會掀起狂歡喝采。一如預期，三國同盟的第三位成員在考驗來臨時，以奧地利攻擊塞爾維亞是侵略行動為由選擇旁觀，免除了條約義務，也解除了法國南部邊界的防禦需求。義大利的中立，使法國能再調動四個師共計八萬人北上支援。

維維尼亞講完後，總統彭加勒因職位不可親自出席國會，演說改由他人代讀，全體聽眾肅立。彭加勒寫道，自由、正義與理性的普世價值，正改變傳統的三位一體，成為法國的特色。同情與善意紛紛自人稱「文明」世界的四面八方湧入。宣讀演講稿的同時，霞飛「十足鎮定且充分自信地」在遠赴前線支前來向總統辭行。

---

柏林大雨滂沱，國會議員齊集，聆聽德皇在皇座上的演說。他們先來與首相開預備會議，只聽得國會窗下一隊隊騎兵匆匆經過閃亮的街道，馬蹄聲達達不停地敲著人行道。各黨領袖與貝特曼首相開會的廳室裝飾著一大幅畫，展現令人滿意的場面：德皇威廉一世光榮地踩著法國國旗。畫中他與俾斯麥及老毛奇一起策馬騎在色當戰場上，前景是一名德國士兵在德皇坐騎蹄下，拉開法國國旗。貝特曼對國會議員的團結表示關切，力勸他們做出「一致」決議。自由黨發言人順從地回答：「閣下，我們會意見一致。」埃茨貝格爾是軍事委員會報告起草人，也是首相的親近助理，被認為是直達天聽、無所不知。他穿梭於

其他議員中，向他們保證，「下週一此時」塞爾維亞人將被擊敗，一切都將順利進行。

議員們在大教堂做完禮拜，集體前往皇宮。皇宮各入口有守衛和圍繩，經過四階段查驗證件，這些民意代表終於坐進白廳（Weisser Saal）。德皇在幾位將軍陪同下，靜靜地走進來，坐上皇座。貝特曼穿著龍騎兵衛隊制服，從皇家公事包取出講稿，呈給德皇。德皇起身，在首相身旁顯得矮小，他頭戴頭盔，一手放在劍柄上，唸起了講稿。他的宣示隻字未提比利時：「我們以清楚的良心與乾淨的手拔劍。」戰爭是塞爾維亞在俄國支持下所挑起。當他說到俄國的惡行，引起滿堂唬唬大叫和「可恥！」的呼聲。德皇唸完講稿後，提高音量宣布：「從今天起我不承認政黨，只承認德國人！」他呼籲各黨領袖，同意者請上前與他握手。在「群情激昂」中，他們都去握手，在場其他人爆出歡呼，不斷狂熱喊叫。

議員們下午三點再度齊聚國會，聽首相演說，並執行所餘義務：投票通過戰爭借款，然後散會。社會民主黨同意使投票一致通過，然後把履行國會責任的最後時刻用於焦急磋商，以決定該黨是否要歡呼「偉大的德皇」。最後該黨決定歡呼「偉大的德皇、人民與國家」，圓滿解決問題。

貝特曼起身講話時，大家都很期待他對比利時會有什麼說法。一年前外相雅戈曾向國會程序委員會祕密會議保證，德國絕不會違犯比利時。當時的陸軍部長赫林根（Heeringen）將軍承諾，一旦發生戰爭，只要敵人尊重比利時中立，最高指揮部也會尊重。議員們不知道的是，八月四日當天早上德軍早已侵入比國。他們知道最後通牒，但全然不知比國的回應。德國政府從未公布，為了製造比利時默認的印象，以非法化比國的武裝反抗。

貝特曼告訴緊張的聽眾：「我軍已占領盧森堡，或許已進入比利時」——這「或許」實際上已過了八小時（他的話引發騷動）。法國的確曾向比國保證尊重其中立，但「我們知道法國已準備侵入比利時」，而「我們無法等待」。他勢必要這麼說：此事有其軍事必要性，「必要性不受法律所限」。

至此部分聽眾還好端端地聽他說，包括鄙視他的右派和不信任他的左派。但他下一句話則引起大騷動：「我們侵入比利時違反國際法，但我可以公開說，一旦軍事目標達成，我們犯的錯便會立即糾正過來。」鐵必制認為這是德國政治人物史上最大的失言，但自由黨領袖豪斯曼（Conrad Haussman）認為這是演講最棒的部分。公開承認侵略行動「是我方不對」，洗刷了豪斯曼與左派議員們的內疚，他們大聲向首相致上「做的好！」貝特曼最後的驚人之語，在他備受懷念的金句之日結束前，又加上一句使他不朽的名言：無論是誰，只要像德國人一樣受到如此嚴重的威脅，腦中唯一能想的便是如何「披荊斬棘，找到出路」。

五十億馬克的戰爭借款獲得國會一致通過，之後國會決議休會四個月（或在整場戰爭期間都休會）。貝特曼的結語，帶有著角鬥士向羅馬皇帝致敬的決絕：「不論勝算如何，一九一四年八月四日將永遠是德國最偉大的日子之一！」

當晚七時，許多人焦急等待已久的英國回覆終於塵埃落定。那天早上英國政府終於下定決心，發出最後通牒。最後通牒分兩部分傳來。第一則是格雷要德國保證不會「繼續執行」對比利時的要求，並希望「立即回覆」。但該文中並未附上時限，也未提及不回覆的制裁，所以這理論上不算最後通牒。格雷等到得知德軍已入侵比利時，才發出第二則通牒，表明英國覺得必須「支持比利時中立，及遵守我國與德國同屬的條約」。限令午夜前必須得到「令人滿意的回覆」，否則英國大使將要求取回護照。

英國為何不在前一晚國會明顯接受格雷的演說時立刻發出最後通牒？這只能以政府的猶豫不決來解釋。除了讓當天早上故意越界的德軍撤回，英國還預期什麼「令人滿意的回覆」？我們幾乎完全難以解釋，英國為何同意等候如此不切實際的想像直到午夜。事後證明那晚在午夜前丟失的幾個小時，對地中海的情勢十分關鍵。

英國駐柏林大使戈申（Edward Goschen）在與德國首相的歷史性會面上，遞交了最後通牒。他發現貝特曼「非常激動」。貝特曼自己的說法是：「我對如此偽善地一再提及比利時感到惱羞，這並非驅使英國參戰的原因。」憤怒使貝特曼開始長篇說教。他說英國正在犯下「愚不可及」的事，是在對「親屬國」宣戰，「如同自背後偷襲正為生命而戰的人」。而由於「這可怕的最後一步」，英國要為可能隨之而來的所有恐怖事件負責，「一切居然只為『中立』一詞，只為一紙書約……」

戈申將這番對話納入他對此次會面的報告中，當時並未意識到這番話將在全世界引發回響。他回答：若德國為戰略理由借道比利時是生死攸關的事，英國遵守莊重條約也可說是生死攸關的事。「首相十分激動，顯然受不了我方行動的消息，不願保持理性」，因此他也未再多說什麼。

戈申離去時，看見兩個人乘坐《柏林日報》送報車在街頭派發傳單，內容是略嫌過早地宣布英國宣戰（因英國的最後通牒期限是到午夜）。對德國人來說，在義大利叛離後，英國這「背叛」行動堪稱最後的遺棄，使敵人再增一個。許多憤怒的德國人立即變成咆哮的暴民，在其後一小時裡用石頭猛砸英國大使館的所有窗戶。英國一夕之間成為最可恨的敵人，「種族背叛！」是最常聽到的仇恨口號。德皇悲嘆：「想想喬治和尼基居然欺騙我！要是外祖母還在，她絕不會允許這種事發生。」此話堪稱他對一戰的所有評論中最膚淺的一句。

德國人忘不了英國背信棄義。他們無法相信英國人不只會為爭取婦女參政權而詰問首相或公然反抗警察，居然還墮落到要打仗。畢竟英國雖然疆域廣袤，國力強大，但已逐漸老去。德國人對英國的觀感，如同西哥德人對羅馬帝國晚期的羅馬人，是輕視加上後進者的自卑。鐵必制抱怨，英國人以為可以「把我們當葡萄牙看待」。

英國的背叛加深德國人的無依靠感，使他們意識到自己是無人愛戴的國家。一八六〇年被法國併吞的尼斯（Nice），怎會處之泰然，幾年內就忘了曾隸屬義大利？五十萬亞爾薩斯人又為何寧可離開祖國，也不要接受德國統治？皇儲曾在旅行時提到：「我國在各地都不太受愛戴，甚至經常遭憎恨。」

當群眾在威廉路大聲吼叫要求報復時，沮喪的左派議員聚集於咖啡館，齊聲抱怨。有一人說：「全世界都起來對抗我們。德國精神在世上有三大敵人：拉丁人、斯拉夫人、盎格魯撒克遜人，現在他們聯合起來對抗我們。」

另一人說：「我國外交失敗，只剩奧地利一個友邦，而且我們還必須支援它。」

第三人起言安慰：「往好處想，仗不會打很久。四個月內應該就能贏來和平，畢竟我們在經濟上和財政上都撐不了超過四個月。」

又有人說：「還可以寄望土耳其人和日本人。」

其實前一晚各咖啡館已有傳言，用餐者也聽見遠處街頭的歡呼聲。當時有人在日記中寫下：「聲音逐漸靠近。人們側耳傾聽，然後躍起。歡呼聲更加響亮，在波茨坦廣場迴盪，像吹起暴風一般。用餐者放下食物，跑出餐廳。我追隨人流：發生了什麼事？『日本對俄宣戰！』人們大喊。萬歲！萬歲！歡聲雷動。人們互相擁抱。『日本萬歲！萬歲！萬歲！』無盡的歡欣鼓舞。然後有人大喊：『到日本大使館！』群眾連忙移動，帶著所有人一起，包圍了日本大使館。『日本萬歲！日本萬歲！』人群激情高喊，直到日本大使終於現身，滿臉疑惑，結結巴巴地為這似乎受之有愧的意外致敬道謝。」隔日真相揭曉，原來只是不實謠言。但這敬意有多麼不當，要再等兩週後才會知道。

李希諾斯基和使館人員隨後離開英國，有一位來道別的友人驚訝於那一行人在維多利亞車站所顯露的「悲傷和憤慨」。他們責怪國內官員，把他們扯進只有奧地利是盟國的戰爭。

某官員感傷地問：「四面受敵，我們有多大勝算？沒有人對德國友好了嗎？」

一個同事回答說：「有人告訴我，至少暹羅[1]是友好的。」

---

英國才發出最後通牒，立刻就爆發是否派遠征軍到法國的新爭議。內閣宣布參戰後，就開始爭執要投入多深。英法聯合計畫的預期是，六個師的遠征軍在動員第四至十二日抵達法國，並在第十五日準備好，自法國戰線的最左側展開行動。這時程已被擾亂，因英國動員日原本預期比法方晚兩天，現在（八月五日）則成了晚三天，而且還會再延誤。

阿斯奎斯的內閣因擔憂侵略而癱瘓。帝國防禦委員會曾在一九〇九年研究過德軍入侵的問題，他們認為只要國內部隊足夠強大，則德國就算擁有同等規模的侵略兵力，也會不敵英國皇家海軍，因此大規模侵略是「不可行的」。儘管海軍可充分保障本國諸島防禦，但英國領導人在八月四日仍無法鼓足勇氣，冒著減少英倫三島駐軍的風險派出更多軍隊到歐陸。有人主張派軍不要超過六個師，有人主張晚一點再派，甚至根本不派軍。海軍將領傑利科（Jellicoe）接獲指示，「目前」還用不上他護衛遠征軍越過海峽的計畫。陸軍部無法讓遠征軍動起來，因為英國政府無法下定決心。陸軍部已連續四個月無首長，軍心渙散。阿斯奎斯只做到邀請基奇納到倫敦，卻尚未鼓起勇氣請他擔任陸軍大臣。性急又感情豐富的亨利．威爾森，在戰後出版他直言不諱的日記而引起震談騷動。此時他對「事態延宕感到不滿」。可憐的法國大使康彭也一樣，他帶著地圖去見格雷，指出英國派出六個師來延長法軍左翼是多麼重要的事。格雷保證會提醒內閣注意。

威爾森對延誤十分不滿，他將此歸咎於格雷「可惡」的猶豫不決，氣得拿一份動員令給反對黨的朋友看，那上面只寫著「動員」，而不是「動員及登船」。他說，光是如此就會延誤四天時程。在野的保守黨前首相貝爾福試圖鞭策政府。他寫信給霍丹，說明三國協約及相關軍事安排就是為了維護法國，若法國被擊潰，「歐洲未來可能會朝災難的方向改變」。他建議，一旦政策確立後，當務之急就是「盡快且盡全力去攻擊」。當霍丹來向他解釋內閣遲疑的緣由時，貝爾福禁不住覺得，那些遲疑帶有「某種思路不清及目的不決」。

1 譯注：泰國舊稱。

八月四日下午，大約在貝特曼對德國國會、維維尼亞對法國國民議會演講的同時，阿斯奎斯向英國下議院宣讀「國王親筆簽名的訊息」。在宣讀動員聲明書時，議長自坐位上站起來，議員們脫下帽子。接著阿斯奎斯照著微顫手中的打字稿，唸出剛以電報傳給德國的最後通牒。當他唸到「午夜前令人滿意的回覆」，議場上發出莊重的喝采。

現在只剩下等候午夜（英國時間十一時）。九時，英國攔截到發自柏林的未加密電報，得知當英國大使要求取回護照那一刻起，德國就已認定與英國交戰。內閣召開緊急會議，辯論是否要即刻宣戰，還是要等最後通牒的時限。他們決定等候。閣員們在照明不佳的內閣會議室裡，圍坐於綠色會議桌前，一片寂靜，各自陷入沉思。他們完全明白，在過去其他攸關國運的時刻，曾有其他前人坐在相同的位置，眼看時鐘分分秒秒走向時限。「噹！」大笨鐘響起十一時的第一聲。在勞合・喬治聽來，此後的每一響都像是在宣告災難終將到來，「終，終，終！」

二十分鐘後，作戰電報「戰爭，德國，行動」發出，但軍隊尚未決定要於何時在何處開始行動，得交由次日召開的戰爭會議定奪。當英國人就寢時，即使缺乏戰意，也已是交戰國。

——

第二天，列日遭到攻擊，第一次世界大戰的第一場戰役正式開打。那天毛奇寫信給赫岑多夫，說歐洲正進入「決定未來百年歷史走向的戰鬥」。

# 第三部

# 八月戰役

# 第十章 「格本號……逃亡中的敵人」

大戰在陸上爆發之前，德國海軍部就在八月四日清晨發出無線電訊息，傳給德軍地中海指揮官蘇相（Wilhelm Souchon）將軍。答答聲穿越空中，訊息寫著：「與土耳其結盟八月三日完成，即刻前往君士坦丁堡。」儘管訊息中的預期證實言之過早，訊息也幾乎隨後被取消，但蘇相將軍仍決定照指示前進。他指揮兩艘航速快的新型戰艦，分別是戰鬥巡洋艦格本號和輕巡洋艦布雷斯勞號（Breslau）。這位指揮官在七天後完成的不尋常航行，對一次大戰前後的世界投下了深深的陰影。

——

塞拉耶佛事件爆發時，鄂圖曼土耳其樹敵甚多，缺乏盟友。百年來鄂圖曼帝國被稱為「歐洲病夫」，盤旋在上空的歐洲列強，認為它來日無多，正等著撲向其屍首。然而一年年這驚人的病夫仍拒絕死去，仍用衰老的手握著龐大領土的鎖鑰。事實上，自青年土耳其黨人（Young Turk Revolution）在一九〇八年以革命推翻舊蘇丹「被詛咒的阿卜杜勒」（Abdul the Damned），過去六年來皇位已改由較順從的弟弟繼承，並由「聯合進步委員會」成立政府，土耳其正開始重拾過往的活力。

「委員會」又稱土耳其青年黨人，在「小拿破崙」恩維爾（Enver）領導下，決定重建土耳其，凝聚一切維繫帝國免於崩解的力量，抵禦虎視眈眈的禿鷹，恢復鄂圖曼光榮時期的泛伊斯蘭領土。俄、法、英在此區域有互相對立的野心，置身事外地注目著此一過程。德國的帝國主義發展較晚，夢想著在柏林與巴格達之間建立帝國，因此決定成為土國青年黨人的庇護者。一九一三年德國派出軍事代表團重整土國軍隊，此舉引得俄國怒不可遏。唯有靠列強集體努力，提供挽回顏面的安排，才防止此事件在塞拉耶佛前一年成為「巴爾幹可惡的蠢事」。

從此土耳其人感受到揮之不去的陰影，就是不久後必須選邊站。他們懼怕俄國，憎惡英國，信不過德國，難以做出決定。「革命英雄」是年輕英俊的恩維爾，他臉頰粉潤，黑鬍髭像德皇一樣向兩邊翹起，他是唯一全心全意熱烈擁護與德國結盟的人。他像某些後來的思想家，相信德國人是未來的主流。「委員會」政治上的「領袖」及真正統治者塔拉特（Talaat），是一位身材矮胖、出身黎凡特（Leventine，約略指西亞地中海東岸地帶）的冒險家，一次用餐可吃一磅魚子醬，用兩杯白蘭地和兩瓶香檳吞下。他的立場就不那麼確定。他認為土耳其可自德國得到比協約國更好的價碼，他也不相信在列強交戰時土國有可能保持中立。若協約國贏，鄂圖曼的領土將在戰勝國壓力下四散，但若同盟國贏，則土國將成為德國附庸。如果辦得到，土耳其政府內的其他黨派寧可與協約國結盟，目的是希望能收買宿敵俄國。十個世紀來俄國一直覬覦君士坦丁堡，這座位於黑海出口的城市，被俄國人稱之為沙皇格勒（Czargrad）。那條著名的狹窄海上通道：達達尼爾海峽（Dardanelles），長五十英里，寬不超過三英里，是俄國唯一終年與世界其他地方聯絡的出口。

土耳其有一項無價的資產：位於帝國交通要道交會點的地理位置。基於此，英國百年來都是土國的傳統保護者，但真相是英國如今已不再看重土耳其。過去一世紀以來，英國支持蘇丹對抗所有後起之秀的理由，在於英國寧願在通往印度的海上通路上扶植一個軟弱、衰敗且好控制的專制君主，但英國最終開始厭煩，厭煩於與邱吉爾所稱「可恥、衰老、搖搖欲墜、一文不明的土耳其」綁在一起的束縛。土國苛政、腐敗、暴虐的名聲，長久以來一直是歐洲鼻孔裡的惡臭。自一九〇六年起在英國執政的自由黨，繼承格萊斯頓著名的訴求：要把不堪入耳的土耳其，這「違反人性的人種」逐出歐洲，而塑造此種政策的是半病夫半恐怖的土耳其人形象。克里米亞戰爭後，索爾斯貝利（Salisbury）勛爵以運動為比喻的說法：「我們投注投錯馬」，成為先知般的預言。英國對鄂圖曼政府的影響力，就在它可能物超所值之際，被任令流逝。

一九一一年土耳其要求與英國永久結盟，由於邱吉爾而遭到拒絕。邱吉爾一九〇九年曾訪問君士坦丁堡，與恩維爾及其他青年黨人大臣，建立他自認「友好的關係」。他採取帝國主義對待東方國家的方式建議，雖然英國不接受結盟，但土耳其最好還是不要，「回復舊政權的壓迫方式，或試圖擾亂目前存在的英國現狀」，以致疏離與英國的友好關係。他從海軍部職位對世局有透徹的觀察，他提醒土耳其，只要英國「是歐洲國家中唯一……保有海上優勢者」，那英國的友誼就很有價值。至於土國的友誼，甚至中立，也可能對英國具有同等價值，這一點他或其他大臣從未認真考慮過。

一九一四年七月，德國人面對可能即將兩面作戰，突然急於把能關閉黑海出口、使俄國無法聯繫其盟國並接受補給的國家，變為盟友。之前懸而未決的與土國結盟提議，此刻突然很令人期待。驚慌的德皇堅持：「現在該做的事，是讓巴爾幹半島的每門砲，都準備好向斯拉夫人開火。」當土國提出種種條件，擺出傾向協約國的姿態，更加驚慌的德皇指示其大使，在回覆土國提議時「要明確無誤地承諾……在任何情況下我們都經不起拒絕他們」。

七月二十八日，奧地利向塞爾維亞宣戰那天，土耳其正式要求德國，締結祕密攻防聯盟，在任一方與俄國開戰時生效。柏林在同一天收到此提議，接受並草擬條約，由首相簽署後，以電報回覆。土耳其人在最後一刻，難以決定結下讓本身命運與德國綁在一起的密約。要是他們能確定德國會贏……

在土耳其人猶豫時，英國有用地推了他們一把，沒收兩艘依合約在英國建造的土耳其戰艦。那是一流的主力艦，相當於英國的最佳等級，有一艘配備十三點五英寸砲。衝勁十足的第一海軍大臣邱吉爾在七月二十八日，用他自己的說法——「徵用了」土耳其的戰艦。其中奧斯曼蘇丹號（Sultan Osman）在五月已完成，第一期款也付清，但當土耳其人要帶回家時，英方提出不懷好意的暗示，指希臘密謀要以潛艇攻擊它，藉此說服土耳其人把它留在英國，等姐妹艦瑞沙迪埃號（Reshadieh）完成，再一起回去。當七月初瑞沙迪埃號完成時，英國又提出其他違約藉口。航速與射擊測試莫名其妙地延誤。土耳其艦長與五百名水兵，等在泰恩河（Tyne）的運輸船上，當他得知邱吉爾的命令後，揚言要登上他的船艦，升起土國國旗。不置身事外的海軍部那個聲音下令，抵擋此種企圖，「必要時使用武力」。

這兩艘軍艦花費土耳其當時的天價：三千萬美元。這筆錢來自民眾的捐輸，源自土國在巴爾幹戰爭中戰敗，喚醒土國人民認為軍隊需要革新。每個安那托利亞（Anatolia）農民都拿出一分一毫。民眾雖尚不知情，但船被沒收的消息，如海軍大臣傑馬爾（Djemal）不誇張的說法，引起其政府「極度苦惱」。

英國輕鬆地把事情擺平。格雷正式通知土耳其人此次泰恩河單純的海盜案件時，他覺得土耳其必然會理解，英國為何有必要「在當前危機中」奪走那些船。土國的財務及其他損失，是國王陛下政府「真誠的遺憾」，他淡淡地說，將對此給予「應有的考量」。但他未提到賠償。在「病夫」和「投錯注」概念的累積效應下，英國逐漸認為整個鄂圖曼帝國比不上兩艘戰艦。格雷表達遺憾的電報在八月三日送出。同一天土耳其便與德國簽署盟約。

不過土耳其未如所承諾地向俄國宣戰，也未關閉黑海，或公開採取任何有違嚴格中立的行動。它照本身要求的條件，取得與一大強國結盟，但它並不急著協助新盟國。沒把握的土國大臣寧可觀望，看看剛開打的戰役風向如何。德國遠在天邊，俄英則是近在眼前、揮之不去的威脅。如今英國確定參戰，引發土國認真重新思考。德國政府正擔心此種發展，便指示其大使凡根海姆（Wangenheim），「如有可能在今日」取得土國對俄宣戰，因為此舉「對防止土國政府，在英國行動影響下逃離我國至為重要」。但土耳其政府並未依從。除恩維爾之外，大家都希望延後明顯的反俄動作，等戰爭進展透露某種跡象，顯示其可能的結果再說。

---

在地中海，若干灰色暗影正為即將到來的戰鬥移動。無線電操作員緊張地聽著耳機，錄下自遠方海軍部傳來的行動命令。英法艦隊的立即主要任務，是防守法國殖民軍（French Colonial Corps）由北非至

法國的通道，這支部隊不是由一般的兩個師，而是三個師組成，加上輔助單位，總共超過八萬人。整個軍團是否出現在戰線上的指定地點，對法軍作戰計畫可能具決定性影響，因為雙方都相信，這場戰爭將取決於法國一開始與德國交手的結果。

英法海軍部都盯著格本號與布雷斯勞號，它們是對法軍運輸的主要威脅。法國在地中海的艦隊規模最大，包括十六艘主力艦、六艘巡洋艦、二十四艘驅逐艦，足以護送運輸艦。英國的地中海艦隊以馬爾他為基地，雖缺少無畏艦，但由三艘戰鬥巡洋艦領軍：不屈號（Inflexible）、不撓號（Indomitable）、不倦號（Indefatigable），各為一萬八千噸，配備八門十二英寸砲，時速二十七至二十八節。它們是為了除無畏艦級主力艦外，襲擊與殲滅所有船隻而設計。英國艦隊還有四艘一萬四千噸的裝甲巡洋艦、四艘五千噸以下的輕巡洋艦，十四艘驅逐艦。義大利艦隊中立。奧地利艦隊以亞得里亞海前端的普拉（Pola）為基地，有八艘現役主力艦，其中兩艘是配備十二英寸砲的新型無畏艦，還有適當數量的其他船艦。奧國海軍僅是紙老虎，既無準備，也無戰力。

德國當時擁有全世界第二大艦隊，在地中海卻只有兩艘戰艦。一是兩萬三千噸的戰鬥巡洋艦格本號，大小等同無畏艦，有紀錄的測試航速達二十七點八節，與英國的不屈號等不相上下，火力也大約相當。另一艘是四千五百噸的布雷斯勞號，與英國的輕巡洋艦同等級。由於格本號的速度快過所有法國主力艦或巡洋艦，邱吉爾曾悲慘地預測，它「能輕易避開法國分遣艦隊，不理會或超越其巡洋艦，攔截法國運輸艦，擊沉一艘艘裝滿士兵的此種船艦」。若說戰爭爆發前，英國海軍有什麼典型思維的話，那就是傾向於高估德國海軍的膽量，認為他們在不利情況下仍願意冒險；此外比起英國本身會做到的，當考驗來臨時德軍的實際表現會高出許多。

準備攻擊法國運輸艦，確實是格本號與姐妹艦在一九一二年下水後，被派往地中海巡航的原因之一。但德國在最後一刻發現，它們有更重要的功能得發揮。八月三日德國人發現，必須施加所有可能壓力，逼頑抗的土耳其宣戰，於是鐵必制下令蘇相駛往君士坦丁堡。

蘇相是五十歲、黑壯結實、反應敏銳的海軍軍官，一九一三年他在格本號上升起自己的旗幟。此後他便行駛新指揮的船，航行於內海及海峽，漫遊各海岸與海岬，繞行島嶼，造訪港口，讓自己熟悉將來作戰時，可能要面對的地點和人物。他到過君士坦丁堡，見過土耳其人；也與義大利人、希臘人、奧地利人、法國人禮貌性來往，唯有英國人除外，他曾向德皇報告，英國人嚴詞拒絕讓英國船與德國船同時停泊在同一港口。他們向來習慣於隨後立即出現，以抹去德國人可能留下的任何印象，或是如德皇優雅的說法：「對湯裡吐口水。」

他在海法（Haifa，今以色列北部港市）聽說塞拉耶佛的消息，立刻對戰事有不祥的預感，同時也關切他船上的鍋爐。那些鍋爐漏出蒸汽已有一段時間，其實格本號已預定在十月由毛奇號接替，並返回基爾（Kiel）整修。蘇相立即決定為最壞情況準備，他先電告海軍部送新鍋爐管給他，並派熟練的維修人員到普拉與他會合，然後出發前往普拉。整個七月修理工作如火如荼地進行。每個能拿榔頭的船員都必須加入。十八天內共找出並更換四千個損壞的管子。但當蘇相接到警示電報，要他離開普拉，以免受困於亞得里亞海時，修理工作尚未完成。

八月一日他抵達位於義大利腳跟的布林迪西（Brindisi），義大利人以海上風浪太大，供應船無法行駛為藉口，不給他煤。德國預料義大利會背叛三國同盟，這顯然即將成為事實，所以蘇相無法使用義大利的供煤設施。他召集軍官討論未來行動方向。他們是否能突破協約國對大西洋設下的屏障，同時在法國運輸艦航行途中施以破壞，這取決於航速，而航速又取決於鍋爐。

蘇相問助理：「有多少鍋爐漏出蒸汽？」

「過去四小時裡有兩個。」

蘇相說：「可惡！」對他那麼棒的船，在此關鍵時刻卻遭此厄運大為光火。他決定航向美西納（Messina，在義大利西西里島），在那裡可與德國商船會合，取得煤。德國為預備作戰，將全世界海域分為若干區，每區有一個德國補給官，他獲准可指定區內所有船隻，前往德國戰艦可與它們會合的地點，並為德國戰艦需要，徵用德國銀行和商業公司的資源。

格本號繞行南義大利之際，其無線電整天都在向德國商船發出命令，要它們到美西納。布雷斯勞號在塔蘭托（Taranto，義大利南部重要港口）與格本號會合。

英國領事八月二日發電報：「急，德艦格本號在塔蘭托。」發現敵蹤激起海軍部對英國海軍出師告捷的期待，因為找到敵人位置就已勝利了一半。但因英國尚未參戰，還無法放手追趕。時時警惕備戰的邱吉爾，七月三十一日曾指示地中海艦隊指揮官繆恩（Berkeley Milne）將軍，其首要任務是協助保護法國運輸艦，「給予掩護，並在可能時，激起個別德國快船尤其格本號，採取行動」。他提醒繆恩：「你的分遣艦隊的速度足以讓你自選時機。」但因某種矛盾心理，他同時也獲指示「一開始要節制使用武力」，「在此階段不可因受刺激，而對優勢武力有所行動」。最後這道指令對隨後幾天的事件，有如一個沮喪的指標，預兆著不祥的發展。

邱吉爾後來解釋，他心中的「優勢武力」是指奧地利艦隊。其主力艦與英國不屈級戰艦的關係，就如同法國主力艦與格本號；亦即裝甲和武器較強，但速度較慢。邱吉爾後來也解釋，其命令目的並非「禁止英國船艦，無論在多必要情況下，均不得與優勢武力交手」。若目的不在禁止，那必然是為了讓指揮官們照自己認為合適的方式去解讀，於是讓事情取決於衝突熔點：個別指揮官的脾氣。

當實彈射擊時刻接近，那是指揮官所有專業訓練針對的時刻，當所有部屬的生命、作戰的課題、甚至某次行動的勝負，都可能取決於指揮官當下的決定，此時指揮官的內心和重要生理狀態如何？有人因關鍵時刻而勇敢，有人猶豫不決，有人審慎明智，有人癱瘓而失去行動力。

繆恩是變得審慎。他四十九歲，單身，具優雅社會形象，曾任愛德華七世侍從官，仍與宮廷關係密切，父親曾是英國艦隊將領，他也是其他海軍將領的孫兒及教子，熱衷於捕魚、獵鹿，槍法很準。一九一一年時，繆恩似乎是地中海指揮部理所當然的人選，那裡即使不再是英國海軍主要駐地，卻是最時興的。他由新上任的第一海軍大臣邱吉爾指派。此項任命立即但私下遭前第一海務大臣費雪譴責為「背叛海軍」，費雪曾創建無畏艦隊（Dreadnought Fleet），是當年最充滿熱情、最不惜話如金的英國人。他最重視的任務是，為他預言將在一九一四年十月爆發的戰爭，確保海軍砲術專家傑利科獲任命為總司令。

當邱吉爾任命繆恩為地中海指揮官，費雪認為這讓繆恩有可能得到，他想保留給傑利科的位子，他怒不可遏。他猛烈抨擊邱吉爾「向宮廷影響力屈服」；他吼叫、發怒、如火山爆發般憎惡繆恩，說他是

「一無是處的指揮官」,「不適任如你現在讓他當的艦隊司令,及幾乎是海軍元帥」。費雪用各種惡名指稱他:「鬼鬼祟祟的無賴」、「最低級的狡猾之人」、「用一分錢買二手《泰晤士報》的小氣爵士」。費雪的信總是附帶「閱後燒毀!」的高調勸告,幸好收信者都不予理會,信中內容比實際誇張十倍,讀起來若要符合合理的實情,必須按比例縮減。繆恩既不是最低級的狡猾之人,也並非名將納爾遜,他只是高階軍官中普通一般的裝飾性人物。當費雪發現,繆恩其實並未被考慮為總司令人選,便把氣憤焦點轉向別的事,使小氣爵士不受干擾地悠遊地中海。

一九一四年六月,繆恩也來到君士坦丁堡,與蘇丹和其大臣共進晚餐,招待他們參觀其旗艦,並與其他英國人一樣,不在乎土耳其在地中海戰略中可能的地位。

八月一日繆恩收到邱吉爾的首次警示後,召集直屬的三艘戰鬥巡洋艦分遣隊,及崔布里吉(Earnest Troubridge)少將指揮的第二分遣隊,包括裝甲巡洋艦、輕巡洋艦和驅逐艦,齊集馬爾他。八月二日一早,他收到邱吉爾第二道命令,指「格本號必須有兩艘戰鬥巡洋艦盯梢」,亞得里亞海必須「注意」,推測是針對奧地利艦隊可能出現。特別指定派兩艘戰鬥巡洋艦跟蹤格本號,顯然是預想會發生戰鬥,但繆恩並未從命。他派不撓號與不倦號,加上崔布里吉的分遣隊,去監看亞得里亞海。繆恩在獲知格本號當天早上,被看見駛出塔蘭托,向西南航行,便派出輕巡洋艦查騰姆號(Chatham)搜尋美西納海峽,他推測格本號應在那裡,事實也是如此。查騰姆號下午五時離開馬爾他,次晨七時巡過美西納海峽,回報格本號不在那裡。他們晚了六小時,蘇相已離開。

蘇相在前一天下午,正當義大利宣示中立時,抵達美西納。義大利人仍不肯給他煤,但他由德國商船公司提供，獲得兩千噸煤。他徵用德國東非航線商船普及號（General）為供應船，船上乘客下船，並獲最遠至那不勒斯（Naples）火車票的補償。蘇相尚未得到海軍部指令，他決定把自己放在開戰後，最早能嘗到作戰滋味，而優勢武力還來不及阻止他的位置。八月三日凌晨一時，他在黑暗中離開美西納，西行前往阿爾及利亞海岸，計畫轟炸那裡的法國出海港口邦納（Bone）和菲利普維爾（Philippeville）。

同一時間邱吉爾向繆恩發出第三道命令：「注意亞得里亞海口應予維持，但目標是格本號。追蹤它，無論它往何處都尾隨，準備在宣戰時行動，宣戰很有可能且近在眼前。」繆恩接到此令時，並不知格本號在何處，查騰姆號追丟了它。繆恩認為格本號是向西去攻擊法國運輸艦，當收到有德國煤船等在馬約卡島（Majorca，位於西地中海）的報告時，他斷定格本號之後會前往直布羅陀和公海。此時他派遣不撓號與不倦號，離開監看亞得里亞海，改為向西去追尋格本號。八月三日全天，格本號自美西納向西行後，即被追蹤它的戰艦尾隨，但落後一天的距離。

與此同時法國艦隊正駛過土倫（Toulon）前往北非。它原應早一天出發，但八月二日巴黎發生不愉快的事，海軍部長高提耶下台，因為他被發現忘記派魚雷艇到英吉利海峽。事發後的爭吵影響到對地中海艦隊的命令。陸軍部長梅西米只在意必須加快讓殖民軍回國。難堪的高提耶為力圖掩飾在海峽的失誤，跳至主戰的相反極端，提議未宣戰就攻擊格本號及布雷斯勞號。彭加勒心想：「他快神經錯亂。」接著海軍部長向陸軍部長提出要決鬥，經同僚極力拉開並平息對立的兩人，高提耶才流著淚與梅西米擁抱，並被說服以健康理由辭職。

法國不確定英國的作用，英國尚未宣布立場，使事情更為複雜。下午四時內閣勉力完成多少算是一致的電報，發給海軍總司令拉佩瑞爾（Boué de Lapeyrère），告知他有人在布林迪西，看見格本號及布雷斯勞號，等一接到開戰訊號，他便須「阻止它們」，並以掩護而非護航來保護法國運輸艦。

拉佩瑞爾為人有擔當，也是讓法國海軍脫離抱殘守缺的主要功臣，他很快決定還是要組成護航艦隊，因為在他看來，英國的「可疑」作用使他別無選擇。他馬上啟動，次晨四時便上路，距蘇相離開美西納僅數小時。隨後二十四小時內，法國艦隊三個分遣隊南行前往奧蘭（Oran）、阿爾及爾、菲利普維爾，而格本號及布雷斯勞號是向西前往相同目的地。

八月三日下午六時，蘇相的無線電告訴他，德國已向法國宣戰。蘇相加速前進，法軍也一樣，但他的速度較快。八月四日清晨二時，蘇相正接近目標及開火的最興奮時刻，卻接到鐵必制的命令：「即刻駛往君士坦丁堡。」如蘇相所寫，他不願未「嘗到我們全都如此熱切渴望的開火時刻」就回頭，仍繼續原航程，直到阿爾及利亞海岸在清晨曙光中映入眼簾。他隨即升起俄國國旗，在進入射程時便開火，「散播死亡和恐慌」。其船員之一後來發表那次航行的記述，熱情寫下：「我方巧計完美成功。」據戰爭危險宣告，亦即德國參謀本部印行的戰爭行為手冊：「茲宣布允許，為欺敵而穿上敵人制服，使用敵人或中立旗幟或標章。」戰爭危險宣告正式體現德國對欺敵的想法，外界認為這是廢棄了德國曾簽署的《海牙公約》（Hague Convention），公約第二十三條禁用敵方顏色為偽裝。

蘇相砲轟菲利普維爾，布雷斯勞號也砲轟邦納，之後蘇相掉頭經原路回航美西納。他計畫在那裡自德國商船取得煤，再駛向一千兩百英里之外的君士坦丁堡。

幾乎在轟炸發生同時，拉佩瑞爾便自無線電聽到消息，他認為格本號會繼續向西，或許接下來要攻擊阿爾及爾，再一路突圍進入大西洋。他拚命加速，希望「若敵人現身」，能予以攔截。他未另派船艦去偵查格本號，因為照他推斷，敵人要是出現，他就有仗可打；敵人若不出現，也不再會是立即關切的對象。拉佩瑞爾像協約國這邊的其他人，純從海軍戰略角度去看待格本號。他或其他人都不曾考慮過，格本號可能執行政治任務，從而深深影響並延長戰爭發展。當格本號與布雷斯勞號未再出現在法軍航程上，拉佩瑞爾也不去追蹤它。因而在八月四日早晨錯過首次機會。另一次機會馬上來臨。

整晚都向西航行的不撓號與不倦號，當天上午九時三十分在邦納外海，遇到正向東返航美西納的格本號與布雷斯勞號。格雷若在前一晚，他對國會演講後，立即對德國發出最後通牒，英德此時就會交戰，巡洋艦的大砲就會出聲。實情是雙方戰艦相距八千碼，充分在射程內，卻彼此默默通過，滿意於只用砲瞄準，並省略照慣例相互敬禮。

蘇相決心在開戰前，盡可能與英軍保持距離，他加速離去，逼得格本號鍋爐燒到航速極限。不撓號與不倦號轉身追隨他，決心保持在射程內直到宣戰。英艦的無線電如同獵人找到獵物的號角聲，向繆恩報告德艦位置，繆恩立即通知海軍部：「不撓號與不倦號盯梢格本號與布雷斯勞號，北緯三七・四四，東經七・五六。」

海軍部因挫折而痛苦到顫抖。同樣是在特拉法加角（Cape Trafalgar，位於西班牙南部）的水域，英艦眼看敵人就在射程內，卻無法開火，再次重演一八〇五年的勝利。邱吉爾發出電報：「很好，看住它，戰爭即將開打」，並連忙送「最急件」備忘錄給首相阿斯奎斯和格雷，建議若格本號攻擊法國運輸艦，繆恩的巡洋艦應獲授權「立即與它交戰」。可惜繆恩在報告位置時，忽略說出兩艘德艦正航向何方，以致邱吉爾認為它們是向西，對法國還有不良意圖。

阿斯奎斯說：「身上都是戰爭色彩的溫斯頓（邱吉爾），巴不得打一場海戰，把格本號擊沉。」阿斯奎斯願意讓邱吉爾如願，但不幸地他對內閣提及此事，內閣拒絕在午夜最後通牒屆滿前，授權戰爭行動。於是第二次機會也錯失，不過邱吉爾的命令，是以格本號攻擊法國運輸艦為條件，而它已放棄此目標，所以第二次機會原本便保不住。

此時展開的是，在夏季平靜海面上的絕命追逐，蘇相企圖與追逐者離得遠遠的，英軍卻企圖把他維持在射程內直到午夜。蘇相以最高速駕駛其軍艦，使它來到二十四節。鍋爐工在高熱和煤屑中，一般每次工作無法超過兩小時，此刻卻繼續以更快速度剷煤，爆裂的管子則露出蒸汽燙傷他們。從早晨到晚上造成四死，速度卻維持住。獵物和追趕者間的空隙緩慢而顯著拉大。不撓號與不倦號也有鍋爐問題，操作人手不足，速度趕不上。到下午由約翰・凱利（John Kelly）船長指揮的都柏林號（Dublin）輕巡洋艦，也加入長程、無聲的追逐。隨時間流逝，差距愈拉愈大，到五時不撓號與不倦號已掉到射程外。唯有都柏林號跟得緊，還看得到格本號。到七時海上起霧。九時在西西里海岸外，格本號與布雷斯勞號消失於愈來愈濃的夜色中。

邱吉爾和幕僚那一整天都待在海軍部，「承受坦達羅斯（Tantalus）[1]的折磨」。下午五時第一海務大臣路易親王說，天黑前仍有時間擊沉格本號。但邱吉爾受內閣決策限制，無法下此命令。當英軍等候午夜訊號之際，格本號已抵達美西納並取得煤。

破曉時分英國已參戰，英軍可自由開火，卻找不到格本號。從都柏林號在失去其蹤影前的最後報告，英軍判斷格本號在美西納，但此時有新障礙來干擾。海軍部在告知繆恩，義大利宣布中立的命令中，指示他「嚴格加以遵守，不可讓軍艦進入義大利沿岸六英里內」。這禁令是為防止「小意外」引起與義國的麻煩，但或許過於小心。

受禁入美西納海峽六英里內所限，繆恩守住兩個出口。他認為格本號會再度向西，所以他自己在旗艦不屈號上，與不倦號一起防守向西地中海的出口，只派一艘輕巡洋艦格拉斯特號（Gloucester），巡邏向東地中海的出口，指揮該艦的是豪爾・凱利（Howard Kelly）船長，他與都柏林號船長是兄弟。[2]又因繆恩想要集中力量於西邊，他派不撓號至附近的比塞大（Bizerte，在突尼西亞北部）取煤，而非到更東邊的馬爾他。因此格本號若往東走，那三艘不屈級戰艦沒有一艘位於可攔截它之處。

八月五、六日兩天繆恩巡邏西西里以西水域，心中認定格本號打算向西突破。海軍部也想不出，格本號除穿過直布羅陀或躲在普拉外，還可能走其他路線，所以並未反對繆恩的安排。

直至八月六日傍晚的這兩天，蘇相在美西納解決添煤的困難。義大利人堅持中立法，要求他在抵達後二十四小時內離開。但煤必須取自德國商船，商船的甲板必須拆開，欄杆必須移走，才能把煤運過來，這需要一般三倍的時間。當他與港務局爭論法律觀點時，所有船員都強制下來剷煤。雖有額外啤酒配給、樂團奏樂、軍官愛國喊話為鼓舞，他們卻因不敵八月暑氣頻頻昏倒，直到船上像屍首般，躺滿烏

1 譯注：希臘神話中的宙斯之子，他藐視眾神，引起宙斯震怒，罰他想喝水喝不到，想吃果子也吃不到。

2 作者注：美西納海峽屬南北走向，北邊出口向著西地中海，南邊出口向著東地中海。為地理上好分辨，這兩出口分別稱為西口和東口。

黑、汗水溼透的身體。八月六日中午，已取得一千五百噸煤，還不夠航至達達尼爾，但誰也沒有力氣再做了。「心情沉重」的蘇相下令停止裝煤，全體人手休息，準備五時開航。

有兩則給他的訊息傳到美西納，使他更添困難並面臨關鍵決策。電報之一是忽然取消鐵必制要他前往君士坦丁堡的命令：「基於政治理由，目前進入君士坦丁堡非良策。」收回原命令是因土耳其決策分歧。恩維爾給了德國大使許可，讓格本號和布雷斯勞號可以經過防守達達尼爾的布雷區。但由於讓它們經過，將明顯違反土國仍公開維持的中立立場，大維齊爾（Grand Vizier）[3]和其他大臣堅持，必須撤回許可。

鐵必制的第二則訊息是通知蘇相，奧地利人在地中海無法給予德國海軍協助，讓他自己決定，在目前情況下何去何從。

蘇相知道，船上鍋爐無法給他突破敵軍重重屏障，衝向直布羅陀的必要速度。他討厭躲在普拉，靠奧地利人保護。他決定不理會刎前往的軍令，要駛向君士坦丁堡。照他自己所說，他的目的相當明確：「迫使土耳其人，對抗其宿敵俄羅斯，即使他們不情願，也要把戰爭散播到黑海。」

他下令在五時啟航。所有船上岸上的人都知道，格本號和布雷斯勞號準備在極不利的情況下迎戰夾擊。興奮的西西里人鎮日擠在碼頭上，販售明信片和最後紀念品給「將死的人」，沿街叫賣的號外標題寫著：「在死神爪下」、「恥辱或戰敗」、「航向死亡或榮耀」。

蘇相預料會被追逐，便故意選在天未黑時離開，好讓有人看到他往北前進，似乎要去亞得里亞海。入夜後他打算改變航線，轉向東南，在黑暗掩護下逃避追蹤。他缺乏走完全程的煤，所以一切有賴於不被看見，而能與煤船會合，有一艘已奉命到希臘東南端馬里阿角（Cape Malea）等候。

格本號和布雷斯勞號駛出美西納海峽東口時，立即被在海峽外巡邏的格拉斯特號看到並跟蹤。格拉斯特號與布雷斯勞號是同等級，卻可能在一萬八千碼距離內，被格本號的重砲擊沉，所以它只好盯著敵人，等候援軍前來。凱利船長以電報告知繆恩所在位置和航線，繆恩與三艘戰鬥巡洋艦仍全都在西西里西方巡邏。凱利尾隨向海上駛去的格本號，快到八時，天色已晚，他改變航道靠向陸地，以便借右方升起的月光，盯住格本號。這舉動使格拉斯特號進入射程，但並未引起格本號開火。在清晰夜色下，有兩個黑影，加上跟蹤的第三個，持續向北，由於在美西納取得的煤較差，前面兩艘的煙囪冒出黑雲，汙染月光照亮的夜空，使它們在遠距離也看得見。

繆恩得知格本號已自東口離開美西納，卻留在原地不動。他推斷若格本號照既定航線繼續行駛，就會被監看亞得里亞海的崔布里吉分隊攔截。要是如他傾向於相信的，格本號的航線是偽裝的，它終究會向西去，那他自身的戰鬥巡洋艦分隊就會攔截它。他不曾想到有其他可能性。只派一艘輕巡洋艦都柏林號往東，命令它加入崔布里吉的分隊。

此時動不了格拉斯特號的蘇相，經不起再走假航線，否則到不了愛琴海去取可得的煤。無論是否被跟蹤，他都必須改向東航行。晚間十時他轉向，同時干擾格拉斯特號的無線電，希望阻止發出他改變航線的報告。蘇相並未成功。凱利船長通知航線改變的無線電，繆恩和崔布里吉都在約午夜時收到。於是

3 譯注：史上許多伊斯蘭教國家的最高大臣，相當於首相。

繆恩前往馬爾他，打算在那裡補給煤，並「繼續追蹤」。現在要看崔布里吉怎麼做，敵人正朝他的方向過來攔截他。

崔布里吉奉命駐守亞得里亞海口，「防止奧軍出來，德軍進入」。從格本號的航路可看出，它正離開亞得里亞海，崔布里吉明白，若他立即向南行，也許能攔阻格本號。但他有沒有把握，在確實可望獲勝的情況下與它交戰？他的分隊有四艘裝甲巡洋艦：防衛號（Defense）、黑王子號（Black Prince）、戰士號（Warrior）、愛丁堡公爵號（Duke of Edinburgh），各為一萬四千噸，配備九點二英寸砲，射程比格本號的十一英寸砲短很多。上級繆恩曾把海軍部的原命令轉給他，顯然便是指示他，不得「對優勢武力」採取行動。但他未接到繆恩任何命令，便決定若能在上午六時前行動，有東方第一道曙光給他有利的視線，幫忙化解射程的不利，他就要嘗試攔截敵人。午夜後不久，他全速向南方前進。四小時後他改變主意。

日俄戰爭期間，崔布里吉曾任與日軍往來的海軍武官，因此懂得尊重長程火力的效率。他家世很好，曾祖父曾與納爾遜並肩在尼羅河作戰，同時「年輕時享有海軍最帥軍官」的美譽，他「對航海術深信不疑，就如同克倫威爾（Cromwell）[4]的士兵篤信聖經」。邱吉爾重視他到足以任命他，加入一九一二年新成立的海戰參謀部（Naval War Staff）。但航海術及擅於幕僚工作，對即將面臨殊死戰的指揮官不見得有幫助。

清晨四時崔布里吉尚未找到格本號，他決定不再期望，可在有利下與它交戰。他相信天亮後，格本號若遭攔截，可遠遠待在他的射程外，一一擊沉他的四艘巡洋艦。在格本號開砲射擊，痛下殺手時，他顯然認為自己的四艘巡洋艦和八艘驅逐艦，很難有機會以砲火或魚雷打到它。他判定格本號，是海軍部要他敬而遠之的「優勢武力」。他停止追蹤，並以無線電通知繆恩，又在山提島（Zante，位於愛奧尼亞海，屬於希臘）外海巡弋到上午十時，仍冀望有一艘繆恩的戰鬥巡洋艦會出現，最後終於停靠山提港，準備恢復監視亞得里亞海的奧地利軍。如此又錯失第三次機會，格本號載著無比的幸運繼續前進。

繆恩到清晨五時三十分時，仍相信格本號打算轉頭向西行，便指示格拉斯特號：「緩步居後以免被俘。」他或海軍部都還不認為，格本號是在逃跑，因此它更急切地要避戰而非迎戰，並窮盡一切技術和速度，要到達遙遠的目的地。英軍由於菲利普維爾被襲的印象，加以多年來對德國海軍日益戒慎恐懼，便視格本號為海盜船，會像商業劫掠者一樣，在海上四處遊盪，隨時準備轉身突襲。英軍預期會想方設法使它就範，但追逐時缺乏必要的急切態度，因為他們始終認定格本號會轉向，不知道它是要逃向東方，尤其是到達達尼爾。此次失敗的政治意義大於海軍意義。邱吉爾在很久以後懊悔地承認：「就我記憶所及，英國政府在重大政策領域，消息最不完備莫過於對土耳其。」

此刻是八月七日天光已大亮。唯有格拉斯特號不理會繆恩的知會，仍繼續追蹤正接近希臘海岸的格本號，布雷斯勞號也已重新加入。蘇相不能讓敵人看見他與煤船會合，便急於想擺脫跟蹤者。他命令布雷斯勞號放慢速度，試圖藉著在格拉斯特號前穿梭，彷彿在埋地雷，以及其他騷擾戰術，把它趕開。

凱利船長仍在期待援軍，便急於善盡拖延格本號的任務。無論格本號是不是「優勢武力」，當布雷

---

4　譯注：十七世紀英國重要政治人物，曾廢除英格蘭君主制，征服蘇格蘭、愛爾蘭，出任英、蘇、愛聯邦護國公。

斯勞號後退來嚇唬他，他決定攻擊，好迫使格本號回頭來保護姐妹艦。他真心不顧危險地開火，布雷斯勞號還擊。格本號也一如預期，轉身開火。各船均未擊中目標。一艘義大利小客船，由威尼斯前往君士坦丁堡途中，當時正好經過，目睹了此次交火。後來凱利停止攻擊布雷斯勞號，放慢速度。蘇相經不起把珍貴的煤耗費在追敵上，恢復原航線。凱利重新尾隨。

凱利又持續了三小時，不讓格本號離開視線，直到繆恩強制指示，禁止他追蹤超過希臘尖端的馬塔潘角（Cape Matapan）。下午四時三十分，格本號繞過馬塔潘角，進入愛琴海，格拉斯特號終於放棄追蹤。少掉監視，蘇相消失在希臘諸島中，去與煤船會合。

約八小時後，剛過午夜不久，添好煤，完成維修，繆恩與不屈號、不撓號、不倦號，還有輕巡洋艦韋茅斯號（Weymouth），離開馬爾他向東行。船以十二節的速度前進，也許是他認為，現階段求快是浪費煤，他好整以暇地追蹤。次日八月八日下午二時，他約在馬爾他到希臘的半途，海軍部傳來消息：奧地利已向英國宣戰，這迫使他驟然停止。可惜這是操作員失誤，他誤發針對奧國宣戰事先準備好的加密電報。但這足以使繆恩放棄追逐，針對奧地利艦隊可能出現，而守在奧軍無法切斷他與馬爾他聯繫的位置，並命令崔布里吉的分遣隊與格拉斯特號到此加入他。機會再次錯失。

各艦聚集於此近二十四小時，到翌日中午，繆恩自尷尬的海軍部得知，奧地利根本尚未宣戰，他再次恢復追蹤。此時距八月七日下午，格本號最後被看見進入愛琴海時，其蹤跡已四十多小時未更新。為決定朝哪個方向去追蹤，據繆恩後來自己記述，他曾考慮格本號可能採取四種航線。他仍認為格本號會試圖向西逃往大西洋，不然就是向南攻擊蘇伊士運河，或躲進希臘港口，甚至攻擊薩羅尼加（Salonika，希臘北部第一大城），但基於希臘中立的事實，後兩種推測相當奇特。繆恩基於某種原因，不認為蘇相有意違反土耳其中立；他與國內的海軍部均未想到，達達尼爾可能是目的地。他設想的戰略是把格本號圍在愛琴海「北邊」。

「北邊」當然正是蘇相的航向，但土耳其人已在達達尼爾海峽入口布雷，他未經允許無法進入。在加好煤並與君士坦丁堡溝通之前，他已無法再前進。煤船波加迪爾號（Bogadir）偽裝成希臘船，奉命等在馬里阿角。蘇相擔心被發現，就令它前往更深入愛琴海的德努薩島（Denusa）。他不知英軍已停止追逐，八月八日白天一直隱身，到九日早晨才偷偷駛進無人煙的德努薩海岸。格本號和布雷斯勞號在此整天裝煤，但鍋爐並未熄火，以便三十分鐘就能啟航。山頂上也設立觀察哨，注意英軍蹤跡，而當時英軍正在五百英里外監視奧軍。

蘇相不敢用無線電與君士坦丁堡通訊，因為能把訊號傳送如此遠的強度，一定也會同時洩露其行蹤給敵人。他下令自美西納便沿著較南航線跟隨他的普及號，到士麥那（Smyrna，位於愛琴海濱，現在屬於土耳其）去發訊息，給德國駐君士坦丁堡海軍武官：「因必不可少軍事需要，須在黑海攻擊敵人。立即窮盡一切手段為我安排通過海峽，有可能則取得土國政府許可，必要時無正式許可亦要通過。」

九日全天蘇相等候回電。有一度無線電操作員收到亂碼電文，但解不出其中含意。到晚上仍無回音。此時繆恩的分遣隊發現奧國宣戰的錯誤，正再度駛向愛琴海。蘇相決定若得不到回覆，必要時將強行通過達達尼爾。八月十日凌晨三時，他聽到進入愛琴海的英國分遣艦隊發出的無線電訊號。他不能再等。就在此時耳機內傳來另一系列急促唧唧聲。是普及號終於傳來隱晦訊息：「進入。要求堡壘投降。

擒領航員。」

蘇相不確定這是否意指，要他展現武力以保住土耳其顏面，還是他必須強行通過，但黎明時他離開德努薩。一整天他都以十八節速度向北走，繆恩則一整天在愛琴海出口巡弋，防止他出來。當天下午四時蘇相看到泰內多斯（Tenedos）和特洛伊（Troy）平原；五時他來到恰納卡（Chanak）龐大堡壘重砲保護下，那堅不可摧的歷史通道的入口。部屬已就戰鬥位置，船上每根神經都因吉凶未卜而緊繃著，蘇相緩緩靠近。信號旗「派領航員」在旗杆上飄揚。

那天早上，曾目睹格拉斯特號對格本號、布雷斯勞號行動的義大利小客船，抵達君士坦丁堡，乘客中有美國大使摩根索的女兒、女婿和三個外孫。他們帶來精采的故事，遠方船隻砲聲隆隆，噴發白煙，左轉右彎，動作頻頻。義大利籍船長曾告訴他們，其中兩艘是格本號和布雷斯勞號，才不被看好地離開美西納。摩根索數小時後有機會見到德國大使凡根海姆，他提到女兒說的故事，凡根海姆表現出「激動的興趣」。一吃完午餐，他在奧地利同行陪同下，出現在美國大使館，那兩位大使「嚴肅地坐在」那位美國女士面前，「對她進行很有禮貌、但巨細靡遺的盤問。……他們不許她漏掉任何細節；他們想知道砲彈發射幾次，德國軍艦朝什麼方向走，船上乘客的發言等等。……他們以近乎歡欣的心情離去。」

他們得知格本號和布雷斯勞號，已逃離英國艦隊。剩下的是取得土國同意，讓它們通過達達尼爾海峽。土國時任海軍部長思維爾控制著水雷區，他求之不得，但他的同僚卻較為審慎。那天下午恩維爾與德國軍事代表在一起時，接獲通報另一代表克勒斯（von Kress）上校緊急求見。克勒斯說，恰納卡的指揮官報告，格本號和布雷斯勞號要求准許進入海峽，並需要立即指示。恩維爾回答，他必須與大維齊爾商量才能決定。克勒斯堅持，恰納卡必須立即得到答覆。恩維爾一言不發坐著，幾分鐘後突然說：「可以讓它們進來。」

克勒斯和另一位代表，一度下意識地屏住呼吸，此刻發現又開始呼吸了。

接著克勒斯問：「若英國戰艦跟著進入，是否要對它們開火？」恩維爾又拒絕回答，理由是一定要與內閣諮商；但克勒斯堅持，不可不給明確指示，讓恰納卡無所適從。「是否要對英軍開火？」隨之是很長的停頓。最後恩維爾答：「是。」

在海峽入口一百五十英里外，一艘土耳其驅逐艦駛出岸邊，接近格本號，甲板上所有眼睛都緊張地注視著。信號旗很快升起，經判讀為「跟著我」。八月十日晚間九時，格本號與布雷斯勞號進入達達尼爾海峽，如許久以後邱吉爾鬱鬱地承認，由此造成「僅一艘船的範圍內，就發生過去不曾有過的更多殺戮，更多苦難，更多破壞」。

———

此事立即由電報傳遍世界各地，消息當晚抵達馬爾他。繆恩仍在愛琴海群島巡查，次日中午才得知。他的上級對格本號的任務所知太少，才會指示他封鎖達達尼爾海峽，「以防德艦駛出」。

首相阿斯奎斯對此消息的評論是：「值得玩味。」但他在日記中寫著，「由於我們應堅持」由不會駕駛那艘船的土耳其人，取代格本號船員，所以做那種指示「也沒多大關係」。阿斯奎斯似乎認為，所有必要的作為就是「堅持」。

協約國的大使們深表氣憤且一再地堅持，但土耳其人仍希望以中立為討價還價籌碼，決定要求德軍「只是暫時和表面上」，解除格本號和布雷斯勞號的武裝，凡根海姆被請來聽取此提議，他一口回絕。再經激烈討論後，一位大臣忽然建議：「德軍是否可出售這兩艘船給我們？可否把它們抵達視為根據合約交船？」

大家都為這超好的主意感到高興，它不僅解決難題，還可對英國沒收土耳其兩艘主力艦，取得理想的正義。經德國同意，這項交易便向外交使節團宣布，不久格本號和布雷斯勞號重新命名為嚴君號（Jawus）和米迪利號（Midilli），懸掛土耳其國旗，船員戴土耳其毯帽，由蘇丹在人民熱烈擁護下檢閱。兩艘德國戰艦突然出現，彷彿精靈送來取代被奪走的兩艘船，使人民喜不自勝，也使德國人大受歡迎。

然而對德國一直催促，土耳其人卻拖延宣戰，他們反而開始向協約國要求更高的中立價碼。俄國對格本號來到黑海門戶極為驚恐，願意付錢。就像積習難改的人在極端情況下，願斷絕終生的壞習慣，俄國甚至打算放棄君士坦丁堡。八月十三日俄國外相薩宗諾夫向法國提議，給予土耳其對其領土完整的嚴正保證，並承諾「大量金融優惠，將由德國付費」，以回報其中立。他其實願意加上一條：「即使我方得勝」，俄國也會遵守這項保證。

法國同意，並將「竭盡一切」（借用總統彭加勒的話）維持土耳其沉默及中立，再說服英國加入共同保證土耳其領土。但英國無法為一度是它的保護國的中立，討價還價或付錢。邱吉爾在「最好戰」及

「強烈反土耳其」情緒下，向內閣提議派魚雷艇隊，通過達達尼爾海峽，擊沉格本號和布雷斯勞號。這一姿態或許能影響搖擺的土耳其人，也是唯一能預防最終發生的事件的姿態。法國最熱切、最勇敢的人物之一，在海峽被侵入當天已做此建議。加利埃尼將軍說：「我們應直接進去追它們，否則土耳其會變得與我們對立。」在英國內閣，基奇納否決了邱吉爾的提議，他說英國承擔不起因攻擊土耳其而疏離穆斯林。應讓土耳其「先動手」。

有近三個月協約國或是恫嚇，或是討價還價，而德軍在君士坦丁堡的影響力卻與日俱增，土國政府內的派系則爭執搖擺。到十月底德國決定，這種無止境的延宕必須加以制止。為從南邊防堵俄國，土國積極參戰勢在必行。

十月二十八日前格本號與布雷斯勞號，在蘇相指揮下，由幾艘土耳其魚雷艇伴隨，進入黑海，砲轟敖德薩（Odessa）、塞凡堡（Sevastopol）、費奧多西亞（Feodosia），造成若干平民喪生，並擊沉一艘俄國砲艇。

驚駭於德國將軍在自家門口造成既成事實，土耳其政府多數成員希望拒絕接受，但卻被有效制止。起作用的因素是格本號現身金角灣（Gold Horn，在君士坦丁堡，是一天然屏障），由德國軍官指揮，由德國船員操作，不受土方約束。如塔拉特指出的，政府、宮廷、都城、他們本身、他們的家園、國家主權及哈里發（Caliph）[5]，都在格本號砲口下。協約國要求土耳其解散德國軍事及海軍代表團，以證明

---

5 譯注：伊斯蘭教領袖稱號。

中立，但土國卻辦不到。以土耳其人名義進行的戰爭已然發生，俄國便在十一月四日向土國宣戰，次日英、法也向土耳其宣戰。

戰爭從此擴散到另一半的世界。土耳其的鄰國保加利亞、羅馬尼亞、義大利、希臘，也紛紛被拖進戰爭。從此俄國對地中海的出口關閉，只得仰賴半年冰封的大天使港（Archangel）[6]，以及距前線八千英里的海參崴（Vladivostok）。當黑海出口關閉，俄國出口便減少了百分之九十八，進口減少百分之九十五。日後俄國被隔絕造成的種種惡果，加里波利（Gallipoli）的徒勞與血腥悲劇[7]，協約國實力分散於美索不達米亞、蘇伊士與巴勒斯坦，鄂圖曼帝國的最終崩解，以及隨後的中東歷史，全都因格本號此行而起。

後續事件同樣痛苦，但或許已沒有那麼重要。崔布里吉面對同袍譴責，要求開調查庭。調查庭一九一四年十一月下令把他交付軍法審判，罪名是「他確實避開追擊格本號，而該艦是逃亡中的敵人」。崔布里吉的理由是，他認定格本號是「優勢武力」，而海軍基於自身聲譽的考量，將他無罪開釋。儘管他繼續在戰爭中服役，但基於艦隊的觀感，他再也不曾被賦予海上的指揮職位。為了將地中海交給法國指揮，繆恩在八月十八日被召回，返家準備退休。八月三十日，海軍部宣布要「仔細調查」他對格本號和布雷斯勞號的行為與處置，結果是「長官們認可他在各方面採取的措施」。曾無視於君士坦丁堡重要性的海軍部長官們，最終並未尋找代罪羔羊。

6　譯注：現名阿爾漢格爾斯克（Arkhangelsk）。

7　譯注：一戰時英法聯軍為進入達達尼爾海峽，打通博斯普魯斯海峽，發動戰役，結果慘敗。

# 第十一章　列日與亞爾薩斯

當各國軍隊持續集結，德法的先頭部隊彷彿走旋轉門般發動攻擊：德軍從東邊迂迴，法軍從西邊迂迴進入戰場。雙方的第一步都發生於旋轉門邊緣上，也就是自己的最右側，彼此相距三百英里。德軍不理會法軍的行動，逕行進攻列日，征服其周圍十二座堡壘，以便打通右翼部隊穿越比利時的道路。法軍同樣不理會敵人的行動，直攻上亞爾薩斯（Upper Alsace），此舉的情感成分多於戰略考量，目的在藉愛國熱忱開戰，並鼓勵當地人民起義反抗德國。法軍的戰略目標是讓右翼進到萊茵河。

列日是守護比利時通道的閘門。該城建於默茲河左岸五百英尺高的陡坡上，有河為屏障，河道在此寬近兩百碼，周圍三十英里並有堡壘防禦，一般認為它是歐洲最難以攻下的防禦陣地。十年前日俄戰爭中的旅順港就曾抵抗圍城長達九個月才投降。輿論認為列日即使無法永久抵抗，也一定能平旅順港的紀錄。

德軍七個軍團集結於比、法邊界，總數超過一百五十萬人。他們按數字順序排列，從第一軍團在最右側正對列日，到最左側的第七軍團在亞爾薩斯。第六、七軍團共十六師，構成德軍左翼，第四、五軍團共二十師是中央，第一、二、三軍團共三十四師組成右翼，右翼將行經比利時。右翼並附加三個師的獨立騎兵團。右翼三個軍團由克魯克、畢洛、豪森（von Hausen）指揮，三人都是六十八歲，前兩人是一八七〇年戰爭老將。騎兵團指揮官是馬維茲（Marwitz）。

克魯克的第一軍團必須走最遠，因此其進展將決定全軍的前進步調。該軍團集中於阿亨北方，預計攻下經列日五座橋樑的跨越默茲河道路，因此列日是關鍵的首要目標，一切都取決於此。列日各堡壘的火砲掌控荷蘭邊界，以及林木繁茂且丘陵繁多的阿登之間的隘口，列日的橋樑是默茲河唯一的多重渡河道。列日也是四條鐵路線的交會點，連結法國北部與德、比，對德軍行進間的補給十分重要。在攻下列日並使其堡壘失去戰鬥力前，德軍右翼無法移動。

在艾米希將軍指揮下，六個旅組成了特別「默茲軍團」（Army of Meuse），他們會脫離第二軍團去打開通往列日之路。除非比利時人頑抗，否則預料可在主力部隊集結完成前完成任務。德皇戰前的諸多失言中，有一次就是在演習時對一位英國軍官說：「我就會那樣穿過比利時！」同時向空中一彈指。德軍認為，比利時宣稱的抵抗只不過是「綿羊作夢時的憤怒」（這也是普魯士某政治人物對其國內政敵的比喻）。只要一拿下列日，第一、二軍團便會由列日兩側的道路展開主攻勢。

當年最偉大的築壘工程師布里埃蒙（Henri Brialmont），在比利時國王利奧波德二世的堅持下，於一八八〇年代在列日與那慕爾建造了堡壘。那些堡壘在高處環城而建，目的在守住默茲河通道，抵禦來自兩方的侵略者。列日的堡壘分布於河兩岸，平均距城區四至五英里，彼此相距至兩三英里。東岸有六座，面對德國，西岸也是六座，一直繞到列日後方。它們像是沉入地下的中世紀城堡，地面上只看得到一個三角形土墩，不見蹤影的砲塔自這裡伸出穹頂。其餘部分全都藏在地下。傾斜的地道通至地下廳室，連結砲塔與彈藥庫、發射控制室。六座大堡及其間六座小堡，共計有四百門砲，其中最大的是八英寸（二一〇釐米）榴彈砲。在三角形的三個角，是較小的速射砲與機槍角塔，可掩護正下方的山坡。堡壘四周各有三十英尺深的乾護城河。各有探照燈，設置在鋼架瞭望塔上，也可像火砲一樣設在地下。大堡壘駐軍是四百人，包括兩個步兵連與一個騎兵連。修築堡壘是作為防守邊界的前線基地，並非抵抗包圍的最後死守地，堡壘間的空隙則靠野戰軍防禦。

比利時人過度信任布里埃蒙的偉大傑作，對堡壘更新著力甚少，所用駐軍也素質不高，都取自後備軍人中最年長的，每連只有一位軍官。比國政府因為擔心給德國找來宣稱中立遭到破壞的絲毫藉口，直到八月二日才下令築戰壕，設帶刺鐵絲網柵欄，來防衛堡壘間的間隙，並移除妨礙砲擊的樹木、房屋。攻擊開始時，這些措施幾乎尚未起步。

德國這邊則相信，比利時會向最後通牒投降，或頂多象徵性抵抗，便未攜帶德軍手上的驚奇武器，即巨型攻城砲，其規模和殺傷力大到過去人們認為無法移動這種巨砲。奧地利軍火公司斯科達（Skoda）建造的一型巨砲，是口徑十二英寸（三〇五釐米）的迫擊砲；另一型是克魯伯公司在埃森（Essen）建造的十六點五英寸（四二〇釐米）巨獸，連同砲架長二十四英尺，重九十八噸，發射的砲彈長一碼、重一千八百磅，射程九英里，需要兩百名砲兵隨行。在那之前已知最大的砲，是英國的十三點五英寸海砲，最大的陸砲則是海岸砲隊使用的十一英寸固定榴彈砲。日本經半年攻不下旅順港，但已奪下其海岸上的這類武器，準備用於攻城，又經三個月砲擊，俄國要塞才投降。

德國時程不允許花那麼長時間來攻陷比國堡壘。毛奇曾告訴赫岑多夫，他預期德軍會在第三十九日的西線決戰勝利，並承諾自第四十日起，派德軍東援奧地利。儘管德方預期比利時人不會反抗，但德式周密思慮要求，要預先準備每種的可能性。問題在於得設計出可在陸地上運輸的最重攻城砲。它必須是迫擊砲，或發射角度高的短管榴彈砲，能把砲彈打到堡壘頂部，並無須長砲管內的來福線，即有命中特定目標的足夠準確度。

克魯伯在絕對機密中進行開發，一九〇九年已做出四二〇砲的原型。這座砲管鋸短的龐然大物雖射擊成功，移動起來卻麻煩無比。它必須由兩列火車運送，每列都要有火車頭帶動。還須鋪設支線鐵軌，把它運至砲坑。因其強大的向下後座力，砲坑必須深達數碼，並注入混凝土把砲嵌入，要移動砲只能用炸藥炸開。整個裝置過程需六小時。克魯伯又經四年，打造出可分解為幾部分，以便用公路運輸的重砲。一九一四年二月原型砲做好，在庫馬斯多夫（Kummersdorf）試驗場試射，德皇受邀觀禮，結果令他十分滿意。再以蒸汽與汽油車輛，甚至馬隊，試驗在公路上運送，結果顯示需要做許多改良。目標日期定於一九一四年十月一日。

奧地利斯科達三〇五砲完成於一九一〇年，擁有較大移動性優勢。它分為砲身、砲架、可移動底座三部分，用車輛帶動，一天可行進十五到二十英里。其輪子不用輪胎，而是套上連續式履帶，當時被驚嘆地形容為「鐵足」。在安放時，先放下可移動的鋼底座，上面鎖上砲架，再固定砲身於砲架上，全程需要四十分鐘。拆卸同樣很快就能完成，使此砲不易被擄獲。三〇五砲可左右搖擺六十度，射程七英里。此外也像四二〇砲一樣，可發射有延後發動引信的穿甲彈，可使炸藥在穿透目標後再爆炸。

戰爭在八月爆發時，有數門奧地利三〇五砲在德國，是赫岑多夫在德國新砲完成前先借用的。此時克魯伯有五門火車型四二〇砲，有兩門公路型仍等候必要的運輸改良。八月二日有緊急訂單要求馬上造好。當德軍開始入侵比利時，克魯伯不分晝夜拚命趕工，集結砲身、砲架、車輛、設備、緊急馬隊、機工、卡車司機，及必須給予緊急訓練的砲兵。

毛奇仍希望，不需用到這些砲就能穿越比利時。但比國人若認識不清以致要反抗，德軍預料簡單攻擊，就能拿下那些堡壘。任何攻擊細節都不會交給運氣。有一位軍官一直在研究相關規畫，他是參謀本部最虔誠的施里芬信徒。

魯登道夫（Erich Ludendorff）上尉靠埋頭苦幹及堅毅性格，克服缺少「馮」（von）的稱號，得以穿上參謀本部令人夢寐以求的紅條紋，他是一八九五年三十歲時，成為其中一員。魯登道夫體形厚實，金色小鬍子下是明顯下彎的嘴，圓圓雙下巴，後頸部腫起一塊，被美國文學家愛默生（Emerson）稱為野獸標記，這些使他與貴族出身的施里芬，外貌正好相反，然而他仿效施里芬強硬、封閉的個性。他刻意不交友，不讓人親近。過兩年將行使自腓特烈大帝以來，對德國人民及國運最大權力的他，卻一直沒沒無聞，也不受歡迎。通常朋友家人會提起的往事，或個人的故事或言論，在他身上都看不到；即使地位逐漸顯赫，也沒有關於他的軼事趣聞，他是一個沒有影子的人。

魯登道夫認為施里芬是「有史以來最偉大的軍人之一」，一九〇四至一九一三年他是參謀本部動員處（Mobilization Section）的成員，後來做到處長，他全心全意要確保自己心血結晶的計畫成功。對該計畫的可行性，他說全體參謀都深信不疑，因為「無人相信比利時的中立」。一旦發生戰爭，魯登道夫原可望擔任作戰處長，但因一九一三年，他與當時的陸軍大臣赫林根起衝突，便被趕出參謀本部，調為團長。一九一四年四月他升為將軍，並附帶命令，動員時要加入第二軍團，擔任副參謀長。[1]八月二日他以這職位，被指派到要攻打列日默茲河的艾米希軍團，負責進攻部隊與指揮部間的聯繫。

八月三日艾伯特國王成為比軍隊總司令，他不存幻想。他與蓋雷針對德軍入侵的假設，擬訂的應對計畫遭到挫折。他們原打算出動全體六個師，沿默茲河天然屏障進行抵抗，他們在此可加強列日和那慕爾的堡壘陣地。但參謀本部及新參謀總長賽利埃，不願讓年輕的國王和低階的蓋雷上尉主導戰略，參謀本部本身又在攻守之間拉扯，便未安排把軍隊部署在默茲河後方。為嚴守中立，那六個師在戰前，是朝各方來者部署：第一師在根特，面對英國；第二師在安特衛普、第三師在列日，面對德國；第四、五師在那慕爾、沙勒羅瓦、蒙斯，面對法國；第六師和騎兵師在中央布魯塞爾。賽利埃的計畫是，一旦發現敵人，便集中部隊於比國中央，面對入侵者，留下安特衛普、列日、那慕爾駐軍自行防衛。現有計畫的推力總是強過改變的衝動。德皇無法改變毛奇的計畫，基奇納改不了亨利．威爾森、蘭赫薩克（Lanrezac）也改不了霞飛的計畫。到八月三日艾伯特國王正式成為總司令，位階高於賽利埃，但要沿默茲河部署全軍已太遲。國王決定採取守勢，戰略是集中軍隊於傑特河（Gette）的魯汶（Louvain）前，約在布魯塞爾以東四十英里。國王最多只能堅持，第三師留在列日，第四師在那慕爾，以加強邊界駐軍，而非加入比國中央的野戰軍。

一九一四年一月國王自己提名的勒蒙（Leman）將軍，獲任命為第三師師長及列日總督，當時他六十三歲，是戰爭學院校長。勒蒙與霞飛一樣原是工兵部隊軍官，過去三十年裡，除有六年出任工兵部參謀，其餘都在戰爭學院，艾伯特曾受教於他。有七個月他在無參謀本部支持下，設法重組列日堡壘防禦。當危機發生時，相衝突的命令在他頭上來來去去。八月一日賽利埃下令調走第三師一個旅，相當於它三分之一的戰力。經勒蒙請命，國王下達相反命令。再來是國王下令拆除列日的橋樑，八月三日賽利埃卻發出相反命令，理由是比軍移動需要那些橋樑。國王再次應勒蒙之請，支持他反抗參謀本部，並加上私人信函，責令勒蒙「堅守到底你被託付防禦的地點」。

比利時防衛國家的意志超越軍備的限制。就主要防禦武器機槍而言，比軍士兵持有的平均比例只有德軍的一半。比國完全沒有防衛堡壘之間陣地所需的重野戰砲。為使野戰軍在一九二六年達十五萬人，後備軍人七萬人，堡壘部隊十三萬人，已有計畫要延長役期，但尚未開始實施。一九一四年八月野戰軍共計十一萬七千人，但已沒有受過訓的後備兵力，所餘後備軍人全數用於駐守堡壘。戴高帽、穿鮮綠制服的國民兵，原是鄉紳治安部隊，現在被迫成為現役軍人；其許多任務由男童軍接手。現役部隊未演練過掘戰壕，也缺少挖掘工具。運輸付之闕如，營帳和野戰廚房都沒有；烹飪器皿必須向農場和村莊徵用；通信設備微不足道。部隊行軍亂無章法。

軍隊是靠一股出於幻覺的熱忱前進或支撐。軍人突然受到歡迎，民眾贈送的食物、親吻、啤酒令人應接不暇。他們很快失去隊形，在街頭漫步，炫耀制服，與親朋打招呼。父母加入兒子，去體驗戰爭是怎麼回事。被徵用為運輸工具的人型豪華轎車，滿載麵包和肉塊飛馳而過。跟著傳來歡呼聲。歡呼聲也迎接像法蘭德斯牛奶車一般，由狗拉動的機槍。

1 作者注：筆者偏好使用此頭銜，它符合職位的功能，其德國職銜 Quartiermeister（譯注：直譯為軍需官）易引起英文讀者混淆。

八月四日一早，那安靜、清明、光亮的早晨，布魯塞爾以東七十英里，第一批入侵者越界進入比利時，他們是馬維茲騎兵團的某些單位。他們目標明確地持續疾行，隨身攜帶十二英尺鋼頭長矛，不然便是掛著軍刀、手槍和步槍。收割農民自路邊田裡抬頭觀望，村民自窗戶向外窺探，輕聲驚呼：「烏蘭騎兵！」（Uhlans）這古怪的稱呼，加上它令人想起其源頭的野蠻韃靼騎兵，引發歐洲遭蠻族入侵的古老記憶。在履行歷史使命，要把德國文化帶到鄰國的德軍，他們偏好採用令人恐懼的典範，就像德皇愛用「匈奴」一詞。

這群騎兵是入侵的先頭部隊，任務在偵察比軍和法軍位置，注意英軍登陸，並掩蔽德軍部署，防止敵人類似偵察。首日在汽車載運的步兵支援下，先遣隊的任務是，在橋樑被毀前先攻下過默茲河道路，並占領農場和村莊作為糧草來源。在剛過邊界的瓦沙吉（Warsage），七十二歲村長福勒希特（Flechet）繫著代表職位的領巾，站在村子廣場上，看著德國騎兵喀喀走在比國鵝卵石道路上。騎兵隊長騎過來，禮貌地笑著遞給他印好的聲明，內容對德國「受必要所迫」進入比國表達「遺憾」。聲明中說，雖希望避免戰鬥，但「我方必須有自由通行之路。破壞橋樑、隧道、鐵路將被視為敵意行動」。沿荷蘭到盧森堡邊界的所有村莊，烏蘭騎兵都在廣場上分發那份聲明，降下鎮公所的比利時國旗，升上德意志帝國的黑鷹旗，然後繼續前進，對指揮官給他們的保證：比利時人不會反抗，深具信心。

在騎兵後面，在交會於列日的各道路上，擠滿艾米希的攻擊部隊，一批又一批步兵。唯有頭盔前方漆的紅色部隊編號，打破千篇一律的灰綠色。再來是馬拉的野戰砲隊。靴子與馬具的新皮發出吱吱聲。機車連快速前進，要攻占十字路口及農舍，並鋪設電話線。汽車按喇叭呼嘯而過，載著戴單片眼鏡的參謀官，隨行勤務兵拿著取下槍套的手槍坐在前座，行李箱綁在車尾。每一團有自己的移動式野戰廚房，靈感據說來自德皇曾在俄國演習時看到一個，車子一邊開，火一邊燒，廚子則站著攪動鍋裡食物。裝備如此完美，行進如此精準，入侵者彷彿在閱兵。

每名士兵負重六十五磅，行囊裡有步槍及子彈、背包、水壺、備用靴、掘戰壕工具、小刀及繫在外套上的各種用具。有一袋裡是「鐵配給」，包含兩罐肉、兩罐蔬菜、兩包硬餅乾、一包咖啡粉，還有一瓶威士忌，經軍官允許才可打開，並且每天檢查是否被偷喝。有一袋是針線、繃帶、膠帶；還有一袋是火柴、巧克力、菸草。軍官頸部掛著雙筒望遠鏡與皮面裝訂地圖，上面有每一團指定的行進路線，使德軍不致落入英國軍官的窘境，因為英國軍官常抱怨，戰鬥總是發生於兩張地圖交接處。德軍行進時唱歌。他們唱：〈德意志之歌〉（Deutschland über Alles）、〈守衛萊茵〉（Die Wacht am Rhein）、〈萬歲勝利者的桂冠〉（Heil dir im Siegeskranz）。他們停步時、投宿時、暢飲時也唱歌。許多活過其後三十天加劇的戰鬥、歷經極度痛苦及恐懼的人，將記得在入侵折磨最慘烈時，那一再反覆的男性歌聲。

艾米希旗下各旅，自北、東、南齊集於列日，他們抵達默茲河時發現，列日上下各處的橋樑均已被毀。他們試圖用浮筒過河時，比國步兵開火，德軍驚訝地發現，他們真正在打仗，被實彈擊中，受傷，垂死。他們有六萬人對抗比軍的兩萬五千人。到晚上他們自列日北邊的維塞渡河成功；自南邊進攻的幾個旅遭遇抵抗；自中央即河道內彎處進攻的隊伍，則是未到河邊，先抵達堡壘線。

白天德軍的靴子、輪子、馬蹄侵擾村莊，踐踏穀物已熟的農田時，開槍次數增加，令德軍感到苦惱，他們曾被告知，比利時軍是中看不中用的「巧克力士兵」。德軍對遭遇抵抗感到驚訝而憤怒，他們因首次體驗戰鬥而處於高度緊張狀態，一聽到「狙擊手！」立即變得很敏感。馬上想像每棟房屋與灌木籬笆後，都有憤怒的老百姓要朝他們開槍。他們立刻高喊：「有人開槍！」那後來成為自維塞到巴黎城門，每逢要報復平民時的訊號。自開打首日起，由一八七〇年記憶衍生的恐怖平民游擊戰（franc-tireur）形象，便開始形成，德國人後來將它放大許多倍。

比國人的反抗精神，很快就有著名的地下報紙《自由比利時報》（*Le Libre Belge*）為他們發聲，但在那首個早晨，邊境城鎮的居民幾乎尚未覺醒。他們本國政府深知敵人的本質，已在各地張貼公告，命令人民將武器交給鎮公所保管，並警告，若被德軍發現持有武器，可能遭到處死。公告中指示人民，不要抵抗或侮辱敵人，留在室內，緊閉門戶，避免「任何採取鎮壓措施的藉口，以致造成流血或搶劫或屠殺無辜人民」。如此嚴厲地警告，加上看到侵略者震撼。人民根本未準備，試圖以個人獵槍去阻擋裝甲大軍。

然而德軍在入侵首日，不但開始射殺普通百姓，連比國教士也不放過，那是更蓄意的行動。卡爾．比洛（Karl Ulrich von Bülow）少將[2]是前首相之弟，也是攻打列日的某騎兵師師長，他在八月六日告訴同袍軍官，他不贊成「前一日發生的草率處決比利時教士」。假借比國教士曾參與鼓勵在最初二十四小時便違反文人政府運作，組成非正規狙擊戰的陰謀，這是為了幫德方開脫而設計的藉口。至於處決行動對比利時人的作用，是在製造恐懼，其理論根據來自古羅馬皇帝卡利古拉（Caligula）：「只要讓他們懼怕，受他們憎恨也在所不惜」。

德軍在首日也射殺六名自瓦沙吉虜來的人質，並燒毀巴提斯村（Battice）以儆效尤。數日後行經當地的德軍軍官寫道：村子「整個燒毀，屋內殘破不堪。從無框的空窗戶看進去，可見到屋內鐵床架及家具被燒過的遺跡。家用器皿碎片四散於街頭。除貓狗在廢墟中搜尋，所有生命跡象均已被火滅絕。市集廣場上是失去屋頂和尖塔的教堂」。他聽說在另一地點，有三個德國輕騎兵被射殺，結果「全村陷入火海，牛群在牛棚裡絕望吼叫，半身著火的雞隻發狂亂竄，兩名穿農民工作服的人氣絕倒在牆上」。

八月五日毛奇寫給赫岑多夫：「我軍在比利時進攻誠然殘酷，但我們是為生命而戰，凡阻攔者須承擔後果。」他心中並未想到對德國的後果。但讓德國為比利時得到報應的過程已展開。

八月五日艾米希所屬各旅，開始攻擊列日最東側的四座堡壘，先以野戰砲持續轟擊，再由步兵進攻。輕砲彈對堡壘絲毫無傷，反而比國砲彈不斷落在德軍身上，殺死前鋒部隊。一連又一連接上來，衝向堡壘之間，比軍尚未建成戰壕的空隙地。在某些德軍突破的點，他們湧上砲口下壓也打不到的斜坡，但被堡壘的機槍掃滅。死屍堆積如山，有一碼高。巴雄堡（Barchon）的比軍見德軍陣勢搖擺，便用刺刀進攻，擊退他們。德軍一再回頭反攻，像子彈般消耗生命，因為他們知道有許多後備兵可補充。後來有比利時軍官描述：「他們未試圖部陣，只是一列又一列，幾乎肩並肩衝上來，直到我軍射下他們，倒下的一個疊一個，形成可怕的死傷者障礙物，有可能遮住我方大砲，給我們帶來麻煩。那障礙物堆得好高，讓我們不知該穿過他們射擊，還是到外面去用手清理障礙。……但信不信由你？死者與瀕死者堆成的這堵名副其實的牆，使那些驚人的德軍爬得更近，並實際衝上堡壘斜坡。但他們只爬到半路，便被我

2 作者注：與指揮第二軍團的畢洛（Karl von Bülow）大將非同一人。

軍機槍與步槍擊退。當然我軍也有死傷，但比起被痛殺的敵軍算是輕微。」

各交戰國自列日之戰第二日起毫不吝惜地犧牲生命，並愈演愈烈，破紀錄已無感。在索姆河（Somme）是數十萬人，凡爾登之戰更是超過百萬。德軍對首攻失利深感憤怒挫折，便不惜一切投入兵力攻擊堡壘，無論需要多少人，務必按日程攻下目標。

八月五日晚，艾米希的部隊再聚集於各自的道路上，準備再次進攻，定於午夜出發。魯登道夫隨第十四旅居於德軍陣線中央，他發現部隊憂鬱而「緊張」。堡壘前的大砲令人生畏。許多軍官懷疑，步兵攻擊能戰勝大砲？謠傳當天曾有整個機車連奉派去偵查，卻遭「殲滅」。有一縱隊在黑暗中走錯路，撞上另一縱隊，彼此糾結，結果亂成一團。魯登道夫騎上前去了解出事原因，結果發現十四旅旅長弗索（Wussow）將軍的勤務兵，拉著將軍的坐騎，馬鞍卻是空的。弗索已被前面路上的機槍射死。魯登道夫急中生出勇氣，正面自信地抓住機會。他接手指揮第十四旅，發出攻擊信號，目標是穿越弗萊龍堡（Fort Fleron）與迪夫尼堡（Fort d'Evegnée）的中間地帶。他們前進途中，時有士兵中槍倒下，魯登道夫有生以來首次聽到，「子彈擊中人體的重擊聲」。

戰爭突然出現某種運勢轉折，不到兩英里外的弗萊龍堡並未開砲射擊。在進入巷戰的村子裡，魯登道夫下令調來一門野戰榴彈砲，「向左向右射入房屋內」，不久便清出通道。到六日下午二時，十四旅突破堡壘圈，抵達默茲河右岸高地，從那裡可望見就在河對岸的列日及其城塞，是一座壯觀但閒置的堡壘。他們在此與艾米希會合，但愈等愈焦慮，張望向北向南道路，卻無其他旅的部隊出現。十四旅發現自己孤立於堡壘圈內。他們把野戰砲瞄準城塞發射砲彈，一方面對其他旅發出信號，同時也為「威嚇城堡總督及居民」。

德國對有常識就該讓他們通過的人民，卻要浪費時間、人力與他們作戰感到氣憤，於是整個八月的目標全部放在「威嚇」比利時人放棄其愚蠢而無用的堅持。與勒蒙有私交的前德國駐布魯塞爾武官，前一天曾在停火旗幟下，被派去說服他投降，說服不成則脅迫他。那武官告訴勒蒙，若他不讓德軍通過，齊柏林飛船（Zeppelin）會毀掉列日。此次談判未能達到目的。八月六日齊柏林飛船L－Z號果真自科隆被派往轟炸列日。它投下十三枚炸彈，殺死九名平民，首開二十世紀新戰法。

轟炸過後，魯登道夫又在停火旗幟下派出另一位特使，他仍未能說服勒蒙投降。德軍也嘗試詐術。為綁架或殺死勒蒙，由三十士兵和六軍官組成的分遣隊，穿著類似英軍但無標幟的制服，開車到聖富瓦路（Rue Sainte-Foi）的勒蒙總部，要求見將軍。勒蒙助理馬雄（Marchand）少校來至門口，叫道：「他們不是英軍，是德軍！」他立刻被射倒，同袍立刻為他復仇，照一九一四年激昂而理直氣壯的報導，他們「為卑鄙違反文明戰爭規則憤怒不已，下殺手毫不留情」。勒蒙乘亂逃至城西的隆桑堡（Fort Loncin），在此繼續指揮防禦。

他意識到，既然德軍有一個旅已滲透到堡壘之間，他預期列日是守不住。若自南、北攻來的旅也成功突破，列日將被包圍，第三師將與其他比軍隔絕，可能就此被圍困並殲滅。勒蒙的情報指出，德軍攻擊部隊是四個軍，其比例似乎相當於艾米希以八個師，對付勒蒙的一個師。其實艾米希的部隊並非以軍組成，而是以分遣旅為單位，加上緊急派來的援軍，共計約五個師。孤立的第三師不足以自救或守住列日。勒蒙明白國王認定的目標是不管別處發生什麼，一定要保全野戰軍，以及它與安特衛普的聯繫，八月六日晨，他下令第三師自列日撤退，加入在魯汶前方的其他比軍。這意味著雖非列日的堡壘，但城市本身會失陷；可是即使為列日也不能犧牲一個師，因為在列日之外還要顧及比國獨立。除非國王仍在自己國土的某個角落，指揮著軍隊，否則他將聽憑不是敵人便是盟友的處置。

布魯塞爾在八月六日，群眾為前一天擊退德軍的消息瘋狂。報紙號外的標題寫著「比利時大勝！」咖啡館擠滿興奮激動的人群，相互恭喜，大談復仇，整夜慶祝，翌晨彼此愉快地朗讀比國公報，內容是十二萬五千德軍「一無所獲，參與攻擊的三個軍被打散，失去戰力」。協約國報紙回應這樂觀態度，也報導「德方潰不成軍」，有數個團投降，多人被俘，德軍傷亡兩萬人，各地守軍都防衛成功，「侵略者遭決定性抵擋」，攻勢「停頓」。針對比軍第三師撤退只簡單帶過，它在全局中的意義如何則未加解說。

設於魯汶舊市政廳的比軍總部，信心高昂到彷彿他們有三十四個師，德軍才六個師，而非相反的實情。參謀本部的急進派「竊竊私語立即進攻的魯莽計畫」。

國王立即否決。自攻擊列日的敵軍規模，加以新報告指出，德軍現有五個軍，他已大致了解施里芬的包圍戰略。若法、英部隊及時增援，他仍有可能在安特衛普到那慕爾中途的傑特河擋住德軍。比國國王已二度向法國總統彭加勒提出緊急請求。現階段他仍期待，比利時也人人期待，比國領土上會有盟軍加入。各地人民彼此問道：「法軍在哪裡？英軍在哪裡？」在某村莊有比利時婦女，以英國顏色的花束，送給穿陌生制服的士兵，她以為那是卡其色。士兵有點尷尬地說他是德國人。

在法國精神昂揚的梅西米即刻建議，派五個軍去幫助比利時，但他與彭加勒卻對霞飛無能為力，霞飛沉默地堅拒改變其計畫，至多只肯部署一個旅。索戴（Sordet）將軍的三個法國騎兵師，將在八月六日進入比利時，偵查德軍在默茲河以東的實力，但霞飛說，唯有英軍不出現，才會導致他延伸法軍左翼。八月五日深夜，倫敦傳話來說，戰爭委員會經全天開會後，決議要派遠征軍，但僅有四個師加騎兵，而非六個師。這雖令人失望，但並未引得霞飛轉移任何師到左翼，去補英軍的缺口。他保留一切兵力給法軍的中央攻勢。除騎兵外，他只派參謀官布雷卡（Brécard）上校到比利時，送一封信給艾伯特國王。信中建議比軍延後決定性行動，退至那慕爾，準備在此與法軍接觸，等待法軍完成集結，再一同進攻。霞飛說，法國會派四個師到那慕爾，但八月十五日才會到。

在霞飛看來，比利時軍隊為共同陣線，應忽略純比國利益，應成為法軍側翼，配合法軍戰略。但在艾伯特國王看來，以他對德軍右翼危險性更清楚的認知，若允許比軍在那慕爾暫停，有可能被進攻的德軍切斷與安特衛普基地的聯繫，並被趕出比利時，越過法國邊界。艾伯特更在意，讓比軍留在比國領土上，而非法比的共同戰略，他決心保持退往安特衛普的道路暢通。純軍事考量指向那慕爾；歷史與國家因素則指向安特衛普，即便比軍有被圍困在那裡的風險，以致無法對整體戰局發揮直接影響。

國王告訴霞飛的參謀官布雷卡，比軍若迫不得已，會撤至安特衛普而非那慕爾。極度失望的布雷卡報告霞飛，勿預期比軍會加入法軍聯手進攻。

法軍的十七號計畫從未與法國政府商議，如今又因其規定，使政府無法援助比利時，只在八月七日授予列日市大十字榮譽勛章（Grand Cross of the Legion of Honor）、艾伯特國王軍事獎章（Military Medal）。無論這姿態在當時情況下多麼不足，卻表達了世人驚訝、欽佩比利時的奮戰。法國眾議院議長說，比利時不僅「捍衛歐洲獨立，也是榮譽鬥士」。倫敦《泰晤士報》則說，比利時打破德軍堅不可摧的迷信，贏得「不朽名聲」。

儘管讚譽紛至沓來，列日居民卻最先嘗到在地窖過夜的滋味，歐洲人在二十世紀將歷經無數這種夜晚。在齊柏林襲擊恐懼的次日，列日整夜受魯登道夫野戰砲爆裂砲彈不斷猛轟，目的是恐嚇列日投降。此法與一九一八年大貝莎（Big Berthas）[3]長程轟炸巴黎，或後一次大戰，納粹德國空軍及V－2火箭轟炸倫敦一樣，效果都是零。

初步削弱列日抵抗力後，艾米希和魯登道夫決定，不等其他旅出現就先進城。由於此時比軍第三師已撤走，德軍第十四旅未受到抵抗，他們走過兩座尚未破壞的橋樑。魯登道夫以為，之前派去攻打城塞的前鋒部隊已達成任務，所以只帶一名副官，開參謀的車駛上堡壘斜坡彎道。魯登道夫進到中庭時，發現此處沒有德軍占領士兵，顯示前鋒部隊尚未抵達，但他仍毫不遲疑地「猛敲大門」，大門開啟時，城塞內所剩的比國士兵向他投降。他當時四十九歲，比拿破崙一七九三年發跡時的年紀大上一倍，列日之於他，有如土倫之於拿破崙。

艾米希在堡壘下方的列日找不到勒蒙，便逮捕市長並告訴他，除非各堡壘投降，否則列日將遭砲轟及焚毀，又提議如果勒蒙或國王同意讓列日投降，就放他走。市長拒絕，寧願做戰俘。到傍晚又有三個旅的德軍突破堡壘圈，與城內的十四旅會合。

當晚六時一位汽車隊軍官，飛馳過阿亨街道，為第二軍團總部帶來振奮消息：艾米希已進入列日，此刻正與市長談判。在一片歡呼叫好聲中，艾米希打給妻子的電報被攔截，內容是：「歡呼，在列日！」到八時聯絡官帶來艾米希口信，雖未抓到勒蒙，但主教和市長被俘，城塞守軍投降，比軍已完全撤出，但他沒有關於堡壘的情報。

在柏林的德皇大悅，陸軍最高指揮部（Oberste Heeresleitung，以下簡稱陸指部）到部隊集結期結束前一直設在此地。起先當比利時人看似終究要反抗，德皇曾大加斥責毛奇：「現在你看，你平白無故讓英國人來打我！」但當列日陷落的消息傳來，他稱毛奇為「最親愛的尤利烏斯（即凱撒）」，並如毛奇所記：「我被狂吻。」但英國人仍令德皇擔憂。八月十日美國大使吉拉德（Gerard）前來，提出威爾遜（Wilson）總統願調停之議，卻發現德皇「表情沮喪」。他坐在御花園裡，太陽傘下的綠鐵桌前，桌上散著一堆文件和電報，兩隻臘腸犬躺在他腳下，他嘆道：「英國人，頑固的民族，他們改變整體情勢，將使戰爭持續。無法快速結束。」

城市淪陷的第二天，當魯登道夫離開列日出來報告時，德方才知道沒有攻下一個堡壘的殘酷事實。他堅持攻城砲一定要立即加入作戰；而比利時人仍無投降意向。預定首發進攻的克魯克第一軍團，攻勢已必須由十日延至十三日。

此時在埃森，可怕的黑色巨物攻城砲，一動不動待在原地，其周圍是組裝機動運輸工具及訓練砲兵等，忙得不可開交的任務。到八月九日兩座道路型重砲已組好，當晚便裝上運貨車廂，盡可能用鐵路運到最遠處，以節省車胎損耗。火車在十日離開埃森，日落時抵達比利時，但在晚間十一時，火車來到列日以東二十英里的艾比斯達（Herbesthal），前面卻已無路可走。鐵路隧道被比國人炸毀，就此堵住。德

3　譯注：一種德軍超重型榴彈砲的暱稱。

國人拚命努力也無法打通，於是龐大重砲必須卸下來，由公路繼續運送。雖只剩十一英里路即進入可攻擊堡壘的射程內，但一次又一次故障讓前進受挫。車輛不動，綁帶斷掉，道路堵塞，還必須強制路過軍隊加入，幫忙拖拉那兩門砲。與那兩頭沉默怪獸的緩慢鬥爭持續了一整天。

與此同時，德國政府最後一次努力，試圖說服比利時讓出經過其領土的通道。八月九日吉拉德受託代轉一份照會，給在布魯塞爾的同事，由其轉交給比國政府。照會中說：「比軍以寡擊眾英勇抵抗，已維護了自己的榮譽」，德國政府「懇請」比利時人民的國王及其政府，讓國家免於「更多戰爭恐怖」。只要符合允許德軍自由通行，德國願與比國達成任何約定，並「鄭重保證」德國無意占領比國領土，只要戰爭進展允許，將立即撤出比國。美國在布魯塞爾和海牙的公使，均拒絕傳達此項提議，但透過荷蘭政府單位，它終於在八月十二日交抵艾伯特手中。國王拒絕接受。

以其國家受到的威脅之大，國王的堅定不移，連盟邦似乎都難以完全置信。無人預期比利時會如此英勇。戰後有法國政治人物稱讚艾伯特國王的作為，他回應時說：「是的，我們被逼到絕境，不得不這麼做。」一九一四年法方曾懷疑過他，在八月八日派外交部次長貝特洛（Berthelot）去求見國王，原因是謠傳國王打算安排與德國停火。貝特洛身負不愉快的任務，要向國王解釋，法國將盡一切力量協助比利時，但不會干預法國自己的作戰計畫。艾伯特再度嘗試向法方傳達，他擔憂將由法蘭德斯路過的龐大德軍右翼，也再度警告，比軍也許必須撤出安特衛普。他婉轉地說：「當盟邦軍隊讓人感覺到正在接近時」，比軍會恢復攻擊。

在外界看來，正如《泰晤士報》軍事特派員以其最權威地位所言，攻擊列日的德軍「被漂亮地擊敗」。此說在當時大致正確。實力遭誇大的德軍，原預期可輕易戰勝「作夢的綿羊」，卻攻不下那些堡壘。八月九日後德軍暫時休兵，等候援軍，不過等的不是人，而是等攻城砲。

——

在法國霞飛與其幕僚，對法蘭德斯仍像以往一樣，堅持封閉態度，他們的心力始終熱切地集中於萊茵河。法國五個軍團總計約相當於德軍在西線的七十個師，其排列按照順序，第一軍團在右，第五軍團在左。以築有防禦工事的凡爾登至圖勒一帶為界，五個軍團集中形成兩大群，正如德軍也是分別集中於梅斯至蒂永維爾的兩側。第一、二軍團共同形成法軍右翼，正對亞爾薩斯與洛林的德軍第六、七軍團，其任務是強力攻擊對陣的德軍，把他們趕回萊茵河，同時確實切斷德軍左翼與中央。

最右邊駐紮的是，如艾米希在列日的特殊攻擊部隊，其任務是率先攻入亞爾薩斯。這支部隊出自第一軍團，由第七軍和第八騎兵師組成，任務是解放米盧斯（Mulhouse）及科爾馬，然後抵達萊茵河上，德國、亞爾薩斯、瑞士交會的角落。

它旁邊是第一軍團，由英挺的杜拜伊將軍指揮。據說杜拜伊不承認有辦不到的事，他意志堅定加上精力無限，但因法國軍方政治複雜的內幕，暗藏不明原因，他與緊鄰其左側的凱斯蒂諾，關係不是很好。凱斯蒂諾離開參謀本部，成為第二軍團司令，駐守南錫周遭的關鍵前線。

第三、四、五軍團集中於凡爾登另一側，據十七號計畫的設計，他們將大舉進攻德軍中央。他們的部署地是從凡爾登一直到伊爾松。第五軍團居於開放的尾端，面向東北，要進攻阿登，而非向北去迎戰德軍右翼南下的部隊。第五軍團左側的陣地，以曾強固但近來遭忽略的莫伯日要塞為中心，原本預定由英軍駐守，如今已知他們不會照原計畫全力支援。這缺陷雖然未讓把注意力集中在別處的霞飛和他的參謀們擔心，但第五軍團司令蘭赫薩克卻難以放心。

蘭赫薩克必須承擔德軍右翼的衝擊，他太清楚自身位置有多危險。第五軍團前司令是加利埃尼，他多次考察當地地形，卻未能說服參謀本部，將莫伯日的防禦工事現代化，從此便對參謀本部不太滿意。到一九一四年二月加利埃尼屆齡退休，霞飛便任命「不折不扣的獅子」蘭赫薩克，他十分欣賞蘭赫薩克的才華，在一九一一年曾選他為三個副參謀長之一。蘭赫薩克因「智慧過人」被視為參謀本部的明星，他態度尖刻，脾氣不好，言詞不禮貌，但由於他演講清晰、精采、有條理而獲得原諒。他到六十二歲時也像霞飛、凱斯蒂諾、巴奧，蓄濃髭、有大肚腩，完全符合法國將軍形象。

一九一四年五月，五軍團各將領拿到十七號計畫中與本身有關的內容，蘭赫薩克立即指出，若德軍自默茲河以西強力南下，他的側翼空虛十分危險。但這些反對意見未受重視，原因在於參謀本部的基本理論是，德軍右翼愈強，「對我方愈有利」。在動員前最後幾天，蘭赫薩克把反對意見訴諸文字寫給霞飛，在戰後十七號計畫壞前，出現堆積如山的批評與爭議，這是其中主要文件之一。蘭赫薩克在信中的語氣，如其同事所說，與其說是對主要計畫的大膽挑戰，不如說是教授在批評學生的論文。信中指出，為第五軍團規畫的攻勢，是假設德軍會從色當過來，但事實上德軍更可能從更北邊，經那慕爾、迪南（Dinant）、日韋過來。這位教授闡述：「第五軍團一旦投入朝訥沙托（Neufchâteau，在阿登區）方向攻去，顯然便無法抵擋更北邊的德軍攻勢。」

這其實是關鍵論點，但蘭赫薩克彷彿為掩飾自己，又加上一句：「以上純屬建議」，以減低其論點的強度。在動員日八月一日收到此信的霞飛，判定它「時機完全不當」，「我每天要事很多應接不暇」，因此並未回覆。同時他也未理會第三軍團司令厄菲（Ruffey）將軍的憂慮，厄菲來見他，對德軍可能「長驅直入比利時」表示關切。霞飛以慣常的省話方式回答：「你錯了。」以他所見，統帥無須解釋，僅須下令。將軍則不必多想，只須執行命令。一旦接到命令就去執行，知道那是本身職責，就不必思前想後。

八月三日德國宣戰，霞飛召集開會，將領們齊聚一堂，希望終於能聽到他說明十七號計畫全貌，以及他們要執行的戰略。可惜希望落空：霞飛好意保持沉默，等候大家發言。最後杜拜伊開口說，為其部隊規畫的攻勢需要增援，但未獲准。霞飛以他費解的語句回答說：「那也許是你的計畫，但不是我的計畫。」沒有人懂得這話的意思，杜拜伊心想也許是被誤解，又再說了一遍。霞飛「以慣有的快樂微笑」，仍回以相同的話：「那也許是你的計畫，但不是我的計畫。」真相是對霞飛而言，在戰爭無比的混亂中，要緊的並非計畫，而是執行計畫的精力與氣魄。他認為勝利不會來自最優秀的計畫，而是來自最強烈的鬥志及最堅定的信心，他很肯定這兩者他都具有。

八月四日霞飛在馬恩河的維特里勒法蘭索瓦（Vitry-le-François），約在巴黎到南錫的半途，設立參謀指揮部，名為陸軍總指揮部（Grand Quartier Général，以下簡稱總指揮部），此地與五個軍團的總部距離大致相等，約八十至九十英里。毛奇短暫擔任總司令期間，從未到過前線或巡視各軍團戰地總部，但霞飛不同，他會不斷與屬下指揮官親自聯繫。霞飛會安坐在座車後座，而由他指定的私人駕駛：三屆大獎賽（Grand Prix）賽車冠軍布由（Georges Bouillot），以七十英里時速載著他四處行走。德國將領手上有完整的計畫，執行時預期不需要持續的指引。法國則如福煦所說，將領們被預期要思考，但霞飛總懷疑將領有勇氣弱點或其他個人缺點，喜歡施加嚴格監督。在一九一三年的操演後，他把五位將軍自現役名單上剔除，震驚社會，也在法國各部隊引起大地震；以往從未發生過這種事。八月期間在實彈的可怕考驗下，霞飛只要一看到他認為無能或衝力不足的跡象，就會把將領像米糠一樣撒出去。

林木茂密靜謐的馬恩河，在八月豔陽下閃耀著金綠色光芒，河岸上的維特里小鎮活力十足。在總指揮部占用的校舍，有一條無橋樑的溝渠，隔開了在教室區主管軍事行動的第三局，以及設在體育館主管情報的第二局，後者的運動設備被推到牆邊，體操吊環被綁在天花板上。第二局成天蒐集情報、審問戰俘、解密文件、做出靈光的推測，再把報告傳給鄰居。這些報告持續顯示，德軍在默茲河以西活動。第三局成天看報告，四處分送報告，若報告的結論是要求法軍修正攻擊計畫，就加以批評、爭辯、拒絕相信。

每日早晨八時霞飛主持各局處長會議，他是崇高、不可動搖的仲裁者，絕非外人受其沉默與乾淨的桌面誤導，而以為他是侍從的傀儡。他桌上無文件，牆上無地圖；他不寫東西也很少說話。福煦說，別人為他準備計畫；「他加以權衡，做出決策。」很少人在他面前不會發抖。集體用餐遲到五分鐘，就會被他怒目相待，直到吃完飯都像被拋棄的人。霞飛吃飯不出聲，像美食家那般完全專注於食物。他不斷抱怨被屬下蒙在鼓裡。當某軍官提到最新一期《畫報》（*L'Illustration*）中有篇文章，而霞飛不曾看過，他就會生氣地喊道：「你看，他們什麼都瞞著我！」他常搓著額頭，喃喃自語：「可憐的霞飛！」屬下逐漸明白，這是他被敦促去做，而他不想做的拒絕方式。太公開地試圖要他改變主意，會使他生氣。他像塔列朗（Talleyrand）[4]，不喜太過熱心。他缺少蘭赫薩克的銳利才智，也沒有福煦的創意才華，他受性情影響，喜歡倚賴他選中的幕僚。然而他始終是統帥，幾近暴君，唯恐失去權威，怨恨權威受到絲毫侵犯。當有人建議，彭加勒指定在緊急情況時，將繼任霞飛的加利埃尼，也該在總指揮部任職，但霞飛擔心自己老長官的陰影，不肯這麼做。他對梅西米吐露說：「我很難安插他（加利埃尼）。我一直受他命令。他總是讓我冒汗。」以霞飛跟加利埃尼的私人關係，在馬恩河戰役前的命運攸關時刻，所扮演的角色，此次坦白是具有某種重要意義。由於霞飛拒絕讓加利埃尼到總指揮部，他被留在巴黎無所事事。

---

長久渴望的時刻來臨，法國國旗將再度在亞爾薩斯升起。掩護部隊等候在孚日山脈的濃密松林中，因準備行動而抖動。這些是記憶中的山脈，有湖泊、瀑布、與森林溼潤的香氣，芳香的蕨類就長在松樹間。山頂牛群放牧的牧場，與一片片森林交錯。前方巴隆山（Ballon d'Alsace）是孚日山脈的最高點，其暗紫色稜線隱身於雲霧中。冒險來到山頂的巡邏兵，可見到山下失土的紅屋頂村落、灰色教堂尖頂，還有窄小摩薩爾河（Moselle）的閃亮線條，它新生不久且接近上游，窄到涉水就可渡過。一叢叢白色馬鈴薯花，夾雜一條條鮮紅色花豆、一排排灰綠紫色包心菜。像似矮胖金字塔的乾草堆，彷彿經畫家安

4 譯注：跨越路易十六、法國大革命、拿破崙等時代的主教、政治家、外交家。

排，點綴於田野間。這片土地正值生產力高峰。陽光普照大地。它從未顯得如此值得為它奮戰。難怪《畫報》報導此次戰爭的首期，就刊出以英俊的法國兵代表法國，他令美麗的亞爾薩斯小姐傾倒，兩人歡天喜地地擁抱。

陸軍部早已印好對居民的宣示，準備貼在被解放的城鎮牆上。飛機偵察顯示，這一帶防禦不重，第七軍軍長邦諾（Bonneau）將軍認為幾乎太輕。他擔心自己「正走進捕鼠器中」。八月六日晚他派助理向杜拜伊報告，他認為米盧斯行動「脆弱而危險」，他擔心自己的右翼及後方。杜拜伊在八月三日的將領會議上，表達過類似顧慮，經他諮詢，總指揮部認為，所有疑慮都是欠缺攻擊精神。將領在展開行動時表達疑慮，不論多麼有根據，事後太常證明會導致敗退。以法國軍方信條而言，搶得先機比仔細評估敵軍實力更重要。成功取決於司令官的作戰品質，在霞飛和其隨員看來，一開始就容許謹慎及遲疑掛帥，只會壞事。總指揮部堅持，盡快對亞爾薩斯發動攻擊。服從的杜拜伊打給邦諾，問他是否「已準備好」，並得到肯定的答覆，杜拜伊下令次晨進攻。

八月七日清晨五時，在魯登道夫領軍進入列日前數小時，邦諾的第七軍散布於孚日山脈峰頂，他們越過邊界時亮出武器，以傳統刺刀攻擊衝下山，向前往米盧斯的路上、有四千居民的阿爾特基什（Altkirch）進攻。經六小時戰鬥，死傷一百人後，攻下此鎮。在很快就以泥濘戰壕聞名的一次大戰中，這並非最後的刺刀攻擊，但卻有可能是最後一次以一九一三年規定（Règlement of 1913）的最佳風格與精神加以執行的刺刀攻擊。這種攻擊被認為是英勇的證據、榮耀的化身。

正如法方公報所說，那一刻「是情緒不可言喻的時刻」。前線崗哨被從地上拔起，抬著在鎮上勝利遊行。但仍感不安的邦諾並未向米盧斯推進。總指揮部對他無進展感到不耐，在翌晨發布緊急命令，當天須攻下米盧斯並破壞萊茵河橋樑。八月八日第七軍未發一彈便進入米盧斯，因為最後一批德軍約在一小時前撤出，去防守更北方的邊界。

法國騎兵身穿閃亮胸甲，戴黑色馬毛頭飾，奔馳於街頭。民眾對這突如其來景象幾乎嚇傻了，起先怔住不動，說不出話來或是啜泣，過一下才逐漸發出歡呼聲。鎮上大廣場舉行的法軍大閱兵，歷時兩小時。樂隊演奏《馬賽曲》及《桑布爾河與默茲河》（*Sambre et Meuse*）。砲身上掛著紅、白、藍色花朵，牆上貼著霞飛文告，誇讚其士兵為「偉大雪恥工作的先鋒……他們所持的旗幟皺褶中，有魔法字『權利與自由』」。民眾不斷把巧克力、糕點、菸草塞給士兵。所有窗戶都有人揮舞國旗和手帕，甚至屋頂上也都是人。

但並非人人都表示歡迎。當地許多居民是一八七〇年後、移居於此的德國人。有軍官騎馬經過群眾時，注意到其中有人「面容嚴肅木然，咬著菸斗，看似在算我們的人數」，他們的確是在計算，晚上會迅速出走，去報告法軍的實力。

法軍忙於占領米盧斯之際，自史特拉斯堡趕忙派來增援的德軍，部署在城的四周。從一開始便無成功信心的邦諾，已盡其所能設法防止被包圍。當八月九日上午開戰時，他在塞爾奈（Cernay）的左翼，激烈頑強奮戰一整天，但右翼守在未受威脅的部分太久，未能及時調動過來。杜拜伊自始就擔心的，總指揮部此時終於體認到有必要增兵，便派出一個後備師，但到此階段需要兩個師才能鞏固前線。戰鬥搖擺二十四小時，至八月十日上午七時，法軍不敵後退，又擔心被包圍，便撤兵。

在公報及文告大言吹噓榮耀後，加以四十四年來累積的渴望，米盧斯失守對軍隊來說是恥辱，對居民來說則最為殘酷，他們現在將任由德軍報復。最熱烈歡迎法軍的人，現在被同為市民的德國人舉報，慘遭不快的後果。第七軍退至貝爾福十英里內。在總指揮部，參謀官對作戰官天生永久的敵意在燃燒。霞飛認為邦諾勇氣不足得到了證實，他開始砍人，日後其統帥便以此著名。邦諾成為首個利摩人（limogés），這稱謂源自被解除指揮權的軍官，要向利摩日市報到轉為後勤。霞飛在三天內也以「執行不當」為由，解除第八騎兵師師長和另一師師長的職務。

霞飛決意實行原計畫，要解放亞爾薩斯，並把德軍釘在當地戰線，他不理會來自比利時的報告，抽出一個正規師和三個後備師納入第七軍，組成特別的亞爾薩斯軍，在其最右側重新展開攻擊。已退休的巴奧被請出來指揮軍團。在整軍的四天期間，強大的壓力在其他地方升高。八月十四日巴奧要出發時，有人見到三十隻鸛向南飛過貝爾福，比正常時間提早兩個月離開亞爾薩斯。

法國人民幾乎都不知發生了什麼事。總指揮部公報是含混模糊的經典之作。霞飛行事的固定守則是，平民應一無所知。前線不許有任何記者，且不可提及將領、死傷者或部隊名稱。為使敵人得不到任何有用資訊，總指揮部採用取自日本的原則：「默默匿名地」開戰。法國分為後方區及軍區；霞飛在軍區是絕對的獨裁者；任何平民，甚至總統，未得他允許不得進入，更別提受蔑視的議員們。發給亞爾薩斯民眾的文告是由他而非總統署名。

部長們抗議，他們知道的德軍動態比法軍還多。霞飛自認獨立於陸軍部長，直接向總統報告，彭加勒卻抱怨，從未被告知任何挫敗。有一次有人提議總統訪視第三軍團，霞飛卻「嚴令」其指揮官「不得與總統討論任何戰略或外交政策問題。務必提交對談報告」。他告誡所有將領，不得向政府成員說明軍事行動。霞飛告訴他們：「我提出的報告裡，從不透露當前行動的目標或我的意圖。」

後來在民意壓力愈來愈大之下，他的做法很快被打破，但在八月，當邊界失守，多國被入侵，戰爭仍在移動階段，大規模部隊來來往往，從塞爾維亞到比利時，戰爭的重擊震動地球，而來自前線的實質新聞卻很少。歷史雖在那個月發生，儘管有上千熱心人士記錄，但那段歷史卻不易弄清楚。加利埃尼八月九日身穿便服，在巴黎一家小咖啡館用餐，無意中聽到鄰桌，《巴黎時報》（*Le Temps*）編輯對同伴說：「我可以告訴你，加利埃尼將軍剛率領三萬人進入科爾馬。」加利埃尼靠向友人，輕聲說：「歷史就是這樣寫成的。」

——

當德軍在列日等候攻城砲，當全世界為比國堡壘持續抵抗感到驚嘆，倫敦《每日郵報》（*Daily Mail*）更引述一致看法，認為堡壘「永不會被攻下」，當軍隊繼續整編時，有些人極度焦急地等待，德軍攻擊模式會自己顯現。加利埃尼是其中之一。他很擔心，「德國前線後是什麼情況？在列日後方有什麼大規模集結？對德軍一定要料敵從寬。」

索戴將軍率領的法國騎兵，正是被派去找出此問題的答案。但這些胸甲騎兵衝勁十足，使他們跑得太快太遠。他們在八月六日進入比利時，沿默茲河偵查德軍集結的規模和方向。他們在三天內共騎了一百十英里，每天近四十英里，經過訥沙托，來到距列日九英里內。因他們暫停時並未下馬或卸下馬鞍，馬匹因強行軍已筋疲力竭。休息一天後，法國騎兵繼續偵查阿登區及默茲河以西，直至沙勒羅瓦，但他們在各地都到得過早，無法發現大批德軍已渡過默茲河的證據，且各地都有現役德軍騎兵，掩護德軍在德國邊界後的增強與聚集。這批法軍發現，無法採取騎兵震撼式進攻，那是傳統開戰方式。德軍騎兵在更北邊是進攻魯汶和布魯塞爾，便使用震撼攻擊戰術，但在此處他們避免直接交戰，只是維持無法攻破的屏障，並由機車營和機動運輸的獵兵（Jager）支援，獵兵以機槍火力阻止法軍前進。

此事令人灰心。儘管有美國南北戰爭的經驗，但德法騎兵仍相信那把樸素的劍：白色武器（arme blanche）。當年南軍的摩根（Morgan）將軍把其部隊變成持步槍的騎馬步兵，他會大喊：「來吧，兄弟們，那些笨蛋是否又帶著軍刀來了，給他們點顏色看看！」日俄戰爭時英國觀察員：日後的漢密爾頓將軍曾報告，騎兵面對戰壕內的機槍，唯一可做的事是替步兵煮飯，這引起陸軍部懷疑，他在東方待了這些時日，是否影響到其心智。同一場戰爭的德國觀察員：日後的霍夫曼將軍，也對戰壕內機槍的防禦力，提出類似結論，毛奇有感而發說出：「從未有這麼瘋狂的作戰法！」

一九一四年德軍避免騎兵交戰，使用機槍也證明是有效的防禦。索戴的報告說，無大批德軍朝法軍左翼過來，證實總指揮部先入為主的成見。但艾伯特國王與蘭赫薩克均已看出，德軍右翼包圍的輪廓，蘭赫薩克正在德軍路徑上，更便於觀察。另一位是法國莫伯日要塞總督富尼耶（Fournier）將軍。他通知總指揮部，德軍騎兵已在八月七日進入默茲河的於伊（Huy），其報告顯示，他們是在掩護五、六個軍的前進。於伊有列日到那慕爾間唯一一座橋樑，所以這支敵軍顯然打算渡過默茲河。莫伯日總督警告，當地無力抵抗那麼多敵軍。總指揮部卻認為，報告中說有五、六個軍，像是失敗主義心態因害怕的誇大之詞。清除懦弱者是霞飛在八月最重視的成功要件，他迅速解除富尼耶的指揮權。經調查後，此令才被撤消。但法軍同時又發現，至少要兩週時間才能使莫伯日進入有效防禦狀態。

蘭赫薩克也收到來自於伊的報告，他愈發焦慮。八月八日蘭赫薩克派他的參謀長艾利多瓦塞（Hely d'Oissel）將軍，針對德軍右翼包圍動作的威脅有多大，去加強總指揮部的印象。總指揮部卻回答，蘭赫薩克的顧慮「言之過早」，因這動作「與敵軍可用的手段不成比例」。更多來自比利時的證據不斷傳來，但對每一份報告，十七號計畫的「小圈圈」都找得出解釋：在於伊看到的德軍，是負有「某種特殊任務」，要不就是資訊來源「可疑」。攻擊列日的目的「只為」在那裡搶得橋頭堡。八月十日總指揮部感覺，「確認了比利時不會發生德軍主要攻擊行動的印象」。

法國參謀本部致力於本身即將發動的攻勢，想要確保比軍會堅守到法國第五軍團及英軍來會合。霞飛再派特使阿德貝（Adelbert）上校，帶彭加勒私人信函給艾伯特國王，希望兩國軍隊「協同行動」。八月十一日抵達布魯塞爾的阿德貝，得到與前任特使們相同的答覆：若德軍如國王預期，事態發展成直接越過比利時發動進攻，他不會允許比軍冒著跟安特衛普切斷的風險。阿德貝是「衝力」的忠實門徒，無法把比國國王的悲觀看法傳達給總指揮部。但次日比軍一場榮耀滿滿的勝仗解救了他。

朝魯汶攻去的烏蘭騎兵，在阿倫鎮（Haelen）橋上，受阻於威特（de Witte）將軍率領的比國騎兵強勢火力。威特仿效摩根在田納西州的勝利，把他的部隊變成不騎馬的步槍手，並由步兵支援。自上午八時至傍晚六時，比軍不斷齊發的步槍火力，擊退一波波德軍的長矛與軍刀攻勢。馬維茲最精良的部隊、被打死的烏蘭騎兵滿布地面，直到最後的殘兵轉回頭，把戰場留給比軍。在布魯塞爾的歡樂特派員們，將此次光榮勝利宣示為戰爭的決定性戰役，激起比利時參謀人員及其法國友人額手稱慶，他們甚至看到自己已在柏林。阿德貝回報總指揮部：「德軍騎兵敗退可視為決定性一役，而德軍預定對比利時中部的攻擊，可視為已經延期甚至放棄。」

此種樂觀氛圍，因列日的堡壘仍屹立，似乎理由充分。每天早晨比利時各報均刊出勝利標題：「堡壘全部保住！」八月十二日，與阿倫戰役同一天，德軍等著要用來終結那句大話的重型攻城砲，終於運到了。

---

由於列日與外界隔絕，因此當那龐大的黑色武器抵達市郊，讓堡壘進入射程內時，唯有當地居民見到這兩頭怪獸出現，有個目擊者覺得它們像「吃太飽的蛞蝓」。其砲筒矮胖，配上長在後方像腫瘤的制退筒，凹狀砲口向上指著天空。八月十二日接近傍晚時，其中之一已架設好，瞄準彭提斯堡（Pontisse）。負責的砲兵戴著眼罩、耳罩、口罩，面朝下平躺，準備在三百碼外以電力控制發射。六時三十分砲彈首次擊發，轟向列日。砲彈上升形成四千英寸高的圓弧，經六十秒抵達目標。擊中時在空中揚起灰塵、碎片、煙霧形成的巨大圓錐形雲霧，高有一千英寸。德軍同時也運來斯科達三〇五砲，並開始轟炸其他堡壘。據守在教堂高塔和氣球上的砲兵觀察員說，那些砲彈都「直搗」目標。比利時駐防士兵聽見砲彈落

下，發出尖銳巨響，隨著瞄準經過修正，他們感覺每次爆炸都更接近頭頂，心中愈來愈害怕。直到砲彈在他們上空炸開，震耳欲聾地墜落，堅硬鋼彈頭打碎了混凝土。砲彈不斷打過來，把人炸成碎片，強烈炸藥爆炸釋出的煙霧令人窒息。屋頂塌陷，地道阻塞，火焰、氣體、噪音充塞地下廳室。士兵「因極度恐懼下一次砲擊而歇斯底里，甚至瘋狂」。

在巨砲開始行動前，僅有一處堡壘被攻占。彭提斯堡在二十四小時砲轟中，承受了四十五枚砲彈，終於被破壞到足以讓步兵在八月十三日攻下。當天另有兩處堡壘失守，到十四日所有列日東邊及北邊的堡壘都淪陷。裡面的砲被毀，列日北邊的道路開通。克魯克的第一軍團開始前進。

然後攻城砲瞄準西邊堡壘。有一門四二〇砲被拖經市區，去瞄準隆桑堡。列日副市長登布隆（Célestin Demblon）在聖皮耶廣場，看到「一門大到令人不敢相信自己眼睛的巨砲」自廣場角落轉過來，「……那巨獸由三十六匹馬拉行，分兩部分前進。人行道震動，人群瞠目結舌看著那驚人設備出現。它緩緩通過聖朗貝廣場，轉進劇院廣場，然後沿索弗尼埃爾及達夫華大道前進。在它緩慢吃重地通過時，吸引了一群群好奇旁觀者。當年漢尼拔的大象也不可能讓羅馬人更驚訝！伴隨重砲的士兵，以近乎宗教般的莊嚴肅穆僵硬前進。它是砲界的彼列（Bilial）[5]！……它被小心翼翼地架在達夫華公園，仔細地瞄準，然後是恐怖的開砲聲。群眾被震得後退，地面像地震般晃動，近處窗玻璃全被震碎。……」

到八月十六日，十二處堡壘已有十一處失守，僅剩隆桑堡仍堅守。德軍趁轟炸間隙時，派特使持停

5 譯注：意指惡魔。

火旗去要求勒蒙投降。勒蒙拒絕。當天一枚砲彈擊中隆桑堡的彈藥庫，使堡壘自內部炸開。當德軍自倒塌的破圓頂及冒煙的混凝土進入堡內，發現顯然已無生命跡象的勒蒙將軍遺體，直直躺在一個石塊下。守著遺體、臉已燻黑的副官說：「請尊重將軍，他已陣亡。」但勒蒙並未死去，他只是不省人事。他甦醒後被帶往艾米希將軍跟前，他交出自己的佩劍說：「我是昏迷時被俘。請務必在戰報中提及。」

艾米希答：「你的劍並未違反軍人榮譽」，並把劍還給他：「留著。」

之後成為戰俘的勒蒙，自德國寫信給艾伯特國王：「我很樂於獻出生命，但死神不願接受。」其對手艾米希與魯登道夫均獲頒德國最高軍事榮譽：掛在頸部的藍、白、金色十字功勛勛章（Pour le Mérite）。

那天在隆桑堡陷落後，德軍第二、三軍團開始前進，帶動整批右翼大軍一起行動，穿越比利時。由於此次前進本來就預定不會在八月十五日前開始，所以列日其實只阻擋德軍攻勢兩天，而非當時世人所相信的兩週。至於比利時，它留給協約國的不是兩天或兩週，而是奮戰的理由和榜樣。

# 第十二章　英國遠征軍至歐陸

英軍防守蘭赫薩克暴露左翼的決定遭到延後，起因於其內部的爭議和歧見，英軍本該守住那一側的防線。八月五日英軍參戰首日，由亨利．威爾森規畫到最後細節的參謀本部計畫，並未像歐陸各國的作戰計畫會自動執行，而是必須先由帝國防禦委員會批准。當天下午四時委員會以戰爭會議形式召開，照例文人及軍事領袖均參加，有一位傑出偉人以這雙重身分，首次與他們同席。

新任陸軍大臣是陸軍元帥基奇納，他並不樂於擔任此職位，他的同事或許也不想有這位長官。自查理二世（Charles II）的內閣有蒙克（Monk）將軍以來，英國政府對首次有現役軍官入閣共事感到緊張。將軍們則擔心基奇納會利用職權或被政府利用，干預派遠征軍到法國。這些擔憂都一一成真。基奇納立即表示，他對法英作戰計畫中派給英軍的戰略、政策、角色都深感鄙夷。

雖說基奇納身跨文武二職，但他並不全然清楚他的職責到底是什麼。英國是在含糊的理解下參戰，即最高權威掌握在首相手中，卻未明確安排他應接受誰的建議而行動，或誰的建議具決定性。在軍方內部，作戰官看不起「頭腦像金絲雀、態度像波茨坦（Potsdam）[1]」的參謀官，但討厭被稱為「連身裙」

1　譯注：當時宮廷及許多政要都在此地。

的文官干預，雙方卻有志一同。文人這邊也稱軍方為「笨蛋」。在八月五日的戰爭會議上，代表文官的有阿斯奎斯、格雷、邱吉爾、霍丹，代表軍方的有十一位將軍，包含遠征軍候任總司令陸軍元帥法蘭奇、遠征軍兩位軍長海格（Douglas Haig）和格瑞森、遠征軍參謀長莫瑞（Archibald Murray），他們全是中將，以及遠征軍副參謀長亨利．威爾森上校。威爾森易於樹立政敵的才能，在科拉叛變危機時大為發揮，使他失去參謀長的職位。在文武官之間，是大家不太知道代表哪一方的基奇納，他嚴重疑慮遠征軍的目的，也不欣賞他的總司令。基奇納也許不像費雪那般，表達自我像火山爆發，但他此刻同樣對參謀本部的計畫不屑一顧，認為只是在把英國陸軍「附在」法軍戰略尾端。

基奇納本人未參與軍方對歐陸戰爭的規畫，因而得以看出遠征軍真正的分量，他不認為這六個師會影響德軍七十個師和法軍七十個師即將交戰的結果。基奇納雖是職業軍人，當他出來指揮喀土木戰役時，克羅默（Cromer）勛爵曾說他是「我畢生見過最能幹的人」。近年來他以威嚴面對其事業。他只處理印度、埃及、帝國，以及大概念。沒有人看過他對個別士兵說話或注意他們。他同意克勞塞維茲，視戰爭為政策的延伸，是以他就從政策著手。他不像亨利．威爾森及參謀本部，不會受限於登陸時程、火車時刻表、馬匹、住宿等。保持距離使他能從整體、從列強的關係去看此次戰爭，並意識到即將展開的長期競賽，需要大肆努力於國家的軍事擴張。

他宣示：「我們必須做好準備，把幾百萬部隊派上戰場，還要維持他們好幾年。」在場聽眾大吃一驚，不敢置信，但基奇納不為所動。英國要打歐戰並獲勝，必須有與歐陸相等的七十師軍隊，而他計算過這樣的軍隊要到戰爭第三年才會完全發揮實力。這等於暗示驚人的推論，即戰爭會持續那麼久。他主張正規軍和職業軍官（尤其是軍士）十分珍貴而不可或缺，是訓練他心目中更大規模部隊的核心。他認為在當前的不樂觀情況，以及長期看來正規軍不具決定性作用的情況下，把他們直接送上戰場是愚蠢的罪行。依他所見，正規軍一旦陣亡，英國將缺乏受過適當訓練的部隊來補位。

英國沒有徵兵制，是英軍與歐陸軍隊最顯著的差異。正規軍是為海外任務，並非為保衛國土而設，保衛本土的是地方自衛隊。自威靈頓公爵說出不可更改的名言：到海外服役的兵員「必須是志願者」，從此英國參戰都倚賴志願軍，這使別國無法確知，英國已承諾或將承諾的投入程度有多大。資深陸軍元帥羅伯茲現已超過七十歲，他曾極力爭取徵兵制多年，內閣只有一個人支持他，不消說就是邱吉爾，工黨是強烈反對，也沒有政府干願冒下台的風險，贊成徵兵。英國本土的軍事組織，正規軍有六個師和一個騎兵師，海外有四個正規師，總計六萬人，地方自衛隊有十四個師。後備軍約有三十萬人，分為兩類：一是特別後備軍（Special Reserve），勉強可補足正規軍達到作戰實力，並維持它前數週在戰場上的戰力；一是國家後備軍（National Reserve），是為替補地方自衛隊。照基奇納的標準，地方自衛隊是未經訓練、無用的「業餘者」，他擺明輕視他們，就像法國人看待其後備軍，給他們的評分是零。這都很不公平。

基奇納二十歲時，曾在一八七〇年戰爭中，以志願軍身分與法軍並肩作戰。他法語流利。無論他是否因此格外同情法國，他也不會極端支持法國戰略。阿加迪爾危機時，他對帝國防禦委員會說，他預期德國人會「像鷓鴣般」，與法國人打交道。當委員會認為適合做決策時，請他參與，他卻拒絕。艾雪曾記錄，基奇納傳話給委員會：「若他們以為他會在法國指揮英軍，他絕對會斷然拒絕。」

一九一四年英國把陸軍部交給他，不是為了他的主張而是為了他的聲望，但也就此得到唯一一位準備堅持為長期作戰而計畫的人。基奇納缺乏主管行政機關的官僚天賦，在習慣當長官只要「無為而治」後，也不喜遵從內閣會議的「輪流發言慣例」，他盡可能逃避當大臣的宿命。政府和將領清楚他有性格缺陷更勝於洞察力過人。若有得選，他們會很樂意讓他回埃及，可是偏偏又需要他。他並非因為與眾不同的主張被認為符合資格，而是因為他的存在可以「鎮定民眾情緒」，才獲提名為陸軍大臣。

自喀土木後，英國對基奇納一直有近乎宗教的信心。他與英國民眾之間，具有像後來法國人民與「霞飛老爹」，或德國人民與興登堡（Hindenburg），發展出的那種神祕結合。縮寫字「K of K」[2]具有神奇魔力，而他那寬八字鬍是國家象徵，正如紅長褲是法國的象徵。他雄糾氣昂的氣勢，高大寬肩的身材，架勢宛如獅心王理查（Richard the Lionhearted）在維多利亞時代再世，只除了在莊嚴銳利的眼神後，有某種不可測的東西。自八月七日起，自一張著名的募兵海報，其鬍鬚、眼睛及指著「國家需要你」字樣的食指，將進入每個英國人的靈魂。英國參戰若少了基奇納，就如同星期天少了教堂一樣。

當大家都在思考派六個師到法國的眼前問題時，戰爭會議並未採信他的預言。格雷在很久以後，以或嫌多餘的困惑寫道：「他是以何種方式或經由什麼推論過程，做出戰爭會持續很久的預測，從未被揭露過。」是因為基奇納對而其他人都錯，還是因為文人很難相信軍人有著一般的心智過程，還是基於基奇納向來無法或不屑於解釋其理由，他的同事和同時代的人都認定，如格雷所說，他是「靠靈光乍現而非靠推理」得出結論。

不論過程如何，基奇納也預言，德軍即將在默茲河以西發動的攻勢將如何發展。據參謀本部某軍官所說，此事後來也被認為他是憑「某種天賦異稟」，而非「任何對時間或距離的知識」，下此結論。其實基奇納也像艾伯特國王一樣，從德軍對列日的攻勢看出施里芬的右翼將被包圍的陰影。基奇納並不認為德軍違反比利時中立，又把英國拉進來對抗自己，是為了勞合．喬治所說的，「只是稍微違反」地通過阿登。基奇納避開了戰前規畫的責任，此時便無法要求留下那六個師，但他認為沒有理由讓他們到莫伯日那麼遠的前線，去冒著被消滅的危險，他預計英軍會在那裡遭遇入侵德軍的全部力量。他建議英軍集中於再後退七十英里的亞眠（Amiens）。

將軍們對如此劇烈地、膽怯地改變計畫，感到憤怒，他們最擔心的預期成真了。矮胖、臉色紅潤的法蘭奇勇猛善戰，即將上戰場指揮。他通常像中風似的表情，加上緊緊打著騎兵寬領帶，他喜歡以此取代衣領和長領帶，使他外貌始終像是快窒息，而他確實經常如此，即便不是身體上的，也是情緒上的。一九一二年法蘭奇獲任命為帝國參謀總長時，立即對亨利．威爾森表示，他打算準備讓英軍與德軍作戰，他認為這是「最終必然之事」。此後他名義上負責與法方的聯合計畫，實際上卻對法軍作戰計畫幾乎一無所知，對德軍計畫也一樣。他就像霞飛，被任命為參謀本部首長，卻無參謀經驗，也未進過參謀學校。

選他就像選基奇納為陸軍大臣，基於天生資質的成分小，階級與聲譽的成分大。在數個英軍建立起聲譽的殖民地戰場上，法蘭奇曾展現英勇與智謀，以及權威人士所稱的「務實掌握次要戰術」。他在波

2 譯注：「喀土木的基奇納」的縮寫。

爾戰爭中擔任騎兵將領的功勛，在傳奇式奔馳越過波爾戰線，解救金伯利（Kimberley，在今日南非中部）時到達頂點，也為他贏得肯冒險的勇敢指揮官的美名，受民眾愛戴的程度接近羅伯茲和基奇納。由於英軍對付無訓練、無現代武器的敵手，整體紀錄並不出色，所以軍方以英雄人物為傲，政府也感謝他。法蘭奇的才能在社會光環助長下，使他志得意滿。他像繆恩，在愛德華時代扶搖直上。身為騎兵軍官的他，自知屬於軍中菁英。與艾雪的交情也不是障礙，政治上他與一九〇六年取得政權的自由黨結盟。一九〇七年他出任總督察長；一九〇八年他代表軍方，陪同愛德華國王，到列巴爾正式訪問沙皇；一九一二年他被任命為帝國參謀總長；一九一三年晉升陸軍元帥。六十二歲時他已是僅次於基奇納，階級第二高的現役軍官，他比基奇納小兩歲，但看起來較年長。一般認為戰爭一旦爆發，遠征軍會由他指揮。

一九一四年三月科拉叛變事件，推倒軍方首長如參孫（Samson）[3]神廟，法蘭奇因而辭職，他似乎像唐吉訶德般，使自己的事業戛然而止。但他反而更受政府青睞，政府認為是反對黨策動此次事件。格雷曾讚賞地寫道：「法蘭奇是王牌，我喜歡他。」四個月後，當危機來臨時他被召回，並在七月三十日被指定，若英國參戰，他將擔任總司令。

法蘭奇未受過研究訓練，對書本敬而遠之，至少在早期作戰成功後是如此，其心智能力並不如壞脾氣出名。英王喬治五世曾對他的叔叔透露：「我不認為他特別聰明，但他的脾氣糟透了。」法蘭奇就像英吉利海峽對面，職位與他相當的那位，屬於非智慧型軍人，兩人的基本差異在於，霞飛的傑出特質是堅定，法蘭奇則是對壓力、人事、偏見，有奇怪的反應力。據說他具有「常被指為愛爾蘭人與騎兵的反覆無常的脾氣」。霞飛不論風風雨雨都沉著冷靜；法蘭奇卻搖擺於兩個極端，心情好時躁進，不好時消沉。他衝動又易受流言左右，在艾雪眼中，他有著「赤子之心」。有一次他曾給波爾戰爭時他的前參謀長，一個金酒瓶做紀念，上面刻著「為我倆同甘共苦歷經考驗的長久友誼」。那位老友正是較不情緒化的海格，他在一九一四年八月的日記中寫著：「我內心知道，法蘭奇頗不合適在我國史上的危機時刻，擔當此重大指揮職務。」海格心中如此認知，與他自覺最適合的指揮官是他不無關係，他未得到那位子也不會罷休。

英國遠征軍的目的地，從而其目的，都被基奇納重新提出來，但在威爾森看來「大多完全不懂其主題」的戰爭會議，「淪落到像白癡一樣討論戰略」。法蘭奇突然「把到安特衛普的可笑提議硬扯進來」，他說反正英軍動員已經延誤了，不如考慮與比軍合作的可能性。海格像威爾森一樣，也會寫日記，他為其長官變更計畫的「魯莽方式感到憂慮」。同感煩憂的新任帝國參謀總長道格拉斯（Charles Douglas）說，鑑於要在法國登陸的一切都已安排好，法國也留出運送遠征軍的運輸工具，最後一刻變卦會有「嚴重後果」。

參謀本部最頭痛的問題是，法英鐵路車箱的容量差別。運送部隊時從一種車箱換到另一種，其數學上的轉換，會使任何揚言要改變安排的主張，都令運輸官發抖。

幸好轉至安特衛普之議遭邱吉爾否決，他們可以安心，兩個月後他自己會到當地，設法讓海軍陸戰

3　譯注：參孫是聖經中的大力士，曾以神力使敵人神廟倒塌，自己也犧牲。

隊的兩個旅、地方自衛隊的一個師，在最後一刻緊急大膽登陸，來挽救比國這關鍵港口，可惜並未成功。但八月五日邱吉爾說，海軍無法護送運兵船駛過北海到斯海爾德河（Scheldt）那較長的航線，卻絕對可保證越過多佛海峽。他說，海軍已有時間準備渡過海峽，而此刻時機有利，他力促立即派出全部六個師。霍丹支持他，羅伯茲也支持。於是會議開始爭論該派幾個師去，是否應保留一個師或更多師，直到地方自衛隊有更多時間訓練，或替代部隊可以從印度調回國。

基奇納重提在亞眠發動攻勢的想法，得到他的盟友漢米爾頓的支持，但他覺得急迫的是，遠征軍應盡快抵達，日後他是加里波利之戰的指揮官。格瑞森大聲主張：「在決定性時刻派出決定性人數。」激進中最激進的法蘭奇提議：「我軍應立刻過去，晚一點再決定目的地。」會議通過，下令立即運送全部六個師，目的地等法國參謀本部的代表抵達再決定，此代表是應基奇納堅持，匆忙被派來進一步磋商法軍的戰略。

在二十四小時內，因一夜間醞釀出的入侵恐懼，使戰爭會議改變主意，將六師減為四師。有關遠征軍規模的討論，消息被洩露出去。具影響力的自由黨機關報《西敏報》（*Westminster Gazette*），譴責「不顧後果」讓英國國防空虛。反對陣營的諾斯克里夫（Northcliffe）勛爵大聲表態，抗議送走任何一位士兵。海軍部雖證實了帝國防禦委員會一九〇九年的結論：英國不可能有嚴重的被入侵行為，但敵軍在東海岸登陸的景象揮之不去。威爾森雖極為憎惡此刻要為英國安全負責的基奇納，卻只好把原定由愛爾蘭直接前往法國的一個師調回國內，再從其他師分出兩個旅去防守東海岸，因此「無可救藥地擾亂我軍計畫」。戰爭會議決定立即派遣四個師和騎兵，八月九日開始登船，稍後再派出第四師，第六師則留在英國。戰爭會議散會時，基奇納的印象是，大家已同意以亞眠為集結待命區，但其他將領並不認同。

法國參謀本部匆忙派來的宇傑上校抵達時，威爾森告知他英軍登船時間。儘管這實非需要向法軍參謀本部保密之事，基奇納卻遷怒他，斥責他洩密。威爾森如他自己所寫：「反駁回去」，「無意受到霸凌」，「尤其像他今天講如此無理的話」。兩人之間的敵意從此加劇，這點無益於英國遠征軍命運。在英軍所有軍官中，與法軍關係最親近的威爾森，也是法蘭奇的耳目，被視為傲慢放肆，因而不受基奇納重視。威爾森則承認，把基奇納看作「瘋子」，「像毛奇一樣同為英國之敵」，並將其惡劣行徑灌輸到生性多疑、易於激動的總司令心裡。

八月六日至十日，德軍在列日等候攻城砲，法軍解放又失守米盧斯，與此同時英國遠征軍的八萬部隊、三萬匹馬、三百一十五門野戰砲、一百二十五挺機槍，齊集於南安普頓（Southampton）和普茲茅斯（Portsmouth）。軍官的劍均奉令在動員第三日，送到兵工廠剛磨利過，儘管那些劍除閱兵時敬禮外，別無其他用處。除這些偶見的懷舊姿態，照英軍史官的記載，這支部隊是「有史以來出發作戰時，訓練、組織、裝備最精良的英國陸軍」。

八月九日開始登船，運兵船每隔十分鐘啟航。每有一艘船離開碼頭時，港內其他船隻都響起笛聲和號角，甲板上人人歡呼。其聲震耳欲聾，以致有個軍官感覺，好像在列日後方的克魯克將軍都聽得見。不過海軍有信心已封鎖海峽，不致遭到攻擊，大家也不擔心渡海的安全。運輸船夜間過海，沒有護衛。一名士兵清晨四時三十分醒來時，詫異地發現整個運輸船隊都停下引擎，在完全平靜的海上漂流，看不到一艘驅逐艦；那些船是在等候其他登船港口來的運輸船，到海峽中央會合。

有法國目擊者說，當首批英軍在盧昂登陸時，受到狂熱歡迎，彷彿他們是來替聖女貞德贖罪的。有些英軍是到布洛涅，在紀念拿破崙的高大石柱下下船，拿破崙曾計畫經由此地進攻英國。也有運輸船駛進阿弗爾，當地法國駐軍爬上營房屋頂，對在燠熱衷走下跳板的盟軍拚命歡呼。當晚伴著遠處的夏日雷聲，夕陽在血紅的餘暉中落下。

翌日在布魯塞爾，總算有人瞥見英國盟軍，但只約略看到。美國公使館祕書吉布森（Hugh Gibson），有事去找英國武官，未經通報便進入其房間，看見一位英國軍官身穿野戰服，一身髒汙，未刮鬍子，在桌前振筆疾書。吉布森被武官忽忙請出去，他隨口問一句，其餘英軍是否藏在屋內。其實英軍登陸地點對德軍保密到家，使德軍直到在蒙斯（Mons）遭遇英國遠征軍之前，對其抵達時間、地點毫無所知。

在英國，高階軍官的不滿情緒逐漸浮出檯面。國王在巡視時，詢問與王室親近的海格，對法蘭奇出任總司令的看法。海格覺得有義務回答：「我嚴重懷疑，他性情是否夠平穩，或軍事知識是否夠充分，使他得以擔此大任。」國王離開後，海格在日記中寫道，法蘭奇在波爾戰爭時的軍事概念，「經常令我震驚」，還有他對莫瑞「評價不高」，指莫瑞是「老太婆」，他「軟弱默許」了一些他的判斷力告訴他不可取的命令，只因為想避免法蘭奇生氣的場面。海格認為，兩人「都完全不適任他們現居的要職」。他對軍官同僚說，法蘭奇不聽信莫瑞，卻「倚賴威爾森，那更加糟糕」。威爾森不是軍人，是「政客」，海格解釋，這名詞「等同於陰謀詭計加不當價值觀」。

海格不受這些情緒影響，他平穩、圓滑、無瑕疵、無懈可擊，在所有正確地方都有朋友，到五十三歲時事業成功從未間斷，如今更準備更上一層樓。當軍官的他在蘇丹戰役時，跟隨他越過沙漠的個人駄隊中，有「一頭裝滿紅葡萄酒的駱駝」，他習於善待自己。

八月十一日，在啟程前往法國三天內，法蘭奇首次得知一些關於德軍的有趣事實。他與副作戰處長柯威爾（Callwell）將軍造訪情報局，局長開始向他們報告，德國如何運用後備軍人。柯威爾寫著：「他不斷舉出一批批新後備師和特別後備師，彷彿魔術師不斷從口袋裡拿出一缸缸金魚。他似乎是故意的，此人會惹得你發火。」這與法國第二局情報局，在一九一四年春得到的情報相同，但要讓參謀本部重視，或改變他們對德軍右翼的評估，為時已太晚。要改變英國心意也來不及。因為新概念需要比現有時間長很多的時日，才能深入人心，並使戰略及軍事部署所有數不清的具體細節，產生基本改變。

次日在戰爭會議最後一次集會上，基奇納與將領們為戰略起爭執。除基奇納，法蘭奇、莫瑞、威爾森、宇傑與另兩位法國軍官都在場。基奇納雖聽不見德軍為了打開列日道路而發射的四二〇砲砲彈的爆炸聲，但他心中卻似乎能感應，斷言德軍會自默茲河另一端「大規模」攻過來。他手臂一揮，在牆上的大地圖上，指出德軍逐步包圍的移動情形。他指出，若遠征軍集結於莫伯日，那遠征軍在尚未準備好作戰前就會遭擊潰而被迫撤退。這將是自克里米亞戰爭以來，英軍首次與歐陸敵軍遭遇，撤退對士氣將是災難。他堅持在更遠的亞眠設基地，以便有行動自由。

六個反對他的人：三位英國、三位法國軍官，都同樣堅持維持原計畫，法蘭奇自提議轉到安特衛普後，曾受到威爾森指教，如今他抗議，認為任何變更將「打亂」法方作戰計畫，他依舊決心前往莫伯日。法國軍官們強調，補足其防線左端十分必要。威爾森內心盛怒於集結在亞眠的「懦弱」行為。基奇納說，法方作戰計畫很危險，他「完全反對」採取攻勢，反而法方應等候（英軍）對抗德軍的進攻。雙方爭執持續了三小時，直到未被說服的基奇納逐漸被迫讓步。英法計畫一直存在，他也知道，也基本上反對長達五年。如今部隊已在海上，只有接受它，因為沒時間另做計畫。

基奇納做出最後的多此一舉，或者是他算計可以免責的姿態，他帶著法蘭奇一同拿這問題去見首相。威爾森在日記中透露，阿斯奎斯「對此事一無所悉」，他的反應一如預料。基奇納把自己的觀點與英法參謀本部的專家集體意見並陳，首相接受了後者。英國遠征軍從六師減為四師，照原本安排前進。事先訂好的計畫的氣勢再次獲勝。

然而基奇納不像法、德的陸軍部首長，他仍指揮英國的軍事行動。此時他向法蘭奇發出遠征軍在法該如何行動的指示，由此可見他有意限制遠征軍在戰爭初期階段的責任。邱吉爾預見到英國海軍未來任務龐大，便下令地中海艦隊盯住格本號，但避免與「優勢武力」交戰，基奇納也像邱吉爾一樣，預見到自己未來必須建立百萬大軍，便指定遠征軍互不相容的政策與使命。

他的指示說：「在你控制下的遠征軍特殊動機，是支援並與法軍合作……及協助法軍防止或擊退德國入侵法、比領土。」他相當樂觀地說：「最終是恢復比利時中立」，這種計畫可以比得上恢復童貞。鑑於「遠征軍及分遣援軍，在數字規模上嚴格受限」，同時要「持續關注」這一考量，所以必須「極其小心，將損失與浪費減至最低」。基奇納的命令反映他不同意法國的攻勢戰略，其中指示若英軍被要求參與，但法軍未派出大批部隊，前者可能「不當地暴露在攻擊下」的「前進行動」，則法蘭奇應先徵詢英國政府，並須「清楚理解你的指揮乃完全獨立，任何情況下不得接受任何聯軍將領任何形式的命令」。

這說得再明確不過。基奇納一筆勾銷統一指揮原則。其動機是為維護英國陸軍，將來好成為核心；但以名將法蘭奇的脾氣，其效應等於是廢除「支援」並與法軍「合作」的命令。在法蘭奇被換掉，基奇納本人辭世後，有很長時間協約國作戰時，仍為此頭痛。

八月十四日法蘭奇、莫瑞、威爾森，及姓氏令人「鼓舞」的少校參謀官威克（Hereward Wake）抵達亞眠，英軍在此下火車，準備前進到勒卡托（Le Cateau）和莫伯日一帶集結區。那天當英軍開始北上，克魯克的部隊則開始自列日南下。英國遠征軍士氣高昂，走在通往勒卡托和蒙斯的道路上，沿途受到熱烈歡迎，民眾高喊「英軍萬歲！」受歡迎的快樂，正應了基奇納要英軍節制的警告：可預期「會發現酒精和女人的誘惑」，而他們必須「完全加以抗拒」。英軍愈往北走，受歡迎的熱烈程度愈高。民眾送上親吻，並用花為英軍裝飾。他們擺出一桌桌美食美酒，英軍要付錢一律被拒。一面旗子被猛地拋出欄杆，紅色的桌布縫上白色帶子，形成英國國旗的聖安德魯十字圖案。士兵們把軍徽、帽子、腰帶，拋向微笑的女孩，以及其他索取紀念品的仰慕者。不久英軍戴著農民粗呢帽、用繩子綁著長褲行軍。事後某騎兵軍官寫著，一路上「我們受到民眾款待與歡呼，他們很快就會看到我們的轉身的背影」。回顧當時，他還記得在遠征軍前進到蒙斯的路途上，「一路上都是玫瑰」。

# 第十三章　桑布爾河與默茲河

到了第十五天，西線戰場的集結期與初步試探告終，攻勢戰鬥正式開始。法軍右翼開始進攻德國占領的洛林，他們走的是歷經百戰的古道。法、比境內有許多這種道路，過去幾個世紀來無論什麼力量使人相互為戰，人們總會帶著軍隊踏上相同道路，夷平相同村落。法軍在自南錫向東的路上經過一塊石碑，上面刻著：「西元三六二年古羅馬將領約維訥斯（Jovinus）在此擊敗條頓蠻族。」

當巴奧的軍團重新在最右端的亞爾薩斯發動攻擊，杜拜伊與凱斯蒂諾的第一、二軍團，則行經洛林的兩條天然走廊，由此決定法軍的攻擊路線。朝薩爾堡（Sarrebourg）這一條，是杜拜伊軍團的目標；另一條是走下南錫周遭名為大古隆納（Grand Couronné）的山丘地，經薩蘭堡（Château Salins），進入盡頭是莫朗日（Morhange）天然林的山谷，這是凱斯蒂諾軍團的目標。德軍已在此區做好準備，以帶刺鐵絲網、戰壕、砲兵陣地來對抗法軍的攻勢。他們在薩爾堡和莫朗日都有防禦工事周全的陣地，唯有用勢不可當的衝力進攻，或重砲轟擊，才能把德軍逐出陣地。法軍倚賴前者，看不起後者。

參謀本部一名砲兵官曾在一九〇九年被問到對一〇五釐米重型野戰砲的看法，他答：「謝天謝地我們沒有這種砲！法軍的攻擊力來自砲兵的輕巧機動。」一九一一年戰爭委員會建議法軍增加一〇五砲，但砲兵部隊忠於著名的法國七五砲，始終堅決反對。他們鄙視重型野戰砲，認為會拖累法軍攻勢的機動性，視之為與機槍一樣的防禦武器。陸軍部長梅西米與當時在參謀本部的杜拜伊，都曾強勢促成通過撥款案，成立數個一〇五砲兵連，但歷經政府改組，加以砲兵部隊仍不重視，到一九一四年法國陸軍只納入幾個砲兵連。

在德軍這邊，駐守洛林戰線的是巴伐利亞王儲魯普雷希特的第六軍團及赫林根的第七軍團，八月九日第七軍團又被歸於魯普雷希特指揮。魯普雷希特的任務是在其戰線盡可能牽制最多法軍，使他們遠離德軍右翼對面的主戰線。按照施里芬戰略，他為達此目的，要以敗退引誘法軍落入「圈套」，拉長法軍交通線，使他們可能在甲地作戰，決策卻是乙處所做。計畫重點在於讓這部分的敵軍不論怎麼打都能前進，並誘使他們在戰術上獲勝，卻在戰略上失敗。

這戰略類似對東普魯士的計畫，有心理上的危險。當號角響起時，其他指揮官都朝勝利邁進，他卻必須順從地接受必要的撤退，這對愛好榮耀的強力指揮官，尤其是半帝王級的人物而言，實非令人滿意的前景。

魯普雷希特高大挺拔，英俊且自律，兩眼炯炯有神，鬍髭中規中矩。他沒有在他之前那兩位任性的巴伐利亞路德維希國王（King Ludwig）的特質，他的這兩位前任過度熱情，一是對蘿拉・蒙泰茲（Lola Montez）[1]，一是對華格納（Richard Wagner）[2]，結果導致一位被廢，另一位被宣告精神失常。魯普雷希特其實出身自發瘋國王攝政者的家族，屬於旁支，也是英王查理一世（Charles I）之女亨莉葉塔（Henrietta）的直系後裔，因此是英國王位的斯圖亞特家族合法繼承人。為紀念查理國王，每年在他被處死的祭日，巴伐利亞王宮都會裝飾白玫瑰。魯普雷希特有更晚近的協約國關係，其妻的姐妹伊莉莎白嫁給比利時艾伯特國王。但巴伐利亞軍隊是不折不扣的德國人。杜拜伊在最初數日的戰鬥後報告，巴伐利亞軍隊是「野蠻人」，在撤出城鎮前往往洗劫住過的房屋，撕毀所有坐椅和墊子，亂撒櫥櫃裡的東西，扯下窗簾，砸爛並踐踏家具、裝飾、器皿。不過這些只是鬱悶退守的軍隊習慣。洛林未來會看到更糟的情況。

杜拜伊和凱斯蒂諾進攻的最初四天，德軍照計畫緩慢後退，只由後衛部隊與法軍作戰。在寬廣筆直兩旁種著梧桐樹的道路上，法軍穿藍外套、紅長褲陸續走來。每當道路高起，他們就看見一望無際的棋盤式農田，一塊種苜蓿是綠色，一塊穀物已熟是金色，又一塊是棕色，已犁過準備種下一批作物，其他田裡點綴著一排排整齊的乾草堆。法軍進到曾是本國的領土，七五砲在田地上空發出刺耳的聲響。起初幾次交戰，德軍抵抗不很堅定，法軍獲勝，不過當德軍使用重砲時，在法軍陣線劃出可怕的缺口。八月十五日杜拜伊經過運傷兵回來的車輛，傷兵們面色蒼白，傷勢嚴重，有些被炸得肢體殘缺。他看見前一天的戰場仍屍橫遍野。十七日凱斯蒂諾的第二十軍，由福煦指揮，攻下薩林堡，來到對莫朗日的攻擊距離內。十八日杜拜伊的部隊攻下薩爾堡。法軍信心大增，極限攻擊似已得勝。他們興高采烈，想像自己已到萊茵河。在那一刻，十七號計畫開始崩解，其實已逐步崩解好多天了。

蘭赫薩克的戰線在比利時對面，這段時間他全在與總指揮部交涉，要求准許他向北邊進入正攻過來

1 譯注：舞者、藝人，路德維希一世的情婦。
2 譯注：德國作曲家、劇作家，以歌劇作a聞名。

的德軍右側，而非朝東北進入阿登攻擊德軍中央。他自認被從默茲河西邊南下的德軍包圍，他不放心德軍真正的實力，堅持要求讓他分出部分部隊至默茲河左岸，進入與桑布爾河（Sambre）交會的角落，在此可阻住德軍去路。他可沿桑布爾河守住防線，此河發源於法國北部，向東北流入比利時，沿博里納日礦區邊緣，到那慕爾匯入默茲河。岸邊有圓錐形煤渣堆，運煤船染黑了流出沙勒羅瓦的河水。這名稱高貴的城市，自一九一四年後在法國人耳中，會像色當一般令人悲傷。

蘭赫薩克頻頻以他偵查德軍單位及移動的報告，轟炸總指揮部，那些報告顯示，有數十萬德軍湧向列日兩側，也許達七十萬，「甚至可能兩百萬」。但總指揮部堅持這些數字必然有誤。蘭赫薩克主張，德國大軍會經那慕爾、迪南、日韋到他的側翼，時間就在第五軍團進入阿登之際。蘭赫薩克的參謀長艾利多瓦塞，平常便帶著憂鬱氣質，如今更日益陰沉，他到總指揮部去辯解其論點，接待他的軍官喊道：「什麼，又來了！你家蘭赫薩克還在擔心左側遭到攻擊？不會發生的。」軍官還舉出總指揮部的基本論調：「況且要真是如此，反倒更好。」

不過，總指揮部雖決心不許因任何事，分心預計在八月十五日展開的主攻勢，卻無法對愈來愈多德軍右翼在做包圍行動的證據，完全無動於衷。八月十二日霞飛允許蘭赫薩克，把左翼部隊移至迪南。蘭赫薩克輕聲挖苦道：「正是時候」，但他堅稱，這麼做已不夠，必須要把他的全軍都向西移。霞飛拒絕，堅持第五軍團必須繼續向東，執行在阿登的指派任務。霞飛始終妒嫉蘭赫薩克的權威，他對蘭赫薩克說：「阻止包抄行動並非你的責任。」蘭赫薩克像所有反應快的人，會為他人的視而不見感到生氣，並習慣被尊敬為戰略家，因而繼續向總指揮部施壓。霞飛為他不斷批評又愛爭論，愈來愈氣惱。他認為將軍的職責只要像雄獅般戰鬥，像忠犬般服從，而有主見與急切危機感的蘭赫薩克覺得無法遵從。他後來寫道：「我時時刻刻感到愈來愈不安。」八月十四日，發動攻勢前最後一天，他親自前往維特里。

他在霞飛的辦公室見到他，霞飛的參謀長布蘭（Belin）將軍及助理參謀長貝特洛也在場。布蘭曾以精力充沛出名，此時已顯現過勞疲態。貝特洛聰明、反應快，宛如英國版的亨利．威爾森，是無可救藥的樂觀主義者，難以看見計畫中的缺陷。他體重有兩百三十磅，早已向八月的暑氣投降，放下軍人尊嚴，穿短衫和拖鞋上班。蘭赫薩克黝黑的克里奧爾（Creole）[3]臉孔愁容滿面，他堅持當他深入阿登區時，德軍會出現在他左側，以當地艱難的地形，不太可能快速取勝，也不可能轉向。敵軍將不經抵抗就完成包圍。

霞飛以他被彭加勒稱之為「奶油般語氣」，告訴蘭赫薩克，他憂慮得「太早」。霞飛說：「我們的印象是，德軍在那裡並無準備」，「那裡」指的是默茲河以西。布蘭及貝特洛再度保證：「那裡並無準備」，並立即努力安撫與鼓勵蘭赫薩克。要他忘記包圍的事，只把攻勢放在心上。他說離開總指揮部時，「我心已死」。

蘭赫薩克回到第五軍團總部，地點在阿登區邊緣的勒泰勒（Rethel），他看到桌上有總指揮部情報局的報告，更加重他的坐以待斃感。報告中估計，默茲河對岸的敵軍有八個軍及四至六個騎兵師，這其實是低估。蘭赫薩克馬上派助理帶信去給霞飛，請他注意這些「來自你自己總部」的報告，並堅持應「自

3　譯注：指生於西印度群島或拉丁美洲的歐洲人。

此刻起研究及準備」，讓第五軍團移往桑布爾河與默茲河之間地區。

此時維特里來了另一位滿心焦慮的訪客，試圖說服總指揮部，他的左邊有多危險。當年霞飛拒絕讓加利埃尼進入總指揮部，梅西米便在陸軍部給他一間辦公室，他在這裡收得到所有報告。其中雖不包括總指揮部情報局的報告，因為霞飛刻意不送給政府，但加利埃尼卻蒐集到足夠情報，察覺出正湧向法國的千軍萬馬的大致情況。那正是饒勒斯預言的「可怕沉淪」，他預見會用後備軍人上前線，才做此預言。加利埃尼對梅西米說，他必須到維特里去，讓霞飛改變計畫，但梅西米比霞飛年輕近二十歲且敬畏霞飛，他說加利埃尼必須自己單獨去，霞飛的事業仰賴加利埃尼甚多，他無法無視加利埃尼。但這低估了霞飛，他想無視誰，就能無視誰。加利埃尼抵達時，霞飛只給他幾分鐘，就把他轉給布蘭及貝特洛。他倆重申對蘭赫薩克的保證。加利埃尼回來時向梅西米報告，總指揮部無視眼前證據，拒絕把德軍在默茲河以西的推進視為嚴重威脅。

但當晚在日益增多的證據壓力下，總指揮部開始動搖。霞飛回覆蘭赫薩克前次的緊急訊息，同意「研究」轉移第五軍團的提議，並准許「初步安排」移防，但他仍堅持，德軍對蘭赫薩克側翼的威脅，「遠非立即，也絕非必然。」次晨，八月十五日，必然性大增。全副精神都放在大攻勢上的總指揮部，憂慮地看著左面。上午九時總部打給蘭赫薩克，授權他準備調動，但沒有總司令的直接命令不得執行。那天總部收到報告，指稱已有一萬名德國騎兵在於伊渡過默茲河；後來又有報告說，敵軍正攻打迪南，並已占領自河右岸高巖控制該市的要塞；再有報告說，敵軍強行渡河，但遭遇自左岸衝過來的蘭赫薩克第一軍，在激戰中被趕回橋那端（第一批傷兵裡有一個年僅二十四歲、名叫戴高樂〔Charles de Galle〕

的中尉）。第一軍是在八月十二日獲准移動渡河。

霞飛此時無法再輕描淡寫左側受到的威脅。晚間七時霞飛直接下達命令，要第五軍團進入桑布爾河與默茲河角落，先以電話告知蘭赫薩克，書面命令也於一小時後送達。總指揮部屈服，但有保留。霞飛傳達十號特別指令，但感覺上只把計畫改變到足以因應包圍，尚未到放棄十七號計畫的攻勢。這道命令認知到敵軍「動作似乎以在日韋以北的右翼為主」（彷彿蘭赫薩克還需要別人告訴他），並下令第五軍團主力向西北推進，「好跟英軍、比軍聯手，對抗北邊的敵軍武力。」第五軍團有一個軍應繼續朝東北支援第四軍團，現在總指揮部將向阿登地區進攻的主要任務轉給了第四軍團。但其實，這道命令讓第五軍團向西延伸，防線比之前拉長，兵員卻未增加。

十號指令指示新前鋒，第四軍團司令朗格（de Langle de Cary），準備好「向訥沙托大方向」進攻，即攻入阿登心臟地區。霞飛為加強其軍隊的戰力，啟動凱斯蒂諾、蘭赫薩克及朗格複雜的部隊交換。結果經蘭赫薩克訓練的兩個軍被調走，由他未指揮過的其他單位取代。其中雖包括來自北非、格本號曾試圖阻止、極受重視的兩個師，但額外的調動及最後一刻的改變，卻加深了蘭赫薩克的痛苦和絕望。

當法軍其他部隊都向東進攻，蘭赫薩克看到自己被留下來，保衛法國防禦空虛的左側，抵擋他認為是要滅亡法國的奇襲。總指揮部雖拒絕承認，但他自認被賦予的任務最艱巨，所掌握的資源卻最少。要跟英軍、比軍兩支獨立的部隊共同行動，他們的指揮官軍階比他高，又是陌生人，想到這些他心情就好不起來。蘭赫薩克的士兵必須在八月熱浪中行軍八十英里，共需五天時間，即使他們比德軍先到桑布爾河戰線，他仍擔心或許太遲。五天後已到的德軍規模將大到無法抵擋。

照理該在他左邊的英軍在哪裡?至今不見蹤影。儘管蘭赫薩克可以從總指揮部得知英軍的確切位置，但他不再信任總部，也暗中懷疑法國是英國不誠實詭計的犧牲者。英國遠征軍要不只是虛構的，要不就是參戰前，他們還在打最後一場板球賽。除非他手下的軍官有人親眼看見，否則他拒絕相信英國遠征軍的存在。第五軍團的英軍聯絡官史畢爾斯(Spears)中尉也參與其中，每天派出偵察隊至鄉間認真搜索，卻找不到穿卡其制服的人。這是一種奇怪的聯絡方式，史畢爾斯在一本名著中並未加以解釋。找不著英軍，蘭赫薩克感到更加危險。焦慮壓迫著他。他寫道:「我的痛苦到達了頂點。」

霞飛發出十號指令的同時，要求梅西米把三個自衛隊師，從防禦海岸線調去填補從莫伯日到英吉利海峽的缺口。霞飛為防禦德軍的右翼，只肯採權宜之計，從最弱的部隊下手，卻不肯從他珍視的攻勢抽出一個師。他尚不願承認，敵人的意志已影響到他。蘭赫薩克們、加利埃尼們及世上所有偵察報告，都動搖不了總指揮部的中心信念:德軍右翼愈強大，法軍就愈有希望掌握先機，攻破德軍中央。

德軍穿越比利時，像南美叢林定期出現的掠食蟻在大地上劃出一條死亡帶，德軍也像那些螞蟻，一路砍過田野、道路、村落、城鎮，不受河流或任何障礙阻撓。克魯克軍團大批經由列日北方，畢洛軍團經由南方，沿默茲河谷前進那慕爾。艾伯特國王曾說:「默茲河是珍貴的項鍊，那慕爾是項鍊上的珍珠。」默茲河流經高大岩壁間的寬廣峽谷，在河岸留下空地，它是度假勝地，每隔一年的八月是傳統度假月，許多家庭在此野餐，男童在河中游水，男士在岸邊太陽傘下釣魚，母親坐在折疊椅上編織，白色小帆船因風轉向，疾駛而過，並有遊河船自那慕爾到迪南。畢洛的部分部隊，此時正在列日到那慕爾的半途，在於伊渡河，然後沿河兩岸前進，去攻打比國第二群著名的堡壘。那慕爾堡壘圈建造模式與列日相同，是進入法國前的最後堡壘。因攻城砲在列日表現優異，德軍對其鐵拳深具信心，畢洛的火車現正拖著這些砲，向第二次任務進發，德軍預期三天內可攻下那慕爾。在畢洛左邊，豪森指揮的第三軍團正朝迪南前進，兩軍預計在桑布爾河與默茲河的角落會合，蘭赫薩克的部隊也正前往此地。在戰地施里芬的戰略正按時程開展，但在前線之後，其設計出現鋸齒狀裂縫。

在整軍期結束前設於柏林的陸軍最高指揮部，八月十六日遷至萊茵河的科布倫茲（Coblenz），距德軍前線中央約八十英里。施里芬為此地設想的總司令，不是像拿破崙騎著白馬在山丘上觀戰，而是「現代的亞歷山大」，「從有許多大辦公室的建築」指揮作戰，「裡面隨時有電報、電話、無線電發報機可用，有汽車和機車隊隨時待命，準備傳送命令。現代總司令則坐在大辦公桌前舒適的坐椅上，藉地圖監督整個戰場。他在此藉電話傳達鼓舞之詞，也在此接收軍團司令與軍長的報告，還有觀察敵軍動態的汽球與飛船的報告。」

現實壞了這美好畫面。現代的亞歷山大結果是毛奇，他自己承認，他始終未從開戰首夜與德皇的恐怖經驗中復原。他理當以電話向指揮官們表達「鼓舞之詞」，但這向來非他所長，就算能說，也會在傳送過程中斷訊。在敵對領土上作戰的德軍，最感頭痛的便是通訊。比利時人切斷電話和電報線；艾菲爾鐵塔強大的無線電發射台，也會干擾空中電波，使傳送的訊息含混不清，必須重傳三、四次，才能弄懂其中含意。陸指部唯一的接收站被干擾得太厲害，訊息要八到十二小時才能傳到。這是德國參謀本部受演習時便利的通訊所誤導，而未規畫到的「磨擦」之一。

比軍邪惡頑抗，以及俄國「鋼鐵洪流」輾過東普魯士的景象，更讓陸指部煩惱。參謀間開始出現磨擦。普魯士軍官間盛行的傲慢作風，受影響最大的不是別人，正是他們自己與盟友。副參謀總長史坦（von Stein）雖公認聰明、認真、勤奮，但陸指部的奧地利聯絡官卻說他無禮、不圓融、好辯，沉溺於輕蔑、跋扈的態度，人稱「柏林衛隊的調調」。作戰處的鮑爾（Bauer）上校便十分不滿上司塔本（Tappen）上校，因為他對部屬「口氣尖酸」、「態度惡劣」。軍官們也抱怨，毛奇不准在食堂喝香檳，而德皇宴客太寒酸，使他們晚宴後還得自己吃三明治填飽肚子。

自法軍開始在洛林發動攻擊的那一刻起，毛奇完全靠右翼執行施里芬計畫的決心，開始變卦。他與參謀們期待法軍把主力部隊放在左側，以因應德軍右翼的威脅。蘭赫薩克焦急地派斥候尋找英軍，德軍陸指部也在尋找法軍在默茲河以西大肆移動的證據，但至八月十七日仍無所獲。敵人拒絕照德軍預期最符合其利益的方式行動，由此產生的作戰問題讓他們苦惱。德軍從洛林的行動以及默茲河以西缺乏行動中，論斷法軍正在集中主力，準備攻進梅斯到孚日山脈間的洛林。他們自問，德軍是否需要因此調整戰略。法軍的主攻勢若是如此，那德軍是否能把部隊調到自身的左翼，搶在右翼以包圍完成決戰前，先在洛林打一場決戰？難道他們真的無法實際重現坎尼會戰，即施里芬潛意識裡期待的雙面包圍？陸指部在八月十四日至十七日，忙著討論這誘人的可能性，甚至有些初步的重心轉移到左翼。但那天他們判定，法軍在洛林的集結並未到他們認為的程度，於是又回到施里芬的原計畫。

可是信念的神聖性一旦受到質疑，便無法回復為完美的信仰。從此陸指部一直受左翼機會所引誘。毛奇在心態上，已對改變戰略持開放態度，端視敵軍如何作為。施里芬的設計將全部努力放在一翼，並且無論敵人行動，僅固執地堅守計畫，如此專一的熱忱被打破。施里芬計畫在紙上看似完美無缺，但在不確定性的壓力下，尤其是戰爭情緒，使它出現破綻。毛奇不再享有事先定好戰略的好整以暇，從此每當需要做決策時，他備受猶豫不決的折磨。八月十六日，洛林的總指揮魯普雷希特便要求緊急決策。

他要求准許反擊。魯普雷希特的總部設在聖阿沃爾（Saint-Avold），是髒兮兮的薩爾（Saar）礦區邊上，一個地勢低窪、昏沉沉、不起眼的小鎮，無奢華的設施，也無城堡可住，連像樣的酒店也沒有。在他面前向西延伸的是晴空萬里下一片平緩起伏的山丘，直至摩薩爾河前無重要的障礙。地平線上閃耀著光芒的，是南錫—洛林的珍珠，也是他的目標。

魯普雷希特說，他被指定的任務是盡可能在陣線上牽制最多法軍，而攻擊是達成任務的上上策，但這理論完全違背「圈套」戰略。八月十六日至十八日連續三天，魯普雷希特總部與陸指部，在電話線上你來我往激辯，幸好都在德國領土。法軍目前的攻擊是否為主要戰略？法軍在亞爾薩斯或默茲河以西似乎沒有「認真」的行動。這代表什麼意義？假定法軍拒絕向前落入「圈套」，該怎麼辦？要是魯普雷希特繼續後退，他與右側鄰軍第五軍團間，不會出現缺口嗎？法軍不會由那裡攻入嗎？這不會導致右翼戰敗嗎？魯普雷希特與其參謀長克拉夫特（Krafft von Dellmensingen）將軍皆認為會如此。他們說他們的部隊等待攻擊指令已等得不耐煩，很難約束部隊，強迫「急著前進」的部隊撤退是不道德的；何況在戰爭初始就放棄洛林領土，即使是暫時的，都屬不智之舉，除非萬不得已。

陸指部雖覺得這論述有理，卻感害怕，無法做出決定。便派姓索爾納（Zollner）的少校參謀，到聖阿沃爾的第六軍團（魯普雷希特）總部，當面進一步討論。索爾納說，總部正考慮改變後退計畫，但無法完全放棄圈套行動。他無功而返。他剛走，第六軍團參謀部便收到飛機偵查報告，指當地法軍正退向大古隆納，這「立即被解讀為」敵軍終究未進入圈套的證據，因此最佳行動是盡快去攻擊敵人。

情勢陷入危機。之後有更多電話交鋒，一頭是魯普雷希特與克拉夫特，另一頭是史坦與塔本。陸指部另一位送信人多梅斯（Dommes）少校抵達，那是八月十七日，他帶來的消息使反攻顯得更加值得去做。他說，陸指部如今確定，法軍正調動部隊到其西翼，並未「綁在」洛林；他指出，攻城砲在列日很成功，使法國的堡壘線不那麼可畏；他表示，陸指部目前認為英軍尚未登陸歐陸，若能在洛林此地快速打完決戰，那英軍或許根本不會來。但多梅斯又說，他受毛奇指示，當然有義務警告，反攻有各種危險，其中最主要、壓倒一切的一點是，因當地山勢和法國堡壘林立，無法進行圍攻，必須從正面進攻，這是德國軍事理論的大忌。

魯普雷希特反駁道，攻擊的風險小於再後退，他會出其不意地攻擊敵人，可能使敵人軍心失衡，並且他與參謀們已考慮過所有風險，將一一加以克服。魯普雷希特擺出架勢，再次具說服力地讚揚其部隊的英勇精神，絕不可要求這樣的部隊再後退。他說，除非收到陸指部明令禁止，否則他進攻的心意已決。他大喊：「讓我進攻，不然明確下令！」

多梅斯因王儲「語氣強硬」而不知所措，連忙趕回陸指部，尋求進一步指示。在魯普雷希特的總部，「我們等候，不知會不會收到禁令。」十八日他們等了一早上，到下午仍無音訊時，克拉夫特打給史坦，要求知道是否會有命令下來。所有好處及疑慮，又被拿出來反覆討論。克拉夫特失去耐心，要求答覆是或否，史坦說出不太符合現代亞歷山大權威的答覆：「不，我們不會用禁止攻擊強迫你們。你們要負責。憑你們的良心做決定。」

「我們已經做出決定。我們要進攻！」

「好吧！那就進攻，願上帝保祐你們！」史坦用尋常的一句話，表達了無可奈何。

於是德軍放棄圈套行動。第六、七軍團接到命令，轉向，準備反攻。

——

此時德國認為尚未登陸的英軍，正朝指定位置，也就是法軍防線左側前進。法國人民持續瘋狂地歡迎他們，並非出於有多愛英國人，英法已敵對數百年，而是法國面臨生死交關的戰爭，看到盟友出現，近乎歇斯底里的感恩。在英國士兵眼中，親吻、食物、別上花飾，像是慶典，一場大派對，他們不知為何成了英雄。

遠征軍好戰的總司令法蘭奇，八月十四日與莫瑞、威爾森、宇傑一起上岸，宇傑現已是隨英軍司令部行動的聯絡官。他們在亞眠過夜，次日前往巴黎去見總統、總理和陸軍部長。巴黎北站前廣場及街道上，擠滿兩萬名興奮不已的群眾，他們高喊：「法蘭奇將軍萬歲！」「欸—嘿—哈！英國萬歲！法國萬歲！」沿著到英國大使館的路上，民眾歡呼揮手，快樂地表示歡迎，其人數據說超過布萊里奧（Blériot）飛越海峽時歡迎他的人。[4]

4　譯注：布萊里奧是法國發明家、工程師，他在一九〇九年成為飛越海峽的第一人。

彭加勒意外發現，這位留著下垂鬍髭的訪客，「安靜有禮……外表不太像軍人」，會讓人以為是埋頭苦幹的工程師，而非有他那種聲譽的衝鋒陷陣騎兵司令。他看似按部就班，有條不紊，沒什麼衝力，儘管有法國女婿，也在諾曼地有夏季別墅，卻只能說少數讓人聽得懂的法語字詞。他一開口就讓彭加勒嚇一跳，他宣稱英軍要十天才能上戰場，即要到二十四日。當時蘭赫薩克已擔心，八月二十日可能太遲。彭加勒在日記中寫著：「我們被誤導得多嚴重！我們以為他們已萬事齊備，現在他們卻要爽約！」

其實是此人發生令人費解的改變。法蘭奇除資歷深和交對朋友外，至今他仍能留任指揮官的直接原因，就是其軍事熱忱。可打從他登陸法國，就開始展現偏好「等待的態度」，奇怪地不願讓英國遠征軍加入戰鬥，徒使戰鬥意志逐漸消磨。不論原因是基奇納的指示，因其強調維持部隊存續的必要並警示要防止「損失與浪費」，還是某種頓悟滲入了法蘭奇的意識：也就是英國缺乏足夠受過訓練的後備軍人來補充遠征軍的損失。或是出於抵達歐陸後，距離強大敵人及戰鬥僅數英里之遠的重責大任帶給他沉重壓力；還是在他大膽的言論與態度底下，勇氣其實正在悄悄乾涸。也可能是他覺得自己沒有太多責任要在外國土地上為別人的國土而戰。無論如何，不曾處於同樣地位者無法加以評斷。

可確定的是，從一開始法蘭奇與盟友會面，都讓他們各有失望、吃驚或憤怒。英國遠征軍來到法國的直接目的，就是防止法國被德國擊潰，但法蘭奇似乎忘了這點，至少從其反應看似無急迫感。他彷彿認為，基奇納十分強調的獨立指揮權，意指如彭加勒所說，他可以「自行選擇作戰與休息時間」，卻無視於此期間，德軍可能已打敗法軍，而不必再問要不要打。正如不可忽視的克勞塞維茲曾指出，在獨立指揮下的聯軍，其運作不會令人愉快，但若避免不了，至少有一點很重要，即聯軍指揮官「不可最為謹慎小心，必須最為積極進取」。此後的三週是戰爭最關鍵期，克勞塞維茲用粗體標示的理由，由此變得清晰。

次日八月十六日，法蘭奇造訪維特里的法軍總指揮部，霞飛發現他「十分堅持己見」，「很擔心其部隊受到連累」。法蘭奇則不覺得對方有多了不起，原因或許在於英國軍官對社會背景的敏感度。自英國觀點來看，法國為使法軍共和化，在努力過程中產生了可悲比例的非「紳士」軍官。數月後法蘭奇寫信給基奇納：「基本上，他們是低俗的一群人，你必須時時切記，這些法國將軍大多出身什麼階級。」那位法國總司令無疑是工匠的兒子。

霞飛在這場合禮貌但急切地表達，他盼望英軍八月二十一日能跟蘭赫薩克一同在桑布爾河一帶作戰。法蘭奇跟對彭加勒講的相反，表示會盡量配合此日期。基於他將防守法國戰線曝險的那一端，他要求霞飛讓索戴的騎兵及兩個後備師「直接聽命於我」。不消說霞飛拒絕了。法蘭奇向基奇納報告此次訪問時說，他對貝特洛和參謀們「印象深刻」，他們「審慎、沉著、自信」，表現得「毫不慌張忙亂」。他對霞飛沒有什麼意見，只除了一點：他似乎了解到「等待的態度」有其價值，這是奇怪而自曝其短的誤判。

再來是拜訪蘭赫薩克。第五軍團總部緊繃的情緒，表現在艾利多瓦塞對宇傑說的第一句話。八月十七日晨，宇傑開車載著期待已久的英國軍官過來，他說：「你們終於來了。來的正是時候。要是我們戰敗，你們也有責任。」

蘭赫薩克出現在台階上歡迎訪客，他們親身前來，並不能化解始終存在的疑慮：用軍官哄騙他，卻不給他軍隊。隨後半小時的談話也未能釋疑。他不會講英語，法蘭奇也無法用法語交談，兩位將軍卻闢室單獨會談，沒有譯員。如此價值可議的對談，雖用保密第一來解釋，就如史畢爾斯所建議的，也很難自圓其說。他倆很快就出來，與在作戰室的參謀們會合，其中有幾位通雙語。法蘭奇戴上眼鏡，凝視地圖，指著默茲河上一個點，試著用法語發問：蘭赫薩克是否認為德軍會在此處渡河，那一點的名稱是幾乎唸不出來的於伊。於伊那裡的橋樑是列日到那慕爾間唯一的一座，當法蘭奇發問時，畢洛的部隊正在渡河，他問的雖對但多此一舉。他先是說不出「渡河」這片語，經威爾森提示正確說法，可是講到「在於伊」，他又結巴起來。

蘭赫薩克地不停地問：「他說什麼？他說什麼？」

「……在何伊」，法蘭奇終於勉強發出音，聽起來像是在跟船隻打招呼。

有人向蘭赫薩克解釋，這位英軍總司令想要知道，他是否認為，德軍會在於伊渡過默茲河。蘭赫薩克答：「報告元帥，我認為德軍是到默茲河來釣魚。」通常他不會對元帥或友軍使用這種語氣，只在他著名的演講上，有人提出特別蠢的問題時才可能用到。

「他說什麼？他說什麼？」法蘭奇雖不懂意思，但聽得出語氣，輪到他接著問。

威爾森平順地答：「長官，他說他們會渡河。」

誤解就在這種對話氛圍中產生。住宿地與交通線，是鄰近兩軍發生磨擦的必然來源之一，首次誤解便由此而來。更嚴重的誤解是關於使用騎兵，這兩位總司令都想用對方的騎兵做戰略偵察。霞飛曾指派給蘭赫薩克的索戴那一軍，疲憊且有一半士兵無鞋可穿，現在又才剛被調走，任務是與桑布爾河北邊的比軍取得聯繫，希望說服他們不要退至安特衛普。蘭赫薩克極需關於敵軍單位與行進路線的資訊，英軍也一樣。他想使用剛到的英國騎兵師。法蘭奇不肯。他只帶了四個而非六個師來法國，希望把騎兵暫時留做後備軍。蘭赫薩克理解的是，他打算在戰線上把騎兵當騎馬的步兵來用，金伯利的英雄法蘭奇會用這不入流的作戰形式，就如同漁夫會用活餌釣魚。

最嚴重的是爭論遠征軍準備行動的日期。法蘭奇前一天雖對霞飛說，二十一日會準備好，現在或純為嘔氣，或因他精神狀態不穩，卻回到對彭加勒的說法，要等到二十四日。這是給蘭赫薩克的最後一擊。後者心中悄悄發出疑問：這位英國將軍是否認為敵人會等他？顯然如蘭赫薩克一開始就知道的，英軍並不可靠。會談在「面紅耳赤」中結束。事後他告知霞飛，英軍「最早要二十四日」才準備好，且英國騎兵會當作騎馬步兵用，「其他目的均不可依靠」它，並提出「若退守時」，沿途可能有與英軍混淆的問題。這幾個字在總指揮部引起震驚。進取心令人欽佩、「名副其實的獅子」蘭赫薩克，居然已在考慮撤退的可能性。

法蘭奇回到暫設於勒卡托的總部時，也受到震驚，他得知旗下第二軍軍長，好友格瑞森將軍，當天早上在亞眠附近的火車上突然過世。法蘭奇指名某位將軍，要求基奇納派他來接替格瑞森，他寫道：「此事請依屬下所請」，但卻被拒。基奇納派來史密斯—杜利恩（Horace Smith-Dorrien）將軍，他向來與法蘭奇不合，兩人都很堅持己見。史密斯—杜利恩像海格一樣，不怎麼尊敬這位總司令，又喜歡自行其是。法蘭奇對基奇納如此選擇感到憤怒，使他加倍厭惡史密斯—杜利恩，並在這一切都過去後，在他題為《一九一四》的著作中發洩出來，某著名評論家稱這悲哀、扭曲的文件，為「史上最不幸的著作之」。

———

八月十七日，法蘭奇會見蘭赫薩克、魯普雷希特要求准許反攻的那一天，在魯汶的比軍總部，首相布洛克維爾來與艾伯特國王討論將把政府由布魯塞爾遷往安特衛普的問題。有報告說，克魯克部隊各兵種的分遣隊，人數以四或五比一，遠超出比利時軍隊，正在傑特河十五英里外，攻打比軍的防線；另有報告說，畢洛的八千名部隊，正在三十英里外的於伊過橋，要前進那慕爾。列日已陷落，那慕爾又能如何？集結期已過，德軍主力攻勢已上路，但比利時的擔保國的部隊卻還未到。國王對布洛克維爾說：「我們是孤軍。」他斷定：德軍很可能入侵比利時中部，占領布魯塞爾，但「一切的最後結果仍不確定」。法軍騎兵的確預期在那天抵達那慕爾一帶，霞飛在通知艾伯特國王法軍的任務時，曾向他保證，以總指揮部的最佳意見，默茲河以西的德軍單位只是「煙幕」。他承諾很快就會有更多法國部隊到達，與比軍合作抗敵。艾伯特國王認為，在傑特河及於伊的德軍並非煙幕。他倆做出政府遷離首都的悲傷決定。八月十八日國王也下令，全軍自傑特河撤退，前往安特衛普，比軍總部也撤出魯汶，後退到十五英里外的馬林（Malines）。

這命令引起比利時參謀本部主戰派，「令人難以置信的沮喪」，尤其在彭加勒的私人代表阿德貝心中。法國駐比國公使不幸地承認，阿德貝精力充沛，也十分合適在打仗時衝鋒陷陣，但他從事外交「有所不及」。

阿德貝氣炸：「你們不會只因為騎兵煙幕就撤退吧？」他既震驚又生氣，指責比軍「正當法國騎兵團出現在桑布爾河和默茲河以北的此刻」，不事先警告就「放棄」法軍。他說，此舉的軍事後果很嚴重，德軍會士氣大振，布魯塞爾將暴露於「德國騎兵的襲擊」下。他對敵軍實力的看法是，兩天後將有超過二十五萬大軍，進攻布魯塞爾。無論阿德貝的判斷錯得多離譜，他的語氣有多無禮，從法軍觀點，其痛苦可以諒解。退至安特衛普意味著比軍會退出盟軍防線的側翼，在法軍大攻勢前夕，切斷與法軍的聯繫。

八月十八日那天，國王數度改變決策，一方面想要挽救比軍不致被消滅，一方面又不願在法國援兵也許快到時，放棄好陣地，這令國王苦惱，不易做決定。在那天結束前，霞飛發出當天的十三號命令，解決了國王的兩難。命令中明白指示，法軍的主要攻勢是朝另一方向，防守默茲河以西通道就交給比利時，以及第五軍團與英軍可提供的協助。艾伯特國王不再猶豫。他再確認向安特衛普的撤退令，當晚比軍五個師離開在傑特河的陣地，退至安特衛普軍營，在八月二十日抵達。

霞飛的十三號命令是大規模攻入德軍中央的「準備出發」訊號，法軍一切希望都寄託於此。受令者是第三、四、五軍團，也傳給了比軍跟英軍。命令中指示厄菲及朗格的第三、四軍團，準備進攻阿登地區，第五軍團則有兩個選項，可以最後評估默茲河以西德軍的實力，來做決定。選項一是蘭赫薩克向北攻，渡過桑布爾河，「與比軍英軍完全攜手」。選項二是假定敵人在默茲河西，「僅一小部分右翼部隊」投入戰鬥，蘭赫薩克就要再渡河回來，支援對阿登的主攻勢，「把對付桑布爾河、默茲河以北的德軍的任務，留給比軍英軍。」

但這是辦不到的指令。它要求蘭赫薩克部隊，不是一個單位，而是三個軍、七個獨立師的多個單位，分布於寬三十英里的區域，當時他們正往桑布爾河前進，卻要面對兩個選項，第二的選項是回到原部署，但三天前蘭赫薩克才費盡力氣拒絕過。這指令原可能使蘭赫薩克完全停下來，一動不動，等候霞飛做出選擇。然而「僅一小部分右翼部隊」這一句，使他對總指揮部徹底失去信心。他無視第二個選項，繼續向桑布爾河前進。他通知霞飛，八月二十日就會到達作戰位置，反攻企圖在那慕爾至沙勒羅瓦間渡河的敵軍，「把他們丟回桑布爾河裡」。

蘭赫薩克部隊向目的地前進時，高唱《桑布爾河與默茲河》，那是紀念一八七〇年的歌曲，也是法軍最喜歡的行軍歌：

桑布爾河與默茲河軍團，向自由的呼聲邁進！
追尋通往不朽的光榮之路。
桑布爾河與默茲河軍團，為自由的呼聲而死！
寫下令其不朽的光榮一頁。

決定十三號命令的思維是，總指揮部鐵了心，一定要執行十七號計畫到底，那是把所有勝利希望寄託於決戰的計畫。八月戰事方興未艾，各方仍普遍相信，透過決定性戰役，很快就能結束戰爭。總指揮部堅信，無論德軍右翼有多強，法軍對德軍中央的攻勢，會成功地隔絕並摧毀德軍右翼。當晚梅西米為桑布爾河下方防禦脆弱的邊界「十分苦惱」，他打給霞飛，得知總司令已就寢。梅西米對霞飛的敬畏大於他的苦惱，便同意不要叫醒霞飛。貝特洛安慰他說：「德軍要是輕率地在比國北部進行包圍行動，那最好！他們右翼的人愈多，我們愈容易突破其中央。」

—

那天德軍右翼在比利時大舉移動，克魯克部隊在外側，向布魯塞爾前進，畢洛部隊在中間，向那慕爾前進，豪森部隊在內側，向迪南前進。駐守那慕爾的是比軍第四師及在地部隊，孤立無援，儘管列日被攻破，大家仍認為那慕爾是固若金湯的堡壘。即使注意到列日的人也認為，那慕爾至少能撐得夠久，好讓蘭赫薩克渡過桑布爾河，與當地守軍聯繫上，並把部隊部署在那慕爾堡壘圈外圍。前駐布魯塞爾武官杜瑞（Duruy）上尉，奉派至那慕爾當聯絡官，八月十九日他悲觀地向蘭赫薩克報告，他認為那些堡壘撐不了多久。堡壘守軍與其他比軍隔絕，士氣及彈藥都很低落。儘管許多人對其觀點不以為然，杜瑞依然不改悲觀的看法。

八月十八日克魯克主力部隊抵達傑特河，卻發覺任務因比軍而失敗。克魯克的任務是要摧毀比利時軍隊。他原打算衝破比軍與安特衛普的中間，讓比軍在抵達基地獲得安全前，就把圍剿他們。但他太遲了。艾伯特國王撤軍，拯救了比國軍隊，也使比軍在克魯克後來轉向南去進攻巴黎時，會對克魯克的後方構成威脅。克魯克被迫向陸指部報告：「他們總是逃脫得了我方掌握，以致其部隊未曾遭決定性擊潰，也不曾被逼離開安特衛普。」

克魯克必須很快向南轉，這不僅使比軍在他後方，還有新的敵軍，也就是英軍在他前方。照德軍推斷，英軍合理的登陸地點，應是最接近比利時前線的港口，而克魯克騎兵的偵查，受制於人類的奇妙能力，能夠看到即使不存在但符合自己預期的東西，於是正式報告英軍在八月十三日於奧斯滕德（Ostend）、加萊、敦克爾克（Dunkirk）等地登陸。這使英軍幾乎在任何時刻都可能來到克魯克前方。當然英軍其實根本不在那裡，而是在更南邊的海岸，在布洛涅、盧昂、阿弗爾登陸。然而奧斯滕德的報告引起陸指部擔心，克魯克向南轉時，其右側可能遭英軍攻擊，若他讓左翼部隊轉去應敵，則克魯克與畢洛的部隊間也許會出現缺口。陸指部為防止此種危險，在八月十七日下令克魯克聽命於畢洛，克魯克對此極為不滿。陸指部怎可能根據英軍在奧斯滕德登陸的報告採取行動，又在同一天告訴魯普雷希特，英軍尚未登陸，而且可能根本不會來。這是戰爭的怪事之一，只能用猜測來解釋。或許陸指部負責左翼與負責右翼的，不是同一群參謀官，而他們也不曾互通消息。

第一、二軍團的指揮官，都是再過兩年就七十歲的老將。克魯克長相奇特、膚色黑、面相凶猛，看來比實際年齡年輕，而畢洛的白色髫髭及鬆弛圓臉，看來比實際年齡老。克魯克曾在一八七〇年戰爭受傷，五十歲時獲得「馮」（von）的貴族稱號，一次大戰前已被選為進攻巴黎的主要將領。其部隊理當是德軍右翼的龍頭，要調節全軍步調，也擁有最強攻擊力，其前線密度，每英里有一萬八千人（約每公尺十人），畢洛是一萬三千人，魯普雷希特才三千三百人。但陸指部始終擔心出現缺口，認為畢洛在右翼的中央，是維持三個軍團並駕齊驅的最佳位置。克魯克對此種安排十分生氣，很快就跟畢洛爭吵他每天下達的行軍軍令，且又因通訊不良，引起一片混亂，十天後陸指部被迫收回成命，後來也的確出現缺口，但已無法挽回。

比利時人甚至比畢洛更加考驗克魯克的脾氣。比國軍隊迫使德軍必須打出通路，延誤進軍時程，又炸毀鐵道和橋樑，打斷彈藥、食物、藥物、郵件和所有其他補給的流通，導致德軍要不斷分散心力，去維持後方道路的暢通。比國平民阻住道路，最糟的是切斷電話和電報線，不但擾亂部隊與陸指部的通訊，也使軍團與軍團、軍與軍之間聯繫困難。如克魯克所稱，這「攻勢極猛的游擊戰」，特別是平民游擊隊向德國士兵放冷箭，激怒了他與其他指揮官。自其部隊進入比利時那一刻，他便發現有必要採取行動，用他自己的說法是：「毫不留情的報復」，如「射殺個人，燒毀房屋」，以對付平民「不擇手段」的攻擊。村落焚毀與人質死亡，是第一軍團走過之處的標記。八月十九日德軍渡過傑特河後，發現比軍已連夜撤走，他們把狂怒發洩在阿爾斯霍特（Aerschot），那是傑特河與布魯塞爾間的一個小鎮，是比國人民最早遭受大量處決之地。阿鎮有一百五十名平民被射殺。後來此過程由畢洛的部隊在阿登和塔米訥（Tamines）重複上演時，人數愈殺愈多，到豪森的部隊在迪南時達顛峰，共屠殺了六百六十四人。其做法是把居民集中於主廣場，通常女子一邊，男子一邊，每邊十人一組或兩人一組，或同一邊站滿所有人，憑個別軍官一時興起，然後把他們趕到附近田野或火車站後面空地，再射殺他們。比利時現有許多城鎮的墓地，裡面是一排排的紀念墓牌，上面刻著姓名、一九一四年的日期和銘文，上頭多是「遭德國人射殺」，也有許多較新、較長排的墓碑，刻著同樣的銘文和一九四四年的日期。

指揮第三軍團的豪森，跟克魯克一樣發現到比利時人的「背叛」行為，為他們的路途「製造了多重障礙」，需要「毫不猶豫、最最嚴厲地」報復他們。包括「逮捕重要人物當作人質，如地主、鎮長、教士，燒毀房屋農田，處決被抓到從事敵意行為者」。豪森的部隊是薩克森人（Saxons），這名稱在比利時成為「野蠻」的同義詞。豪森本人難以忘懷「比利時人的敵意」，他發現「我們受到如此憎恨」，這不斷令他感到詫異。他憤怒抗議戴格瑞蒙（D'Eggremont）家族的態度，他們的豪華城堡有四十個房間，有多處溫室、花園，及飼養五十匹馬的馬廄。豪森曾在此借住一晚。年長的伯爵走動時「口袋裡緊握拳頭」；兩個兒子晚餐時缺席；父親很晚才出現，並拒絕交談，甚至不回答問題。儘管豪森有禮地節制，命令手下憲兵不可沒收戴格瑞蒙伯爵出使東方時，所蒐集的中國、日本武器，但他們卻一直維持這種不愉快的態度。那是最令人灰心的經歷。

除個人的行為外，德軍的報復行動也並非針對比利時人挑釁而產生的自然反應。以德國人通常會顧及所有偶發事件，這也是事先準備好的，目的在盡快讓比國人感到害怕，以節省時間和人力。速度很重要。讓所有可用部隊都進入法國也很重要；由於比利時頑強抵抗，就需留下軍隊，而那會妨礙進攻法國。德軍已事先印好告示。德軍一進入某村鎮，村鎮的牆壁就會變白，彷彿是聖經中的染上瘟疫，每棟房屋一下子都貼上海報，警告居民不可有「敵意」行為。平民射擊士兵的處罰是死刑，一些較輕微的行為也是，例如「任何人接近飛機或汽球站兩百公尺以內，當場擊斃」。被發現藏有武器的屋主，槍斃。被發現窩藏比國士兵的屋主，將送往德國服「終生」苦役。對德軍士兵犯下「敵意」行為的村落，「將被焚毀」。若此種行為發生於兩村之間的道路，則兩村村民均會遭到相同懲處。

簡言之，告示最後說：「所有敵意行為均適用下列原則：執行懲罰將毫不留情，整個村鎮都有責任，許多人會被抓去當人質。」此種集體負責的原則雖經《海牙公約》明文禁止，卻在一九一四年震撼了世界，世人原以為人類已經進步了。

克魯克抱怨，使用這些方法不知為何「除惡甚慢」。比利時人繼續表現最難安撫的敵意。「該國人民這些邪惡作為，侵蝕到我軍要害。」報復日益頻繁而嚴酷。焚燒村莊的煙霧，擠滿逃難居民的道路，市長鎮長被當成人質遭射殺，這種種都被大批協約國、美國、其他中立國特派員報導給了全世界。因為霞飛跟基奇納禁止記者到前線，自開戰首日起他們便湧向了比利時。這群人是文筆生動的出色寫手，美國人有供稿給多家報社的戴維斯（Richard Harding Davis）、《柯立爾》週刊（*Collier's*）的歐文（Will Irwin）、《週六晚郵報》（*Saturday Evening Post*）的柯布（Irwin Cobb）、《芝加哥日報》（*Chicago Daily News*）的韓森（Harry Hansen）、《芝加哥論壇報》（*Chicago Tribune*）的麥卡欽（John T. McCutcheon）等等。他們自德軍取得證件，隨德軍同行。他們描寫劫後房屋的殘破；被燻黑的村子裡空無一人，只有一隻無聲的貓趴在損毀的門階上；破瓶子破窗玻璃散落街頭；未擠奶而乳房腫漲的乳牛，發出痛苦叫聲；看不見盡頭的一批批難民，帶著家當、馬車、推車、雨夜裡睡覺用的傘，行走於路旁；田中穀物已熟而彎下卻無人採收；一再聽到這類問題：「你們見到法軍嗎？法軍在哪裡？英軍在哪裡？」路上躺著一個破洋娃娃，頭已被拖砲車的車輪壓扁，看在美國某特派員眼裡，似乎象徵著比利時在此次戰爭中的命運。

八月十九日當子彈齊發聲，劃破二十五英里外的阿爾斯霍特，布魯塞爾卻不祥地安靜。政府前一天已遷走。國旗仍在街頭飄揚，旗上的紅布黃布折射著陽光。比國首都在最後幾小時似乎格外光亮，卻愈來愈安靜，幾乎是愁悶。就在最後一刻前，看到第一批法軍：一隊疲憊的騎兵緩慢騎過金羊毛大道，馬匹垂著頭。數小時後有四輛汽車駛過，上面滿載穿著奇怪卡其制服的軍官。民眾盯著看，發出微弱呼聲：「英國人！」比利時的盟軍終於來了，但為時已晚，救不了首都。十九日難民繼續自東邊蜂擁而至，國旗被取下；人民被警告；空氣中瀰漫著一種威脅。

八月二十日布魯塞爾被占領。街上突然出現烏蘭騎兵隊，攜帶隨時可刺出的長矛前進。他們只是可怖的軍力展示的頭一批，其後的威力與規模之大，教人幾乎不敢相信。自下午一時開始，走過一隊隊灰綠色步兵，鬍子刮過，頭髮梳好，軍靴剛擦亮，刺刀在太陽下閃閃發光，他們排列緊密，去除喪失兵員留下的空隙。騎兵同樣穿灰綠色制服，長矛上黑白三角旗飄動，彷彿來自中世紀的騎士。那數不清的馬蹄，以整齊隊形喀玎通過，所形成的方陣似能踩死擋住去路的一切。砲兵隊的重砲在鵝卵石路上發出隆隆巨吼。鼓聲響起。嘶啞的聲音應著《天佑吾王》(*God Save the King*)的曲調，齊聲高唱勝利之歌《萬歲勝利者的桂冠》(*Heil dir im Siegeskranz*)。一隊又一隊，一旅又一旅，德軍源源不絕。安靜的群眾看著他們遊行，為其規模之大、無窮無盡、壯麗完美而驚呆。展示裝備以震懾旁觀者的目的已達到。由四匹馬拉動的伙食車，點著火，煙囪冒著煙，其令人驚奇之處，不下於裝設為修鞋鋪的卡車，鞋匠站在工作檯前敲打靴底，等候修靴的士兵站在踏腳板上。

遊行維持在大道的一側，好讓乘汽車的參謀與騎單車的信差，可疾馳於遊行路上。騎兵軍官的秀各有千秋，有些抽著煙，表現淡漠傲慢，有些戴單片眼鏡，有些頸後一團肥肉，有些手持英式短馬鞭，個個做出刻意輕蔑的表情。征服者的遊行一小時一小時地繼續著，整個下午到晚上，整個夜裡至次日。連續三天三夜，克魯克的三十二萬大軍踏過布魯塞爾。德國總督占上位置；市政廳升起德國國旗；時鐘換上德國時間；德方要求布魯塞爾，在十天內付出五千萬法郎（一千萬美元）賠款，布拉班特省（Brabant）要付四億五千萬法郎（九千萬美元）。

在柏林，攻下布魯塞爾的消息傳來，鈴聲噹噹響起，街頭也傳出驕傲興奮的呼喊聲，人們欣喜萬分，陌生人相互擁抱，「狂熱歡慶」久久不散。

——

八月二十日法國的攻勢不受影響。蘭赫薩克已到桑布爾河，英軍也誠實待他。法蘭奇在屢屢搖擺後，現在向霞飛保證，次日就能投入戰鬥。但洛林傳來壞消息。魯普雷希特開始反攻，造成重大衝擊。凱斯蒂諾的第二軍團，因霞飛調走一個軍到比利時前線，而變得不平衡，正在後退，杜拜伊則報告遭到猛烈攻擊。在亞爾薩斯，巴奧面對德軍部隊大減，重新攻下米盧斯及所有周邊地區，但現在蘭赫薩克轉到桑布爾河，帶走中央攻勢的軍力，需要巴奧的部隊補位他們在戰線上的空位。霞飛基於急切需要，決定撤走巴奧的部隊：即使最大的祭品亞爾薩斯，也得放在十七號計畫的祭壇上。就像布里埃（Briey）鐵礦區，亞爾薩斯也可望靠勝利再收復，但巴奧對他才解放的民眾發出最後告示，字裡行間說出了他的無望感。「北方的大戰役開始，那將決定法國的命運，連帶亞爾薩斯的命運。總司令召集法國所有軍隊到那裡，要發動決定性攻擊。我們對必須暫時離開亞爾薩斯，感到十分懊惱，但那是為了保證它得到最終解放。亞爾薩斯軍與其指揮官，痛苦地對這殘忍的必要之舉低頭，若非萬不得已他們絕不會這麼做。」

事後法國手裡只剩下坦恩（Thann）一帶一小塊楔形領土，霞飛十一月來此，只簡單說：「我為各位帶來法國之吻」，令沉默的群眾流下淚來。亞爾薩斯其他地區要等漫長的四年，才獲得最終解放。

蘭赫薩克在桑布爾河，準備翌日發動攻勢。借用史畢爾斯的話：「二十日對部隊是大日子。空氣中有危機感。人人都覺得偉大戰役即將到來。第五軍團士氣極高。……他們對成功有十足把握。」他們的指揮官卻不然。霞飛在最後一刻擺出作為，派出三個地方自衛師到英軍左側，其指揮官阿馬德（d'Amade）將軍也焦慮不安。他向總指揮部提出疑問，貝特洛答：「有關比國境內德軍力量的報告十分誇大。沒有理由緊張。此刻照我的命令部署已足夠。」

那天下午三時，第四軍團的朗格報告敵軍越過其前線的動態，並請示霞飛是否應立即發動攻勢。總指揮部卻始終堅信不移：德軍向右翼的動作愈多，中央愈空虛。霞飛答：「我明白你不想再等，但依我看來，攻擊時刻還未到。……當我們為攻擊而等待時，這一區（阿登）清空得愈多，對第四軍團在第三軍團支援下，預期的進攻結果就愈有利。所以最為重要的是讓敵軍通過，朝西北走，不要太早攻擊它。」

當晚九時，他判斷時機已到，便下令第四軍團立刻展開攻擊。那是發揮衝力的時刻。霞飛在八月二十日夜晚來臨時向梅西米報告：「我們有理由抱持信心，靜候戰況發展。」

# 第十四章 潰敗：洛林、阿登、沙勒羅瓦、蒙斯

亨利・威爾森在八月二十一日的日記中寫著：「這是光榮而偉大的想法，在本週結束前，世人曾聽過的最偉大戰役將已打完。」他下筆之際，戰鬥已經開始。從八月二十至二十四日，戰火在整個西線燃燒，史上總稱為「邊境戰役」（Battle of the Frontiers），實際上是四場戰役。自洛林右側開始，那裡十四日起就一直在打仗，戰果沿邊界各地傳達，使洛林的問題影響到阿登，阿登影響到桑布爾河與默茲河（史稱沙勒羅瓦之役〔Battle of Charleroi〕），沙勒羅瓦影響到蒙斯。

八月二十日早上在洛林，杜拜伊的第一軍團及凱斯蒂諾的第二軍團，與薩爾堡、莫朗日防禦完備的德軍交戰，傷亡慘重。極限攻勢面對守軍的重砲、帶刺鐵絲網、戰壕中機槍，太快便發現它難以施展。法軍戰地守則在設定攻擊戰術時，曾計算在敵軍步兵有時間舉槍、瞄準、發射前，步兵陣線衝鋒二十秒，可推進五十公尺。但如法軍某士兵事後憤憤地說，這些「演習時如此認真的操演」，在戰場上證實是愚不可及。敵軍發射機槍僅需八秒，不是二十秒。戰地守則也計算過，七五砲射出的砲彈碎片，會迫使敵軍低著頭，「憑空亂射」，而「抵銷」防衛。可是正如漢米爾頓由日俄戰爭提出的警告，遭彈片攻擊的敵人若躲在戰壕矮牆後，即可繼續從射孔中直接向攻擊者射擊。

儘管戰敗，兩位法國將軍八月二十日仍下令進攻。法軍沒有砲兵的火力支援，就逕行攻向德軍強固

的陣線。德軍陸指部不敢拒絕的魯普雷希特反攻，也在同一天早上啟動殺傷力大的砲火，把法軍陣勢打出好多破口。凱斯蒂諾軍團下的福煦第二十軍領頭進攻。面對莫朗日的防守，他們攻擊並不順利。輪到巴伐利亞軍攻擊，魯普雷希特向來不願壓抑他們的狂熱，他們衝進法國領土，只要一有人大喊「游擊隊」，他們就開始瘋狂劫掠、射殺、焚燒。在摩薩爾河谷，梅斯與南錫間的古鎮諾默尼（Nomeny），八月二十日有五十個平民被槍殺或刺刀刺死。鎮上房屋有半數被砲轟炸毀，其餘也由巴伐利亞軍第八團的漢納佩（von Hannapel）上校下令燒掉。

整個戰線戰鬥十分激烈。凱斯蒂諾部隊的左翼，遭到德軍梅斯駐軍的分遣隊猛攻。左翼漸失守，所有後備軍也都已投入，凱斯蒂諾知道大勢已去，便停止進攻。採守勢是禁忌，不得有此想法，但此刻必須承認這是唯一的選擇。批評十七號計畫最力者，曾建議凱斯蒂諾應該承認，法軍的職責是保衛國土而非攻擊，他是否承認則不得而知。凱斯蒂諾迫不得已下令，全軍退至大古隆納防線。他右邊的杜拜伊第一軍團，雖傷亡慘重，仍堅守陣地，甚至有所進展。當凱斯蒂諾撤退使其左翼曝險，霞飛下令第一軍團與鄰軍一起後退。杜拜伊對必須放棄苦戰七天奪得的領土，心生強烈的「反感」，他與凱斯蒂諾以往的過節，並未因他認為「以我軍位置根本不必要」的撤退而緩和。

法軍雖還不知道，但莫朗日的屠殺澆熄了攻勢至上的烈火。它死在洛林的戰場上，在那一天結束時，滿目只見屍橫遍野，因突然死亡而形成窘迫的姿勢，彷彿此地曾遭可怕的颶風掃過。如某個倖存者事後領悟到，那是一種教訓，是「上帝在教導君王律法」。守勢的力量將使初期的動態戰，變為四年之久的陣地戰，消耗掉一個世代的歐洲人性命，其力量正展現於莫朗日。十七號計畫精神之父，也是說這句話的福煦，「只有一種自我防禦方式，即一準備好就進攻」，他在莫朗日親身目睹且經歷了它。再經四年無節制、無情、無用的殺戮，進攻方總是無法壓倒守勢方。福煦獲得了最後的勝利。然而，法國在一次大戰中學到的教訓，卻替下一場大戰帶來了負面的影響。

八月二十一日凱斯蒂諾獲知，其子在洛林的戰役中陣亡。他對試著表達慰問的部屬，靜了一下，然後說：「各位，我們會繼續」，這後來變成法國一句口號。

次日魯普雷希特重砲的轟轟聲不斷，像是狂奔中的獸蹄正在接近。有四千枚砲彈落在諾默尼附近的聖熱納維耶夫（St. Geneviève），砲轟長達七十五小時。凱斯蒂諾認為情況嚴重，可能需要退至大古隆納後方，放棄南錫。後來福煦寫道：「我二十一日到南錫，他們想要撤離當地。我說敵人距南錫還有五天，第二十軍也在那裡。他們看輕第二十軍，我一定抗議！」此時講堂上的抽象概念，變為戰場上的「進攻！」福煦說，若有很強的防線做後盾，最佳的防禦便是反擊，他的論點獲採納。八月二十二日他看到機會。在法國的圖勒與艾皮納勒要塞區之間，有一個名為夏姆隘口（Trouée de Charmes）的天險，法軍原預計把德軍攻勢導向此處。偵查結果顯示，魯普雷希特正朝夏姆進攻，使其側翼曝險於南錫的法軍。

魯普雷希特此次行動，是與陸指部另一通攸關重大的電話決定的。德軍左翼成功自薩爾堡和莫朗日擊退法軍，產生兩個結果：魯普雷希特獲頒一等與二等鐵十字（Iron Cross）勛章，這是相對無害的結果；其二是恢復陸指部想在洛林決戰的期望。或許德軍強大的兵力，終究掌握得了正面攻擊。或許事實會證明，艾皮納勒與圖勒會像列日一般不堪一擊，摩薩爾河也不比默茲河，是更大的阻礙。或許左翼的兩個軍團，終究能成功突破法軍加強的防線，並與右翼合作，完成真正的坎尼會戰，也就是兩面包夾。如塔本所報告的，這是閃耀在陸指部眼前的美景。彷彿妖婦的笑容，它戰勝多年來對右翼單一、執著的忠誠。

毛奇與顧問們屏息討論此構想時，魯普雷希特的參謀長克拉夫特來電，他想知道是否要繼續攻擊，還是暫停。原本的默契向來是魯普雷希特的部隊一旦遏制住法軍初步攻勢，穩住本身前線，就會停下來，安排防禦，並釋出所有可用軍力去強化右翼。但陸指部又謹慎地提供替代方案，名為「狀況三」，允許越過摩塞爾河攻擊，但必須在陸指部明令之下。

克拉夫特要求：「我們必須確切知道如何繼續行動。我想可以執行狀況三了。」

作戰處長塔本答：「不，不！毛奇尚未決定。你等五分鐘不要掛斷，我或許可以給你你要的命令。」不到五分鐘他就帶回意外的答覆：「堅持艾皮納勒方向。」

克拉夫特「很吃驚」。「我覺得在那幾分鐘裡，此次戰爭最具重要性的決策之一已做出。」「堅持艾皮納勒方向」，代表要經由夏姆隘口進攻。要投入第六、七軍團，正面攻擊法國堡壘線，而非把他們留下來增援右翼。魯普雷希特準時在翌日，也就是八月二十三日積極進攻。福煦反擊。隨後數日，德軍第六、七軍團在貝爾福、艾皮納勒及圖勒的砲火支援下，陷入與法軍第一、二軍團的戰鬥。他們全力作戰時，其他戰役也在開打。

---

進攻洛林失敗並未使霞飛氣餒。他反而認為魯普雷希特的猛烈反攻，會讓德軍左翼無暇分身，正是他向德軍中央發動攻勢的好時機。霞飛是得知凱斯蒂諾自莫朗日撤守以後，在八月二十日晚上，發出在阿登展開攻擊的訊號，那是十七號計畫的核心、基本行動。當第四和第三軍團進入阿登的同時，他命第五軍團渡過桑布爾河，攻打敵軍「北群」，那是總指揮部對德軍右翼的稱呼。儘管他剛由阿德貝及法蘭奇處得知，比軍跟英軍不會如預期前往支援，但他還是下達攻擊命令。比軍除了在那慕爾的一個師，已中斷聯繫，英軍指揮官則表示，還要三、四天才能上戰場。除去情況出現這種變化，洛林之役也透露出戰鬥執行上的危險錯誤。早在八月十六日法軍已察覺這些錯誤，當時霞飛指示所有司令官，必須學習「等候砲兵支援」，防止部隊「倉促暴露於敵軍火力之下」。

但法國仍信守十七號計畫，以它為獲得決定性勝利的唯一設計，而它要求進攻：立刻，不得拖延。唯一的替代方案應是馬上改為防守法國邊界。以法軍體系的訓練、規畫、思維、精神，這都是難以想像的。

再者總指揮部深信，法軍各軍團在中央具有人數優勢。法軍參謀本部也放不下主宰其一切計畫的理論：德軍中央勢必變得薄弱。霞飛就是基於此信念，下令八月二十一日在阿登區和桑布爾河全面進攻。

阿登的地形不適合進攻。那裡多林木，多山丘，高低不一，山勢在法國這邊通常是上坡，又有許多溪流，在山丘間切割出斜坡。凱撒當年花費了十天才穿過阿登，他形容那神祕、黑暗的森林是「充滿恐怖之地」，路徑泥濘，不斷有霧氣自泥煤沼升起。此後阿登區有許多地方被清理及耕作；有道路、村落和兩三座城鎮，取代了凱撒時代的恐怖，但仍有大片地區是濃密茂盛的森林，沒什麼道路並且易於埋伏。法軍參謀官在一九一四年前曾數度查訪當地地形，明白其困難之處。儘管他們提出警告，阿登區仍被選為突破點，因為預期在這裡、在中央，德軍的實力最弱。法軍是根據以下理論自我說服這種立場可行——正由於困難，使它如霞飛所說，「這對像我們這樣重砲不足但野戰砲有優勢的一方相對有利。」霞飛的回憶錄雖常用「我」，卻是由一群軍方協力者編寫，代表一九一四年與之前，參謀本部主流思維的謹慎而相當於官方的說法。

八月二十日總指揮部推斷，據報在前線移動的敵軍單位，是前往默茲河的德軍，因此設想阿登的敵軍相對「稀少」。霞飛打算突襲，便禁止步兵偵查，以免在主要交戰前與敵人接觸，引起小衝突。突襲確實做到了，不過遭突襲的是法軍。

阿登的下方角落與法國洛林上方角落接壤，布里埃鐵礦區就位於此地。這一帶一八七〇年即被普魯士軍占領。當時布里埃尚未發現鐵礦，也未包含在德國併吞的洛林內。鐵礦區的中央是希耶河（Chiers）岸的隆維（Longwy），攻下隆維的榮耀要保留給帝國皇儲：德軍第五軍團司令。

皇儲時年三十二歲，長得狹胸、瘦弱，面如狐狸，完全不像皇后每隔一年，就為皇夫威廉生下的他的五個結實弟弟。皇儲給人身體羸弱的印象，美國有個觀察者說他：「僅有平常人的智力」，不如其父。他像父親喜歡裝模作樣，擺出戲劇化的誇張姿態。他有國王長子常見的強迫性抗父情結，表達方式也很常見：政治對立及私下放蕩。他成為最激進黷武意見的支持者及資助者。柏林商家出售他的照片上，會印著：「唯倚賴刀劍，始能獲得應有但非自動賦予的陽光之地。」儘管他接受的教養是為領導軍隊，但相關訓練還談不上足夠。他曾任骷髏頭驃騎兵團（Death's Head Hussars）上校，在參謀本部服務一年，但不曾當過師長或軍長。可是皇儲覺得，他在參謀本部的經驗及過去幾年參與參謀巡查，「給我指揮大型單位的理論基礎」。施里芬恐怕不像他那麼有信心，他強烈反對任命年輕、經驗不足的指揮官。他擔心這些人更有興趣於搶功，「瘋狂追求最高榮譽」，而非遵守戰略計畫。

第四軍團是由符騰堡公爵指揮，而皇儲第五軍團的角色，是作為德軍右翼的中樞，當右翼向外向南散開去進行大包圍，中央則緩慢前進。第四軍團是經阿登北部，去攻打訥沙托，第五軍團是經阿登南部，去攻打維爾通（Virton）與兩個法國要塞城鎮隆維和蒙梅迪（Montmédy）。皇儲的總部設在蒂永維爾，德國人稱迪滕霍芬（Diedenhofen），他在此吃有男子氣概的伙食：包心菜湯、馬鈴薯、辣根煮牛肉，並有皇族限定的補充飲食：綠頭鴨、沙拉、水果、葡萄酒、咖啡、雪茄。皇儲被當地人「凝重陰沉」的面孔圍繞，又豔羨列日勝利的榮耀及右翼德軍的進展，他和其參謀們熱切地等候行動。終於在八月十九日傳來進攻命令。

與皇儲部隊對陣的，是厄菲指揮的法軍第三軍團。厄菲是孤獨的重砲倡導者，他為重砲表現出的雄辯，使他有「大砲詩人」之稱。他不僅勇於質疑七五砲的無所不能，也建議使用飛機為攻擊武器，並成立三千架飛機組成的空軍。他的主張未受青睞。福煦在一九一〇年說：「這些全是玩笑話。」他還說，對軍方「飛機沒有用途！」次年加利埃尼在演習時，用飛機進行偵查，引起最高戰爭委員會某上校及其參謀們的注意。到一九一四年法軍已在使用飛機，但厄菲仍被視為「太有想像力」。再者因為他表現出，不願讓參謀官告訴他該怎麼做，所以尚未進入阿登前，已在總指揮部樹敵。厄菲總部設於凡爾登，其任務是把敵人趕回梅斯—蒂永維爾，把他們圍在那裡，並在進攻過程中收復布里埃區。當他自德軍中央右側包圍敵人時，鄰軍朗格指揮的第四軍團，會自左側包圍。這兩支法軍將穿過中央，自肩部砍掉德軍右翼之臂。

朗格是一八七〇年戰爭老將，雖在戰爭爆發前一月，已達法軍六十四歲的年限，但獲留任指揮官。他外表短小精悍、機敏靈活、精力充沛，很像福煦，也像他一樣，在照片中總是看似迫不及待。朗格枕戈待旦，甚至為不能立即行動感到痛苦，他不因令人心煩的消息而洩氣。他的騎兵在訥沙托附近作戰時，遭到重兵對抗，被迫撤退。某參謀官駕車偵查，也帶回更多警訊。他曾在阿爾隆（Arlon）與憂心的盧森堡政府官員談過，對方說德軍在附近森林「人多勢眾」。回程時其汽車遭到射擊，但他給第四軍團總部的報告，被評斷為「悲觀」。當時的氛圍是英勇，而非審慎。快速行動的時刻來臨，不可猶豫。直到戰役結束後，朗格才想起，他曾不贊成霞飛下令：「不必我先徵詢意見」就攻擊；事後他才寫道：「總指揮部想要出其不意，但被突襲的是我們。」

厄菲遭遇的麻煩比鄰軍更多。他更認真看待比利時農民帶來的，德軍暫住於森林及玉米田的報告。當他告訴總指揮部，他對對陣敵軍的實力估計時，無人在意他，並如他後來所宣稱，甚至不看他的報告。

八月二十一日早上，阿登各地自地面以上都是濃霧。德軍第四、五軍團十九、二十日都在前進，同時一面掘好戰壕為陣地。他們知道法軍會攻過來，但不知何時何地。在濃霧中，被事先派去偵查戰地的法軍騎兵巡邏隊，「等於被矇住眼睛」。敵對的兩支部隊在林木與山丘間行進，幾步之外就看不見，在還不清楚眼前情況時，彼此已撞在一起。當最前面的單位一接觸，指揮官便知道戰鬥已在四周爆發，德軍就開始掘戰壕。而法軍軍官在戰前訓練中，因擔心讓士兵變得「不靈活」，不願給他們戰壕訓練，又盡可能不帶十字鎬和鏟子，此時便以刺刀硬攻。他們被機槍掃平。在某些遭遇中，法軍的七五砲也殺死同感意外的德軍。

第一天兩軍是分散地初步交手；到二十二日下阿登區捲入全面戰鬥。在維爾通、坦蒂尼（Tintigny）、洛西紐（Rossignol）、訥沙托各自的戰鬥中，砲聲隆隆，火光四射，士兵相互衝撞，傷者倒下，死者堆積。在洛西紐，法軍第三殖民師的阿爾及利亞士兵，被德國皇儲軍團的第六軍包圍，苦戰六小時，直至僅殘餘少數倖存者。其師長哈夫奈爾（Raffenel）將軍及旅長之一洪多奈（Rondoney）將軍均陣亡。一九一四年八月，將官的傷亡如同一般士兵。

在維爾通，薩海伊（Sarrail）將軍指揮的第六軍，藉七五砲的火力，擊敗德軍側翼的一個軍。因恐懼而暈眩的某法國軍官報告：「戰地事後的景象令人難以置信。數千名死者仍站著，彷彿由屍體構成的拱柱支撐著，屍體一排排向上堆疊，形成與地平面呈六十度角的上升弧形。」來自聖西爾軍校的軍官，戴白羽毛圓筒帽及白手套加入戰鬥；當時認為戴白手套而死是「時髦」。不知名的法軍士官記著日記：「大砲每次發射都會後退。夜色漸深，它們看似老人伸出舌頭，吐出火花。一堆堆屍首，法軍德軍都有，遍布四面八方，手裡還拿著步槍。雨下下來，砲彈呼嘯、爆裂，一個接一個。砲火是最糟的。我整晚躺著，聽著傷者呻吟，有些是德軍。砲轟持續。每當它停下，我們就聽見森林裡全是傷兵的哭聲。每天都有兩三個士兵發瘋。」

在坦蒂尼也有德國軍官寫日記。他記下：「再也想像不到更可怕的事。我們前進得太快；一個平民向我們開槍，他立刻被射殺；我們奉命在山毛櫸林中，攻擊敵人側翼；我們迷失方向；完蛋了；敵人開火；砲彈像冰雹落在我們身上。」

此時大家已知，魯普雷希特在薩爾堡及莫朗日的勝利，皇儲不願被比下去，便督促其部隊不可輸給友軍的「英勇與犧牲奇蹟」。他已把總部移往在隆維對岸的盧森堡埃施（Esch），並以牆上釘著的巨大地圖，追蹤此次戰役發展。懸而未決是折磨，與科布倫茲通話很糟糕；陸指部「距前線太遠」；戰鬥可怕，損傷慘重；他說，隆維尚未攻下，但「我們感覺已制住敵軍攻勢」；據報法軍撤退失序，並未按計進行。

確實如此。此次戰役前最後一刻，厄菲氣憤地發現，有三個後備師，總計約五萬人，原本屬於他的軍團，現在卻不是了。霞飛為因應魯普雷希特進攻的威脅，把他們抽出來，再加上別處分來的四個後備師，特別組成洛林軍團（Army of Lorraine）。由莫努里（Maunoury）將軍指揮的洛林軍團，八月二十一日在凡爾登與南錫間開始成軍，要支援凱斯蒂諾的軍隊，並保護前進阿登的右翼。那是最後一刻的重新安排，事後證明那彈性救了法軍，但當時卻導致負面結果，因為那削弱了厄菲的實力，並在關鍵時刻使七個師動彈不得。厄菲後來總是說，若有那額外的五萬人，他已向他們下達命令，則他可以打贏維爾通之役。但他在當時的壞脾氣可能起了反效果。當戰役進行時，總指揮部參謀來到其總部，厄菲爆怒地說：「你們總指揮部那些人，從不看我們送去的報告。你們像敵人袋子裡的牡蠣一般無知。……告訴總司令，他的行動比一八七〇年還糟，他什麼也看不見，處處都無能。」這不是在奧林匹斯山會受歡迎的話，霞飛與隨從諸神，更想把罪責歸給現場指揮官與部隊無能，包括厄菲。

同一天八月二十二日，朗格經歷著指揮官最難熬的時刻：等候前線消息。他「極痛苦地」把自己鎖在軍團總部，地點是距色當二十英里的默茲河斯特奈（Stenay），他收到不好的報告，一則接一則。想衝至戰鬥現場的本能，只能靠提醒自己：將領不可消失在部隊中，只能在遠處指揮其行動，才抑制得住。要在參謀面前保持鎮定，還有「領導人在關鍵時刻不可或缺的自我控制」，同樣不容易。

那天結束時，已知殖民軍傷亡慘重。另一軍也在撤退，危及鄰軍，朗格認為，是其軍長指揮不當。他不得不向霞飛報告：「在坦蒂尼嚴重受挫，所有參戰部隊結果均不理想」，並表示，其部隊折損並散亂，無法執行八月二十三日的命令。霞飛根本拒絕採信。即使收到朗格的報告後，他還是大言不慚地向梅西米報告，法軍已部署在「敵人最脆弱之處，以確保我方人數上的優勢」。總指揮部已盡到責任。現在全看「擁有那優勢」的部隊與指揮官的表現。霞飛也向朗格做同樣保證，並堅持在他前方的敵軍不超過三個軍，因此他必須恢復攻擊。

其實在阿登區的法軍並未享有優勢，正好相反。德國皇儲的軍團除包含法方已知的三個軍，還有兩個後備軍，其人數與現役軍相同，符騰堡的軍團也一樣。加起來總人數和大砲數，比法軍第三、四軍團多。

八月二十三日戰鬥持續，到那天結束時已知，法軍射向目標的箭已折斷。阿登的敵軍原來「並不脆弱」。儘管德軍右翼實力強大，但中央也不弱。法軍並未「將他們截為兩段」。法軍揮劍大喊「衝啊！」以他們自豪的所有熱情，由軍官率領士兵進攻，對抗挖戰壕及使用野戰砲的敵人。灰綠色融入霧氣與陰影中，擊敗太顯眼的紅長褲；持續、扎實、有方法的訓練，擊敗了衝力。法軍在阿登的兩個軍團都在撤退，第三軍團退往凡爾登，第四軍團退往斯特奈及色當。法國並未奪回布里埃的鐵礦，會在未來四年漫長的戰爭中為德國鑄造彈藥，沒有那些鐵礦德國撐不了那麼久。

然而在八月二十三日晚，霞飛並未意識到在阿登敗退到什麼程度。他打給梅西米的電報說，攻勢「暫時被擋住」，但「我會盡全力恢復攻擊」。

德國皇儲的軍團在那天經過隆維，把那裡的堡壘交由攻城軍去拿下，自己則奉令前進，去攔截來自凡爾登的法軍第三軍團。不到一個月前皇儲才被父親告誡，要事事聽從參謀長，「照他的話做」，如今在此勝利之日，他收到「威廉老爸」的電報，比照魯普雷希特，頒發一等及二等鐵十字勳章給他，他「深受感動」。電報在參謀間傳閱，人人都要看到。不久皇儲也會頒授勳章給別人，一名仰慕者在後來的戰時形容他，身穿「炫目白色長袍」，走在兩列士兵間，從助理提的籃子裡，發送鐵十字勳章。那時候，如一名奧地利友軍報告，只有自殺才避得開二等鐵十字勳章。他很快就會被譽為「隆維英雄」，而此時他贏得與魯普雷希特同等的榮耀；在一片奉承中，若施里芬的魂魄抱怨無包圍或殲滅的「普通正面勝利」，或嘲笑「瘋狂追求勳章」，也無人聽得見。

———

與此同時在桑布爾河，蘭赫薩克的第五軍團奉令渡河進攻，「以那慕爾的堡壘為基地」，其左翼要行經沙勒羅瓦，以敵軍「北群」為目標。第五軍團有一個軍要留守於兩河交會角，以保護默茲河戰線，防止德軍由東邊攻擊。霞飛雖無權指揮英軍，其命令卻要求法蘭奇「配合此次行動」，「朝蘇瓦尼（Soignies）大方向」前進，即渡過蒙斯運河。此運河延伸桑布爾河，使船隻可經由斯海爾德河，一直航行到英吉利海峽。它是一條連續航道中的一段，自那慕爾至沙勒羅瓦是經由桑布爾河，自沙勒羅瓦至斯海爾德河則是經由蒙斯運河，它正好橫過德軍右翼的路徑。

按照德軍時程，克魯克軍團八月二十三日應抵達運河邊，畢洛軍團途中要攻下那慕爾，並應更早到達運河邊，在約同一時間渡完河。

按照法蘭奇進軍令定下的時間表，英國遠征軍也要在二十三日，與德軍同一天到達運河。兩軍尚不知有此巧合。英軍前鋒預定要先一步抵達此戰線，即二十二日晚。而在二十一日，蘭赫薩克奉令渡桑布爾河這一天，預計要「配合行動」的遠征軍，進度卻比法軍整整晚一天。由於英軍起步晚，加以雙方指揮官關係不好，即使總部僅相隔三十五英里卻聯絡欠佳，英法兩軍並未如計畫並肩作戰，而是在沙勒羅瓦和蒙斯各打一仗。

在蘭赫薩克心中，攻勢準則已死。整體情勢已十分清楚：有三個德軍軍團在他前面匯集，他雖看不到卻感覺得到其存在。豪森第三軍團自東邊、畢洛第二軍團自北邊攻過來，克魯克第一軍團則進攻他左側、規模僅一半的英軍。蘭赫薩克不清楚德軍的番號或人數，但知道他們在那裡。他由偵查得知或推論出，有超出他能應付的人數正攻過來。評估敵人實力不是得出絕對數字，而是把偵查及情報的碎片釘在一起，形成一幅畫面，可能的話讓畫面符合事先設定的理論，或合乎某種戰略需要。一群參謀自現有證據可做出什麼判斷，取決於他們主要持樂觀或悲觀態度、想要或害怕相信什麼，有時取決於個人敏感度或直覺。

對默茲河以西德軍實力的相同報告，傳達給蘭赫薩克與總指揮部卻是不同的畫面。總指揮部是看到在阿登脆弱的德軍中央，蘭赫薩克則看到大批德軍奔騰而下，而第五軍團正在其路徑上。總指揮部估計默茲河以西德軍，有十七至十八個師。他們估計，對陣的有蘭赫薩克十三個師、另一群兩個後備師、英軍五個師、在那慕爾的比軍一個師，總共二十一師，這使他們相信在人數上享有令人安心的優勢。霞飛計畫讓這支武力把德軍擋在桑布爾河之後，等法軍第三、四軍團突破在阿登的德軍中央，然後集體向北進發，把德軍趕出比利時。

英軍參謀們即便階級上不是、實質上卻受亨利．威爾森主導，他同意法軍總指揮部的估計。他在八月二十日的日記記著，默茲河以西德軍也是十七至十八師，並樂觀判定：「愈多愈好，那會削弱其中央。」在英國，這裡遠離前線，基奇納卻覺得焦慮，並有不祥的預感。八月十九日他發電報給法蘭奇，指德軍橫掃默茲河以北以西，「似乎確定在發展中」，而他曾警告過法蘭奇這一點。他要求所有報告均須告知他，次日還重複同樣要求。事實上當時德軍在默茲河以西的實力，並非十七或十八個師，而是三十個師：七個現役軍、五個後備軍、五個騎兵師及其他單位。豪森軍團此時尚未渡過默茲河，但也屬於右翼一部分，就再加四個軍或八個師。邊境戰役整體而言，德軍人數上的優勢是一點五比一，右翼的優勢接近二比一。

德軍右翼的焦點在蘭赫薩克軍團，他也曉得。他與英軍指揮官訪談不歡而散後，便認為英軍既未準備好，也不可靠。他知道比利時防線會在那慕爾出現破口。在近期部隊調動，指派給他的新單位中，有一個軍是要守住他在沙勒羅瓦以西的左翼，但到八月二十一日仍未就位。若照命令渡桑布爾河攻擊，他認為會被湧向他左翼的德軍擊敗，然後其左翼與巴黎之間就將空無一兵一卒。他在聖西爾軍校與最高戰爭學院，曾教過的最高指導原則，也是訓練法國陸軍的原則，便是「遇見敵人就攻擊」。現在他看著這原則，只看到一顆骷髏頭。

蘭赫薩克猶豫。他寫給霞飛表示，若向桑布爾河北邊進攻，第五軍團「可能暴露於單獨應戰」，因為英軍不會準備好與他聯合行動。如果英法軍要聯手，第五軍團必須等到二十三或二十四日。霞飛答：「開始攻擊的時刻，我完全交由你來判斷。」但敵人可不那麼好說話。

畢洛軍團主力已在攻擊那慕爾，其分遣隊在八月二十一日迅速來到桑布爾河，並在那慕爾與沙勒羅瓦間的兩定點強行渡河。蘭赫薩克曾告訴第五軍團的部隊，要等到「鄰軍」來再攻擊，在此之前他們要抵擋德軍渡河的企圖。但在法國的軍事詞彙中，沒有「防禦準備」一詞，駐守此地的第十軍並未挖戰壕或鋪電線，也未安排防禦南岸的其他措施，只等著把自己身體猛力投向敵人。「號角響起，戰鼓打起，旗幟飛揚」，卻無砲兵準備，法軍此刻衝上前去攻擊。激烈戰鬥後他們被擊退，到黃昏時敵軍仍占據塔米訥和桑布爾河南岸另一村落。

在步槍爆裂及砲彈爆炸聲外，自遠方傳來如敲打巨鼓般更深沉的聲響。德軍攻城砲開始轟炸那慕爾的堡壘。那些四二〇及三〇五砲是自列日拖過來，到射程範圍內便以水泥固定，此刻不斷向比利時第二要塞猛射兩噸重砲彈。砲彈飛過時發出「長長呼嘯聲」，領導急救志工隊至那慕爾的英國婦女如此寫道。無論站在哪裡，砲彈似乎都是直接朝聽者襲來，而且無論擊中哪裡，彷彿都會在距他一碼內爆炸。那慕爾瑟縮於可怕砲擊聲中兩天，響徹雲霄的毀滅聲也落在其四周堡壘上。與列日相同的效應再次發生：爆炸產生煙霧，混凝土如石膏般倒塌，地下堡壘中士兵陷入瘋狂。要塞守軍及第四師與其他比軍隔絕，他們覺得被遺棄。蘭赫薩克在那慕爾的聯絡官杜瑞上尉，回到第五軍團總部報告，他認為若無某種法軍支援跡象，那些堡壘無法再撐一天。他懇求：「他們必須看到法軍過來，顏色鮮明，並有軍樂隊演奏。一定要有軍樂隊。」法軍當晚派出三個營：一團約三千人，次晨加入防守那慕爾。守軍有三萬七千人，德軍八月二十一至二十四日的攻勢，人數在十萬七千到十五萬三千之間，並有四百至五百門大砲。

八月二十一日晚，法蘭奇向基奇納報告，他認為在二十四日前不會有認真的戰鬥。他寫道：「我認為我充分掌握狀況，情勢對我方有利。」他並不像自己認為的那麼清楚一切。翌日當英軍走在往蒙斯的路上，「朝蘇瓦尼大方向」過去，騎兵巡邏隊報告，有一支德軍在布魯塞爾到蒙斯的路上，也要去蘇瓦尼。從其位置看來，預期當晚就會到達蘇瓦尼村。敵軍似乎不會等到法蘭奇的目標日，也就是八月二十四日。更令人警醒的是，英國飛行員帶來的消息，他報告有另一支德軍正走在足以包圍英軍左翼的西邊路上。包圍。這種威脅突然以令人吃驚的清晰度，顯現在英軍眼前，至少是情報單位眼前。基奇納每每提到的「橫掃」不再只是想法，而是一隊隊活生生的士兵。英軍參謀長們卻受威爾森影響，不予重視。他們經由威爾森，採信了法軍戰略，他們並不會比總指揮部更願意接受對於德軍右翼的警惕提醒。他們認定：「你取得並向總司令傳達的資訊，似乎有些誇大」，進軍令照舊執行。

他們知道是踩在過往勝利的領土上。在蒙斯以南十英里，他們經過法比邊界的馬爾普拉凱，看到路邊一座石牌，是紀念馬爾博羅在此擊敗路易十四的軍隊，他也因一首法國民謠而不朽。在他們前面，蒙斯與布魯塞爾之間是滑鐵盧。在將近滑鐵盧戰役一百週年紀念，回到那勝利戰場，他們只覺得信心十足。

二十二日英軍前鋒已快到蒙斯，偵查運河北邊道路的騎兵隊，有一支看到一群四個騎馬者騎過來。他們看來對此地不熟悉。那四人也同時看到英軍便止步。有種令人透不過氣來的停頓，然後雙方才發現，對面看到的是敵人。那些烏蘭騎兵回頭加入隊伍，疾馳而去，英軍追擊，在蘇瓦尼街頭追上。烏蘭騎兵在小規模激戰中，「受其長矛牽制，許多人把長矛丟棄。」英軍殺死三、四名敵軍，勝利地離開那略為受限的戰場。騎兵隊長霍恩比（Hornby）上尉，是首位以新型騎兵劍殺死德軍的英國軍官，獲頒傑出服務勳章。戰爭以正確方式展開，也得到最令人鼓舞的結果。

首度接觸一如預期，發生在往蘇瓦尼的路上，使參謀長無理由更改對敵軍實力或位置的估計。據威爾森估計，與英軍相對的德軍實力是一個軍，也可能兩個軍，加一個騎兵師，比起英國遠征軍的兩個軍及一個騎兵師，實力較差，頂多旗鼓相當。以威爾森的強勢性格、高昂精神、公認熟知當地、也熟悉法軍，其說服力大過情報官的報告，尤其基於情報單位總是做最壞假設的理論，作戰官向來看輕兄弟單位的評估。格瑞森是英軍中最認真研究德軍理論與實務的人，他死後使複製法軍總指揮部的威爾森理論，影響力更大。即使不是法蘭奇，英軍參謀及指揮官也對緊接而來的戰役深具信心。

法蘭奇仍感陰鬱，他的猶豫不決幾乎是蘭赫薩克的翻版。當史密斯—杜利恩接替格瑞森，剛抵達法國後，在二十一日抵達前線時，被告知「要在孔代運河（Condé Canal）戰線作戰」。史密斯—杜利恩問，這是進攻或防守，法蘭奇要他「聽從命令」。法蘭奇擔心的一點是，蘭赫薩克的作戰計畫忽略掉右翼，而害怕自己與其右翼間出現缺口。二十二日早晨他乘車離開，去與不喜歡的鄰軍開會，但在路上得知，蘭赫薩克已前往梅泰（Mettet）的軍團總部。第十軍正在那裡激戰，他未與蘭赫薩克見面便返回。英軍總部有一則好消息等著他。一開始留在英國的第四師已抵達法國，正前進中。德軍在比利時攻城掠地的暗影愈來愈長，及比軍退至安特衛普，終於促使基奇納決定送第四師過來。

克魯克對於往蘇瓦尼路上的騎兵交鋒，比英軍更意外。直到此刻，英法的安全措施十分有效，他不知道英軍就在前方。他看到比利時報紙的新聞，知道英軍已登陸，那家報紙刊出基奇納的正式公報，宣布英國遠征軍安全抵達「法國土地」。八月二十日的這則宣布，是英國、全世界及敵軍首次得知英軍登陸。克魯克仍以為，他們是在奧斯滕德、敦克爾克、加萊登陸，主因在於他想要這麼想，他的如意算盤是在與法軍交手前，「攻擊並驅散」英軍，連同比軍。

此時當他由布魯塞爾南下，他必須擔心比軍自安特衛普突擊其後方，英軍也可能猛攻其側翼，他認為英軍是神祕部署在比利時某地，在他右側。他一直設法讓部隊慢慢向西移，以便找到英軍並交戰，但畢洛一直擔心出現缺口，不斷下令要他向內移。克魯克抗議。畢洛堅持。他說：「否則第一軍團也許離得太遠，無法馳援第二軍團。」當克魯克發現，在蘇瓦尼英軍就在他面前，便再次試圖偏向西邊，以找到敵軍側翼。此次又遭畢洛阻止時，他向陸指部強烈抗議。但陸指部對英軍的行蹤，比協約國對德軍右翼的下落更不清楚。陸指部說：「在本部看來，並未發生重大登陸事件」，並拒絕克魯克的提議。克魯克失去包圍敵人的機會，只能正面攻擊，他怒氣沖沖地向蒙斯前進。他接獲的八月二十三日命令是渡過運河，占領南邊土地，迫使敵軍回到莫伯日，並切斷敵軍由西邊的退路。

畢洛在八月二十二日那天，因左側豪森遭遇的麻煩，不下於右側的克魯克。克魯克喜歡超前，豪森則是拖延。畢洛的先頭部隊已在桑布爾河對岸，與蘭赫薩克的第十軍交戰中，他計畫由他與豪森的軍團，合力大打殲滅戰。但二十二日豪森尚未準備好。畢洛氣得抱怨鄰軍「不夠合作」。豪森同樣忿忿地抱怨，受畢洛不斷要求協助「之苦」。畢洛決定不等待，把三個軍投入強力攻擊桑布爾河的戰線。

當天和次日畢洛與蘭赫薩克的軍團，在沙勒羅瓦之役中鏖戰，豪森軍團在首日結束時加入。那兩天法軍的第三、四軍團，正好也在阿登的濃霧和森林中與災難角力。蘭赫薩克在梅泰指揮作戰，其過程主要是苦惱等候師長與軍長回報戰況。而那些指揮官發現，很難掌握戰況，因為部隊或遭猛烈攻擊，或陷入巷戰，或因筋疲力竭、血流不止而退下，已無軍官可做報告。視覺證據比報告先抵達梅泰。有輛車載著一名受傷軍官駛入廣場，蘭赫薩克與參謀正在此焦急踱步，他們太坐立難安，無法待在室內。傷者被認出是第十軍的師長布伊（Boë）將軍。他面色慘白，眼露悲傷，對跑到車前來的艾利多瓦塞，緩慢而痛苦地輕聲道：「告訴他……告訴將軍……我們盡可能……守住。」

第十軍左側，在沙勒羅瓦前方的第三軍，報告有「嚴重」損傷。這散布於河兩岸的工業城鎮，白天被德軍攻入，法軍正為逐出他們而極力拚鬥。當德軍以密集陣勢進攻（在他們學學會更好的方法進攻前，他們習慣如此），那正是七五砲的最佳目標。但一分鐘可發射十五次的七五砲，因彈藥補給只夠每分鐘發射二點二五次。在沙勒羅瓦有兩個阿爾及利亞師，是由以志願從軍招募的「土耳其兵」（Turcos）組成，他們像其父執輩在色當那般英勇奮戰。有一營攻向德軍一個砲兵連，用刺刀刺砲手，全營一千零三十人，回來時僅兩人未受傷。視不同地點情況，法軍在各處都被他們通常被看不到或打不到的德軍砲兵砲轟，或憤怒或士氣低落。他們對頭頂飛過外形如鷹的德軍飛機，感到無奈又氣憤，那些飛機替砲兵偵查，只要它們飛過法軍陣線，接著必是新一波砲轟。

到傍晚蘭赫薩克必須報告，第十軍「損傷嚴重」，「被迫後退」；第三軍「戰況激烈」；軍官「傷亡慘重」；左翼第十八軍無損傷，但最左側索戴的騎兵軍「極度疲累」，也被迫後退，使第五軍團與英軍間留下缺口。那缺口有十英里寬，容得下敵人一個軍。蘭赫薩克焦慮至極，逼得他傳話給法蘭奇，要他攻擊畢洛右翼，以減輕法軍壓力。法蘭奇回覆，他無法照做，但保證守住蒙斯運河戰線二十四小時。

到夜裡蘭赫薩克的陣地更岌岌可危，豪森再派四個軍及三百四十門砲，投入默茲河戰鬥。他夜襲並取得河對岸橋頭堡，德斯佩雷（Franchet d'Esperey）的第一軍反擊，其任務是守住蘭赫薩克前方右側的默茲河。這一軍是第五軍團中，唯一在陣地掘戰壕的。

豪森遵守陸指部的命令，打算向西南進攻日韋，他預期在此進入蘭赫薩克軍團後方，使該軍團被他與畢洛的部隊包夾並殲滅。但畢洛在這一帶的部隊，受到與痛擊敵軍同樣嚴厲的重擊，便決心發動大規模終極攻擊，並命令豪森，直接向西進攻在梅泰的第五軍團主力，而非向西南越過其撤退路線。豪森遵從。這是錯誤。這使豪森八月二十三日一整天都在正面對抗防守嚴密的陣地，而德斯佩雷強有力的用兵術，也讓蘭赫薩克的退路暢行無阻，失去打殲滅戰的機會。

在八月二十三日晴朗炎熱時刻，整個夏日天空布滿一顆顆、冒出濃濃黑煙的炸開砲彈。法軍立即稱之為「鐵鍋」，那是法國每家爐灶上都有的鑄鐵湯鍋。「砲彈如雨」是一名疲憊士兵對那天唯一的記憶。法軍在某些地方仍是進攻，試圖把德軍趕回桑布爾河對岸；在某些地方是固守；更有些地方則是殘破混亂地撤退。道路上塞滿長長的比國難民隊伍，滿身塵土，身負嬰兒與家當，推著獨輪小車持續前進，呆滯、疲累、漫無目的，也無家園或安身之所，只求遠離北方可怕的隆隆砲聲。

難民隊伍經過距沙勒羅瓦二十英里的菲利普維爾，蘭赫薩克那天的總部便設於此。他站在廣場上，穿紅長褲的雙腿分開，雙手緊握在背後，鬱悶地看著難民，不發一語。黑色外套上方暗色的面容，看來近乎蒼白，豐潤的臉頰凹陷。他受「極度焦慮折磨」。敵人壓力自四面八方而來。總指揮部除詢問他對戰況的意見，卻一無指示。蘭赫薩克十分清楚，索戴騎兵撤退造成的空隙。中午傳來消息，比軍第四師正撤出那慕爾，這雖在意料中，卻令人不敢相信。那慕爾主控桑布爾河與默茲河交會口，加上其後方高地上的堡壘，不久將落入畢洛之手。第四軍團的朗格音訊全無，當天早上蘭赫薩克曾發訊息給他，要求進行部署以加強兩軍會合處的戰力。

蘭赫薩克的參謀正敦促他批准反攻，因德斯佩雷報告了大好機會。原來有一支德軍部隊在追擊撤退的第十軍時，把側翼暴露出來。也有人積極促請，讓第十八軍在最左側反攻，好緩和英軍壓力，英軍那天在蒙斯與克魯克整個軍團對戰。蘭赫薩克拒絕，引起急進派不滿。他保持沉默，不發命令，只是等候。事後批評者與支持者爭議了沙勒羅瓦之役多年，爭議中對那天下午蘭赫薩克的內心起伏，人人各有一套說法。有些人認為他顯得懦弱或麻痺，有些人說他是在混沌危險的情況下，冷靜揣度勝算機會。總指揮部不給他指令，他只好自己做決定。

近傍晚時發生當天的決定性事件。豪森軍團士兵，把在默茲河對岸迪南以南的翁艾（Onhaye）橋頭堡擴大。德斯佩雷立即派蒙將（Mangin）指揮的那一旅，去化解危險，因為第五軍團後方可能遭到攻擊。同一時間，朗格終於有消息傳給蘭赫薩克。情狀糟得不能再糟。不僅如總指揮部先前的戰報所暗示，第四軍團在阿登並未成功，而且它更被迫撤兵，使色當到蘭赫薩克右翼的那一段默茲河無人防守。豪森的薩克森部隊在翁艾出現，立刻讓威脅倍增。蘭赫薩克相信——「我不得不相信」，這支部隊是整個軍團的先鋒，因朗格撤退，他們如入無人之地，若不立刻擊退，將獲得增援。因尚未發生，他還不知道蒙將的那一旅，會以固定刺刀高明的衝鋒戰略，把薩克森部隊趕出翁艾。

另有消息傳來，在沙勒羅瓦前方的第三軍遭到攻擊，未能守住陣地，正在撤退。杜瑞也帶來消息，德軍攻下那慕爾北部堡壘，並進入市內。蘭赫薩克回到在希邁（Chimay）的軍團總部，在此「收到檢查第四軍團的確認，它自早上起倉皇退卻，使第五軍團的右側全無防守」。

在蘭赫薩克看來，他右側的危險「似乎很嚴重」。而想到另一災難，更令他寢食難安，那正是朗格此刻放棄的地方，「四十四年前，我軍在此遭德軍包圍，被迫投降，那次可惡的災難使我國一敗塗地，這是多可怕的記憶！」

為避免法國再遭遇色當慘敗，必須拯救第五軍團免於被殲滅。他現在已知道，自孚日山脈至桑布爾河，法軍各軍團正沿全戰線撤退。只要各軍團存在，此次戰敗就不會像在色當一樣，再也難以翻身；戰爭可繼續打下去。但第五軍團如果被殲滅了，整個戰線就會動搖，繼而全面戰敗。反攻無論多英勇地進行，需求有多迫切，都挽回不了整體情勢。

蘭赫薩克終於開口。他下令全面撤退。他知道他一定會被視為「災難人物」，必去之而後快，而他確實也被解職。照他自己的說法，他曾對屬下一位軍官說：「我們雖被打敗，但尚有挽回餘地。只要第五軍團活著，法國就沒有輸。」這句話雖帶有事後寫回憶錄的口氣，但他很可能真的說過。生死攸關時刻往往激發崇高言論，尤其是用法語。

蘭赫薩克相信霞飛不會同意，他未與總指揮部商議便做出退兵決定。他的報告說：「敵人威脅我在默茲河的右翼。翁艾被占領，日韋受威脅，那慕爾遭攻陷。」基於此狀況及「第四軍團延誤」，他下令第五軍團撤退。此令一發，法國失去短短一戰擊敗宿敵的最後希望。法軍最後的攻勢失敗。霞飛確實不同意，但並非在當晚。八月二十三日星期天晚，在濃霧籠罩、身心痛苦時刻，當法軍整個計畫崩潰，當誰也無把握各地戰況如何，當色當的幽靈再現，在蘭赫薩克以外其他人心中作怪時，總指揮部既不質疑、也不發布跟第五軍團撤退相反的命令。霞飛以沉默批准了決策；但他並不諒解。

事後官方對沙勒羅瓦之役的記述是，蘭赫薩克「認為其右翼受到威脅，下令撤退而非反攻」。總指揮部因需要十七號計畫失敗的替罪羊，便在此時選中第五軍團指揮官。不過在蘭赫薩克做此決定時，總指揮部並無人像戰後那句話所暗示的，對他表示，他只是「認為」自己右翼受到威脅，實情並非如此。

---

在戰線最左邊，一大清早起，英軍和克魯克軍團，一直陷入在六十英尺寬的蒙斯運河上的對決。八月豔陽升起，清晨的霧氣雨水散去，保證再來將是炎熱無比的一天。星期天教堂鐘聲照常響起，礦區村落的村民穿著黑色主日服去望彌撒。運河兩旁是鐵路支線及廠房後院，河水因軟泥呈黑色，並散發濃烈氣味，源自熔爐及工廠排出的化學廢棄物。在小菜圃、放牧場及果園之間，到處可見像女巫尖頂帽的灰

色礦渣堆，使整個景觀看來怪異、反常。戰爭在此似乎較不會不協調。

英軍已在蒙斯兩側各擺好陣勢。西側是史密斯－杜利恩指揮的第二軍，戰線是蒙斯到孔代長十五英里的運河，並進駐蒙斯正東邊的凸出部，運河在此形成朝北的河灣，約兩英里寬、一英里半深。第二軍右邊是海格的第一軍，防守蒙斯到蘭赫薩克軍團左翼間的斜對角陣線。艾倫比（Allenby）將軍指揮的騎兵師，保留為預備部隊，他日後將征服耶路撒冷。與海格相對的，是克魯克與畢洛軍團的分界線。克魯克盡可能維持偏西，因此海格那一軍在八月二十三日的戰鬥中未被攻擊，那天的戰役在歷史及傳說中稱為蒙斯之役。

法蘭奇的總部在蒙斯以南三十英里的勒卡托。他要指揮二十五英里長陣線上的五個師，相對於蘭赫薩克的五十英里長陣線及十三個師，他不必退到那麼後面。或許是法蘭奇的猶豫心態，導致他做此選擇。空中及騎兵偵查報告令他憂心，對鄰軍無把握，對彼此的共同前線彎彎曲曲不放心，因為那給敵軍諸多機會，因此他不會比蘭赫薩克更樂於採取攻勢。

在此戰役前一晚，法蘭奇召集兩軍與騎兵師的高階參謀到勒卡托，告知他們「由於法國第五軍團撤退」，英軍不會發動攻勢。但此時除與英軍不相鄰的第十軍外，法國第五軍團並未後退，只是他必須找個指責對象。一天前相同的同袍精神，使蘭赫薩克把自己未能進攻，怪罪於英軍未出現。如同蘭赫薩克後來命令部隊守住桑布爾河陣線，不要渡河攻擊，法蘭奇此時也下令守住運河陣線。儘管亨利・威爾森的思維仍是向北大舉進攻，把德軍趕出比利時，但法蘭奇傳達給英軍指揮官的是有可能進行截然不同的移動。史密斯－杜利恩有鑑於此，在凌晨二時三十分下令，準備毀掉運河上的橋樑。那是合理的防禦措施，卻被法軍排除在外，因而導致一九一四年八月法軍死傷率高得可怕。開戰前五分鐘，史密斯－杜利恩再下令：「在必須撤退時」，由師長下令摧毀那些橋樑。

早晨六時法蘭奇向各軍長發出最後指令時，他或其參謀對即將對壘的敵軍實力，還是做了同樣估計：一個軍最多兩個，加上騎兵師。其實當時克魯克有四個軍及三個騎兵師，總共十六萬人加六百門砲，都在可攻擊英軍的距離內，英軍則有七萬人，三百門砲。至於克魯克的兩個後備軍，一個要兩天後才會到達，另一個留下來掩護安特衛普。

上午九時，德軍大砲開始對英軍陣地發射，攻擊首先落在運河轉彎形成的凸出部。凸出部最北端尼米（Nimy）那座橋是攻擊重心。以密集陣勢衝過去的德軍，為英軍步槍兵提供「絕佳目標」，他們深入戰壕，訓練精良，射擊如此快速而精準，使德軍誤以為面對的是機槍。在一波波攻勢都被打倒後，德軍增加兵力，並改採開放陣勢。英軍奉命要「頑強抵抗」，儘管死傷持續增加，仍不斷自凸出部射擊。自十時三十分起，戰鬥延伸到西邊的運河直線部分，而德軍先是第三軍、後是第四軍的一個個砲兵連，也投入戰鬥。

到下午三時，英軍防守凸出部的幾個團，已抵擋砲轟及步兵攻擊六小時，在逐漸減少的士兵身上，壓力變得太大。他們炸毀尼米的橋樑後，一連連向後退到兩三英里外，已事先預備好的第二道防線。由於放棄凸出部，將危及守在運河直線部分的部隊，現在他們也奉命，約自傍晚五時開始撤退。在轉彎與直線交接處的熱馬普（Jemappes），及其西邊兩英里的馬利葉特（Mariette），因發現沒有雷管引爆炸藥，無法炸掉那裡的橋樑，突然出現危險局面。撤退時若德軍急速渡過運河，可能使有秩序的後退變成潰散，甚至可能造成被突破。單靠荷拉提厄斯（Horatius）[1]無法守住橋樑，但皇家工兵部隊的萊特（Wright）上尉，試著以手接手攀動，在馬利葉特的橋下接好炸藥。在熱馬普，一名下士與一名二等兵於持續受攻擊下，以一小時半完成相同任務。他倆成功，分別獲得維多利亞十字勛章和傑出行為勛章；而萊特儘管受傷，仍做第二次嘗試，可惜失敗。他也獲得維多利亞十字勛章，但三週後在埃納河（Aisne）陣亡。

黃昏時分，英軍小心翼翼脫離戰鬥的過程，在零星交火下完成，以團為單位掩護鄰軍退走，直到全體都抵達第二防線的村落與住宿點。那天作戰德軍似乎同樣損傷慘重，並未認真強行攻占未炸毀的橋樑，也未顯現要追擊的意願。反而撤退的英軍在暮色中，聽到德軍號角吹出「停火」訊號，接著是不可免的高唱，然後運河對岸一片靜謐。

英軍很幸運，克魯克並未利用超過兩倍的人數優勢。受畢洛命令所阻，克魯克找不到敵人側翼，施以包圍，而是以中央的第三、四軍，正面與英軍交戰，正面進攻會導致重大損傷。第三軍一個後備上尉發現，他是他那一連唯一存活的軍官，也是他那一營唯一活著的連長。少校營長慟哭道：「你是我唯一的支援。全營只剩殘兵，我驕傲美好的那一營……」，而他所屬的團「被擊倒，潰不成軍，只剩少數人」。其上校團長像每個作戰官兵，只能從自身單位的處境判斷戰鬥走向，他擔心了一整夜，因為如他所說：「英軍若有些許疑心我軍狀況，反擊過來，他們輕而易舉就能打垮我們。」

克魯克的側翼部隊，右邊第二軍，左邊第九軍，均未投入戰鬥。他們像第一軍團其他單位，在十一天裡行軍一百五十英里，並列隊排在距中央兩個軍後方、幾小時路程的道路上。若他們都在八月二十三日上場打仗，歷史或許會不一樣。當天下午某時刻，克魯克發現錯誤，便下令中央兩個軍牽制英軍，等候側翼兩個軍被調上來，包圍敵軍及打殲滅戰。在那之前，英軍被迫大幅改變計畫。

威爾森心理上對十七號計畫，仍保有中世紀的熱忱，只想勇往直前，卻不知它對當前情況的適用性，如同長弓。[2]霞飛收到朗格關於阿登慘況的報告，六小時後仍可堅持進攻，威爾森也像他，甚至在不得不放棄運河戰線後，仍熱切想要在次日發動進攻。他做出「仔細計算」，結論是「對抗我們的僅有一個軍（也許兩個軍）和一個騎兵師」。他「說服」法蘭奇和莫瑞相信，這是實際情況，「結果是允許我起草明日的進攻令」。晚上八時他剛擬好稿，卻被霞飛的電報取消，電報中通知英軍，累積的證據如今顯示，與他們對抗的敵軍是三個軍及兩個騎兵師。那比威爾森更具說服力，便立刻打消任何攻擊的想法。接著傳來更糟的消息。

夜裡十一時，史畢爾斯自第五軍團總部緊急駕車而至，帶來蘭赫薩克突然中止作戰、把第五軍團撤至英國遠征軍後方的壞消息。史畢爾斯對於此決策沒有跟英方商量，也未通知英方，其憤慨與失望之情，有如阿德貝得知艾伯特國王決定撤至安特衛普的決定。十七年後史畢爾斯筆下記述此事，仍帶有此意味。

蘭赫薩克撤走，讓英軍懸在半空中，面臨立即危險。緊急開會後決定，等命令起草好並傳到前線，

1　譯注：古羅馬傳說中，英勇守住台伯河橋樑的英雄。

2　譯注：人類使用長弓歷史悠久，但槍砲出現後，其武器地位便逐漸式微。

就馬上撤回部隊。後來造成人命損失的延誤，卻起因於史密斯—杜利恩選擇奇怪的地點當作軍團總部。那是在薩拉布里葉村（Sars-la-Bruyère），名稱相當響亮的普通私人別墅岩石堡（Château de la Roche），村中無電話或電報通訊，又位於偏遠鄉間道路上，在白天都很難找到，半夜更加倍困難。連馬爾博羅及威靈頓均不輕視這類設在大馬路上、雖不夠派頭但更方便的總部，他倆一個設在修道院，一個設在小酒館。於是給史密斯—杜利恩的命令須由汽車傳送，到清晨三時他才收到，而未參與戰鬥的海格第一軍，早一小時便收到電報，及時做好準備，在天亮前已開始撤退。

那時德軍調來的側翼兩個軍已到達，他們恢復攻擊，曾整天遭到攻擊的英軍第二軍，開始撤退時又身陷戰火。混亂中有一個營未收到命令，一直戰到被包圍，幾乎全員陣亡、負傷或被俘。僅兩名軍官和兩百名士兵逃脫。

自克里米亞戰爭以來，這是首批英國士兵與歐洲敵人作戰，也是自滑鐵盧以來，首次在歐陸作戰，第一天的戰事就此結束。結果令人大失所望：第一軍在燠熱和塵土中行軍，如今幾乎未發一彈又要走回頭路；更失望的是第二軍，他們對抗著名而可畏的敵人，頗以本身表現為傲，渾然不知德軍的人數優勢，或法軍第五軍團已然撤退，也無法理解要他們撤退的命令。

威爾森則是「嚴重」失望，他完全歸咎基奇納與內閣只派出四個師而非六個師。他說要是六師全到，「此次撤退應是前進，敗北應是勝利」，他令人驚嘆的死不承認錯誤，後來卻讓他當上陸軍元帥。

威爾森的信心與振奮開始消滅，法蘭奇無非是反覆無常，此刻陷入鬱悶。他雖到法國尚未超過一週，但緊張、焦慮、責任，加上蘭赫薩克的行徑，且更因開戰首日的挫折感達到高峰，使他的指揮變調。次日他給基奇納的報告，在最後提出不祥的建議，顯示他已開始考慮離開。「我認為應立即注意阿弗爾的防禦。」阿弗爾位於塞納河（Seine）入海口，距英軍原始登陸地布洛涅近一百英里。

那是蒙斯之役，也是英軍在「世界大戰」（The Great War）中首次開戰，因此事後回顧時常被賦予各種偉大的光環，並在英國殿堂上享有相當於黑斯廷斯（Hastings）[3]及阿金庫爾（Agincourt）[4]兩場戰役的地位。該役也產生蒙斯天使的傳說。[5]每個英國士兵都勇敢，所有陣亡者都是英雄。凡是被提到的團，其行誼均被記錄到戰事最後一刻及最後一顆子彈，直至蒙斯在無比英勇及光榮環繞下，朦朧地閃耀著光芒，使它彷彿是一場勝仗。英軍在蒙斯無疑是英勇作戰，表現良好，優於某些法軍單位，但比不上其他許多單位；比不上在阿倫的比軍、在沙勒羅瓦的土耳其軍、在翁艾的蒙將旅，或各種交戰時的敵軍。在開始撤退前，蒙斯戰役持續了九小時，英軍投入兩個師，三萬五千人，傷亡共計一千六百人，阻擋克魯克前進一天。在它所屬的邊境戰役期間，法軍有七十個師，約一百二十五萬人，在前後四天內，在不同時間、地點參與戰鬥。那四天法軍的傷亡人數超過十四萬，是當時在法國的英國遠征軍全部人數的兩倍。

3　譯注：一〇六六年諾曼人征服英格蘭的決定性戰役。
4　譯注：一四一五年英法百年戰爭中英軍以少勝多戰役。
5　譯注：據說八月二十三日在蒙斯，曾出現超自然力量保護英軍。

經沙勒羅瓦與蒙斯之後，比利時因房屋牆壁倒塌，蒙上一片白灰，因戰爭殘跡，處處是坑洞。士兵當作床用的雜亂乾草，與棄置的背包及沾有血跡的繃帶，散亂於街頭。並如美國作家歐文（Will Irwin）所寫：「整體瀰漫著一種氣味，我從未在任何關於戰爭的書中聽到提起：五十萬未洗澡的男人的氣味。……凡德軍經過的城鎮，會持續好幾天。」混雜其間是血腥、藥物、馬糞、死屍的氣味。死者照理應由自家軍隊在午夜前埋葬，但往往數量太多，時間太少，更無時間去處理死馬，任由其棄置更久，變膨脹、腐爛。比利時農民在軍隊走後，設法把屍體清出農田，他們彎腰持鏟的景像就像法國畫家米勒（Mille）筆下的〈拾穗〉。

屍首的遺物裡，有零碎的十七號計畫，也有法軍戰地守則鮮明的碎片：「……法軍自此唯攻勢為紀律……唯攻勢導向正面結果。」

霞飛處在法國一切希望都瓦解崩潰，法軍大敗的責任終於落在他身上，法國邊界被入侵，他所有的部隊都在撤退，或拚死作戰守住防線，但他卻奇蹟似地泰然自若。他立刻把罪責推到執行者身上，並說規畫者沒有責任，因而得以保住對他和對法國的完美無瑕信心，也為未來慘痛的日子，提供重要而獨特的必要條件。

二十四日早上他說：「鐵證如山，無法逃避。」他向梅西米報告，法軍「被迫採取防守態度」，必須以強化的戰線為基地，堅持下去，同時設法消耗敵軍，等待有利時機，恢復攻勢。他馬上著手安排撤退路線，並準備重整各部隊，形成能恢復攻擊的大軍，他預期在索姆河建立防線，由此反攻。不久前巴列奧洛格自聖彼得堡傳來的電報，令他感到鼓舞，使他冀望德軍隨時可能自西線撤軍，以因應俄國威脅。

霞飛緊接著本身災難後，焦急地等待著俄國的鋼鐵洪流。結果只等到一則預告電報，指俄國正在解決東普魯士「嚴重戰略問題」，保證會有「進一步攻擊行動」。

霞飛除重新編組防線外，最緊急的任務便是找出失敗原因。他毫無猶豫地找到，「指揮官們的嚴重缺失」為答案。有些將領確實因沉重的指揮責任而消失。有位砲兵將軍在沙勒羅瓦前方，不得不填補第三軍軍長位子，因為該軍長在戰役最緊要階段卻不見蹤影。在阿登之役中，第五軍有師長自殺。人類像計畫一樣，當演練時沒有的東西，像是危險、死亡、真槍實彈出現時，就會出錯。霞飛不承認計畫有錯，也不允許軍人犯錯。他要求交出所有顯現軟弱或能力不足的將領的姓名，他以無情的手擴大被革職者名單。

他像威爾森一樣，認為理論或戰略不會有錯，只能把攻勢失敗歸因於「欠缺攻擊精神」，「儘管我認為我為部隊保住人數優勢」。他說「過度」可能還比「欠缺」好。在洛林的莫朗日、阿登的洛西紐、桑布爾河的塔米訥，造成法軍失敗的並非衝力不足而是太多。在大敗後當天發出的「全軍通知」中，總指揮部把「欠缺」改成「誤解」攻擊精神。通知中說，戰地守則遭致「不當解讀或拙劣應用」。發動步兵攻擊的距離太遠，又無砲兵支援，機槍掃射造成的損傷本來可以避免。今後每當占領土地，「必須立即加以組織。必須挖掘戰壕」。而「首要錯誤」是砲兵與步兵間缺乏協調，那「絕對有必要」改正。七五砲必須以最大射程射擊。「最後我們必須仿效敵人，用飛機為砲兵攻擊做準備。」無論法軍還犯下什麼錯誤，不願從經驗中學習並非其一，至少在戰術領域不是。

總指揮部就沒這麼快找出自身戰略範圍內的疏失，即便第二局在八月二十四日揭露了驚人的發現：

敵人的現役部隊後面跟著後備部隊，並使用相同番號。這是首次發現後備單位也用於前線的證據，由此透露出，德軍如何能使右翼與中央保持同等實力。此事卻未讓霞飛起疑，十七號計畫的根據或許不對。他依然相信計畫是好的，失敗是因執行不力。戰後法國國會調查，是什麼原因造成法國門戶洞開，引發大災難，當時國會曾召霞飛去作證。他被問到，對戰前參謀本部的理論：德軍右翼愈強，對法國愈有利，你有何意見。

霞飛答：「我現在仍然認為如此。證據就是邊境之役正是為那理論而規畫，要是成功，我軍的路就會打開。……再者要是第四、五軍團打得好，那一役會成功。要是他們打贏，就意味著整個德軍攻勢被瓦解。」

在一九一四年八月那個黑暗早晨，當撤退開始，他主要怪罪的是第五軍團及其指揮官，怪罪第四軍團較少。儘管英軍的敵意也集中在蘭赫薩克頭上，但英國陸軍匿名發言人最後宣稱，蘭赫薩克八月二十三日決定撤退而非反攻，避免了「另一次色當」。那位發言人說：蘭赫薩克先前堅持，把默茲河以西的第五軍團調到沙勒羅瓦，「此次改變計畫無疑拯救了英國遠征軍，也很可能使法國各軍團免於被消滅。」

八月二十四日當時人們清楚的只有法軍正在撤退，而敵人正以無情的實力在進攻。民眾不太清楚此次大敗的程度，直到八月二十五日，德軍宣布占領那慕爾，俘虜了五千人。此消息震撼了不可置信的世界。倫敦《泰晤士報》曾說，那慕爾可抵抗圍城六個月，卻在四天內陷落。據說在英國，報刊以震驚後輕描淡寫的語調，說那慕爾失守「一般認為是明顯的不利發展……而戰爭快速結束的可能性大為降低」。

但降低多少，終點又有多遠，當時無人知曉。沒有人能意識到，就參戰人數，以及就作戰一段相當時日內遭受的死傷比例與人數而言，一次大戰規模最大的戰役已經打完了。當時還無人能預見後果：後來德國占領比利時全境及法國北部，使德國擁有法比的工業力量，諸如列日的製造業、博里納日的煤礦、洛林的鐵礦、里耳的工廠，占領區的河流、鐵道、農業，所有這些如何餵養德國的野心，並使法國堅定決心，要為收復失地及戰爭賠償奮戰到底，以致阻礙後來所有為達成妥協和平或「無勝利和平」的努力，使戰爭再延續四年。

這全是後見之明。八月二十四日，德軍感到無比強烈的信心。他們眼中只有被擊敗的敵軍，施里芬的天才得到證實，決定性勝利看似掌握在德軍手中。法國總統彭加勒則在日記中寫道：「我們必須下定決心，要撤退也要入侵。過去十四日的幻影到此為止，如今法國的未來要靠抵抗之力。」

光靠衝力還不夠。

# 第十五章 「哥薩克騎兵來了！」

八月五日在聖彼得堡，法國大使巴列奧洛格的座車駛過一團將赴前線的哥薩克騎兵。將軍看見大使車上的法國國旗，便從馬上俯身下來擁抱他，並請他應允檢閱部隊。巴列奧洛格在車上莊重地檢閱，將軍不時向隊伍發號施令，間或也向大使鼓舞喊話：「我們要消滅骯髒的普魯士人！……讓普魯士消失，德意志消失！……送威廉到聖赫勒拿（St. Helena）！」「閱兵結束時，他快步騎到部隊後方，揮舞著軍刀，高喊戰爭口號：「送威廉到聖赫勒拿！」

俄國與奧地利的爭端，曾促使此次戰爭爆發，而俄國感激法國對盟友的支持，渴望支持法軍來表現同等的忠心。有人盡責地讓沙皇說出一番虛張聲勢的話：「我們的目標是消滅德國軍隊」，他向法方保證對奧作戰純屬「次要」，他已下令尼可拉大公「不惜一切代價，盡早打開通往柏林之路」。

儘管蘇霍姆林諾夫覬覦總司令職位而極力抗爭，但在危機最後期間尼可拉大公仍被任命為總司令。即便羅曼諾夫王朝的政權已走到末期，沙皇也不致於瘋狂到選擇親德的蘇霍姆林諾夫去領導對德作戰。不過蘇霍姆林諾夫仍留任陸軍大臣。

1 譯注：大西洋島嶼，一八一五年拿破崙被流放於此，最後也死於島上。

從戰爭爆發那一刻起，法國仍沒把握俄方是否或能否實踐諾言，便開始敦促盟國趕快行動。巴列奧洛格八月五日晉見沙皇，提出請求：「我懇請陛下，下令貴國軍隊立即發動攻勢，否則法軍有遭擊敗的危險。」他並不以見過沙皇為滿足，又前去拜訪尼可拉大公。大公向他保證，俄方計畫在八月十四日開始強力進攻，好信守在動員第十五日行動的承諾，不會等待所有部隊集結完畢。大公雖以不妥協、更別說有時無法見諸文字的說話習慣著稱，但他當場寫下頗富中世紀騎士精神的訊息給霞飛。他在電報中說：「對勝利有堅定信心」，他會隨身攜帶自己的旗幟朝敵人進攻。那是一九一二年法俄演習時，霞飛給他的法蘭西共和國國旗。

俄方向法方做出的承諾，以及實際執行的準備工作之間，存在著太過明顯的差距，那或許也是大公獲任命為總司令時，據聞曾流淚的原因。據同僚說，他「似乎對此任務毫無準備，並引用他自己的說法，在收到皇令後還哭了好一會兒，因為他不知如何去履行職務」。有俄國軍事史重要學者認為，大公具備擔當此任務的「絕佳資格」，而他所以流淚，或許不是為自己，而是為俄國與全世界難過。一九一四年有一種氛圍，令有識者為人類的命運顫抖：就連最勇敢、最堅強的人都曾流下淚來。德國的梅西米將軍在八月五日的內閣會議上，一度意氣風發地發表開場談話，結果講到一半也忍不住捂著臉啜泣，無法再繼續。邱吉爾在向亨利．威爾森告辭時，也曾在祝福英國遠征軍一路平安、凱旋而歸時，「失控痛哭，無法把句子說完」。聖彼得堡也能感受到同樣的情緒。

尼可拉大公缺乏可靠的同僚。一九一四年的陸軍參謀總長是四十四歲的亞努什克維奇（Yanushkevitch）將軍，他蓄黑色鬍髭，黑色捲髮，主要以不留大鬍鬚出名。陸軍大臣說他「還是孩子」。他關心宮廷多於軍務，沒有打過日俄戰爭，但曾與尼古拉二世在同一騎兵團服役，那是快速升官的好途徑之一。他畢業於參謀學校，後成為校長，曾任陸軍部參謀，戰爭爆發時當上參謀總長才三個月。他像德國皇儲一樣，完全由副手帶領，副參謀總長是丹尼洛夫（Danilov）將軍，他嚴厲沉默，勤奮且嚴守紀律，是參謀本部的智囊。亞努什克維奇的前任是吉林斯基，他寧可不要當參謀總長，便說服蘇霍姆林諾夫任命他為華沙軍區司令。如今他在大公麾下，全面指揮在前線對德作戰的西北集團軍（Northwest Army Group）。吉林斯基在日俄戰爭時表現平平，但擔任總司令庫羅帕特金（Kuropatkin）將軍的參謀長時沒有出過明確的失誤。他走過名譽墳墓而活了下來，不是靠自己的人緣或軍事才能，但仍可以留在軍方高層。

俄國沒有做任何準備工作，去配合承諾法國的進攻日。事到臨頭才勉強湊合安排。軍方下令實施「提前動員」計畫，省略某些初步階段，以爭取幾天時間。來自巴黎源源不絕的電報，由巴列奧洛格以個人口才傳達，使壓力不中斷。八月六日俄國參謀本部下令，指出準備「盡早積極進攻德國，以緩和法軍情勢」是十分重要的，「但當然要在具有足夠實力時」。到八月十日，「足夠實力」的但書被拿掉。當天的命令是：「鑑於德國準備大舉進攻法國，我方自然有義務支援法國。其形式必須是盡快前進德國，攻打它留在東普魯士的部隊。」第一與第二軍團奉命，在動員第十四日（八月十三日）「就定位」出發，不過他們啟程時補給作業還跟不上，補給作業要到動員第二十日（八月十九日）才會完全聚集。

組織的困難度很高。大公有一次曾對彭加勒坦承，問題的癥結在於像俄羅斯這麼大的帝國，當命令發出時，誰也無法確定命令是否已被送達。俄國缺少電話線和電報設備，也無受過訓練的通訊兵，難以做到迅速或確實的通訊。機動運輸工具不足也延緩俄軍腳步。一九一四年時陸軍有四百十八輛機動運輸車、兩百五十九輛客車和兩輛救護車。（但俄國有三百二十架飛機。）因此補給卸下火車後必須靠馬運送。

補給的風險還算是好的。在日俄戰爭後的審判上，從庭上的證詞也透露出貪汙受賄如同軍方地下有一個地鼠網。連莫斯科總督雷恩波特（Reinbot）將軍，都因批審軍方合約貪贓枉法而被定罪下獄，但他仍施展足夠的個人影響力，不僅獲得赦免，還被任命新職。大公以總司令身分首次與軍需人員會面時，對他們說：「各位，不可偷盜。」

另一個傳統打仗良伴——伏特加酒也被禁。上回一九〇四年動員時，士兵陸陸續續進來，報到處因酒醉酣睡和破碎酒瓶而一團混亂，要多花一週才整頓好。如今法國宣稱，每一天的延誤都生死攸關，俄國便規定動員期暫時禁酒。沒有比這更確實或誠摯的證據，證明俄國真心要配合法國的請求，但這卻帶有羅曼諾夫王朝晚期那種典型的輕率，因為政府在八月二十二日發布沙皇敕令，將禁酒延長到整個戰爭期間。伏特加是由國家專賣，此舉一下子砍掉政府三分之一的收入。俄國議會一個疑惑的議員說，眾所皆知要打仗的政府，會徵收各種稅捐來增加收入，「但有歷史以來，沒有國家會在戰時放棄主要收入來源。」

到動員第十五日最後一小時，晚間十一時，在那美好的夏日夜晚，大公離開首都前往設在巴拉諾維奇（Baranovich）的戰地總部，那是莫斯科前往華沙鐵路線上的一個交會點，約在德奧前線的中途。大公與參謀們及他們的家屬，在聖彼得堡月台上分幾批集中，等候沙皇來為總司令送別。但因為皇后的妒娕凌駕禮儀，尼古拉並未出現。大家低聲道別並祈禱；男士默默上車就座，然後離去。

在前線後方，俄國仍在拚命設法集結軍隊。俄國偵查騎兵自戰爭首日起，一直在探查德國領土。他們的突襲能穿越德軍屏障的不多，反倒給德國報紙藉口，做出哥薩克軍暴行的聳動標題和荒誕報導。位於德國西部邊緣的法蘭克福，早在八月四日便有軍官聽到謠言，指出有三萬名東普魯士難民正在前來，要由該市收容。要求從斯拉夫人手中解救東普魯士的呼聲，開始分散德國參謀本部的注意力，原本他們試圖集中一切軍事行動對付法國。

八月十二日黎明時分，俄軍倫能坎普夫（Rennenkampf）將軍第一軍團的分遣隊，包括古爾柯（Gourko）將軍的騎兵師，及一個支援的步兵師，在主攻勢之前先侵入東普魯士，占領邊界內五英里處的馬格拉波瓦鎮（Marggrabowa）。俄軍一路射擊，騎經郊區進入空曠的市集廣場，發現此鎮已無防禦，德軍已撤離。商店關閉，但鎮民從窗戶盯著外頭。鄉下居民在尚未開戰時，就搶在軍隊前倉促逃離，彷彿事先安排好的。在第一個早晨，俄軍看到的是沿其行軍路線升起的一柱柱黑煙，走近一看，發現那並非逃走的主人燒毀農田和房屋，而是燃燒的乾草堆，可以指出入侵者的方向。處處都是德軍有系統地準備的證據。德軍在山頂上蓋好木造瞭望台。提供當地農家十二至十四歲男孩單車，讓他們充當信差。負責通風報信的德軍留駐士兵，被發現假扮為農夫，甚至還有農婦。假農婦想必是在從事非軍事行動時，因穿著政府發的內衣而被揭發；但有許多人可能從未被抓到，例如古爾柯就遺憾地承認，他們不可能拉起東普魯士每個婦女的裙子。

倫能坎普夫接到古爾柯關於城鎮撤守和難民逃離的報告，他認定德軍不打算在維斯杜拉河基地以東這麼遠的地方做認真抵抗，所以他更熱衷於向前猛衝，而不太在意補給作業並不完備。當時六十一歲的他，身形瘦削，體態端正，眼神堅定，有力的鬍鬚兩端向上翹。他以勇敢、決斷、善戰聞名，曾在「庚子拳亂」（Boxer Rebellion）時服役，在日俄戰爭時擔任騎兵師長，後領導對赤塔（Chita）的懲罰性征討，無情地消滅了一九〇五年革命[2]的餘黨。倫能坎普夫軍功彪炳，但因是德國後裔及一些無法解釋的糾葛，而稍有陰影，那些糾葛照古爾柯的說法，「已使其道德名譽大為受損」。此後數週他奇怪的行為，使人憶起這些因素，不過其同袍仍相信他對俄國的忠誠。

他不理會西北集團軍司令吉林斯基的警告，加速集結三個軍及五個半騎兵師，在八月十七日展開攻勢，而吉林斯基自一開始就持悲觀態度。倫能坎普夫的第一軍團約二十萬人，越過以羅明頓森林（Rominten Forest）分隔的三十五英里長邊界。目標是距邊界三十七英里的英斯特堡隘口，以俄軍行軍速度需要三天路程。此隘口是約三十英里寬的一片開放土地，北邊是柯尼斯堡（Königsberg）[3]加強防備區，南邊是馬祖爾湖區。當地屬小村落與大農莊的鄉下地方，田間無柵欄，在偶爾隆起的高地可一望無際。第一軍團會經過此地，與德軍主力交戰，直到薩姆索諾夫（Samsonov）的第二軍團，繞過南邊湖區障礙，到此給德軍側翼及後方決定性一擊。這兩支俄軍部隊預定在阿倫施泰因（Allenstein）的共同前線會合。

薩姆索諾夫的目標戰線，與阿倫施泰因在同一水平線上，距邊界四十三英里，若一切順利，約需行軍三天半至四天。不過在起點到終點之間，有許多發生意外戰爭危險的機會，即克勞塞維茲所說的「磨擦」。由於缺乏從俄屬波蘭到東普魯士的東西向鐵路，薩姆索諾夫部隊落後倫能坎普夫兩天越過邊界，而他們抵達邊界前已行軍一週。他們走的是沙質路，要經過一片未開發的荒地，有零星森林與沼澤，只住著少數貧困的波蘭農民。一進入敵人領土，便沒有什麼食物和糧草資源。

薩姆索諾夫不像倫能坎普夫，他剛到此地區，又與其部隊和幕僚不熟。一八七七年他十八歲時，曾參與對土耳其戰爭；四十三歲升將軍；日俄戰爭時也曾指揮騎兵師；一九〇九年起他擔任半軍職的突厥斯坦（Turkestan）總督。一次大戰爆發時他五十五歲，正請假在高加索養病，八月十二日才抵達華沙與第二軍團總部。他的部隊與倫能坎普夫部隊，還有與後方協調他們移動的吉林斯基總部，彼此間通訊不穩。時間精準也向來不是俄國著名的美德。俄國參謀總長四月在戰前的演習中演練過作戰，當時參加的指揮官與參謀，與八月實際上戰場的大部分相同，所以他很清楚困難之處，而感到沮喪。演習時蘇霍姆林諾夫扮演總司令，當時雖顯現第一軍團起步太快，但實戰來臨時，卻仍遵照同樣時程，並未改變。由於倫能坎普夫領先兩天，薩姆索諾夫必須再走四天，因此德軍有六天時間只需面對一支俄軍部隊。

八月十七日，防守倫能坎普夫左右翼的兩個騎兵軍接到命令，不但要掩護整個部隊前進，還要切斷兩道鐵路支線，以防德軍撤回火車。俄國刻意用與德國不同的軌距，以防止侵略，因此無法把自己的火車廂拿來用，除非搶下德國火車，否則無法利用東普魯士寶貴的鐵路網。德軍自然不會留下火車讓俄軍搶奪。俄軍深入敵國，離自己的基地愈來愈遠，用馬拖、組織又不完備的補給車隊，幾乎趕不上立刻的

2　譯注：指一九〇五至一九〇七年俄國發生的一連串各種動亂，一九〇五年工人曾成立赤塔共和國。

3　譯注：今俄國加里寧格勒。

需求。通訊方面，俄軍沒有電線，無法自行鋪設線路，只能仰賴德國電報線及收發站，當他們發現這些已遭破壞，只得採用無線電明碼傳送訊息，因為師部參謀沒有密碼及解碼人員。

德國的偵查或測定砲轟目標的工作，很少由飛機完成，大多數空軍已派到奧地利前線。俄國士兵在這裡首次見到飛機，一看到飛機飛過，不管其身分，就立刻拿起步槍猛射，他們相信像飛機這麼聰明的發明，只可能是德國的。受徵召的士兵消耗大量黑麵包及茶，雖原因不明，但據說這會使士兵散發像馬一樣的典型氣味。士兵配備十字刺刀，加在步槍上，可形成與人等高的武器，在肉搏戰時將使俄軍優於德軍。但在火力與戰鬥效率上，德軍砲兵占有優勢，使德軍的兩個師等於俄軍的三個師。而陸軍大臣蘇霍姆林諾夫與擔任總司令的大公，彼此如同仇敵，更對俄軍雪上加霜，尤其前線與後方聯絡不順，補給問題又惡化。作戰不到一個月，砲彈和子彈已短缺到危急狀態，而陸軍部漠不關心或因循怠惰，實在令人氣餒至極，迫使大公在九月八日直接向沙皇陳情。他報告奧地利前線作戰被迫延誤，要等候每門砲累積達到一百發的砲彈。「目前我方每門砲僅有二十五發砲彈。我發現必須向陛下請求，加速運送砲彈。」

---

「哥薩克兵來了」的呼聲響遍東普魯士，削弱了德國的決心，只對此省做最起碼的防禦。東普魯士的第八軍團，包括四個半軍、一個騎兵師、柯尼斯堡守軍及一些地方自衛旅，人數約相當於俄軍第一或第二軍團。毛奇給他們的命令是防守東、西普魯士，但不可被優勢武力壓倒，或被趕進柯尼斯堡的城堡

陣地。若發現遭到超強武力威脅，第八軍團應退至維斯杜拉河後方，把東普魯士留給敵人。此時擔任第八軍團副作戰指揮官的霍夫曼，認為這類命令含有「對軟弱人物的心理危險」。

霍夫曼心目中的軟弱人物，是第八軍團司令普里特維茨（von Prittwitz und Gaffron）中將。此人是朝廷愛將，事業平步青雲，據軍官同事說，因為他「知道怎麼在餐桌上講趣聞和淫穢八卦，來引起德皇注意」。當時普里特維茨六十六歲，以腰圍大享有盛名，是德國版的法斯塔夫（Falstaff）[4]，「外表令人印象深刻，妄自尊大達最高等級，冷酷無情，甚至粗魯放縱。」人稱「胖子」的他缺乏智力，也不關心軍務，能不動他絕對不動。毛奇認為他不適任，曾嘗試多年要拔掉他第八軍團司令的位子，卻始終不成；事實證明，普里特維茨的關係占上風。毛奇頂多只能派其副手瓦德西（von Waldersee）伯爵，去當普里特維茨的參謀長。八月瓦德西受累於某次行動的後遺症，被霍夫曼認為「表現不及格」，而普里特維茨是從來不合標準的，於是霍夫曼很有把握，指揮第八軍團的實權是在最夠格的人手中，就是他自己。

八月十五日日本宣布支持協約國，使大量俄國軍力得以釋出，德國對東普魯士的焦慮因而加劇。在爭取或維持友邦上，德國外交再次失敗，那種任務永遠難倒它。日本對歐戰中自身的最佳利益有自己的看法，將為此而受害的國家也十分清楚。袁世凱總統曾預言：「日本將利用此次戰爭，獲得對中國的控制。」事實證明，日本利用此次戰爭機會，趁歐洲列強自顧不暇，對中國提出二十一條要求，並侵犯中國主權與領土，日後更因此扭轉二十世紀歷史。首先，日本加入協約國的直接效應，便是俄國釋出遠東

4 譯注：莎士比亞筆下虛構人物，曾出現在其三個劇本中，是臃腫人物的同義詞。

軍力。這令人聯想起湧入更多斯拉夫人的景象，現在德國人有新的理由擔心，把東普魯士只交給第八軍團防守是否妥當。

從一開始，普里特維茨對他的第一軍軍長弗朗索瓦（von François）將軍的控制，就很不順利。弗朗索瓦五十八歲，雙眼炯炯有神，是胡格諾派（Huguenot）[5]教徒後裔，他有點類似德國的福煦。第一軍是由東普魯士募兵而來，其指揮官決心不許任何斯拉夫人踏上普魯士的土地，由於他前進得太遠，威脅到破壞第八軍團戰略。

照霍夫曼計算，第八軍團預料倫能坎普夫的部隊會先出動，預計八月十九或二十日，在它抵達英斯特堡隘口前，會在距俄國邊界二十五英里的貢賓能（Gumbinnen）與之交戰。包含弗朗索瓦第一軍在內的三個半軍，加一個騎兵師，被派去迎戰，第四軍則派往東南方，去接觸薩姆索諾夫正朝那邊行進的部隊。八月十六日第八軍團總部向前移至巴滕施泰因（Bartenstein），以更接近英斯特堡前線，結果發現弗朗索瓦已抵達並越過貢賓能。弗朗索瓦認為應立即進攻，霍夫曼的戰略卻是讓倫能坎普夫部隊頭兩日的行軍盡可能向西走，他的理論是俄軍距基地愈遠愈脆弱。霍夫曼並不希望制止這支俄軍，反而要讓它盡快到達貢賓能，好讓德軍有時間單獨對付它，然後再去迎戰薩姆索諾夫。

弗朗索瓦八月十六日在貢賓能設立總部，然後繼續前進，這威脅到在他後面的第八軍團其餘單位，它們都被拖來支援其側翼，因而拉長戰線到超出本身能力所及。普里特維茨十六日斷然命令他停止。弗朗索瓦憤怒地打電話抗議，說他在愈靠近俄國之處與敵人交戰，對德國領土的風險愈小。普里特維茨回答，犧牲部分東普魯士在所難免，並發出書面命令提醒弗朗索瓦，自己是「唯一指揮官」，也再度禁止他向前行。弗朗索瓦不予理會。八月十七日下午一時，普里特維茨「萬分吃驚地」收到弗朗索瓦的訊息，說他已越過貢賓能二十英里，在距俄國邊界僅五英里的斯塔盧波能（Stalluponen）作戰。

那天早上當倫能坎普夫部隊全體越過邊界，在中央的第三軍開始前進，更多是由於缺乏協調而非故意，它比其他兩個軍快了幾小時。俄方偵查已發現弗朗索瓦的部隊在斯塔盧波能，便下令攻擊。戰鬥發生於該鎮以東數英里。弗朗索瓦與參謀在斯塔盧波能教堂尖塔，觀察戰況進展，當教堂鐘聲「在神經緊繃的緊張中」突然響起，駭人聲響傳進他們耳膜，尖塔因震動而搖擺，望遠鏡在三腳架上抖動，氣急敗壞的軍官對著不幸的鎮議員，朝他頭上發出一連串條頓式詛咒，他只是覺得有義務警告鎮民，俄軍快來了。

第八軍團總部接到弗朗索瓦的訊息，同樣大怒。總部以電話及電報命令他停止行動，有位少將也親自趕過去確認命令。他爬上鐘樓，火氣不比在場者小，他對著弗朗索瓦大喊：「司令官命令你立即停止作戰，退回貢賓能！」弗朗索瓦對那語氣和態度氣不過，大言不慚地反擊道：「告訴普里特維茨將軍，弗朗索瓦將軍會在打敗俄軍後停止戰鬥。」

此時德軍從右翼派出一個旅及五個砲兵連，要自後方攻擊俄軍。因俄軍第三軍提早出發，尤其此刻在斯塔盧波能作戰的第二十七師，使第三軍與左鄰間產生缺口，讓德軍攻擊可長驅直入。遭德軍攻打的那一團潰散逃竄，包含第二十七師整個撤退，並留給德軍三千戰俘。倫能坎普夫其餘的部隊雖抵達那天

---

5　譯注：十六至十七世紀法國基督新教喀爾文教派的一支。

為他們設下的目標線，二十七師卻必須退至邊境去重組，把原定的進程延到次日。弗朗索瓦為勝利志得意滿，在當晚撤出斯塔盧波能，朝貢賓能退去，他個人對不服從的美德深信不疑。

儘管受到壓制，倫能坎普夫軍團仍恢復前進。但早在八月十九日，倫能坎普夫便開始感受到補給作業不足造成的負擔。此地距本國邊界不到十五英里，軍長們卻報告，補給未送達，彼此間以及跟軍團總部間無法傳送訊息。他們前方的道路，因難民驅趕大批四散的牛羊群而阻塞。人民逃難加上弗朗索瓦部隊後退，導致倫能坎普夫及其長官，西北戰線司令吉林斯基認為，德軍在撤出東普魯士。這並不合俄軍的意，因為德軍要是退得太快，就會逃過俄軍鉗形攻勢的摧毀。因此倫能坎普夫下令二十日全軍暫停，他的目的基於本身的困難少，引誘敵軍前進的作戰多，這也讓薩姆索諾夫第二軍團有更多時間前來加入對德軍後方的決定性猛攻。

對此，弗朗索瓦求之不得。他再次聞到戰鬥的氣味，便在十九日打給在第八軍團總部的普里特維茨，大聲要求准許他反攻，而不是繼續撤退。他認定機會難得，因為俄軍行軍鬆散零亂。他充滿感情地描述居民逃難，並熱切呼籲如果讓斯拉夫人可怕的足跡踏上普魯士的土地，是多大的恥辱。普里特維茨左右為難。第八軍團原打算在不到貢賓能的地方作戰，所以沿安格拉普河（Angerapp）備有很好的陣地。但弗朗索瓦進度太快，使計畫破局，目前他在貢賓能前方約十英里，偏東方。若允許他在那裡攻擊，等於同意偏離安格拉普河戰線作戰；另外兩個半軍會跟著他離開，而第二十軍奉派去監看薩姆索諾夫部隊自南方而來的動向，就會與他們隔得更遠，但第二十軍隨時可能需要支援。

另一方面，德軍未認真戰鬥便撤退，即使僅退後二十英里，但在嚇壞了的居民眾目睽睽下，那景象令人反感。當德軍攔截到倫能坎普夫的暫停令時，這決策更難做。那道命令是以簡單密碼用無線電發給俄軍各軍長，隨第八軍團擔任解密員的德國數學教授很容易就破解了。

這引發一個問題：倫能坎普夫會停頓多久？德軍可自由與一個俄軍軍團對陣，不必同時面對兩個軍團的時間所剩不多（到當晚六天已過去三天）。若他們在安格拉普河等倫能坎普夫來攻擊，那德軍可能立刻被兩個軍團夾擊。就在此時收到第二十軍消息，薩姆索諾夫部隊當天早上已越過邊界。鉗子的另一爪正在前進。德軍要不就立即與倫能坎普夫交手，放棄在安格拉普河準備好的陣地，要不就擺脫他，轉而對付薩姆索諾夫。普里特維茨和參謀們決定採取前者，並告訴弗朗索瓦，次晨八月二十日進攻。唯一的困難是另兩個半軍，盡責地等在安格拉普河，無法即時啟動去趕上他。

黎明前弗朗索瓦的重砲開火，俄軍大吃一驚；砲轟持續了半小時。凌晨四時，德軍步兵在無把握的黑暗中向前移動，越過收割後的田野，直到進入俄軍陣線的步槍射程內。破曉時分，戰鬥如火蛇般蔓延前線。俄軍野戰砲兵連向前進中的灰色隊伍密集發射砲彈，只見前方白色道路，突然因中彈者的屍體變為灰色。第二波灰色衝上來，距離更近。俄軍認得出帶釘的頭盔。砲兵再度發射，這一波倒下，又來一波。俄軍砲彈供給量是每日兩百四十四發，此時的發射量卻是每日四百四十發。一架有黑十字圖案的飛機襲來，轟炸俄軍砲兵陣地。灰色波浪不斷湧上來。當他們已到五百碼內，俄軍砲聲變得斷斷續續，然後寂靜無聲；彈藥已告罄。弗朗索瓦的兩個師殲滅俄軍第二十八師，造成傷亡率達六成，幾乎是全軍覆沒。弗朗索瓦的騎兵加三個騎兵砲兵連，在俄軍無防禦的一端大肆掃蕩，未遭俄國騎兵抵抗，那些騎兵因無火砲已先離開，導致德軍可自後方襲擊俄軍運輸。這便是倫能坎普夫極右側部隊的遭遇；他的中央及左側戰況截然不同。

此處的俄軍經弗朗索瓦黎明前的大砲聲警告，已對其攻擊有所準備，在寬三十五英里的戰線上，德軍攻擊無法集中。德軍中央的第十七軍，上午八時才抵戰線，落後弗朗索瓦四小時，而德軍右翼第一後備軍中午才到達。第十七軍軍長馬肯森（August von Mackensen）將軍，是打過一八七〇年戰爭，現已六十五歲以上的老將之一。第一後備軍則由貝洛（Otto von Below）指揮。他們一直待在安格拉普河後方，十九日晚卻收到意外命令，要在翌晨加入弗朗索瓦，向貢賓能以外的地方發動攻擊。馬肯森急忙集合部隊，晚間渡河，卻在對岸道路上與難民、馬車、牲口糾纏不清。等清出自己的隊伍，前進得夠遠好跟敵軍接觸時，已失去奇襲優勢，是俄軍先開火。重砲轟擊對被轟的一方，不論是誰，其效應都很嚴重，這一次是一九一四年少見的例子，被轟的是德軍。步兵趴在地上不敢動，不敢抬頭；彈藥車被擊中爆炸；馬匹四處狂奔。到下午馬肯森的第三十五師在砲火下潰敗。有一連丟下武器逃跑；另一連感染到那驚慌；然後是一整團，接著是那一團的側邊。不久路上及田間全是向後流竄的士兵。參謀與師級軍官還有馬肯森本人，乘汽車穿過前線，試圖遏止綿延了十五英里才被制止的退散。

馬肯森右邊的貝洛第一後備軍無法幫忙，因為他們起步更晚，等到達羅明頓森林邊緣的戈烏達普（Goldap）指定區，立即遭到俄軍猛攻。中央馬肯森那一軍敗退，使貝洛左翼失去掩護，他也被迫後退，既為了掩護馬肯森撤離，也為了自保。貝洛右邊是第三後備師，師長是摩根（von Morgen），他們最晚自安格拉普河出發，到傍晚一切已結束時才抵達，未看到任何戰鬥。儘管德軍成功撤退，俄軍對戰弗朗索瓦也傷亡慘重，但貢賓能之戰整體而言是俄軍獲勝。

普里特維茨眼見他整個行動失利。若俄軍奮力追擊遭攻破的德軍中央，可一路打到英斯特堡隘口，裂解第八軍團，並把北邊的弗朗索瓦那一軍逼回柯尼斯堡加強防備區避難，陸指部曾明令警告，絕不容許發生這種事。為挽救第八軍團，使它維持完整，普里特維茨認為唯一的辦法是退至維斯杜拉河。毛奇最後對他的指示是：「保持軍團完整。勿被趕離維斯杜拉河，萬不得已則放棄維斯杜拉河以東地區。」普里特維茨覺得現在便是萬不得已，尤其與馬肯森通過電話後，馬肯森曾真切地描述其部隊的驚慌。

八月二十日傍晚六時，普里特維茨打給弗朗索瓦，對他說，雖然他那區獲勝，但全軍團必須撤至維斯杜拉河。弗朗索瓦大驚失色，強烈抗議，強調種種理由，要普里特維茨重新考慮，並堅決主張俄軍因自身損傷也無法大力追擊，懇求長官改變主意。他掛斷電話時的印象是普里特維茨並不完全堅持己見，並同意再考慮。

在軍團總部，來來去去且相互衝突的報告造成混亂，可是令人驚訝的狀況開始顯現：俄方沒有追擊。在俄軍總部，倫能坎普夫曾下令下午三、四時之間要追擊，但因有報告指出德軍以重砲掩護馬肯森撤退，便在四時三十分取消命令。他不確定德軍中央退敗的程度，只有等待。一名疲累的參謀請求准許他去睡覺，得到的答覆是，可躺下但不可脫制服。參謀睡了一小時便被倫能坎普夫叫醒，他站在床前笑道：「現在你可以脫下制服了；德軍在撤退。」

軍事史學者曾對這句話大做文章，他們總在戰役結束後群起說長道短，尤其霍夫曼，他以不懷好意的歡喜之情，相當扭曲地報導此役。那些學者指出，敵人撤退之際正是追擊而不是睡覺的時候，這是有幾分道理。貢賓能只是兩軍在坦能堡之役（Battle of Tannenberg）的初步交手，而由於坦能堡之役造成的重大結果，倫能坎普夫休兵這一段曾引起諸多激烈的解釋及指控，也不乏有人提到倫氏的德裔祖先，並明白指控他是叛徒。可能性較大的解釋是比此役早一百年，由克勞斯維茲提出的說法。他在討論追擊問題時寫道：「部隊能感受到的所有重擔，都迫切要求休息及恢復精力。而指揮官需要過人的能力，看得到、感受得到眼前之外的情況。並立即採取行動，以取得當下看似僅屬錦上添花的結果：奢侈的勝利。」

無論倫能坎普夫是否注意到那些終極結果，但事實上他無法（或覺得無法）猛追竄逃的敵軍，來摘取最後勝利。他的補給線運作疲軟，要是再前進到超過補給線的末端，將使補給線不堪負荷。他會變成在敵國領土拉長補給線，而德軍退向自己的基地，是在縮短補給線。他不奪取德國火車，便無法利用德國鐵道，他也沒有鐵路工程隊來更改軌距。受德軍騎兵攻擊後，他的運輸亂成一團；他右翼的騎兵表現極差；他有一個所剩無幾的師。他決定留在原地。

那天晚上很熱。霍夫曼站在德軍總部屋外，與直屬長官格魯納特（Grünert）少將辯論當天戰況及明日展望，霍夫曼打算與他聯手掌控普里特維茨與瓦德西較弱的意志。此時有人送來一則訊息。是第二十軍的修茲（Scholtz）將軍報告，南邊俄軍有四、五個軍已越過邊界，以五、六十英里寬的陣線前進。霍夫曼以他那令人不安的方式，誰也不知道該不該當真，建議「壓下」這報告，不要給普里特維茨和瓦德西看，他判斷那兩人「已陷入暫時恐慌」。在戰爭回憶錄中，沒有像「他陷入慌亂」這句出現得如此普遍，通常是用於描述同僚；而霍夫曼此時這麼說，多半是合理的。但霍夫曼的計謀很快被打破，因為此時普里特維茨和瓦德西正好走出屋外，臉上表情顯示他們也已收到報告。普里特維茨把他們全叫進屋內，說：「各位，要是我們繼續與維爾納軍團作戰，華沙軍團會轉進到我們後方，切斷我們跟維斯杜拉河的聯繫。我們必須中斷與維爾納軍團作戰，退到維斯杜拉河後方。」他不再講退「到」維斯杜拉河，而是到河的「後方」。

霍夫曼和格魯納特馬上質疑必須中斷的決定，聲稱他們可在兩三天內「結束」與維爾納軍團的戰事，德軍仍有時間面對來自南方的危險，在此之前修茲那一軍可以「自己力守」。

普里特維茨粗暴地打斷他們。決定權在他和瓦德西。他堅持南方俄軍的威脅太大。霍夫曼必須退到維斯杜拉河後方。但霍夫曼指出，南方俄軍的左翼已比德軍更接近維斯杜拉河，還拿出羅盤證明，撤退已不可能。他請求「指示」他該如何執行。普里特維茨唐突地拒斥他和在場所有人，並打給在科布倫茲的陸指部，宣布他打算退到維斯杜拉河，甚至是更後面的地方。他說河水在炎夏水位較低，他懷疑沒有援軍是否守得住維斯杜拉河。

毛奇嚇壞了。這是讓那個白癡胖子指揮第八軍團，以及他自己考慮不周的最後指示所造成的結果。放棄東普魯士會大大戕害德軍士氣，又會失去最寶貴的穀物和乳品產區。更糟的是，若俄軍渡過維斯杜拉河，不僅會危及柏林，也會威脅奧地利側邊，甚至維也納。派援軍！除了所有部隊都投入的西線，但他要到哪裡去找援軍。但現在若從西線撤回部隊，可能輸掉攻法戰爭。毛奇太過震驚或是距現場太遠，未想到要發相反命令。當下他下令參謀直接與弗朗索瓦、馬肯森、其他軍長對話，了解實情，認為這麼做才對。

此時在第八軍總部，霍夫曼與格魯納特正設法說服瓦德西，退守並非唯一可走的路，其實更是不可走的路。霍夫曼現在建議的謀略是由第八軍團利用內部線路和鐵道，讓自己免於同時面對兩路俄軍的威脅，若情勢照他所預期的發展，第八軍團有機會全力只對付其中之一。

他建議，若倫能坎普夫的部隊次日還是不追擊（他認為是不會追擊），那就讓弗朗索瓦的第一軍離開，用鐵路送他們去增援在南方戰線的修茲第二十軍。弗朗索瓦的位置會在修茲右翼，對峙薩姆索諾夫的左翼，那裡距維斯杜拉河最近，威脅性最大。摩根那一師在貢賓能並未作戰，也會經由不同鐵路線派去支援修茲。調動軍隊，連帶所有的補給、設備、馬匹、槍砲彈藥，又要安排火車，以及在擠滿難民的車站上車，從一條鐵路線換到另一條，在在都很複雜，但霍夫曼有信心，曾花費多少腦力設計的德國鐵道系統，可以辦得到。

進行這些調動時，馬肯森及貝洛部隊的撤退，接獲指示要向南再走兩天，以便他們成功撤出時會更靠近南線約三十英里。若一切順利，他們可由此抄近路，在弗朗索瓦到達修茲右側後不久，進入修茲左側位置。照這樣全體四個半軍的部隊便全數就位，準備與敵人南軍交手。騎兵及柯尼斯堡後備軍將留守，掩護倫能坎普夫部隊前方。

此次調動的成敗完全取決一個條件：倫能坎普夫不會移動。霍夫曼認為他會留在原地一天以上，休息整備，修復好補給線。霍夫曼的信心並非基於什麼神祕的密告，或其他邪惡或超自然情報，只是單純因為他相信倫能坎普夫是為了自然原因而停下。總之，馬肯森及貝洛的部隊兩三天內不會改變陣線。到那之後，在更多被攔截的密碼的協助下，應會有跡象顯示倫能坎普夫的意圖。

這是霍夫曼的說詞，他說服了瓦德西。不知怎地，當晚某時瓦德西或是說服了普里特維茨，或是未經普里特維茨同意，便允許霍夫曼準備必要的命令，相關紀錄不是很清楚。由於參謀本部不知道普里特維茨在同一時間已告訴陸指部，他打算退至維斯杜拉河，所以也無人通知最高指揮部，撤退的想法已被放棄。

翌晨毛奇的兩個參謀，為戰地電話不通忙了好久後，終於個別與東線的軍長講到話，從他們那得知情況嚴重，但撤退是太草率的做法。由於普里特維茨似乎一心想要撤退，毛奇決定撤換他。當毛奇與副手史坦商量時，霍夫曼為自己是對的甚感高興——至少暫時是如此。當天偵查結果顯示，倫能坎普夫一動不動，「他們根本沒追趕我們」。命令立即發出，要弗朗索瓦第一軍向南移。據弗朗索瓦自己的記述，當天下午他離開貢賓能時，情緒激動到哭了。普里特維茨顯然贊同，但馬上後悔。當晚他再打給陸指部，告訴史坦和毛奇，他的參謀提議進攻華沙軍團，他回答：「不可行，太大膽。」以「這麼少的兵員」，他甚至無法保證守得住維斯杜拉河。他必須有援軍。這決定了他被解職。

由於東線有崩潰之虞，因此馬上需要勇敢、強勢、有決斷的人接下指揮棒。而指揮官會如何因應實戰危機，事先永遠無法確定，好在陸指部知道一個參謀官在一週前才證明他的實戰能力：列日一役的英雄魯登道夫。他可出任第八軍團參謀長。德軍指揮系統是雙軌制，參謀長地位與指揮官同樣重要，有時視能力和性情，參謀長可能更重要。魯登道夫當時屬於畢洛的第二軍團，繼列日勝利後，他正在那慕爾郊區指揮猛攻比利時第二大堡壘。他在關鍵時刻就在法國門口，但東線需求孔急。毛奇和史坦同意必須調走他。有副連長立即奉派乘汽車遞送信件，在次日八月二十二日上午九時，送達魯登道夫。

史坦寫道：「你有能力解救東線情勢。我對其他認識的人，不會如此絕對信任。」他抱歉要在決戰開始前把魯登道夫調走，「願上帝保佑，那一戰可決出勝負」，但這犧牲「勢在必行」。「當然你不必為東線已發生的事負責，但以你的能力，你可防止最糟的情況發生。」

魯登道夫十五分鐘內便乘副連長的車離開。他經過距離那慕爾十英里的瓦夫爾（Wavre），「前一天我經過時，它還是平靜小鎮。如今它已陷入火海。當地居民也向我軍開槍。」

當晚六時魯登道夫抵達科布倫茲。在三小時內，他聽取關於東線情勢的簡報，毛奇接見他時，「他看來很疲倦」，還有德皇接見時，他「非常鎮定」，但深受東普魯士遭入侵影響。魯登道夫對第八軍團發出某些命令，然後在晚間九時出發，搭乘特別列車前往東線。其命令除指示霍夫曼和格魯納特在馬利恩堡（Marienburg）與他會面，還有用火車把弗朗索瓦那一軍運往南線，去支援修茲的第二十軍。馬肯森和貝洛這兩軍應在八月二十三日完成撤退、休息、整備。這些與霍夫曼的命令相同，由此實現了德國戰爭學院的理想，即所有學員如碰到相同問題，都會想出一致的解決辦法。但也可能魯登道夫是看過霍夫曼命令電報的複本。

在乘車離開比利時路上，魯登道夫從副連長那裡得知，陸指部選了已退休的將軍來接任第八軍團司令。但尚不知他是否會接受。將軍的大名是興登堡（Paul von Beneckendorff und Hindenburg）。魯登道夫不認識他。後來魯登道夫那晚離開科布倫茲前，得知已聯絡到興登堡，他也接受此職務，次晨四時會在漢諾威（Hanover）上火車。

陸指部決定參謀長人選後，才轉而處理尋找指揮官的問題。大家都覺得，魯登道夫的能力沒有話說，但要圓滿雙軌人事，還有正規「von」頭銜的人較好。許多退休軍長的名字都列入考量。史坦記起此次戰爭爆發時，他收過某前軍長的信，表示：「隨情勢發展，若有任何地方需要指揮官，請別忘記我」，還保證寫信者「仍身強體健」。此人最適合。前軍長來自在普魯士有數百年歷史的古老貴族家庭。他曾在施里芬下的參謀本部服務，歷經正途一步步升至軍參謀長，後又擔任軍長，然後在一九一一年六十五歲時退休。再過兩個月他就六十八歲，但他不會比克魯克、畢洛、豪森等三位右翼將領年長。東線所需要的，特別在普里特維茨張惶失措後，是不會焦躁的人，而興登堡踏實可靠的軍旅生涯，始終以冷靜沉著著稱。毛奇批准，德皇也同意。電報送到退休的將軍家。

興登堡下午三時收到電報，當時他正在漢諾威的家中，電報中問他是否願意接受「立即聘用」。他答：「我準備好了。」第二通電報指示他立即前往東線，去指揮第八軍團。陸指部並未多此一舉，請他到科布倫茲一談。電報中指示他在漢諾威上車，並告知他參謀長是魯登道夫，會在途中與他在火車上碰面。出發前，興登堡只來得及領取一套新的灰綠色制服，就穿著普魯士將軍藍色舊制服出發，這讓他很尷尬。

數日後當召回普里特維茨之事公開時，可貴的日記作者布魯夏王妃記下：「一位年紀很大的興登堡將軍取代了他。」報紙編輯則趕忙辛苦地蒐集興登堡的資料，卻不易找到，因他在陸軍名單上，是出現於「班奈肯多夫（Beneckendorff）」條目下。幸好他們發掘，他曾在蘇丹作戰並獲二等鐵十字勳章，也是打過一八六六年對奧戰爭的老將。班氏祖先是定居東普魯士的條頓騎士，興登堡這姓氏則是十八世紀姻親關係的產物。他是西普魯士波森（Posen）人，早年曾任柯尼斯堡第一軍的參謀官，也研究過馬祖爾湖區的軍事問題，此事不久將成為一則傳說的起源，指興登堡在三十年前就規畫了坦能堡之役。他在西普魯士諾德克（Neudeck）祖父母的莊園裡長大，他記得小時候，曾常跟替腓特烈大帝工作過兩週的老園丁聊天。

興登堡在漢諾威車站等候，火車在清晨四時徐徐駛入。他從未見過的魯登道夫，「迅速下車」至月台向他報告。魯登道夫在向東行的路上說明目前情況，以及他已發出的命令。興登堡聆聽並批准。由此在前赴戰場途中，這組合於焉誕生，那場戰役使他倆成名，而他倆的「結合」呈現於神祕的圖案H，他倆一直主宰德意志帝國至帝國結束。後來興登堡當上陸軍元帥，便被暱稱為：「你怎麼說元帥」，因為每當詢問他的意見，他會習慣性轉向魯登道夫問：「你怎麼說？」

對第八軍團司令換人，陸指部循往例，率先想到要通知的對象，是東線鐵道主任凱斯頓（Kersten）少將。八月二十二日下午，在特別列車尚未上路前，他已帶著「很驚訝的表情」來到霍夫曼辦公室，拿一則電報給他看，內容是宣布次日將有特別列車抵達馬利恩堡，送來新指揮官和新參謀長。普里特維茨和瓦德西是由此得知自己被解職。一小時後普里特維茨收到個人電報，把他和瓦德西放在「待命名單」上。霍夫曼說：「他對這種待遇毫無怨言，就離開我們。」

魯登道夫的做法並不更圓滑。雖然他與霍夫曼熟識，兩人同在參謀本部任職時，曾在柏林同一屋簷下住了四年，不過他還是以電報向各軍軍長，個別下達命令，並未透過第八軍團參謀部。此舉不見得是刻意要得罪人；參謀本部軍官得罪人實屬正常。霍夫曼和格魯納特很快覺得遭到羞辱。他們在馬利恩堡為新長官舉辦的迎新會，魯登道夫說：「完全談不上感覺良好。」

關係這一仗勝負的關鍵問題，此時必須面對。馬肯森和貝洛的部隊應留在原地，防備倫能坎普夫再度進攻，還是應配合霍夫曼的計畫，調往南邊去對抗薩姆索諾夫的右翼？除非第八軍團全員出動，否則沒希望打敗薩姆索諾夫部隊。弗朗索瓦軍在八月二十三日那天，逐步完成在英斯特堡與柯尼斯堡間，由五個車站登上火車的複雜程序，目前正前往南部戰線途中，要再經兩天換車及轉支線，與同樣複雜的下車過程，才能就戰鬥位置。摩根那一師也在搭另一線火車的途中。馬肯森和貝洛那兩軍當天是暫停。騎兵偵查報告說，倫能坎普夫部隊依舊「消極被動」。他與馬肯森、貝洛僅相距三、四十英里。若他們被調到南方，去攻打另一支俄軍，只要他移動，仍可追敵並猛攻其後方。霍夫曼要求馬肯森和貝洛立即上路。魯登道夫才離開那慕爾三十六小時，剛進入一個新情況，他無論怎麼決定都事關重大、都必須負責，他沒把握。興登堡才剛解除退休不到二十四小時，又倚賴魯登道夫。

在俄軍這邊，計算鉗形攻勢該在什麼時機同時向敵軍合攏，這任務讓上級指揮部頭痛。自一開始就有各種棘手而明顯的諸多絆腳石，使軍方長官滿是悲觀。西北戰線指揮官吉林斯基的職責是協調倫能坎普夫和薩姆索諾夫軍團的移動，他除了不斷指示加速前進，想不出更好的方法。由於倫能坎普夫已先開拔，先展開戰鬥，吉林斯基所有的加速命令都針對薩姆索諾夫。與此同時吉林斯基也收到一連串法軍更為緊急的要求。法軍為紓解在西線承受的壓力，指示駐俄大使「堅持」，「俄軍有必要對柏林執行極度進攻」。這些要求自霞飛傳到巴黎，巴黎再傳到聖彼得堡，聖彼得堡再傳到「最高統帥部」（Stavka，指俄軍在巴拉諾維奇的總部），最高統帥部再傳給吉林斯基，吉林斯基則全部轉給在沙地上一步步艱困前進的薩姆索諾夫。

這「簡單而仁慈的人」，那是英國第二軍團聯絡官給薩姆索諾夫的稱呼，自從在日俄戰爭指揮一個騎兵師以來，並無經驗使他適合指揮十三個師的軍團。而與他共事的參謀及師長，他也不熟悉。原因在於俄國軍團不是按地區組成，新來報到的後備兵，有時人數多達一團的三分之二，對士官與軍官完全是陌生的。軍官不足，加上士兵識字率低，經常是無人識字，使由上而下傳達命令並不容易。幾乎最糟糕的混亂發生於通訊單位。華沙電報室有位參謀驚駭地發現，有一疊發給第二軍團的電報，未拆封也未轉傳，因為與戰地總部並未建立通訊。那參謀只好把電報蒐集起來，用汽車運出。至於軍總部，僅有足夠線路與師指揮部聯絡，卻不足以與陸軍總部或鄰軍聯絡。因此只能用無線電。

由於堅持要快，部隊集結期只給四天，這導致後勤作業安排不完善。有一軍必須拿砲彈接濟另一軍，因為其補給火車還沒到，結果擾亂到本身的估算，烘焙車不見蹤影。為使軍隊在國外敵意領土上生活，必須由騎兵先護衛運送軍需人員，卻未做這樣的安排。在沙質道路上，單匹馬力證明拉不動馬車和砲車。在某些地段必須解下一半車輛的馬匹，用兩匹馬來拉另一半車輛，前進一段距離後，再解下一半馬匹，帶回來，套在留滯的車上，重複相同的動作。

吉林斯基八月十九日發電報：「加快第二軍團推進，以最大精力加速行動。第二軍團進展延誤將使第一軍團處境艱難。」但事實並非如此。薩姆索諾夫十九日正按時程越過邊界，但吉林斯基認為一定會如此，而預先警告。

薩姆索諾夫答：「照時間表前進，不曾暫停，走過十二英里以上沙質路。無法再快。」他報告，士兵一天行走十至十二小時，沒有休息。三天後吉林斯基發電報：「我必須看到立即、決定性的行動。」薩姆索諾夫答：士兵「疲累不堪」，無法再加快。「這一帶情況很慘，馬匹許久沒有燕麥可吃，也沒有麵包。」

那天薩姆索諾夫的第十五軍，在馬特斯（Martos）將軍指揮下，遇到修茲的德軍第二十軍。兩軍開打。德軍尚未獲增援，退卻。馬特斯攻下約在邊界內十英里的索爾達烏（Soldau），及幾小時前還是修茲總部的奈登堡（Neidenburg）。當進入奈登堡的哥薩克巡邏隊報告，德國平民自窗戶射擊他們，馬特斯便下令砲轟此鎮，炸毀大部分主廣場。「身材矮小、頭髮灰白」的他，對當晚住宿地感到不安，那是德國屋主已離去的房舍，他們留下的家人照片，從壁爐台上瞪著他。那是鎮長家，由其女僕上菜，馬特斯吃了為鎮長準備的晚餐。

八月二十三日魯登道夫和興登堡抵擋東線，馬特斯右側的俄軍第六及十三軍攻下更多村莊；修茲仍獨立作戰，他又後退一點，他後方的維斯杜拉河駐軍有提供一些援助。吉林斯基無視於北方的倫能坎普夫無所作為，卻頻頻下令給薩姆索諾夫。他告訴薩姆索諾夫，其前方的德軍正快速後退，「只留下不重要的部隊面對你。所以你要執行最強力的進攻。……你要在倫能坎普夫部隊之前，攻擊並攔截撤退中的敵人，以切斷他從維斯杜拉河的退路。」

這當然是原本的設計，但預期條件是倫能坎普夫會在北邊牽制德軍。其實那天倫能坎普夫不再與敵人接觸。他八月二十三日又開始推進，但方向不對。他未橫向朝南邊移動，與在湖區前方的薩姆索諾夫連成一線，卻向西直行，去掩護柯尼斯堡，因為他擔心若是向南，弗朗索瓦會攻擊他的側翼。這麼做雖與原始設計毫不相干，但吉林斯基卻未加以改變。吉林斯基像倫能坎普夫一樣，對德軍的動態如霧裡看花，他認定的德軍作為正是俄軍規畫中的德軍作為，也就是德軍要退至維斯杜拉河。於是他繼續催促薩姆索諾夫前進。

八月二十三日傍晚，在感覺敵人退卻的鼓勵下，馬特斯那一軍從奈登堡出發，來到距德軍陣線七百碼以內的位置。修茲這一軍守在奧爾洛瓦村（Orlau）與弗蘭克瑙村（Frankenau）之間的戰壕內。俄軍奉命不惜代價要攻下那些戰壕。他們整晚伏在陣地，到天亮前再向前爬一百碼。當攻擊訊號響起，他們三次快跑，衝完最後六百碼，在德軍機槍火力下伏倒，再起身衝刺，伏倒又起身。當一波白色上衣的人帶著閃亮刺刀逼近時，德軍慌忙衝出戰壕，丟下機槍落荒而逃。在戰線另一地點，德軍砲兵的優勢懲罰了攻擊者。馬特斯右手的俄軍第十三軍，因通訊失誤或統御不良，或兩者皆是，未能來支援他，以致此次交手沒有很大的進展。到當天結束時德軍在後退，但未潰敗。俄軍擄獲兩門野戰砲和若干俘虜，但本身死傷甚高，計有四千人。有一團的十六個連長折損了九個，有一連共一百九十人，卻合計陣亡一百二十人及全部軍官。

德軍死傷雖較少，但面對的敵軍人數超過太多。修茲後退了約十英里，當晚在坦能堡村（Tannenberg）建立總部。吉林斯基仍在催促，他堅持薩姆索諾夫必須前往預訂陣線，在那裡可切斷敵軍「撤退」。

薩姆索諾夫對各軍下令：左翼第二十三軍，中央第十五及十三軍，右翼第六軍，指示他們次日的部署及行進路線。過了奈登堡後，通訊更為微弱。有一軍全無線路可用，得倚賴騎馬傳令兵。第六軍沒有十三軍密碼的檢索本，於是薩姆索諾夫的命令改以無線電用明碼發出。

直到此刻，魯登道夫和興登堡已抵達約二十四小時，但第八軍團仍未決定是否要調動馬肯森和貝洛的兩個軍，來對抗薩姆索諾夫的右翼。與登堡與參謀來到坦能堡，與修茲商議，修茲「面色沉重但有信心」。他們回到總部。後來霍夫曼寫道，那「是整場戰役最困難的一晚」。當參謀們正在辯論時，通訊隊軍官送來攔截到的薩姆索諾夫次日命令，即八月二十五日。這項敵人送上門的協助，雖未透露最關鍵的倫能坎普夫的意圖，卻也確實告訴德軍，他們可預期大概在何處會遇到薩姆索諾夫的部隊。這幫了德軍大忙。第八軍團決定要投入全部兵力與薩姆索諾夫決戰，隨後軍團發出給馬肯森和貝洛的命令，要他們別管倫能坎普夫，立即南下。

# 第十六章 坦能堡

魯登道夫得知倫能坎普夫的部隊在其背後，一直放心不下，便急於與薩姆索諾夫交戰。他下令第一階段戰鬥於八月二十五日開始。由弗朗索瓦第一軍進攻烏斯道（Usdau），目的是包圍薩姆索諾夫左翼。弗朗索瓦拒絕。他的重砲部隊及部分步兵才剛自貢賓能戰線長途跋涉而來，還在下火車，尚未抵達前線。他認為缺少砲兵全力支援，也沒有充分彈藥供應，就這樣進攻有戰敗之虞。然而，一旦薩姆索諾夫的撤退路線無人防守，他就能逃離德軍的殲滅計畫。霍夫曼和二十軍的修茲私下支持弗朗索瓦，雖說修茲前一天曾與俄軍作戰，但他在野戰電話上向弗朗索瓦保證，他不需要立即的支援，可以守得住陣地。

魯登道夫上任第二天就遭到底下將士的不服從，他氣急敗壞地驅車至弗朗索瓦總部，也帶著興登堡和霍夫曼一起。針對魯登道夫的堅持，弗朗索瓦說：「若有命令下來，我當然要攻擊，但我的部隊會被迫用刺刀打仗。」為顯示誰是指揮官，魯登道夫對弗朗索瓦的理由不屑一顧，再度重申原本的命令。興登堡在會談時什麼都沒說，結束後盡責地與魯登道夫搭車離去。霍夫曼乘另一輛車，在與總部電話電通訊的最近之地，蒙托沃（Montovo）火車站停下。通訊隊軍官在此呈給他兩則攔截到的俄軍無線電訊息，均以明碼傳送，一是倫能坎普夫在當天早上五時三十分發出，二是薩姆索諾夫在早上六時發出。前一則命令為第一軍團定下行軍距離，從中透露出倫能坎普夫次日的目標，不至於遠到足以從後方威脅德軍。後一則命令是接續前一天與修茲的戰鬥，顯示薩姆索諾夫把修茲的後退誤判為全面撤退，於是他列出確切的追擊方向與行動時刻，來對付他認為已敗北的敵人。

自希臘叛徒引領波斯軍隊通過溫泉關（Thermopylae）[1]以來，就不曾有指揮官享受過如此好運。訊息如此完整，霍夫曼的直屬長官格魯納特不免起疑。霍夫曼說：「他焦急地一再問我，該不該相信？或為什麼不該相信？……我自己原則上相信裡面的每個字。」霍夫曼宣稱，據他親身經驗所知，倫能坎普夫與薩姆索諾夫自日俄戰爭起就私下不和，當時他是德國觀察員。他說，薩姆索諾夫是西伯利亞哥薩克人，在英勇奮戰後不得不讓出（中國）煙台的煤礦，原因是倫能坎普夫的騎兵師雖一再接到命令，卻始終不採取行動。原來有一次在瀋陽火車站月台上，兩人吵得很厲害，薩姆索諾夫當場把倫能坎普夫打倒。薩姆索諾夫對此事志得意滿，於是倫能坎普夫也就不急著去支援他。但戰役的輸贏事大，援不援助薩姆索諾夫事小，所以很難說霍夫曼是否相信自己的故事，或只是假裝相信，不過他一直很愛說這故事。

一把抓起攔截到的訊息，霍夫曼與格魯納特連忙上車，追趕興登堡和魯登道夫。不到幾英里就追上，霍夫曼命司機與他們平行，在兩車行進間把訊息遞過去。然後兩車都停下來，四名軍官一起討論研究。情況顯示，次日德軍的攻擊計畫由馬肯森和貝洛部隊攻打薩姆索諾夫右翼，不會被倫能坎普夫干擾，可以進行。根據爭論者不同的詮釋，這或許顯示弗朗索瓦可延後到所有人力物力都齊備時再發動進攻。魯登道夫卻不肯讓出些許權威，回到總部時又重申他的命令。

同時德軍也發出翌日八月二十六日要執行雙包圍計畫的命令。左翼馬肯森那一軍會在貝洛部隊支援下攻打薩姆索諾夫的最右翼，那支軍隊已來到湖區前方據點比夏斯堡（Bischofsburg），騎兵則在三斯堡

（Sensburg）。倘若倫能坎普夫也在那裡，兩個戰線應可相連。倫能坎普夫不在使得俄軍側翼門戶洞開，而德軍正希望從側翼包圍。德軍中央是修茲的第二十軍，目前有藍德維爾（Landwehr）的一個師及摩根的第三後備師支援，他們將恢復前一天的戰鬥。德軍右翼是弗朗索瓦，他奉令展開攻擊，目標是包圍薩姆索諾夫左翼。

所有命令都在八月二十五日午夜前發出。翌晨是全面開戰首日，當偵察飛行員報告，倫能坎普夫正朝他過來，魯登道夫一陣緊張。興登堡雖很有把握，認為第八軍團雖只留下單薄的防禦，來對付倫能坎普夫，但「不必有任何遲疑」，魯登道夫所有的焦慮卻復發。他寫道：倫能坎普夫「令人畏懼的軍隊，彷彿暴風雨欲來的東北方烏雲。只要他接近我們，我們就會被擊敗。」他開始感覺到曾困擾著普里特維茨的同樣恐懼，他猶豫不決是否要把所有兵力用來對付薩姆索諾夫，還是放棄攻擊俄軍的第二軍團，轉頭去打第一軍團。霍夫曼愉快地記下：列日的英雄「似乎有些慌亂」。霍夫曼是所有軍事作者中，是最不留情認定同袍有此弱點的。連興登堡都承認，「嚴重疑慮」十分苦惱他的夥伴，而如他所說，當時是他使其參謀長變得堅定。照興登堡的說法：「我們克服了內在危機。」

此時又爆發另一樁危機，軍團總部發現，仍在等候砲兵的弗朗索瓦，尚未依令展開作戰。魯登道夫再命令他，正午必須開始動手。弗朗索瓦回答，總部理當在那天早上攻下的初步陣地，也並未拿下。這件事引爆了眾人情緒，以及霍夫曼形容為「很可能不友好」的魯登道夫的回覆。那一整天弗朗索瓦努力

---

1　譯注：位於今日希臘，西元前五世紀波希戰爭時，希臘城邦在斯巴達領導下，曾在此與波斯帝國打過一場重要戰役。

設法推托延遲，以等候他自己的時機。

突然一通從遠在科布倫茲的陸指部打來的特別電話，介入了魯登道夫與弗朗索瓦的爭議。沒有來自陸指部的麻煩，魯登道夫已夠頭痛了，他拿起話筒，並命霍夫曼去拿另一話筒，聽聽「他們要什麼」。他驚訝地聽到指揮部作戰處長塔本提議增援他三個軍及一個騎兵師。魯登道夫剛從西線過來，他曾擬訂動員計畫，對進攻時每英里需要的兵員密度，是清楚到最後的小數點，他不敢相信電話中聽到的。施里芬計畫是要把最後一兵一卒都用來增強右翼。是什麼說服陸指部在攻擊最高峰時刻，削弱其陣線整整三個軍？他驚嚇之餘對塔本說，東線並非「確切」需要增援，而且援兵終究會來得太晚，無法加入已展開的戰鬥。塔本說，可以騰出這些部隊。

會做如此關鍵決策源自陸指部的驚慌，因為俄軍在動員後兩週便發動攻勢，不是像德軍計畫所預測的六週。塔本說，拯救東線的原因是德軍在法國邊界取得「大勝」，「使得陸指部相信，西線的決戰已打完，也獲勝了。」毛奇在此印象下，於八月二十五日決定，「儘管遭到反對」，仍要派援軍去對抗俄軍，拯救東普魯士。難民的苦況，貴族財產遭哥薩克人搶奪，出身良好的仕女向皇后哭訴，請求保住其家族土地和財富，在在產生了效應。德國政府為激起人民的反俄情緒，故意把東普魯士難民分散到各城市，也成功嚇到了自己。東普魯士議會議長來到陸指部，懇請援助他的家鄉。克魯伯公司某主管在八月二十五日的日記寫著：「各方都有人曾說：『哼！俄國人動員永遠不會完成。……我們可以守株待兔很久。』但現在大家想法很不一樣，談的也都是要放棄東普魯士。」德皇深受影響。毛奇本人則向來擔憂東線防禦太弱，因為如他在戰前所寫：「若俄軍抵達柏林，西線所有的戰績都等於零。」

此時自西線撤出的兩個軍，曾參與德軍第二、第三軍團聯手攻擊那慕爾，如今那慕爾的堡壘被攻下，畢洛宣布可以釋出他們。八月二十六日，這兩個軍與第八騎兵師被派往東線，但因比國鐵道被破壞，他們行軍至德國的火車站後，準備「盡快」被送往東線。另有一個軍已走到蒂永維爾火車站那麼遠，陸指部謹慎者的意見，才說服毛奇撤銷命令。

在往東八百英里處，薩姆索諾夫正準備八月二十六日恢復作戰。他最右側是布拉戈維申斯基（Blagovestchensky）率領的第六軍，已按指示抵達湖區前方的預定會合區，但薩姆索諾夫任由第六軍孤立，與其他單位分開，卻把主力部隊往更西邊推。第六軍因此遠離倫能坎普夫，或倫能坎普夫該在的地方，不過薩姆索諾夫認為，要到達維斯杜拉河與德軍想當然耳的西退路徑之間，那是正確方向。他的目標是阿倫施泰因到奧斯特羅德（Osterode）那條線，在此他可搭乘德國主要鐵路，並像他八月二十三日告知吉林斯基的，也「較易於前進德國心臟地帶」。

此時跡象已很清楚，薩姆索諾夫的部隊疲憊且處於半飢餓狀態，極勉強才蹣跚來到前線，根本不適合作戰，更別說前進德國心臟地帶。口糧配給不來，士兵已吃完存糧，村莊遭廢棄，田裡的燕麥與乾草也未收割，土地榨不出什麼東西給士兵和馬匹。各軍軍長都要求暫停。參謀本部的軍官向吉林斯基總部報告部隊補給的「慘況」。「我不知道他們怎麼再撐下去。安排恰當的調撥服務很重要。」這烏鴉說法飛過戰線以東一百八十英里，甚至更遠經過環狀鐵路連結，才到達瓦夫卡維斯克（Volkovisk），吉林斯基在這太遙遠之處，不受這些報告擾亂。他堅持薩姆索諾夫繼續攻擊，「在倫能坎普夫前方迎戰撤退中的敵軍，並切斷通往維斯杜拉河的退路。」

此版本的敵軍動態，是根據倫能坎普夫的報告，但他在貢賓能之役後，一直未與德軍接觸過，所以其德軍動態報告均出於善意的幻想。薩姆索諾夫此時卻自火車移動及其他情報，意識到他並非面對正全力撤退的敵人，而是已重整完畢正朝他攻來的敵軍。有報告傳來，指在他左翼正對面，敵人的新部隊正在集結，那是弗朗索瓦那一軍。有鑑於左翼的危險，薩姆索諾夫派軍官去促請吉林斯基，有必要讓其部隊向西轉，而非繼續朝北行。吉林斯基身為後方指揮官，瞧不起前線指揮官的示警，認為這只是想採取守勢，便「無禮地」回覆他說：「敵人不存在卻看成有敵人，那是懦弱。我不允許薩姆索諾夫將軍變成懦夫。我堅持他繼續進攻。」據同僚說，吉林斯基的戰略似乎是照俄式跳棋（Poddavki）而設計，要失去自己所有的棋子才能贏。

八月二十五日晚，魯登道夫發出命令時，薩姆索諾夫在配置部隊。中央是馬特斯與克里烏伊夫（Kliouev）將軍的第十五、十三軍，外加康德拉托維奇（Kondratovitch）將軍第二十三軍的一個師，將執行對阿倫施泰因－奧斯特羅德線的主攻勢。左翼是阿塔蒙諾夫（Artomonov）將軍的第一軍，並由二十三軍另一師支援。右翼是五十英里外孤立的第六軍。俄國騎兵的偵查技術欠佳，所以薩姆索諾夫不知道，前次見到馬肯森軍時，他們正自貢賓能戰場慌亂退散，如今則已重整並經過急行，與貝洛軍一起抵達其前方，此刻正進攻其右翼。起先薩姆索諾夫命第六軍守住陣地，「目標是保護我軍右側」，後又改變主意，要第六軍「全速」過來，支援中央朝阿倫施泰因前進。到二十六日早晨最後一刻，命令又改回原任務：留在原地保護右側。此時第六軍已起步移向中央。

在遠處的後方，俄軍最高指揮部瀰漫著大難臨頭感。陸軍大臣蘇霍姆林諾夫因不相信武器火力，不曾費心興建兵工廠，他早在八月二十四日即寫給不留大鬍鬚的參謀總長亞努什克維奇：「以上帝之名，請下令蒐集步槍。我國送了十五萬支給塞爾維亞人，自己的存貨幾已用盡，但工廠生產不多。」儘管像亞努什克維奇這類英勇軍官，滿腔熱血，高喊著「送威廉到聖赫勒拿！」前往戰場，但將領們從一開始情緒就很低迷。他們上戰場時沒有信心，作戰時也一直如此。最高總部氣氛悲觀的謠言，免不了傳到駐聖彼得堡的法國大使耳裡。八月二十六日俄國外相薩宗諾夫告訴他，吉林斯基「認為進攻東普魯士注定失敗」。據說亞努什克維奇認同，並將強烈抗議此次攻勢。但副參謀總長丹尼洛夫卻堅持，俄國不能讓法國失望，即使「有明確風險」也要打。

丹尼洛夫與大公一起駐守在最高統帥部，也是參謀本部在巴拉諾維奇的總部，地點位於森林裡的幽靜之處。最高統帥部會待上一年，選擇此地是因為它是南北縱貫鐵路線與莫斯科到華沙主幹線的交會點。德奧兩面戰線都由這裡監督。大公、參謀本部的主官以及盟軍的武官，都在火車車廂住宿（大公有個人套房）及用餐，因為他們發現要給總司令住的房子，距離作戰與情報官使用的站長住宅太遠。車廂上建有屋頂，以防日曬雨淋，旁邊鋪上木質走道，車站花園裡豎起遮篷，方便夏日在此用餐。這裡看不見奢華，物質上的短缺受到忽視，只除了出入口太低，大公不幸常撞到頭。所以各出入口邊緣都要貼上白紙，以便引起大公注意，提醒他閃避。

丹尼洛夫很擔心，倫能坎普夫顯然與敵軍失去接觸，加上通訊不良，導致吉林斯基似乎不知道他的兩支部隊在哪裡，那兩支部隊也不清楚彼此位置。當消息傳到最高統帥部，指薩姆索諾夫八月二十四、二十五日曾與敵人交手，即將恢復全面作戰，因倫能坎普夫未能讓鉗子的另一爪出現，就更加令人擔憂。大公在八月二十六日前往設於瓦夫卡維斯克的吉林斯基總部，堅持要督促倫能坎普夫前進。倫能坎普夫自二十三日起從容不迫地追擊，經過德軍之前在安格拉普河的陣地，德軍第八軍團向南方大調動時已放棄那裡。德軍匆忙離開的證據證實了，他認為敵人正在敗退的想法。據一位參謀的紀錄，他認為不該太快驅趕德軍，否則他們可能在未被薩姆索諾夫切斷前，就已退回維斯杜拉河。倫能坎普夫並未認真追究，未用親眼證實他的猜測，吉林斯基對此似乎也不在意，他毫不質疑地接受倫能坎普夫的說法。

大公來訪那天，吉林斯基後來發給倫能坎普夫的命令，是要他追擊他仍認定在撤退的敵人，並防備德軍可能自柯尼斯堡要塞偷襲其側翼。俄方原本計畫以六個後備師包圍柯尼斯堡，但那些部隊尚未到達。吉林斯基現在指示倫能坎普夫，以兩個軍封鎖柯尼斯堡，等待後備師抵達，他的另兩個軍則應追擊「未躲在柯尼斯堡、推測可能退向維斯杜拉河的敵軍」。吉林斯基「認為」敵人在撤退，便未想到敵人可能威脅薩姆索諾夫，也未照原定計畫，督促倫能坎普夫加快與薩姆索諾夫右翼連成一線。他只指示倫能坎普夫，第一、二軍團的「聯合作戰」必須以壓迫德軍撤向海邊、遠離維斯杜拉河為目標。基於這兩支俄軍部隊既不相連，也未彼此靠近，「聯合」一詞很難適用。

八月二十六日破曉時分，薩姆索諾夫的第六軍遵照不知已被取消的命令，向第二軍團中央前進。有一師已出發時，另一師收到消息，在其後方北邊約六英里處發現敵軍。該師師長認為，那是敗給倫能坎普夫的部隊，便決定轉身去攻擊他們。那其實是馬肯森的部隊，正在向前進攻。俄軍遭到攻擊，他們一邊為自救而戰，一邊拚命召回已走出八英里的另一師。那一師再回頭，走過十九英里後，在一天結束時，遭遇第二支敵軍貝洛的部隊。俄軍這兩師彼此失去聯繫。軍長布拉戈維申斯基「神智不清」（這是英國軍事評論家的說法），已鏖戰一整天的那一師，死傷五千人，損失十六門野戰砲，師長自行下令撤退。到晚上命令與反命令更增混淆，使各單位在路上混成一團，到早上時第六軍步履雜沓，並繼續後退。薩姆索諾夫的右翼已變了樣。

與此同時俄軍中央的兩個半軍展開進攻。馬特斯在中間，戰況激烈。左鄰是第二十三軍的某一師，遭擊退，使馬特斯的側翼暴露。右鄰克里烏伊夫的第十三軍，占領阿倫施泰因，但得知馬特斯有難，便去馳援，阿倫施泰因將交由第六軍占領，克里烏伊夫認為他們正在路上。當然第六軍並未前來，阿倫施泰因變成缺口。

在前線後方數英里，奈登堡的第二軍團總部，薩姆索諾夫與其參謀長巴托斯基（Potovsky）將軍、英國武官納克斯（Knox）少校等人正在用晚餐時，第二十三軍戰敗的那一師湧入街頭。在恐懼氛圍下，任何聲響都讓他們以為是遭到追擊；一輛救護馬車噹噹而來，大呼「烏蘭騎兵來了！」薩姆索諾夫與巴托斯基聽到騷動，帶上配劍，連忙趕出去。巴托斯基是緊張的類型，戴著夾鼻眼鏡，基於現已不明的原因，他有「瘋狂穆拉（Mullah）」[2]之稱。他倆親眼目睹那一師的狀況。士兵們「疲累不堪……有三天未進食麵包或糖。」一位團長告訴他們，「我的部下有兩天未領到任何配給，也沒有任何補給送過來。」

儘管薩姆索諾夫尚未收到右翼第六軍慘況的完整消息，但他在那天結束時已明白，如今不再是包圍

2　譯注：伊斯蘭教的一種尊稱。

敵人的問題，而是解救自己免於被包圍。不過他決定不要停止戰鬥，而是在次日由中央各軍繼續打，設法擋住德軍，等倫能坎普夫過來，給他們致命一擊。薩姆索諾夫傳令給第一軍軍長阿塔蒙諾夫，要他「不惜一切代價……保護第二軍團側翼」，第一軍在俄軍最左側，守著正對弗朗索瓦的前線。他有把握「即使占極大優勢的敵人，也破不了著名的第一軍的抵抗」，並說此次戰役的成功有賴於他們堅守陣地。

翌日二十七日上午，弗朗索瓦不耐煩地等候的進攻時刻來臨。他的大砲到了。清晨四時，天色未亮，如颶風般衝擊的轟炸，在烏斯道俄軍第一軍陣地上空爆開。德軍最高指揮團隊，與登堡嚴肅而鎮定，魯登道夫憂心而緊張，在他們身後的霍夫曼，是嘲弄的身影，他們離開設在二十英里外勒包（Löbau）的臨時指揮部，要到山丘上找個位置，魯登道夫打算在此「現場監督」弗朗索瓦及修茲兩個軍的協調。他們尚未抵達山丘便有消息傳來，烏斯道已被攻下。但才剛為此報告歡慶，幾乎立即又傳來否認前一報告的消息。密集砲轟的隆隆聲持續。在俄軍戰壕內，「著名的第一軍」士兵如其二十三軍的弟兄，也在挨餓，喪失作戰意志，冒著彈雨脫逃，不幸罹難者多於成功逃跑者。到上午十一時第一軍放棄陣地，這一仗德軍單靠砲兵就已打贏，魯登道夫覺得俄軍第二軍團現已「被擊破」，而他不成熟的命令原本可能使德軍吃敗仗。

但第二軍團並未被打敗。魯登道夫發現「相對於其他戰役」，這一仗無法在一天內獲勝。弗朗索瓦的進展仍被堵於烏斯道東方；俄軍中央的兩個軍人數多到嚇人，也還在攻擊；倫能坎普夫對他後方的威脅依然存在。道路上擠滿難民與牲畜，整村整村的人在向外逃。德軍士兵也萬分疲憊，也會把嘩嘩腳步聲聽成是追擊，並大喊：「他們來了！」向下傳過一縱隊後就變成：「哥薩克人來了！」最高指揮團隊回到勒包時，聽到報告說，弗朗索瓦那一軍正在逃跑，其「殘餘」單位正進入蒙托沃，他們嚇到不敢相信。慌亂中一通電話查明，確實有人在火車站前，看見垂頭喪氣的弗朗索瓦第一軍撤退部隊。假設弗朗索瓦的側翼撐不住，此次戰役或許會輸。像之前發生在普里特維茨身上那樣，德軍可能戰敗，退至維斯杜拉河後方，放棄東普魯士，那可怕的前景此時也會出現。但後來德方發現，在蒙托沃的部隊只屬於一個營，唯有他們放棄烏斯道的後續作戰。

那一天較晚時，德軍畢竟未「退向維斯杜拉河」，而是進攻薩姆索諾夫，這真相終於進到吉林斯基的總部。他終於打電報給倫能坎普夫，說明第二軍團遭到重擊，他應配合「讓你的左翼盡可能向前」，但吉林斯基給的目標太西邊，前進得不夠遠，也未提到要加速或急行軍。

戰鬥已進入第三天。兩軍此時都全力投入，先一擁而上，咬住不放，再分開，相互廝殺，在四十英里長的戰線上各自打著混戰。某個團有進展，鄰軍被擊退，出現缺口，敵軍或穿過去，或不可理解地不穿過去。戰場上砲聲隆隆，騎兵隊、步兵單位、馬拉重砲連，走過或零亂通過村莊森林，渡過湖泊，越過田野道路。砲彈粉碎農舍及鄉間道路。在砲火掩護下前進的某一營消失在一片煙霧後，命運不明。一隊隊被趕往後方的戰俘，擋住前進的部隊。有的旅攻下陣地，有的旅失守陣地，各自穿過對方交通線，變成與不對的師糾結在一起。戰地指揮官不知其單位的下落，軍車四處奔馳，德國偵察機飛臨上空，試圖蒐集情報，陸軍指揮官努力欲得知戰況。他們發出的命令可能前線收不到或難以執行，或抵達前線時已不符實況。有三十萬人在互打，發射砲彈，前進與疲憊地倒退。要是夠幸運能占領村莊，或能坐在森林地上，等夜晚來臨，就要與幾個同袍喝醉，次日繼續拚鬥。東線大戰役就這麼打完。

弗朗索瓦在二十八日黎明開戰，又是一陣砲火猛轟。魯登道夫命他向左轉，以減輕修茲那一軍的壓力，魯登道夫認為他們「已筋疲力竭」。弗朗索瓦不理會，堅持直直向東前進，他決心完成包圍薩姆索諾夫側翼，並切斷其退路。在前一天不服從命令成功後，魯登道夫現在幾乎是懇求他服從命令。魯登道夫說，第一軍「執行這些指示，對陸軍最有幫助」。弗朗索瓦不聽，還是向東，沿路留下分遣隊駐守，讓敵人跑不掉。

由於擔心德軍中央，魯登道夫與興登堡在整個戰役期間都待在福根瑙村（Frögenau）的修茲戰地指揮部，這裡距離更小的坦能堡村約兩英里。福根瑙發布命令的地方。魯登道夫再次苦惱於憂懼倫能坎普夫。他擔憂修茲的那一軍，氣惱弗朗索瓦，被兩件事困擾著：他與那位不聽話的軍長間「效用很差的戰地電話」，以及跟左翼的馬肯森和貝洛之間根本無法用電話聯繫，他「完全談不上滿意」。馬肯森與貝洛被相互衝突的命令搞糊塗，一下要他們走這個方向，一下又變成另一個方向，便用飛機送一位參謀到指揮部，好把事情弄清楚。他受到「很難說友善的接待」，因為那兩軍都不在該在的地點。但到下午他們的移動都令人滿意：馬肯森追擊潰散的俄軍右翼，貝洛朝向阿倫施泰因缺口，去攻打俄軍中央。此時弗朗索瓦的進展似乎更為正當，魯登道夫發修正令給他，讓他繼續目前行進中的方向。

當勝利在望的信念，開始熱烈進駐德軍指揮部人人心中，卻有消息傳來，指出倫能坎普夫的部隊無疑地正在前進。只是以此時的進度，他保證會太遲。其實當晚露宿時，倫能坎普夫最近的一軍仍距比夏斯堡有二十英里，薩姆索諾夫的第五軍兩天前即在此被擊敗。倫能坎普夫在敵人領土上慢慢走，到次日八月二十九日結束時，最遠只向西前進了約十英里，絲毫沒有向南，也未與薩姆索諾夫接觸。他們雙方始終未曾接觸。

除去薩姆索諾夫右翼的第六軍潰敗，曾被他寄予厚望、將勇敢抗敵的「著名第一軍」，也潰不成軍，預示了他的結局。薩姆索諾夫的左右兩翼都被擊退；唯一人數超過德軍的騎兵，在側翼部署得太寬，作戰時未發揮效用，如今又遭孤立；補給與通訊混亂不明；唯有穩固的第十五與第十三軍仍在作戰。他在奈登堡的總部，聽得到弗朗索瓦大砲接近的聲音。他好像只剩一件事可做，他打電報給吉林斯基，說自己要到前線去，並下令把輜重及無線電設備運回俄國，然後切斷與後方的聯繫。薩姆索諾夫做此決定的理由，據說「他帶到墳墓裡去了」，但後人也不難理解。交給他指揮的軍隊，在他領導下潰敗。他再度變回騎兵軍官及師長，做他最擅長的事。他與七個參謀騎著從哥薩克騎兵徵收來的馬，往前線去，在他習慣的馬鞍上，親自上火線指揮。

八月二十八日他在奈登堡外，向納克斯告別。薩姆索諾夫坐在地上，參謀們圍著他，在研究一些地圖。他站起來把納克斯帶到一邊，對他說情勢「危急」。他說，他自己的位置及職責是在軍隊，但納克斯的職責是向政府報告，他勸納克斯回去，「趁現在還有時間」。他騎上馬，轉過身來，傷感地微笑著說：「今天是敵人運氣好，換一天是我們運氣好」，然後離去。

後來在山頂指揮他那區作戰的馬特斯，剛下令把一隊德軍戰俘帶開戰線，卻驚訝地發現，軍團司令與其參謀騎著馬過來。薩姆索諾夫問起撤走的那一隊，得知他們是戰俘後，便策馬走近馬特斯，靠過去擁抱他，難過地說：「你一個人就救得了我們。」但他很清楚，當晚便下令第二軍團殘餘部隊全部撤退。

其後兩天八月二十九及三十日的撤退，情況愈來愈嚴重，大勢已去。中央的兩個軍作戰最久，打得最好，前進得最遠，卻最後撤退，逃離的機會最小，落入德軍包圍也最徹底。當貝洛在阿倫施泰因衝破其右側缺口，並完成包圍俄軍中央時，克里烏伊夫那一軍仍在攻擊。他與馬特斯的部隊無助地在森林及溼地中四處亂打，無用地亂走，又轉錯彎，想整隊擺好陣勢也不成，因為包圍圈愈縮愈緊。在沼澤地帶，堤道便是通路，德軍在每個路口部署帶機槍的哨兵。馬特斯軍的士兵過去四天處於挨餓狀態。克里烏伊夫那一軍前四十小時走了四十二英里路，沒有任何配給；馬匹也無糧草及水。

八月二十九日馬特斯與幾位參謀，由五個哥薩克騎兵護衛，試圖找尋走出森林之路。敵人向四面八方開火。馬特斯的參謀長馬卡哥夫斯基（Machagovsky）少將被機槍射中身亡。陸續又有人脫隊，最後僅剩一位參謀及兩個護衛跟著他。馬特斯曾把背袋交給助理，如今此人失蹤，所以他自早上起便無東西可吃喝，也無煙可抽。有匹馬力竭倒地而死；他們下馬領著其他馬匹。夜幕低垂。他們試圖藉星座指引方向，但天空雲層密布。他們聽到有軍隊接近，以為是友軍，因為馬匹走向他們。突然德軍探照燈穿過樹林照下來，前後晃動，尋找他們。馬特斯想要上馬疾馳而去，但坐騎中彈。他摔下來，被德國士兵抓住。

後來在奧斯特羅德一家「骯髒小旅館」，馬特斯成了俘虜。魯登道夫進入房間，以流利俄語譏諷他戰敗，並誇口俄國邊界如今對德國的侵略門戶大開。興登堡接著進來，「看到我情緒不穩，握著我的手許久，請我鎮定下來。」興登堡以口音很重的蹩腳俄語，保證會把馬特斯的劍還給他，走時還欠身說：「但願你的日子會更愉快。」

在奈登堡北部森林裡，馬特斯的殘餘部隊遭到屠殺或是投降。僅有第十五軍的一個軍官逃回俄國。

在奈登堡以東約十英里，第十三軍軍長克里烏伊夫也被俘，最後剩下的士兵躲在戰壕裡圍成一圈。他們用從德軍砲兵連搶來的四門砲，在八月三十日晚擋住敵人一夜，直到彈藥用盡，大部分士兵也已陣亡。其餘都成了俘虜。

俄軍在那天做了最後一次攻擊，由希里留斯（Sirelius）將軍強力發動，他接任被解職的第一軍軍長阿塔蒙諾夫。他聚集散落但尚未參與戰鬥、精力充沛的步兵團及砲兵單位，整合成約一個師，便發動攻擊，攻破弗朗索瓦戰線，並成功奪回奈登堡。只可惜如今已太遲，後繼無力。俄軍第二軍團此次最後行動，並非薩姆索諾夫下令，因為他已死亡。

八月二十九日晚，薩姆索諾夫也像馬特斯那般，在森林另一邊被圍住。他與同伴騎過鐵路周邊森林，來到距俄國邊界僅七英里的威倫堡（Willenburg），但德軍已先一步到達。他們一行人在森林裡等到日暮，此時因天色昏暗，無法騎馬在沼澤地中前進，便改為步行。到火柴用完，他們無法再看羅盤。他們手牽手走，以免黑暗中有人走失，但踩到彼此。薩姆索諾夫有氣喘，明顯體力漸漸不支。他不斷對參謀長巴托斯基重複道：「沙皇信任我。如此慘敗叫我如何面對他？」走過六英里後他們停下來休息。時間是凌晨一時。薩姆索諾夫獨自離開，進入松樹下更黑暗深處。一聲槍響打破夜間寂靜。巴托斯基立即明白那槍響的意義。薩姆索諾夫之前就透露過打算自殺，但巴托斯基以為他已勸服薩姆索諾夫打消這般念頭。他現在確定將軍已身亡。參謀們試圖在黑暗中找尋他的遺體，但找不到。他們決定等到天亮，可是當天空逐漸亮起，就聽到德軍正在接近。那些俄軍放棄任務，被迫繼續向邊界前進，在路上偶遇哥薩克巡邏隊，最終回到安全地。薩姆索諾夫的遺體被德軍發現，他們把他埋葬在威倫堡，一九一六年在紅十字會（Red Cross）協助下，其遺孀得以取回遺體，送回俄國安葬。

靜默籠罩著第二軍團。吉林斯基總部的無線電通訊中斷，已有兩天未聽到薩姆索諾夫任何消息。如今已經太遲，吉林斯基才命倫能坎普夫的騎兵，去突破阿倫施泰因的德軍戰線，並了解第二軍團狀況。這任務永遠不會達成，因為德軍第八軍團已摧毀原本要粉碎他們的鉗形攻勢的一臂，現在要轉而對付另一臂。

德軍意識到此次勝利的規模時，差一點嚇到。敵軍死亡及被生擒人數、被奪砲數均極可觀：有九萬兩千人被俘，有些記述的數字則更高。在戰後那一週，需要六十列火車，才夠把他們運回後方。第二軍團總共約有六百門砲，依照不同估計，被俘獲的在三百至五百門之間。擄獲的馬匹則成群趕往匆忙搭建的畜欄。死亡與失蹤的人數雖無定論，但估計超過三萬人。第十五及十三軍因官兵被俘或陣亡，已不復存在，這兩個軍僅五十名軍官和兩千一百名士兵逃脫。側翼的第六及第一軍最早撤退，各倖存約一個師，第二十三軍只剩約一個營。

戰勝者也死傷無數，作戰六天的疲累及擔驚受怕，使他們神經緊繃。曾先後換手四次的奈登堡，在八月三十一日又被德軍奪回時，一個緊張的憲兵對一輛高速駛過主廣場的車，大叫「停車！」有摩根將軍在座的那輛車，不理會他的命令，憲兵叫著：「停車！俄國人！」並開槍。一連串子彈立刻射向那輛車，打死了駕駛員，也打傷坐在將軍旁的軍官。摩根勉強逃過被自己人射殺後，同一晚他被侍從叫醒，侍從喊著：「俄國人回來了！」抓起將軍的衣服就跑。摩根「十分困擾」，不得不把左輪手槍掛在內衣上，出現在街頭。

除幾個軍官之外，其餘軍官都是首次體驗槍林彈雨。一場大戰役的恐懼、疲累、慌亂、暴力，刺激了興奮的幻想，逐漸發展出各種傳說，像是有數千名俄軍淹沒於沼澤裡，或陷入泥塘與流沙中，只露出頭部，迫使德軍用機槍殺死他們。有個軍官在德國，對一群聽了嚇呆的朋友說：「我到死也忘不了他們的哭聲。」魯登道夫則寫道：「四處流傳的報導，指俄軍被趕進沼澤而命喪於此，那都是虛構故事，這附近根本找不到沼澤地。」

隨著敵人敗得有多慘清楚可見，德軍將領們開始認為，他們已贏得如霍夫曼日記所說，「史上最大勝利之一」。這場戰役被決定命名為坦能堡之役，霍夫曼說這是他建議的，照魯登道夫說則是「他建議的」。古代的條頓騎士曾在此敗於波蘭人及立陶宛人手下，如今是遲來的補償。儘管這第兩次大勝仗還強過列日，魯登道夫卻高興不起來，「因為難以掌握倫能坎普夫軍團，給我太大的精神壓力。」好在毛奇正從西線加派兩個軍給他，現在他能以更大信心，轉而對付倫能坎普夫。

他的勝利要多虧其他人。霍夫曼，雖理由不對，卻做法正確，他堅信倫能坎普夫不會追擊，便訂下作戰計畫，擬好命令，把第八軍團調來對付薩姆索諾夫；弗朗索瓦，他反抗魯登道夫的命令，確保薩姆索諾夫的左翼被包圍；與登堡，他在關鍵時刻穩住魯登道夫的神經；最後最重要的是，在德軍縝密規畫中從未出現的因素：俄軍的無線電。魯登道夫漸漸倚賴由參謀在白天固定蒐集攔截到的訊息，經解碼或翻譯後，在每晚十一時呈給他。若偶爾來的晚，他會擔心，並親自到通訊隊辦公室詢問怎麼回事。霍夫曼承認，攔截的訊息是坦能堡的真正致勝關鍵。他說：「我們的盟友就是敵軍，我們知道他們所有的計畫。」

在民眾心中，東普魯士的救星是名義上的指揮官興登堡。老將軍身穿藍色舊制服，從退休中被請回來，如今因勝利而被塑造為巨人。東普魯士的戰績受到過多讚譽和歡呼，與實際不成比例，卻使興登堡迷思深植於德國。連霍夫曼狡猾的惡意都穿透不了。霍夫曼後來在戰爭中當上東線參謀長，他會帶訪客到坦能堡戰地，告訴他們：「這是元帥在這場戰役前就寢的地方，這是他打那場戰役期間入睡的地方。」

由於俄國於同一時間在加里西亞（Galicia）前線大勝奧軍，因此掩蓋了此次大敗，使其並未立即深入人心。至少在帳面數字上，俄軍在加里西亞的勝績比德軍在坦能堡的勝績更好看，對敵人也有同等的效應。在八月二十六日至九月十日的一連串戰鬥，於倫堡之役（Battle of Lemberg）達到高峰，俄軍總計造成二十五萬傷亡，俘虜十萬人，迫使奧軍連續撤退十八天，長達一百五十英里，並使奧匈帝國軍隊元氣大傷，特別是受過訓的軍官，從此未能復原。俄軍使奧地利一蹶不振，卻無法彌補坦能堡的損失，或減緩負面效應。俄軍第二軍團消失，薩姆索諾夫身亡，他的五位軍長有兩人被俘，剩下三人均因不適任被免職。倫能坎普夫在隨後的馬祖爾湖區之戰，被逐出東普魯士，當時他「陷入恐慌」。在這種情況下，吉林斯基採用了慣常的卸責說法。倫能坎普夫遺棄部隊，自己駕車逃回邊界，完全毀掉自己的名節，使他被不名譽地撤職，吉林斯基也遭連坐撤職。吉林斯基曾發電報給尼可拉大公，指控倫能坎普夫在慌亂中逃走。這惹惱了大公，大公認為主要錯在吉林斯基。大公隨即向沙皇報告，是吉林斯基「驚惶失措，無法控制作戰」。這導致坦能堡之役另一要角被鍘。

俄軍的訓練及物資不足、將領能力欠佳、組織沒有效率，這些缺點皆在此次戰役中暴露無遺。繼任的陸軍大臣古契科夫（Alexander Guchkov）作證說，他在坦能堡後「堅信此次戰爭已敗北」。戰敗使親德派勢力再起，他們開始公開鼓動退出戰爭。微德公爵深信此次戰爭會毀了俄國，拉斯普丁則認為戰爭會毀掉沙皇政權。司法及內政大臣草擬致沙皇備忘錄，促請盡快與德國談和，理由是繼續與民主國家同盟後果堪慮。談和機會來了。德國不久後便開始向俄國提議單獨談和，一九一五及一九一六年接連提出。無論是為了忠於協約國及倫敦條約，或害怕與德國談條件，或對一波波革命浪潮無感，或單純只是權力麻痺，俄國始終未接受德國提議。即便亂象日增、彈藥日減，他們仍繼續參戰。

坦能堡大敗時，法國駐俄武官拉基許（de Laguiche）侯爵曾來向總司令尼古拉大公致意。大公爽快地回答：「我們樂於為盟國做如此大的犧牲。」他的準則就是大難臨頭仍要鎮定以對，而俄國人或已習於鎮定地接受慘重的傷亡，因為人力供應取之不盡。西歐盟國始終對俄國的鋼鐵洪流寄予厚望，尤其在西線戰場徹底失敗後更是翹首以待。結果鋼鐵洪流卻在路上四分五裂，宛如是用釘子拼裝而成。正如大公所說，鋼鐵洪流的倉促啟動及毀壞，是為盟國而犧牲。無論俄國為此付出什麼代價，其犧牲確實達成了法國的願望：德軍撤走了西線的戰力。為了坦能堡而遲到的兩個軍，終將無法參與馬恩河之役。

# 第十七章　魯汶之火

一九一五年，一本描寫比利時被侵略的書在國外出版，作者是維爾哈倫（Emile Verhaeren），他是當時比利時在世的重要詩人。他在一九一四年以前的人生，充滿對社會主義及人道主義理想的熱情。當時的人們相信，這些理想將泯除國家界線。他為這本書前言寫的獻詞是：「本書作者原本是和平主義者，如今寫作私毫不隱諱其仇恨。……對他而言，再也沒有更大或更意外的幻滅。幻滅對他的打擊之大，使他變了一個人。由於他感覺自己的良知正在仇恨狀態下逐漸流失，所以他帶著感情，把這些篇章獻給昔日的自己。」

維爾哈倫的證詞，是當時所有相關文獻中最深刻的一個，道盡了戰爭及侵略對當時人心的影響。邊境之役結束時，一次大戰已開打了二十天，交戰國及旁觀中立國所產生的熱情、態度、想法及議題，決定了戰爭未來的走向以及往後的歷史發展。過去熟悉的世界及塑造世界的思想，如同維爾哈倫昔日的自我幻影，都消失在漫漫八月以來的日子裡。人們原本以為，社會主義者的兄弟之情，或是金融商業等經濟因素的環環相扣，會使戰爭無從發生，但這些因素卻無法阻止戰爭的來臨。國族意識像一陣強風般吹起，把那些因素掃到一邊。

人們帶著不同的心情與想法走進戰爭。交戰國有些人是內心反戰的和平主義者與社會主義者，也有些人則如英國詩人布魯克（Rupert Brooke）般歡迎戰爭。布魯克在詩作〈一九一四〉中寫道：「此刻感謝上帝，祂讓我們得以匹配」，他不覺得這麼寫有任何褻瀆。對他而言，此刻彷彿：

如泳者般轉身，跳入清澈中
由衰老寒冷疲倦的世界變歡樂……。
榮譽已回來……。
崇高再度走向我們，
我們已進入傳承。

德國人也有類似情緒。德國作家湯瑪斯曼（Thomas Mann）寫道，戰爭將是「淨化、解放、無窮希望。德意志的勝利將是靈魂超越數字的勝利」。他解釋：「德國人的靈魂反對文明的和平主義理想，和平難道不是文明腐化的因素嗎？」這概念反映德國軍國主義的理論，即戰爭使一切變得崇高，與布魯克英雄所見略同。當時許多名人賢達也普遍支持這個觀念，包括老羅斯福總統。除了位居邊緣的巴爾幹半島，歐洲大陸在一九一四年時已有一個世代以上未見過戰火。照某個觀察家的看法，此種歡迎戰爭的態度是出於「對和平無意識的厭煩」。

布魯克擁抱清澈與崇高，而湯瑪斯曼看出更正面的目標。他說，德國人是教育程度最高、最守法、最愛好和平的民族，值得享有最大權力，值得從「所有正當理由均可稱為德國之戰」的戰爭中去主宰，去建立「德式和平」。湯瑪斯曼雖寫於一九一七年，他反思的卻是一九一四年。他認為那一年宛若德國版的一七八九年[1]，是德國思想獲得歷史地位，德國文化登上王座，德國歷史任務完成的一年。那年八月，一位德國科學家在阿亨一家咖啡館裡對美國記者柯布說：「我們德國人是歐洲最勤奮、最認真、教育程度最高的種族。俄國代表反動，英國代表自私與不忠，法國則是頹廢，只有德國象徵進步。德國文明將啟蒙全世界，這場戰爭打完後，就不會再有戰爭了。」

與他們同桌的德國商人，懷抱著更明確的戰後目標。他們希望俄國會畢恭畢敬，斯拉夫危險再也無法威脅歐洲；英國將徹底被擊垮，剝奪其海軍，以及印度與埃及；法國將支付永遠無法從中復原的賠償；比利時將放棄其海岸，因為德國需要英吉利海峽的港口；日本將適時受到懲罰。「歐洲所有條頓及斯堪地納維亞民族」的聯盟，「包括保加利亞，將掌握從北海到黑海的絕對統治權。歐洲會有新地圖，德國將在這幅地圖正中央。」

這種說法在戰前已講了許多年，並未替德國爭取到更多友誼。貝特曼—霍爾韋格承認，不斷宣稱德國有權領導世界，「我們常令世人神經緊張。」他解釋，這被解讀為貪求主宰世界，其實只是「孩子氣與心理不平衡的熱情洋溢。」

世人好像不是這麼看。德國人的語氣很刺耳，所傳達的威脅多於熱情。大文豪蕭伯納（George Bernard Shaw）在一九一四年寫下：世人對德國以刀劍威嚇，感到「頭痛，也受夠了。我們對普魯士窮

---

1　譯注：法國大革命那一年。

兵黷武的思想，對其藐視人類及人類幸福與常識，已是忍無可忍。我們該挺身對抗」。

有些人是出於對這類議題的清楚認識而挺身，至少他們心甘情願。但其他人對戰爭的理由則僅有最模糊的概念，有些甚至完全沒有概念。英國作家H．G．威爾斯（H. G. Wells）屬於第一種人。他八月四日在報上說，敵人是德意志帝國主義及軍國主義，是「一八七〇年生出的醜惡虛榮」。德國的勝利，將是「鐵血與愛國條頓式的吉卜林思想（Kiplingism）[2]」勝利，將意味著「永久確立戰爭之神掌管一切人間事」。而德國戰敗，「或許會開啟裁軍與全球和平之路」。威爾斯用的是「或許」（may）而不是「將會」（will）。相較於威爾斯，某位英國後備軍人就比較搞不清楚狀況。他乘火車去報到時還向另一乘客解釋：「我是要去打該死的比利時人，我正要到那裡去。」至於第三種人，也就是樂於毫無目標地打仗者，騎兵隊隊長布里吉斯（Tom Bridges）少校便是其一。他的部隊就是在往蘇瓦尼的路上，殺死首批德軍的單位。他說：「我們不恨德國。我們可以跟任何人打……也同樣願意跟法國人打。我們的格言是：『沒問題，要打誰？』」

相較於英國人，法國人無須解釋，因為他們還有一筆舊帳要算。德國人已到門口，而這就夠了。但也有人感到「無比的希望」。柏格森相信，儘管協約國最後的勝利需要「可怕的犧牲」，但隨著犧牲將會出現「法國活力再現與擴張，以及歐洲道德的重生。然後當真正的和平來臨，法國與人類皆可再度向前邁進，只向前進，邁向真理與正義」。

這些當然只是個人的私下想法，並非當時政治人物共有的態度，也不是大眾的集體態度。當時仇恨尚未扎根，人們對德國的態度也還不像日後那般根深柢固。《猛擊》週刊早期最讓人難忘的戰爭漫畫中，有一則刊出於八月十二日，標題是「不准通行！」畫面上是一位勇敢的比利時小男孩，穿著木鞋，表情嚴厲地擋住德國入侵者的去路，德國人則被畫成又老又肥的樂隊指揮，口袋裡還掉出一串香腸：滑稽可笑但不邪惡。此前的漫畫家最愛畫德國皇儲，喜歡把他畫成誇張的紈褲子弟，水蛇腰、緊身高領、時髦便帽、一臉呆笨無表情。戰爭爆發後，皇儲很快失寵，被最出名的德國人所取代：超級大軍閥德皇威廉。由於陸指部所有的命令都有德皇署名，因此他就像是德國一切行動的始作俑者。他的形象不再是戰前的失言及誇耀武力者，而是被描繪為撒旦般的暗黑暴君，呼吸間都是殘酷及惡意，每句話都表達十足的暴虐。變化始於八月，從布里吉斯冷靜說出：「我們不恨德國」，最終轉變為一九二一年麥金納（Stephen McKenna）寫道：「對還記得的人，提到德國人的名字就臭氣滿天，有德國人在場更是奇恥大辱。」麥金納並非超級愛國者，他只是清醒且有思想的學校老師，他的回憶錄宛如當時的社會檔案。麥金納記下的情緒變化，使得戰爭難以談判收場，得要一路打到全面獲勝為止。促成德國形象翻轉的關鍵，就是比利時的遭遇。

德國在比利時會出現形象翻轉，其實是德國實行恐怖統治的結果。克勞塞維茲主張，恐怖是縮短戰爭的恰當方法，因此他的整套戰爭論都奠定在使戰爭能決定一切，短暫而劇烈。平民百姓無法倖免於戰爭，必須讓他們感受戰爭壓力，並以最嚴厲的措施迫使其領袖求和。戰爭的目標就是使敵人解除武裝，「我們必須對敵人施加壓力，使敵人選擇投降而非繼續抗戰。」這套論點看似合理，符合戰爭科學的理

2 譯注：英國小說家兼詩人，一九〇七年諾貝爾文學獎得主，其部分作品曾被指為有明顯帝國主義及種族主義色彩。

論，成了十九世紀以來德國參謀本部最熱衷的研究。當法國人在一八七〇年色當之役起身反抗時，德國已將恐怖理論付諸實踐。當時德國藉口羅織罪名來處決戰俘與平民，其殘酷程度震驚世界。世人對普魯士六週致勝的奇蹟原已萬分驚訝，如今德國人骨子裡的獸性更是人盡皆知。儘管一八七〇年的例子早已證實，恐怖措施與其必然的結果（例如深化對立與刺激反抗）往往導致戰爭拉長，但德國人還是相信恐怖措施的成效。正如蕭伯納所說，他們是鄙視常識的民族。

八月二十三日，列日貼出了畢洛署名的公告，宣布那慕爾附近的默茲河小鎮昂代訥（Andenne），曾用最「大逆不道」的方式攻擊德軍，因此「經我允許，這些部隊的指揮官已將此鎮燒成灰燼，並槍斃一百一十人」。這公告是向列日人民殺雞儆猴，若像其鄰居做出相同行為會有什麼下場。

焚毀昂代訥及屠殺居民，發生於八月二十至二十一日的沙勒羅瓦之役期間，比利時官方統計的死亡人數是兩百一十人。畢洛的將領們欲堅守進軍時程，卻遭比利時人炸毀橋樑及鐵路所騷擾，因此每進到村落便採取無情的報復。在昂代訥對岸的塞伊（Seilles）有五十位平民遭害，房屋遭到劫掠及焚燒。德軍在八月二十一日攻下的塔米訥，當晚便開始大肆洗劫此鎮，持續整晚直到次日。德軍慣例允許劫掠，伴隨飲酒狂歡，解放禁忌，讓士兵處於原始興奮狀態，以強化恐怖效果。在塔米訥的第二天，有四百個民眾在士兵看守下被趕到主廣場的教堂前，接著行刑隊依次朝人群開槍。行刑結束後，倖存者則被刺刀刺死。塔米訥的墓地現有三百八十四座墓碑，上面刻著「一九一四年遭德軍殺害」。

當畢洛軍團占領那慕爾時，他們在這座擁有三萬兩千名居民的城市裡貼出了公告，上面寫著每條街要抓十名人質：若有任何平民向德國人開槍，人質就會被殺。抓人質及殺人質，就像配給食物般有秩序地進行。德軍推進愈遠，逮捕的人質就愈多。起先克魯克軍團進入城鎮時，會立刻貼出告示警告居民，表示鎮長、首席法官及該區參議員皆已成為人質，也同樣警告他們未來的命運。不久，抓三個要人已不夠，就連每條街抓一個甚或抓十個也都不夠。德國小說家布勒姆（Walter Bloem）曾以預備軍官身分加入克魯克軍團，他對進軍巴黎那一段的記述十分珍貴。他曾提到自己那一連每晚住宿的村落，「克萊斯特（von Kleist）少校下令從每一家抓一個男人當人質，如果沒有就抓女人。」這種行為有著奇怪的缺失，好像手段愈恐怖，就會需要更多恐怖去填補。

每當有城鎮報告德國人打游擊，人質便被處決。與克魯克軍團同行的柯布，看到窗外有兩個平民，被兩排持刺刀的德國兵夾著前進。他們被帶至火車站後方，隨後就傳出槍響。然後德國人會抬出兩件「廢棄物」，即便蓋著毯子仍看得出身形，只露出僵硬的腳趾與靴子。柯布又看過另兩次同樣的事情。

列日附近的維塞（Visé），是德軍入侵首日第一場戰鬥的發生地。但維塞並非毀於剛打完仗的軍隊，而是毀於後來的占領軍之手，那時戰鬥早已移往別處。德軍接到狙擊報告後，在八月二十三日自列日派出一個團來到維塞。當晚槍聲大作，就連距邊界僅五英里的荷蘭埃斯登村（Eysden），都聽得到槍聲。次日有四千名難民像潮水般湧入埃斯登：維塞幾乎所有倖存者都逃來此地，只剩下昨晚遭射殺的，以及七百名成年與未成年男性，他們被送往德國去收成莊稼。遣送行動始於八月，後來產生極大的道德波瀾，尤其是在美國。美籍牧師威洛克後來造訪維塞，卻只見到燻黑的空屋對著天空敞開，「其殘破景象宛如古羅馬的龐貝。」居民人去樓空，不見活物，連半個完好的屋頂也沒有。

八月二十三日，豪森軍團的薩克森士兵正在默茲河的迪南市與法軍對壘，進行沙勒羅瓦戰役的最後決戰。豪森目睹迪南的比國百姓「不誠信」的行為：阻止橋樑重建，「嚴重違反國際法」。其部隊開始聚攏「數百名」人質，不分男女老少。當天是星期天，有五十人是抓自教堂。豪森看到他們，「一群人擠在一起，或站或坐或躺，由擲彈兵看管。他們臉上露出恐懼、無以名狀的痛苦與濃烈憤怒，還有因受到種種迫害而引發的報復心理。」豪森十分敏感，他覺得這群人散發出「不服輸的敵意」。他自己曾在某位比利時紳士的家中有過不愉快的經驗，當時對方雙手握拳藏在口袋裡，晚餐時也拒絕跟他講話。他在迪南的那群人中還看見一個法國傷兵，頭上流著血，躺著快死了，不說話也很淡漠，拒絕一切醫藥協助。豪森的描述到此為止，他太過敏感，無法再說出迪南居民的命運：他們被留在主廣場上直至傍晚，然後排成兩隊，一列女性一列男性，兩隊人背對背跪下。接著，兩名德軍行刑隊走到廣場中央，面朝兩邊開槍，直到無人倖存為止。事後埋葬的屍體共六百一十二具，包括才三週大的嬰孩菲力克斯（Felix Fivet）。

上頭放任薩克森士兵搶劫及縱火。在迪南市右岸的高地上，坐落著一座中世紀城堡。那是當年為保護迪南而建，宛如鷹巢般棲息於此。若由此向下俯瞰，即會見到中世紀的蹂躪重演。當薩克森士兵離開時，迪南已化為焦土與碎屑，被掏空，被燻黑，空氣呆滯。豪森將軍被其部隊造成的荒蕪景象「深深撼動」，他在離開迪南廢墟時堅持認定，比利時政府要為「允許此種違反國際法的公開背叛攻擊」負最大責任。

德國人著魔式地關心國際法。他們無視自己入侵比利時早已違反國際法，卻奢言比國人民反抗才是違法行為。德國國會的亞爾薩斯代表威特利（Abbé Wetterlé）感嘆地坦承：「對拉丁思想形成的頭腦而言，德國人的心態很難理解。」

德國人對國際法的關注可以分成兩個部分：一、比利時的反抗不合法。二、那是比國政府、地方首長、教士等「在上位者」由「上」而下所組織的反抗。這就導致了必然的結論：即德國報復不論程度如何，均屬正當合法。無論是槍殺一名人質，或是屠殺六百一十二人並摧毀整個城鎮，都一樣是比利時政府應付的代價。這就是每個德國人掛在嘴邊的說法，無論是在迪南的豪森，還是在魯汶之火後的德皇。豪森就經常鼓吹，責任必須「落在鼓動人民攻擊德國人者身上」。他堅持，迪南及其他地區的所有人，毫無疑問「都是受到鼓動。誰下的命令？顯然是希望阻止德軍前進的人」。德國人根本沒有想過，人民可以未經「上面」命令就阻止侵略者。

在德軍看來，這類命令無所不在。就連比國政府掛出的海報，即便上面是告誡人民勿做出敵對行為，也被克魯克指稱其實是要「刺激老百姓對敵人開槍」。魯登道夫指控比國政府，「有計畫地組織平民戰」。德國皇儲也用相同理論來解釋法國民間的反抗。他抱怨隆維區的「狂熱」民眾，自門窗內用獵槍「奸詐、背叛地」射擊我們，那些槍顯然是「為此目的特地自巴黎運來」。若皇儲的巡視之行包括對法國鄉間較接地氣的認識，他或許就會知道獵槍在當地就像褲子一般常見。當地每個星期天都會用獵槍來打獵野兔，根本沒必要自巴黎運槍來武裝平民。

德軍士兵記下了自己在敵人領土作戰的經歷，他們歇斯底里地指控敵方發動「游擊戰」。魯登道夫聲稱游擊戰「令人作嘔」，但他自己的大名卻在不久後成為狡猾、詭詐與暴力的代名詞。他說自己是「帶著騎士與人道的戰爭觀念」上戰場，然而平民游擊戰「引起我痛苦的幻滅」。布勒姆上尉記錄道，儘管自己在兩週前也是平民，但他心頭中卻縈繞著可能被平民子彈打中或殺死的「恐怖想法」。據他報告，他的士兵有一次一天內走上二十八英里，走到筋疲力竭卻無人脫隊，因為「想到會落入瓦隆人之手，比腿瘦更可怕」。那是向巴黎進軍的另一大苦惱。

德國人對平民游擊隊的恐懼，源於他們覺得民間抵抗基本上是無秩序的。歌德曾說，若必須在不正義與無秩序間做選擇，德國人寧可選擇不正義。他們習慣的國家是只以服從為基礎的君臣關係，所以無法理解建立在其他基礎上的國家，因此在那些國家境內時會感到強烈不安。德國人只在有權威存在時才覺得自在，他們認為平民游擊隊是特別邪惡的存在。在西歐人心目中，這些平民游擊隊是英雄；但對德國人而言，他們卻是威脅國家存續的異端。法國北部的蘇瓦松（Soissons）有一座由青銅與大理石建成的紀念碑，是為了紀念一八七〇年號召學生及百姓反抗普魯士人的三位老師。一名德國軍官在一九一四年驚訝地看著紀念碑，對美國記者說：「你看，這就是法國人，建紀念碑來榮耀平民游擊隊。德國不會容許人民做這種事，也很難想像有人會想要這麼做。」

為賦予德國士兵適當的情緒，照布勒姆所記錄，德國報紙從開戰第一週便頻頻報導比利時人「殘忍的反叛……武裝教士帶領平民成群結隊，犯下各種殘暴罪行……奸詐地伏擊我軍巡邏隊，哨兵被發現眼睛遭刺瞎，舌頭被割掉」。類似的「可怕謠言」早在八月十一日已傳抵柏林，由布魯夏王妃記下。她向一位德軍軍官求證，對方告訴她，當時在阿亨有三十位德國軍官躺在醫院裡，眼睛都被比利時婦孺挖出。

由此種報導激起的情緒，很容易用一聲「狙擊手！」就讓德國士兵爆發一陣瘋狂劫掠、縱火與謀殺，軍官也不會加以制止。德國最高指揮部為了進軍巴黎，因而沒有多餘人力用來占領地方，遂採用

「恐怖政策」（schrecklichkeit）來殺雞儆猴。

---

八月二十五日，焚燒魯汶的行動正式開始。這座中世紀古城就位於從列日到布魯塞爾的路上，該城以大學及無與倫比的圖書館著名。魯汶一四二六年創建時，柏林還只是一堆木屋。魯汶圖書館設於十四世紀的紡織工人會堂（Clothworkers' Hall），藏書計二十三萬冊，其中有七百五十件獨一無二的中世紀手抄本，以及超過一千件古版書。魯汶市政廳的正面被稱為「哥德藝術珍寶」，有整片石雕的騎士、聖徒與淑女，即使跟同等級的著作相比，都極盡精雕細琢。聖伯多祿教堂（St. Pierre）裡，還有鮑茨（Dierik Bouts）等法蘭德斯大師的祭壇鑲嵌畫。德軍焚燒洗劫魯汶，加以無差別殺害平民，總共持續了六天，然後又像開始時一樣突然終止。

魯汶剛被占領時，一切原本都很平順。商店做了一波好買賣，德國士兵的行為足為典範，他們購買明信片及紀念品，買任何東西都會付錢。就連到理髮店剪頭髮，也會跟一般顧客一起排隊。第二天比較緊張。有個德軍士兵腿部中彈，據說是狙擊手所為。市長再次緊急呼籲民眾把武器交出來，隨後市長跟另兩位官員被捕，成為人質。在火車站後方進行的處決變得愈來愈頻繁。克魯克的部隊一天天不停地踐踏著魯汶。

八月二十五日，原本駐紮在安特衛普防禦戰線邊緣的比利時軍隊，突然從馬林市偷襲克魯克軍團後方，造成他們慌亂退回魯汶。在德軍撤退的騷動中，一匹脫韁野馬在天黑後劈哩啪啦衝過大門，嚇到另一匹馬。牠想逃走，卻連挽具一起倒下，使馬車翻覆。槍聲響起，有人大喊「法國人來了！英國人來了！」事後德軍聲稱，是比國平民朝他們開槍，或是平民在屋頂開槍，向比利時軍隊發暗號。比利時人則說，是德軍士兵在黑暗中相互開槍。司法調查單位及法院在這起震驚世界的事件過後，花費數週、數月甚或數年的時間調查事件經過，最終發現德軍的指控與比利時人的說法相互抵觸。到底誰對誰開槍從未確立，不過也與後來的發展無關，因為德軍焚燒魯汶，並非為了處罰比國人被指控的罪行，而是對所有敵人的威懾及警告，以向全世界展現德國的實力。

隔天早上，德國派駐布魯塞爾的新任總督魯特維茲（Von Luttwitz）決定示範一次。他在美國及西班牙公使來訪時對他們說：「魯汶發生了可怕的事，我們在那裡的將領遭到市長之子槍殺。當地人向我們的部隊開槍。」他停頓了一下，看看訪客，最後說：「現在我們當然必須摧毀那座城市。」美國大使威洛克往後還會經常聽到類似的故事：某某德軍將領又被某市長的兒子或女兒給槍殺，令他不禁懷疑比利時是否培育了一批特種市長子女，就像中古時期在敘利亞的刺客組織。

魯汶陷入火海的消息很快傳開，被趕出城的難民驚恐地哭泣，訴說德軍沿街放火的野蠻劫掠，以及如何不斷逮人與處決。八月二十七日，著名的美國戰地特派記者戴維斯當時人正在比利時，他搭軍用火車到達魯汶，結果卻被德軍關在車廂裡。但火勢此時已延燒到火車站對面的提爾勒蒙大道，他看得到一排排房屋「不斷竄出垂直火柱」。德軍士兵喝醉酒發酒瘋，有一人還把頭伸進別的車廂窗戶，裡面關著另一位特派員杜許（Arno Dosch）。那士兵高喊：「三個城市已夷為平地！三個！還會有更多！」

八月二十八日，美國公使館的一等祕書吉布森夥同瑞典及墨西哥的外交官一起去探訪魯汶。房屋牆壁都燻成黑色，悶燒的木材仍在燃燒。人行道滾燙，處處是灰燼。死馬死人比比皆是。有位鬍子已白的年老平民，四腳朝天地躺在大太陽底下。許多屍體浮腫，顯然已死去好幾天。灰燼中散落著殘骸、家具、瓶罐、破衣與一隻木鞋。德國第九後備軍的士兵，有些已經酒醉，有些則很緊張，他們不高興且面紅耳赤地把居民趕出剩下的房屋。他們告訴吉布森，這是為完成夷平魯汶的任務。他們挨家挨戶搗毀門戶，把雪茄裝進口袋，搶奪值錢物品，然後努力投擲火炬。當地房屋主要是石造或磚造，所以火焰本身難以蔓延。負責某條街的軍官抽著雪茄，憂鬱地看著眼前的景象。他激烈地反比利時人，一再對吉布森說：「我們要徹底清個乾淨，不會再有兩塊石頭疊在另一起！沒有石頭會相疊！一個都沒有，我告訴你，我們會教導他們尊敬德國。世世代代的人會來這裡，來看我們的成果！」這顯然是德國人讓人留下深刻印象的方式之一。

在美國人的安排下，魯汶大學校長貝克（de Becker）成功被救出。他在布魯塞爾講述圖書館被燒，一切付之一炬，化為灰燼。當他用法語講到「圖書館」（bibliothèque）一詞時，忽然無法出聲。他停下來，再試一次，卻只發出第一音節「La bib—」就無法再繼續，只把頭埋在桌上，失聲痛哭。

魯汶大學及圖書館慘遭焚火的消息，成了比國政府公開抗議的主題，也經美國公使館的正式報告而引起外界公憤。外國報紙上全是各國特派員的報導，由難民講述親眼所見。除魯汶大學及圖書館，所有「宏偉的公共建築」，包括市政廳、聖伯多祿教堂及其所有畫作，據說均遭摧毀。直到後來才發現市政廳及教堂仍然矗立，儘管仍舊受損。紐約《論壇報》（*Tribune*）在戴維斯的報導上方，印著大大的標題：

「德軍劫掠魯汶，婦女與教士遭射殺」，副標題則是「柏林證實魯汶恐怖事件」。下方附著來自柏林的聲明電文，由德國駐華盛頓大使館發出。聲明中說，在比國平民「背叛式」地攻擊後，「魯汶受到毀市懲罰」。它與魯特維茲的聲明一模一樣，顯示柏林意圖使世人明白魯汶事件的本質。對一九一四年的世界來說，摧毀城市、刻意且毫不掩飾地攻擊非戰鬥人員是一個令人震撼的概念。英國報紙社論稱此為「匈奴人來襲」、「對文明的背叛」。《每日紀事報》（*Daily Chronicle*）則說，燒毀圖書館不只代表對非戰鬥人員宣戰，「更是與世世代代的子孫」為敵。連平常不發表意見、小心保持中立的荷蘭報紙，也受此刺激而發聲。鹿特丹《新聞報》（*Courant*）說：無論事件的起因為何，「毀滅的事實依舊存在」，其「可怕的程度，全世界聽到消息時必然驚恐不已」。

八月二十九日，相關報導開始在外國媒體出現。八月三十日，德軍摧毀魯汶的過程突然中止。同日德國外交部在正式公報中堅稱：「比利時政府要為這些事件負全責」，並且不忘加上例行說詞：「婦女也參與戰鬥，把我國傷兵弄瞎，挖出其眼睛。」

世界各地的人都在問：德國人為什麼要這麼做？法國作家羅曼．羅蘭（Romain Rolland）在給前友人暨德國大文豪霍普特曼（Gerhart Hauptmann）的公開信中抗議：「你們是哥德人的後裔，還是匈奴阿提拉的後人？」艾伯特國王與法國公使交談時，認為主要原因在於德國人的自卑與妒忌：「這些人心理不平衡，嫉妒且易怒。他們燒毀魯汶圖書館只因其獨一無二且受全球誇讚。」換言之，那是野蠻人對文明事物表達憤怒的姿態。這種解釋僅有部分成立，忽略了德國人故意使用戰爭慣例（Kriegsbrauch）試圖傳達的恐怖：「作戰不能只針對敵國戰鬥人員，還必須設法摧毀敵人所有物質及心智資源。」在世人眼中，這始終是野蠻人的作為。德國人想藉以恐嚇全世界，勸誘大家歸順，卻反而讓更多人相信，不能與德國人言和與妥協。

在許多人心目中，比利時所發生的事件就此成為這場戰爭的「首要課題」。當年一位美國歷史學者回顧道，比利時是輿論的「催化劑」，而魯汶更是當中的頂點。不久，德國人悶悶不樂地發現自己不得不訴諸政治宣傳來反制。埃茨貝格爾（Mathias Erzberger）很快被任命為新任宣傳部長，但他也發現比利時「幾乎引起全球的反德情緒」。德國政治宣傳的論點，是主張德國的行為正當，是基於軍事需要及自我防衛。但正如埃茨貝格爾的自我解嘲，他也承認理由「並不充分」。

德皇在魯汶事件十天後發電報給美國總統威爾遜，而他大言不慚的態度對德國人的聲望毫無幫助。德皇說，我為比利時的苦難「內心在淌血」，但那是「比國人民的野蠻犯罪行為所導致」。他解釋說，比國政府「公開煽動」及「詳細組織」人民反抗，迫使德國將領對那些「嗜血人民」採取最強硬的措施。

九十三位德國教授及知識分子聯名發表「對文明世界」宣言，讚揚德國文化對促進文明的功效，並說：「外界指我國非法違反比利時中立，這點並非事實。……指我國軍隊殘酷摧毀魯汶，這點也並非事實。」署名者包括神學家哈奈克（Harnack）、作家蘇德曼（Sudermann）、劇作家洪佩爾丁克（Humperdinck）、物理學家倫琴（Roentgen）、霍普特曼等，但無論這些人名望多崇高，魯汶圖書館無聲的灰燼卻發出了更響亮的聲音。到了八月底，協約國民眾已相信他們面對的敵人必須被打倒，政權必須被毀滅，戰爭必須打到分出勝負。九月四日，英、法、俄政府簽署《倫敦協定》（Pact of London），約束彼此「在當前戰事中不可個別談和」。

雙方的爭議愈發強硬。協約國愈是宣稱，要以擊敗德國軍國主義及霍亨索倫王朝為目的，德國就愈強調其無休止的誓言：不獲得全面勝利，絕不放下武器。貝特曼—霍爾韋格對威爾遜提議調停的回覆是，《倫敦協定》迫使德國要戰到極限，因此無法提出作為談和基礎的條件。協約國也是同樣立場。整個一次大戰期間，交戰雙方始終堅持此種立場。兩邊陷入戰爭愈深，投入生命及財產愈多，愈是決心要從中獲得某種補償。

德國所期待獲得的補償，早在開戰前三十天就已明朗。九月二日，埃茨貝格爾替德國政府撰寫了一份備忘錄，設定了戰爭目標。埃茨貝格爾是中央黨領袖、軍事委員會報告起草人，也是首相的左右手及在國會最親近的同事。他精明能幹，善觀風向，不論主流意見是什麼，他就代表那種意見。他集精力智慧與歐洲自塔列朗以來所未見的政治彈性於一身。據說他「沒有信念，只有胃口」。埃茨貝格爾日後還會成為德國要求停戰的傳話者，更在戰後的威瑪共和首任內閣任職。但在此刻，他卻擬出了一份鐵定會使最極端的泛日耳曼陣營感到驕傲的戰爭目標。仰賴他的貝特曼總是好奇，他哪裡來那麼多高明主意，而他自己卻好像從來沒有過半個。

根據埃茨貝格爾的備忘錄，戰勝的德國將獲得對歐陸的「永久」控制權。德國在談判桌上都要以此前提為目標，同時滿足三個必要條件：一、取消德國邊界的中立國。二、終止英國對全球事務「不可容忍的霸權」。三、分割龐大的俄羅斯。埃茨貝格爾構想了一個歐洲國家邦聯，類似後來國際聯盟下的託管地制度。有些國家將會由德國「領導」，而諸如波蘭及波羅的海等國則會脫離俄國，「永久」處在德國主權之下，可能在國會有代表但無投票權。他不確定比利時符合哪一類。但不論如何，德國都將保有對整個比利時及敦克爾克以南法國沿海的軍事控制權，包括布洛涅及加萊。德國也將取得布里埃—隆維的鐵礦盆地，以及一八七〇年未拿到的上亞爾薩斯貝爾福。德國還要接收法比兩國在非洲的殖民地（但奇怪的是摩洛哥未包括在內，也許治理該地會耗掉德國太多力氣）。埃茨貝格爾並未提到英國殖民地，代表他可能一直在考慮與英國談和。在賠償方面，戰敗國將支付至少一百億馬克的直接戰費，再加上退伍軍人基金、公共住宅、對將領及政治人物獻金，同時還要付清德國所有國債，使德國人民好幾年不必繳稅。

這些戰爭目標起草於八月，是德國人還陶醉於征服美夢的日子。德軍志向十分遠大，無法縮減到可行的妥協。協約國在八月的主要戰爭目標，則以俄國外相薩宗諾夫的說法為代表。他於八月二十日在聖彼得堡的下午茶會中，私下對法國大使巴列奧洛格說：「我的準則很簡單，我們必須打倒德意志帝國主義。」他倆同意這是生存之戰，唯有全面勝利才能達成目標。身為沙皇的大臣，薩宗諾夫這麼主張相當魯莽，但他認為若要避免德國帝制死灰復燃，德國就需要全面的政治改革：必須恢復波蘭、擴大比利時的領土，而亞爾薩斯和洛林則要還給法國，石勒蘇益格—霍斯坦兩省還給丹麥。同時還要讓漢諾威復國、波希米亞脫離奧匈帝國，而德國所有殖民地都要交給法比英。

專業政治人物在地圖上討論割地賠款，但一般老百姓其實分不清楚石勒蘇益格—霍斯坦和波希米亞。然而，當戰爭打到第二十天時，即便是老百姓也都能明白世界正在發生「人類自法國大革命以來最重大的事件」。對許多人來說，這場剛在八月爆發的戰爭仍然是個很新的概念——這場大災難儘管可怕，卻似乎包含著「無窮希望」，希望戰爭會結束，而戰後會有更好的事發生，會有重建世界的機會。

最具代表性的莫過於H．G．威爾斯小說中的布瑞特林先生（Mr. Britling）。這位仁兄認為戰爭證明了「人類生活向前邁進一大步。戰爭是四十年可惡懸念的終點，是危機也是轉機」。這位仁兄看到了「大好機會。……人們將能重製世界地圖……重新憑藉己意塑造世界。這是一個時代的結束，也是另一個時代的開始。……」

# 第十八章 遠洋海軍、海上封鎖與中立大國

英國海軍部在一九一四年最不喜歡的概念，就是風險。海軍艦隊是英國最有價值的資產。邱吉爾曾在一九一二年傷感情地評論德國海軍是「奢侈艦隊」，但英國海軍則不然。英國的艦隊是真正意義上的關鍵必需品。若英國海軍遭到擊敗，甚或因損失個別船隻而失去海上霸主地位，則大英帝國都將無法存續。艦隊的任務艱巨：必須防止英倫三島被入侵，必須護航英國遠征軍安全抵達歐陸，必須把部隊從印度運回國補充增加正規軍（不足者再以地方自衛隊補充），更必須在世界各大洋保衛海上貿易。

海軍部認定的主要危險，不是帝國防禦委員會宣布為「不可行」的侵略，而是「中斷我國貿易及破壞商船航運」。英國有三分之二的食物依靠進口，該國生計全倚靠英國貨船進行的對外貿易。英國占全球商船總噸數的百分之四十三，全球海上貿易有一半以上靠英國船隻進行，等於其他國家的總數。英國在戰前就已時時掛念，深怕德國會把輪船改裝為商用驅逐艦。英國預期德國會至少打造四十艘這類船隻，協助德國巡洋艦掠奪珍貴的貿易航路。英國艦隊則必須四處分散，必須保護蘇伊士往波斯、印度與遠東的航道，還有穿過好望角繞行非洲的航道、往美加的北大西洋航道、到西印度群島的加勒比海航道，以及到南美與澳洲的南大西洋及南太平洋航道。運輸航道交會的海洋十字路口，正是敵軍突襲最可能發生的地方，而這也是英國海軍必須控制的地點。

費雪在相當於海軍教宗詔書的文件中說：「海戰整體原則，即能以海軍擁有的一切，自由前往任何地方。」翻成白話就是海軍必須同時在世界各地任何可能遇敵之處皆享有優勢。由於海軍身擔重責大任，英國不惜代價也要維持本國海域的絕對優勢。當時一般人多半預期會出現一場主力艦決戰，一場戰役便可決定海上優勢，例如日俄的對馬海峽海戰即是如此。英國經不起在這類海戰中失去優勢的風險，但德國海軍剛好相反，願意冒險。德國在一九一四年十分冒進，德皇說：「德國的未來在水上」，德國各地紛紛成立海軍聯盟，並以口號呼籲人民踴躍捐款建造戰艦，像是「英國是敵人！英國背信忘義！戰爭即將來臨！英國是禍害！英國一九一一年便計畫攻擊我國」等。此時的德國海軍被視為好戰，只要能做任何孤注一擲的冒險，他們都願在勝算不大的情況下勇敢作戰。

面對意圖不明卻絕對好戰的敵人，英國海軍十分擔心，尤其害怕看不見的潛艇。英國海軍的擔憂逐年加深，神經始終處於高度敏感狀態。

斯卡帕灣幾乎位於英國大艦隊航程最遠可達的地點，那裡是英倫三島最北端的荒蕪領土暨前哨基地，也是奧克尼群島中的天然屏障。大艦隊的戰時基地很晚才選中這裡，此處位於北緯五十九度，正對挪威，在北海頂端，比黑爾戈蘭島還要更北三百五十英里。德國艦隊若願現身，是可由此出海進入大西洋。英國遠征軍由普茲茅斯到阿弗爾的渡海路線，則在斯卡帕灣以南五百五十英里。由於斯卡帕灣距此處的距離比德軍更遠，因此德軍也有可能偷襲渡海的英軍。大艦隊若待在斯卡帕灣，一方面可以自我防衛，二方面也能阻擋德國經由北海的商務通道。大艦隊還能把敵人封鎖在港口內，若敵艦已出海，大艦隊也能進行攔截與戰鬥。然而，斯卡帕灣尚未準備好成為英國海軍的基地。

船艦愈大，就需要愈寬闊的碼頭及港口。然而，英國政府的無畏艦計畫卻因自由黨政府的人格分裂而遭遇阻礙。自由黨原本已被費雪的熱情及邱吉爾的鼓吹說服，同意建造更多無畏艦，結果卻為彌補此事對反戰情緒的損害而吝於支付計畫的經費。結果直到一九一四年八月，斯卡帕灣都尚未建立乾船塢或固定防禦設施。

因邱吉爾警覺而動員的大艦隊，八月一日安全抵達斯卡帕灣。此時政府仍在辯論要不要參戰。宣戰後那幾天，借邱吉爾的話說是「心理極度緊張時期」。等擁擠的運兵船快要出發時，海軍時時刻刻都在擔心敵人會採取行動，像是突擊海岸、趕走艦隊或其他挑釁戰術。邱吉爾認為：「大規模海戰隨時可能開打。」

海軍將領與他的心態完全一樣。傑利科乘火車北上，八月四日來到斯卡帕灣。他打開一封注記「機密」的電報，發現他自己成了大艦隊總司令。那並非他期待已久的任命，而令他感到沉重的，也不是他對本身能力有所懷疑。他一八七二年加入海軍時才十二歲半，身高才四英尺半，從那以後他已習於才幹廣受肯定。從在軍中服役到任職於海軍部各單位，他所展現的才能贏得費雪持續、熱烈、引起共鳴的賞識，費雪選擇他為「大決戰來臨時的……納爾遜（Nelson）[1]」。如今那日子來臨，費雪選的納爾遜後繼者，從他抵達那一刻起，就對斯卡帕基地欠缺防禦，感到「最大焦慮不斷侵襲我」。這裡沒有陸上大砲，及水裡防禦網柵、固定水雷區，「對潛艇及驅逐艦攻擊毫不設防」。

1 譯注：英國十八世紀末至十九世紀初著名海軍將領。

當八月五日擄獲數艘德國拖網漁船，發現船上帶有信鴿，懷疑是為潛艇通風報信，這令傑利科很擔心。擔憂水雷也令他加倍焦慮，因為德國宣布，不理會經協議的限制，正廣為施放水雷。八月九日當英國輕巡洋艦擊沉德國U－15號潛艇，他卻是心神不寧多於高興，連忙讓所有主力艦離開「疫區」。有一次在斯卡帕灣內，有砲兵突然對移動的物體開火，據報那是潛望鏡，結果引起一陣掃射，驅逐艦也拚命搜索。他因害怕連海軍隨軍史官都承認「可能是封鎖」，下令包含三個戰鬥中隊的整個艦隊，全部駛至外海，停留一整夜。這艦隊曾兩度轉到較安全的基地，一是蘇格蘭西岸的優湖（Loch Ewe），一是愛爾蘭北岸的史威力湖（Loch Swilly），要是德軍知道此事，等於把北海拱手讓給他們，不過它又二度調回。萬一德軍在此期間發動海上攻擊，或許會得到驚人的成果。

在時不時的神經緊繃，以及像馬聽到蛇的沙沙聲而突然逃避之間，英國海軍還是務其正業：部署封鎖並巡弋北海，不停地注意敵人是否出現。英國以二十四艘無畏艦的戰力，已知德國有十六到十九艘，所以在這一級可仰仗確切的優勢差距，在下一級的戰艦，他們也相信本身「顯著優於德軍下一級的八艘」。但那種強烈信心取決於懸在心中的一個問題。

邱吉爾八月八日提醒傑利科，在運兵船渡海那一週，「德軍的行動誘因最強」。一艘魚雷艇被發現不算什麼。沒有騷動。敵人靜止不動更使緊張升高。在遙遠的外洋，敵人的個別軍艦仍自由來去，格本號及布雷勞斯號在地中海；德勒斯登號（Dresden）及卡爾斯魯爾號（Karlsruhe）在大西洋；斯比（von Spee）分艦隊的沙恩霍斯特號（Scharnhorst）、格奈森瑙號（Gneisenau）、恩登號（Emden），則正在太平洋做大膽襲擊或更大膽的逃竄，但不動聲色潛伏在黑爾戈蘭島之後的公海艦隊（High Seas Fleet），似乎預兆著更凶險的事。

邱吉爾又在八月十二日提醒各艦隊司令：「敵人格外悄無聲息又無動靜，或許是重大計畫的先聲……也許本週會大規模登陸。」他建議大艦隊向南移，更接近「決戰戰場」。傑利科卻繼續在遠方巡弋，不出蘇格蘭北端與挪威間那一片灰色茫茫大海，僅有一次是八月十六日，英國遠征軍運輸最高峰時，曾大膽來到北緯五十六度以南。自八月十四至十八日，運兵船總共橫渡海峽一百三十七次，那段期間整個大艦隊，連同護航分艦隊及小艦隊，緊張不已地巡邏，盯著尋找魚雷的白色航跡，監聽是否有無線電訊號，指出德國艦隊已出海。

---

鐵必制海軍大將是德國的費雪，也是德國艦隊之父、締造者、精神領袖。「永恆的鐵必制」，留著像羅馬海神的叉形白鬍鬚，自一八九七年一直擔任德國海軍大臣，到六十五歲時，已是自俾斯麥以來，做同一職位最久的大臣，但為他創建的艦隊訂立的計畫，卻不讓他知道。「海軍參謀部連對我也保密。」直到七月三十日，他看到作戰命令時才發現，祕密原來是：沒有計畫。海軍的存續是引起戰爭的主因之一，但戰爭來臨時，卻未替它設計積極的角色。

德皇在遊艇的床頭桌上放著《黃金時代》（*The Golden Age*）一書，作者是英國作家格拉姆（Kenneth Grahame），內容是英國男孩在冷酷成人世界中的夢幻般的故事，要是他只讀這種書，那可能不會發生世界大戰。然而他兼容並蓄，又讀到一八九〇年美國出版的一本書，它對本身領域的影響，媲美《物種源始》（*Origin of Species*）或《資本論》（*Das Kapital*）對各自領域的影響。在《海權對歷史影響》（*The Influence of Sea Power on History*）一書中，馬漢論證了控制海上交通者，就能掌控本身命運；大海的主人便是大局的主人。這立刻在易受影響的威廉面前，開啟一片廣大遠景：德國不只在陸地，也必須在海上成為強國。於是展開打造海軍計畫，儘管一時無法超越英國，但以德國追趕的強度，它終究會追上。德國挑戰英國仰賴的海上霸主地位，明知故犯地造成英國在戰時可能成為敵人，從而運用其主要武器：封鎖，來對抗德國。

德國是陸上強國，只要世上最大商船航運國英國保持中立，使德國海上供應不致中斷，那陸上強國無論怎麼組合，它都能對抗。由此角度來看，德國不要海軍反而更強大。俾斯麥就不贊同陸上強國涉足海上冒險，徒增海上敵人。威廉不聽。他被馬漢迷惑，又夾雜私人對航海國英國的愛恨猜忌，那在每年的考斯週（Cowes week）[2]遊艇賽最為明顯。他把海軍看作切斷包圍的刀刃。他一下堅持，與英國敵對是他最不願做的事，一下又堅持「建立更大艦隊，光靠恐懼，就足以讓英國人恢復理智」。然後他們會「向不可避免的現實低頭，我們將成為世上最好的友邦」。好幾位駐英大使都向他建言，這政策的邏輯說不通，但他聽不進去。霍丹走訪柏林無功而返，邱吉爾則警告，艦隊是英德關係的亞爾薩斯與洛林。英方提議設固定比例，或海軍競賽暫時休兵，均遭拒絕。

挑戰付諸實行後，英國敵意乃是意料中的事。還要付出其他代價。耗巨資建海軍，使陸軍被吸走的經費及人力，足以成立陸軍兩個軍。除非是無所為而為，否則海軍必須發揮戰略功能：或是防止敵人增兵來對抗德軍，或是防止封鎖。一九〇〇年《德國海軍法》（German Navy Law）的序言承認：「海軍封鎖戰……即使僅持續一年，仍會毀掉德國的貿易，給德國帶來大災難。」

隨著德國海軍實力及效率提升，受過訓的水兵及軍官人數增加，德國設計人員把軍艦配備的砲、彈藥的裝甲穿透力、瞄準裝置及測距儀、裝甲鋼板的耐力等，都改良到盡善盡美，這種海軍珍貴到不能輸。德國一艘艘艦艇逐漸追上英國，在火砲上還強過英國，德皇大可不必再提德瑞克（Drake）[3]或納爾遜們，但他從未真正相信，德國船艦及水兵打得過英國人。他的「寵兒」，那是比洛對德皇戰艦的稱呼，若是遭砲火毀壞，沾上血跡，或最後傷重，失去船舵，沉沒於浪濤之下，光是想像德皇都承受不了。他曾感激地賜給鐵必制貴族封號「von」，但鐵必制的理論是要用海軍打仗，德皇開始視他為危險，幾乎是敵人，逐漸冷凍他，不再把他當親信。鐵必制高尖的嗓音像孩童或太監，卻出自魁梧的身材與強悍的舉止，著實令人吃驚，只是現在聽不到了。他雖仍是海軍行政首長，但海軍政策在德皇之下，是交給一個小組，成員有海軍參謀長波爾（von Pohl）將軍、德皇海事顧問團長穆勒（von Müller）將軍、海軍總司令英格諾爾（von Ingenohl）將軍。波爾雖支持海軍作戰戰略，卻無足輕重，他在霍亨索倫德國盡可能不出頭：比洛的八卦全書裡就不曾提到他；穆勒是以皇帝顧問身分點綴朝廷的男男戀、諂媚者之一；英格諾爾是「對作戰採守勢看法」的軍官。德皇說：「我不需要任何長，我自己可以做主。」

---

2　譯注：自一八二六年起每年八月，在英國懷特島考斯鎮舉行的賽船大會。

3　譯注：十六世紀英國航海家，據知是第二位完成環球航海的探險家。

當包圍時刻來臨，是他在位時一直掛念的時刻，也是「活著的我居然輸給死人愛德華」的時刻，德皇的指示是：「我下令公海艦隊目前採取防禦態度。」他為手上這鋒利的工具設定的戰略是，發揮「存在艦隊」（fleet in being）的影響力。它留在加強防禦、固若金湯的位置內，對敵人持續形成潛在危險，迫使敵人對可能遭到突襲保持警戒，從而消耗敵人海軍資源，也使其無法動用部分武力。這是公認的兩支艦隊中的弱者所該做的，馬漢也表贊同。不過他後來認定，存在艦隊的價值「被過度誇大」，因為選擇不打仗的海軍，影響力往往會愈來愈低。

連德皇也不能沒有好理由及強烈支持，便實行這種政策。他兩者都具備。許多德國人，尤其是貝特曼及較都會型人民團體，起先無法相信英國會真的成為認真的交戰國。他們寧可相信，英國可用單獨議和來買通，尤其在法國被擊敗後。埃茨貝格爾小心不去碰英國殖民地，便是基於此種考量。德皇的母系家族、德國親王們的英國妻子、古代的條頓連結，產生一種親屬感。若彼此交戰、流血、死亡，將使英德間要和解，即使並非不可能也很困難。（但此想法並未認真考慮為聚攏英國遠征軍與法軍將流的血。）此外德國期望，維持艦隊完好無缺，可作為跟英國談判的籌碼，貝特曼強烈支持這理論，德皇也樂於接受。隨時間過去，勝利似乎在望，要在戰爭期間維護艦隊完整無損，以作為談和桌上的籌碼，這想法更加深植人心。

八月主要的敵人似乎非英國而是俄國，艦隊主要任務被認為是控制波羅的海，至少希望延後接受英國考驗的人是這麼想。他們說，需要德國艦隊去防止俄國，干預來自北歐國家的海上補給，以及防止俄軍可能襲擊德國海岸。他們擔心若與英國作戰，可能使德國艦隊元氣大傷，以致無法控制波羅的海，使俄軍得以登陸，導致陸戰失敗。

要把期望變為政策，總是找得到論述來支持。八月裡使海軍無用武之地的主因，在於德國對陸軍獲得決定性勝利深具信心，以及一般相信戰爭不會持續太久，所以不必太擔心封鎖。鐵必制以「正確預感」，在七月二十九日，也就是邱吉爾動員英國艦隊的同一天，已要求德皇把海軍控制權交給一個人。由於他覺得，「我的小指比波爾整個骨架還有力」（這是他私下對妻子表達的感覺，不是對德皇），他只能建議，把這提議的職位「委託給我」。他的建議未獲採納。雖然他考慮辭職，卻基於好用的理由：德皇「不會接受我的辭呈」，而忍住。他與其他大臣同被拖至科布倫茲，他必須忍受陸指部的勝利氛圍，「陸軍有各種戰績，海軍掛零。經二十年努力後，我的地位很糟糕。沒有人會了解。」

他打造的公海艦隊有十六艘無畏艦、十二艘較老的主力艦、三艘戰鬥巡洋艦、十七艘其他巡洋艦、一百四十艘驅逐艦、二十七艘潛艇，都留在港口或波羅的海。對英國的攻擊行動，只限於開戰首週由潛艇掃蕩一圈，以及置放水雷。商務海軍也撤離。七月三十一日德國政府下令，輪船公司取消所有商業航行。到八月底，有六百七十艘德國商船，總計兩百七十五萬噸，超過德國總噸位的半數，都藏在中立港口，其餘除往返於波羅的海外，全都停在本國港口。預期中可怕的四十艘德國武裝商業攻擊船，實際上只有五艘，因此英國海軍部四顧茫然而驚訝，得以在八月十四日報告：「橫越大西洋的通道安全。英國貿易運作如常。」除恩登號及柯尼斯堡號（Königsberg）在印度洋，斯比的分艦隊在太平洋外，德國海軍與德國商業航運，在八月結束前已自各大洋的海面退隱。

另一場戰鬥則已開始：英國與中立大國美國之戰。引發一八一二年戰爭的老問題、舊口號，諸如海洋自由、國旗保護商品等，即中立國商業權與交戰國禁運權，不可避免的舊衝突又再起。由一九〇八年第二次海牙會議（Hague Conference）延伸出來，一九一四年的交戰國，加美國、荷蘭、義大利、西班牙，都參與了試圖將這些規則法條化的會議。主持會議的是海上貿易最大運輸國英國，享有中立商務自由流通的利益也最大。但推動最力的精神象徵及支持者格雷，並非會議代表。儘管美國首席代表馬漢認真熱切出席，但會後發表的《倫敦宣言》（Declaration of London）偏向中立國貿易權，而非交戰國封鎖權。就連海上克勞塞維茲、海上施里芬的馬漢，也贏不過英國影響力的圓滑運作。大家都一如往常，支持中立國及商業，馬漢的反對意見被平民代表們否決。

商品被分為三類：絕對禁運品，指僅供軍用物品；有條件禁運品，指軍用民用皆可物品；及自由商品清單，包含食物。交戰國宣布封鎖後只可扣押第一類商品，第二類商品唯有證實是送往敵國目的地才可扣押，第三類商品全部不可扣押。但各國代表簽署《倫敦宣言》並回國後，另一種英國利益又抬頭：海權。馬漢的旗幟再度揚起。其門徒對英國的命脈，亦即海上霸權遭到背叛，害怕地大聲疾呼。他們問：若允許中立國供應敵人一切所需，那封鎖敵人使用海洋有何用處？他們把《倫敦宣言》塑造為重大議題，並在報界及國會發起反對運動。那會使英國艦隊成為廢物；那是德國陰謀；當時的反對黨領袖貝爾福也表達反對。儘管下議院已通過《倫敦宣言》，上議院卻極力讓它無法付諸表決，此舉或許稱得上是上議院在二十世紀最用力的行動。當時英國政府已改變想法，很樂於讓此事無疾而終。英國從未通過《倫敦宣言》。

這時候海軍力量的新現實，已使英國的傳統政策：近距離封鎖敵人港口，難以為繼。在對陸上強國作戰時，海軍部至今所考慮的，都是由驅逐艦隊在巡洋艦支援、最終在主力艦支援下，進行近距離封鎖。潛艇及浮動水雷的發展，還有加農砲的改進，迫使政策改為遠距封鎖。海軍部一九一二年作戰令採用此政策，使整個問題再度陷入混淆。當船隻企圖闖關近距離封鎖時，它要前往的港口很明顯，不會有目的地問題。可是當船隻在目的地好些英里外被攔截，譬如北海頂端，根據封鎖規定，逮捕此船是否合法，就必須有目的地或船上貨物是否屬違禁品為證據。這問題就像可多頭引爆的浮動水雷。

戰爭爆發後，《倫敦宣言》仍是各國對此議題的集體聲明。八月六日開戰第二天，美國正式要求各交戰國宣布遵守它。德奧熱切同意，但條件是敵人也要遵守。英國是協約國海上政策發言人，撰寫了肯定的回覆，但保留若干權利，那些「對有效率地進行海軍作業很重要」，回答是說好，意思卻是不接受。英國對禁運品尚無固定政策，僅是憑經驗覺得，《倫敦宣言》的條款需要做些延伸。帝國防禦委員會一九一一至一二年的報告，已建議以商品而非船隻的最終目的地，作為有條件禁運品的判斷標準，好讓所有可轉為軍用的商品，如製馬鞍的皮革，製輪胎的橡膠，銅、棉、紡織原料、紙張等，不可只因交運給中立收受者，就自由運送。若商品運到後又以陸路送至德國，那封鎖等於白費力氣。因此該委員會建議，應「嚴格實行」持續航行原則（doctrine of continuous voyage）。

某些具神奇力量的詞句，在歷史上出現又消失，卻使歷史發展大為改觀，其中之一就是「持續航行」，那是十八世紀，英國在與法國打仗時發明的概念。它的意思是，決定性因素在於商品的最終而非初步目的地。它屍骨未寒就被《倫敦宣言》過早埋藏，如今則被挖出，並像美國作家愛倫．坡（Edgar Allan Poe）筆下，已被埋葬的貓卻有能力惹麻煩。陸軍部曾接獲消息，由中立國運往荷蘭的食物，將用於供給在比利時的德軍。八月二十日內閣發布樞密令（Order in Council），宣布今後英國會視有條件禁運品為攔截目標，只要那是託運給敵人或「敵人代理者」，或其最終目的地是敵對地點。目的地證明並非像目前是根據提貨單，而是根據彈性無可匹敵的「任何足夠證據」。

持續航行原則就此死而復生，火力四射，利爪出動。英國駐華盛頓大使史普林—萊斯（Cecil Spring-Rice）承認，其實際效應是使所有商品，都成為絕對禁運品。

撰寫這一樞密令的人在當時完全想像不到，它會引發一長串後果，在實施決策上有許多困難：制止船隻、登船及檢查、以X光照貨品及捕獲法庭與複雜的法律問題等，最後導致訴諸無限制潛艇戰，德國因此要承受它對美國的終極影響。當年英王亨利八世（Henry VIII）決定與亞拉崗的凱瑟琳（Catherine of Aragon）離婚時，也不曾在意宗教改革（Reformation）。八月二十日大臣們聚集在內閣會議桌四周時，關心的是軍事需要，如何阻止補給品自阿姆斯特丹流向比利時德軍。那項樞密令是軍方建議的，再呈交給內閣，經過一些討論獲得批准，討論過程唯一留下的紀錄，是阿斯奎斯在日記中一筆帶過：「很長的內閣會議——關於煤及禁運品的各種瑣碎細節。」

英國首相並非唯一不在意這種瑣碎事的人。當德國某官員預見到，戰爭會轉為長久消耗戰時，向毛奇提出備忘錄，指出有必要成立經濟參謀本部（Economic Gerenal Staff），毛奇卻答：「別拿經濟來煩我，我正忙著指揮打仗。」

巧合的是，使一八一二年戰爭問題死灰復燃的樞密令，發布時間正好是英軍焚燒華盛頓百年紀念日。幸好這奇怪巧合及命令本身，未引起美國民眾注意，淹沒在一連串新聞標題中：布魯塞爾陷落、美國人受困巴黎、德皇與沙皇、艦隊、哥薩克騎兵、陸軍元帥、齊柏林飛船、東西戰線等。但美國政府感到震驚。英國這命令的序文雖語氣緩和，申明會忠於《倫敦宣言》，內容卻列出微妙的例外，其真義被國務院（State Department）法律顧問藍辛（Robert Lansing）的律師眼看穿。他起草直接堅決的抗議，使雙方陷入長期你來我往，數月再到數年的信函往來，援引各種概要和前例，大使間相互訪談，連篇累牘的文件。

八月二十七日倫敦《每日紀事報》似乎認為，有「十分真切的危險」，英國會為了禁運品問題及搜索權，與美國捲入紛爭。據該報理解，美方對此「強烈抗拒」。格雷曾想過此問題。它需要小心處理。起初大家預期戰爭很快會結束，關切重點都放在快速取勝的最佳手段，英國似乎不太有時間與美國發生嚴重問題。在蒙斯與沙勒羅瓦後，戰爭將持續很久的事實，自屍骨滿地的戰場浮出，無可逃避，狠狠地對視著協約國。他們打持久戰，勢必要利用美國的食物、武器、金錢（尚無人想到人力），並切斷德國獲得同樣的滋養。加強封鎖敵人，以及與中立大國保持友好，同時變得很重要，兩者卻相互抵觸，因為對中立國與德國的貿易每多加一項限制，就會引起美國國務院大聲呼籲海洋自由。令人不安的是，顯然到最後英國可能必須決定這兩個目標哪個更重要。目前以英國人本能上不喜歡絕對的原則，格雷尚能針對個別事件找出因應辦法，像舵手避開礁石般避開大原則，並小心避免讓討論觸及非黑即白的問題，以免逼得雙方採取無台階可下的立場。格雷說，他每日的目標是「達到執行時不致與美國關係破裂的最大封鎖」。

——

格雷有個可敬畏的對手，他若不講原則便失去價值。威爾遜總統像清教徒式地嚴守中立，促使他採取並維持傳統中立權立場，原因不在於中立權本身，而是他從頭便強力掌握中立國的角色，中立權只是其一。他上任後殫精竭慮地致力於消除「各方利益」及金錢外交官，那些已盤根錯結於塔虎脫（Taft）總統肥大身影的保護下。威爾遜也希望在國內及拉丁美洲推動完成新自由（New Freedom）。他明白戰爭會扼殺改革，所以傾向於不要讓美國加入會使其計畫受挫的外國冒險。但此外他還有更遠大、更深層的理由。他在這場戰爭中看到，在世界舞台上取得偉大地位的機會。他首度談到戰爭，是在八月三日的記者會上，他說他希望，能為「美國準備好協助其他世人」感到驕傲，他也相信美國可「經由這麼做獲得偉大長久的榮耀」。那麼早，在砲火尚未發射前，他已設想好他想要美國扮演的角色，他本人也認同那個角色。雖隨著事件的打擊不斷削弱其掌控力，使他日益感到悲觀，但他緊握這角色，即使在最後美國參戰，他內心也從未放棄。

對威爾遜而言，中立與孤立主義相反。他避開戰爭是為在全球事務中，扮演更大而非更小的角色。他要為自己也要為國家，爭取「偉大長久的榮耀」，他明白唯有使美國置身事外，以便由他擔任公正仲裁者，才能達到此目的。八月十八日他在著名的聲明中，號令美國人「在名義上與實質上保持中立，在思想上與行動上保持公正」。他說明中立的最終目的，是讓美國能夠「提出和平忠告」並「扮演公正調停者」。他在後來的聲明中說，希望在歐洲的衝突中，執行「道德判斷」任務。他想要「為人類服務」，運用新世界的力量：也就是道德力量，去拯救舊世界的愚昧，透過實行「正直及人道標準」，在「不僅是美國也是人道旗幟」下，藉斡旋帶來和平的禮物。

一旦英國海軍在八月底有效地控制了大西洋，它與美國為禁運品而對立，不論多嚴重，持續多久，經常還很激烈，但終究是檯面下的。在威爾遜看來，海上自由從不是凌駕一切的議題。雖有一次，當爭議性變得特別高時，有個想法困擾過他，就是他可能是繼麥迪遜（Madison）之後，成為第二位領導美國參戰且出身自普林斯頓的總統。他不希望把這項爭端推向如一八一二年最終是兵戎相見。無論如何，與協約國躍升的貿易，抵銷對德貿易所減弱的部分還有多，使美國的原則變和緩。只要商品有去路，美國對八月二十日樞密令開啟的過程，漸漸變得沒有聲音。

從此以後，由於英國艦隊控制公海，美國的貿易必然日益被導向協約國。與同盟國（Central Powers）的貿易，由一九一四年的一億六千九百萬美元，降至一九一六年僅一百萬美元，同一期間與協約國的貿易，由八億兩千四百萬美元增至三十億美元。為滿足需求，美國工商企業生產協約國需要的產品。為使協約國能付錢購買美國的供給品，必須為他們安排金融貸款。最後美國成為協約國的糧倉、兵工廠和銀行，協約國勝利對美國有直接好處。到戰後經濟決定論（economic determinism）倡導者，為此困惑了很長時間。

有長期建立的文化連結為基礎，會發展出經濟關係，有自然利益存在就會發展出經濟利益。美國與英法的貿易，向來大於與德奧的貿易，封鎖的效應只會擴大現狀，不會創造人為狀況。貿易不但追隨國旗，也追隨自然同情心。

美國駐倫敦大使佩吉（Walter Hines Page）說：「政府可以中立，但人辦不到。」他百分之百擁護協約國，認為中立是可鄙的概念。他發言充滿感情，也充滿感情地寫生動、具說服力的信給威爾遜。儘管佩吉毫不避諱地認同協約國，使總統疏遠他到不想正面面對他的地步，而他卻是威爾遜最早的支持者之一，但連威爾遜也無法像他要求別人的那樣思想中立。格雷八月六日寫信給他，對威爾遜夫人辭世表達哀悼，威爾遜欽佩格雷，並因格雷也喪妻而對他有親近感，威爾遜回覆說：「盼望你會把我當成朋友。我覺得我們因共同原則與目的而結合在一起。」德國政府裡沒有一個人，他能說出同樣的話。

如同美國大部分有影響力的人，威爾遜的文化根源與政治哲學，可追溯至英國經驗及法國大革命。他為了要做世界調解者的抱負，努力壓抑這方面。他拚鬥三年，窮盡一切用得上的說服手段，想要讓交戰國達成談判和平，亦即「無勝利和平」。他這些努力所依恃的中立，受到外力襄助，包括強大的愛爾蘭風潮，又可稱為反喬治三世（George III）情緒，以及從哈佛明斯特柏格（Hugo Münsterberg）教授，到密爾瓦基（Milwaukee）啤酒館等喧囂的親德團體。若非某個因素，中立或許會勝出，沒有它威爾遜是一籌莫展，這形塑美國人情緒的因素，是協約國最大資產：並非英國艦隊，而是德國愚行。

八月四日戰爭爆發時，威爾遜寫信給友人，對大西洋對岸的衝突只表達「十足譴責」，並未試圖區分交戰國。到戰爭在比利時持續一個月後，八月三十日豪斯（House）上校記下：總統「對魯汶被毀感受深刻。……他反應甚至比我強烈，他譴責德國在此次戰爭中的作為，並幾乎讓他的感受是包含全體德國人民，而不只是領導人。……他表達了以下意見，若德國勝利，將改變文明走向，使美國成為軍事國家。」數日後史普林—萊斯表示，威爾遜「以最嚴肅方式」對他說：「若在當前戰鬥中德國的目標獲勝，則美國必須放棄現有理想，將全副精力用於防禦，那將是現有政府體制的終點。」

威爾遜抱持這些觀點，但堅持中立到底，像燃燒的中立甲板上的卡薩畢昂加（Casabianca）。[4]不過那是以法律而非感受為基礎的中立。他絕不會把協約國可望勝利，視為對美國立國原則的威脅，但德國可能勝利，尤其在比利時釐清爭端後，不會另作他想。在全體美國人當中，與中立利害關係最大的是威爾遜，要是他都為了德國的行為而疏離德國，那一般人民更會嚴重得多。因魯汶引發的情緒，削弱了對英國封鎖程序的憤恨。每當英軍搜索或沒收，或增加禁運清單上的項目，引起美國新一波怒潮，都正好有德國可怕的行徑可轉移焦點。正當藍辛強硬指責英國樞密令，即將醞釀成為重大爭議時，德國飛船八月二十五日轟炸了安特衛普住宅區，炸死平民且險些擊中王宮，比國王后與子女才剛搬進去。結果藍辛發現，他苦心的鋪排變成「對此人道暴行」的抗議，而非反持續航行。

威爾遜總統在對未來有所領悟的痛苦時刻，曾向姻親艾克森（Axon）博士透露：「我擔心公海有事，迫使我們無法對這場戰爭置身事外。」艾克森記得當時是八月十二日，是威爾遜夫人的葬禮後不久。結果真正決定戰局的並非公海有事，而是公海無事。一如夏洛克·福爾摩斯（Sherlock Holmes）在

4　譯注：在一七九八年英法尼羅河海戰時，忠心的他站在燃燒的甲板上，等候艦長父親的命令

《銀斑駒》（The Adventure of Silver Blaze）故事中提醒葛瑞格里（Gregory）探長要注意「那隻狗夜裡發生的怪事」一般，當時不明所以的探長答：「那隻狗夜裡什麼也沒做。」

福爾摩斯說：「那就是怪事。」

德國海軍就是夜裡的那隻狗。德國海軍不打仗。受限於存在艦隊理論，且相信陸戰很快會打贏，德國海軍並不被允許冒險執行海上任務：使海上航道對德國商務開放。儘管德國工業仰賴原料進口，德國農業仰賴肥料進口，德國乳牛整個冬天都吃進口的草料，但德國海軍卻並未試圖保護這些供給的流通。德國海軍在整個八月只打了一場仗，卻絲毫未見其用心，只是證實了德皇捨不得讓其「寵兒」冒險。

那是八月二十八日的黑爾戈蘭灣之戰（Battle of Heligoland Bight）。為了不讓德軍注意到陸戰隊在奧斯滕德登陸，英軍突然發難：英吉利海峽艦隊的潛艇及驅逐艦分隊，在戰鬥巡洋艦支援下，駛進德國海軍基地所在的黑爾戈蘭灣。德軍意外遭襲，便命令輕巡洋艦出動，但缺乏更強大的軍艦支援。照鐵必制的說法，他們「以打第一仗所有的熱情」，魯莽地在霧氣和混亂中橫衝直撞。在一連串分散纏鬥並持續一整天的危險戰鬥中，英軍船隻誤認彼此為敵人，純靠好運才未落入邱吉爾所稱的「尷尬窘境」。德軍並未下令整個艦隊出海來因應此次挑釁，因此在數量及火力上均輸給敵人。當天的勝方是英軍。三艘德國輕巡洋艦科隆號（Köln）、美因茲號（Mainz）、阿里阿德涅號（Ariadne）及一艘驅逐艦被炸成碎片而沉沒，另外三艘嚴重受損。有超過一千人被炸死或溺死，包括一位將軍與一位准將，有兩百多人被從水裡撈起，成為俘虜，包括鐵必制之子沃夫·鐵必制（Wolf Tirpitz）。英軍一船未失，僅有約七十五人傷亡。

德皇被此次損失嚇到，他一直擔心的英軍考驗也終獲證實。他下令海軍不可再冒風險，「要避免損失船艦」。德國北海艦隊司令官的主動權再被縮小：若無德皇事先許可，不得進行重大移動。

此後英軍雖加高封鎖德國的高牆，德國海軍卻僅能被動觀望。心情不佳的鐵必制盡力抗拒枷鎖，他在九月中旬寫道：「我們打勝仗的最佳機會是在宣戰後的最初兩三週。」他預言：「隨著時間流逝，我們的勝算會愈來愈小，而非愈來愈大。」英國艦隊將會「發揮『存在艦隊』的效果：對中立國施加愈來愈強的壓力，完全摧毀德國海上貿易，百分之百進行封鎖。」

最後，德國被迫要對付自己任令發展出的狀況，於是德國的海軍政策只能轉向水下。由於時機已延誤，德軍只能靠U型潛艇（U-boat）來突破封鎖。因水面海軍無用而誕生的U艇，最後反而促成了威爾遜總統在八月戰爭初期所害怕的公海有事。

# 第十九章 撤退

在邊境之役結束後，德軍右翼及中央的五個軍團就像一把搖晃的大鐮刀，經由比利時攻入法國。入侵部隊多達百萬人，其先頭部隊在八月二十四日進入法國領土，燒殺擄掠。洛林前線則陷入僵局，魯普雷希特率領的左翼兩個軍團，碰上了凱斯蒂諾及杜拜伊部隊的激烈反抗，陷入長期的纏鬥。

德軍右翼走在法國北部長長的白色公路上，綿延達七十五英里，他們正朝巴黎前進。最右側的克魯克軍團企圖包圍協約國戰線。擺在霞飛眼前的問題是，如何讓法軍停止撤退，同時把重心轉至左側，重組夠強大的武力以反制敵人的包圍，甚至「能恢復攻勢」。邊境之役大敗後，「恢復攻勢」就是總指揮部的主流想法。霞飛在敗後二十四小時內，並未花時間對法軍進行評估「檢查」，也未從可行角度重新思考戰略，而是在八月二十五日發布新的總指揮令，是此次戰爭的第二號。該令提議組成新的第六軍團，由在德軍右翼、洛林尚未被攻破的戰線調來的部隊組成。新的第六軍團將會經鐵路送至亞眠，位在英軍左側，並將聯合英軍及法軍第四、五軍團，形成大軍，恢復攻勢。第六軍團組建的同時，三個撤退中的法軍軍團則要設法維持戰線，並由後衛部隊「發動短而強力的反攻，阻止或至少延後敵軍前進」。第二號總指揮令說，霞飛預計第六軍團可在九月二日色當日就戰鬥位置，並準備好加入再起的攻勢。

那個日期也閃耀於迎面而來的德軍面前，他們預期那天可達成施里芬計畫的目標：以中央大軍在巴黎前方包圍與消滅法軍。其後十二天裡，德法雙方的心思都放在再打一場色當之役上。在那十二天裡，世界歷史就搖擺於兩個結果之間。德軍感到勝利在望，積極出擊，並在埃納河到馬恩河之間嚐到勝利的滋味。

那些日子裡，法軍每一個團都收到再三叮嚀的命令：「邊打邊退，邊打邊退。」為了爭取時間重整部隊，重新鞏固戰線並阻止追擊的敵軍，法軍必須緊急採取許多進攻時未見的作為，後衛部隊更為此發動近乎自殺般的行動。德軍不許法軍有時間重整，這個念頭同樣推動德軍拚命向前。

法軍在撤退時僅能靠自己臨機應變的技巧對敵作戰。當戰爭剛在比利時開打時，法軍還不完全具備這些能力。如今他們不再位於異國土地，不是在神祕的森林裡進行不明不白的大規模攻勢，他們已經回到自己的國土，要捍衛法國。他們行經熟悉的土地，居民是法國人，田地、穀倉、村落街道都是自己的，他們現在打仗都是為了自己的土地而戰，如第一、二軍團為摩薩爾河及大古隆納而戰。儘管攻勢失敗，法軍並未潰不成軍；其戰線雖被危險地穿透，但尚未斷裂。在德軍主要前進路線左側，自沙勒羅瓦與桑布爾河戰敗而逃離的第五軍團，正設法在撤退中重整。在中央，背對默茲河的第三、四軍團，正在對抗德軍中央的兩個軍團。在色當到凡爾登之間，慘烈的守衛戰正在進行，阻止企圖包圍他們的敵軍。德國皇儲不樂意地承認，法軍「恢復了行動自由」。儘管後衛部隊奮力抵抗，但德軍進攻規模實在是大到難以抵擋。法軍雖未停止戰鬥，卻也只能不斷後退。他們盡其所能地防守與拖延，但始終在後退。

在渡過默茲河後的某地，朗格的第四軍團有一個輕步兵營在傍晚接到命令，要守住一座埋放炸藥但尚未引爆的橋樑。他們整晚「又痛苦又害怕」，看著對岸豪森軍團的薩克森士兵，「在我們眼前燒毀城鎮，射殺居民。早上村裡冒出火柱，只見民眾在街頭奔跑，士兵在後面追。槍聲響起……。在遠處，我們看到騎馬士兵不停地移動，似乎在尋找我們的位置。遠處的平原上，則出現大批黑色隊伍正向前行。」那大批人馬來到近處，很快出現在蜿蜒的路上：一個德軍步兵營以五排縱隊，「持續逼近。從下方道路直到視線盡頭，是滿滿的大軍，由騎馬軍官領頭的步兵縱隊、砲兵隊、運輸隊、騎兵隊，幾乎有一個師，秩序整齊地前進。」

「瞄準目標！」這命令小聲地向輕步兵防線往下傳。他們無聲地就戰鬥位置。「齊步射擊，先瞄準步兵，各人選好目標！」連長指示行動範圍。「開槍！」連續齊射沿著河岸發出爆裂聲，那一帶的德軍突然陷入一陣慌亂。各連轉身飛奔竄逃。馬匹掙扎，帶著馬具立起後腿，撞壞了馬車。路上死屍數以百計。八時四十五分法軍彈藥幾乎告罄。突然，他們的左後方出現一陣步槍掃射聲，原來是敵軍的側翼轉向。「向後方前進，上刺刀！」德軍終於在法軍刺刀的猛攻下退走，法軍則殺出一條活路。

在法軍後退時，後衛部隊打了數百次這種仗，試圖維持彼此相連的戰線，並達到可恢復進攻的戰線。在士兵旁邊，平民也加入南行群眾，有人步行，有人乘坐各種交通工具，從全家人坐著六匹馬拉的馬車，到老人家坐手推車，嬰兒坐嬰兒車。他們使道路加倍擁擠，增添混亂。座車無法通行，軍官咒罵，訊息也無法遞送。軍方徵用的商用卡車及市公車，塞在前進的隊伍中，車上原有的熟悉標記，被軍方漆上的標幟蓋過。緩慢行進的車上載著傷兵，他們手腳被炸傷，全身是血，靜靜躺著，眼中充滿痛苦與對死亡的恐懼。

每退後一英里，都引發把更多法國領土交給敵人的痛苦。在某些地方法軍士兵路過自己的家園，心知明天德軍就會闖進來。第五軍團有個騎兵隊長寫著：「八月二十七日我們離開布隆拜（Blombay），十分鐘後它便被烏蘭騎兵占領。」曾參與激烈戰鬥的部隊默默行進，步伐不整齊，也不唱歌。形容枯槁的士兵又渴又餓，有些不免口出惡言，輕聲抱怨長官，或是低語要叛逃。蘭赫薩克軍團的第十軍，曾在桑布爾河損失五千人，據第十軍謠傳，法軍每個陣地均已洩露給德軍砲兵觀測員。其中有個步兵上尉寫道：「士兵們拖著沉重腳步，神情極度疲憊。他們在後衛行動激戰後，又剛走完兩天六十二公里。」不過當晚他們睡了，到早上「很厲害，幾小時睡眠使他們恢復精神。又是好漢一條」。士兵們問為什麼撤退，上尉以「冷酷肯定的語氣」精神講話。他告訴屬下，他們會再戰鬥，「並讓德軍知道，我們有牙齒和爪子。」

曾穿著閃亮皮靴及鮮豔制服，如此意氣風發的騎兵，如今全身髒兮兮、在馬鞍上搖晃，累得一臉茫然。第九騎兵師的驃騎兵軍官寫下：「士兵們因疲乏垂著頭。他們只看到一半的去路；他們彷彿活在夢中。暫停時餓壞累壞的馬匹，在馬鞍尚未卸下，便衝入乾草堆狼吞虎嚥地吃草。我們不再睡覺；晚上行軍，白天面對敵人。」他們得知德軍已渡過他們後方的默茲河，正步步進逼，路過村莊就放火。「羅克魯瓦（Rocroi）一片火海，村中燃燒的穀倉照亮附近森林中的樹木。」黎明時敵軍砲聲響起：「德軍以砲彈向太陽行禮。」在不間斷的墜落及隆隆聲中，法軍聽見本國七五砲勇敢的呼嘯聲。他們固守陣地，等候砲兵對決結束。一個傳令兵騎馬過來，帶著司令官的命令：撤退。他們移動。「我思量著綠色田野和放牧羊群，心想：『我們正放棄多美好的東西！』士兵們恢復精神。他們發現步兵挖掘的一系列戰壕，他們滿懷好奇心加以檢視，彷彿那是給觀光客看的風景。」

八月二十五日，屬於符騰堡軍團的德軍攻入色當，並轟炸巴澤耶（Bazeilles），那裡曾發生一八七〇年著名的最後彈藥筒之役（Battle of the Last Cartridge）。朗格第四軍團的法軍展開反攻，阻擋德軍渡默茲河。德軍第八後備軍某軍官寫著：「砲火激烈交鋒開始。多可怕的喧鬧聲，吵得地球都為之震動。所有蓄鬍鬚的地方自衛隊老兵都在哭。」後來他參與「在像屋頂那麼陡的森林坡地上，一場可怕的戰鬥。用刺刀攻擊四次。我們必須跳過一堆堆我軍的屍體。我們退回色當，死傷慘重，並損失三面旗」。

當晚法軍炸毀當地所有鐵路的橋樑。既要拖延敵人，又想到明天自己可能需要橋樑和鐵路，以恢復攻勢，法軍舉棋不定，便把破壞交通路線盡可能留到最晚，有時已嫌太遲。

這當中最大的困難，是如何分派本身道路及交通線，給軍到團等各單位，它們各有供應車隊及騎兵、砲兵輔助部隊。有個補給官抱怨：「步兵不但不讓路給運輸馬車，還停在十字路口不動。」法軍各單位在撤退之際，必須在軍旗下重整隊伍，重新集中，報告損傷，接收來自後方後備單位的替補官兵。光是厄菲軍團第四軍的一個軍，後備官兵總共就有八千人，占四分之一，一連一連地去填補缺員。在篤信衝力的軍官中，自將軍以下傷亡都很嚴重。依第三軍團的參謀塔儂（Tanant）上校所見，法軍出師未捷的原因之一，是將領們不肯在後方正確位置，而是在前線指揮作戰：「他們是在做下士的事，不是在當指揮官。」

如今他們根據學到的慘痛經驗修正戰術。他們現在掘戰壕。有一團穿著襯衫，一整天在大太陽下挖土，挖出的戰壕深到足可站著開槍。另一團奉令在森林裡，挖戰壕及建立防禦，經過一晚無事，次晨四時繼續前進，「幾乎對未打仗就走感到遺憾……因為此刻我們已經對不斷撤退感到生氣。」

霞飛打算盡可能少退守一點領土，盡可能拉近他與突破點的距離。他在二號總命令設定的前線，是沿著索姆河，在蒙斯運河與桑布爾河以南約五十英里。彭加勒懷疑霞飛的樂觀看法，有自欺欺人之嫌。有其他人寧可把前線設得更遠，以爭取時間鞏固戰線。自法軍大敗那天起，巴黎的軍人已視巴黎為前線，但霞飛的心尚未回到首都，法國也無人質疑霞飛。

政府極度張惶失措。據彭加勒，部長們處於「驚駭狀態」；據梅西米，國會議員處於「恐慌中，使他們的面孔因恐懼而蒼白」。他們被取消與前線直接聯繫，缺少目睹證據，沒有法軍戰略情報，只仰賴總指揮部「簡略、預言式」的公報，以及傳聞、推測、相衝突的報告。既要向國家與人民負責，卻沒有指揮軍方作戰的權威。在霞飛報告避重就輕的漂亮詞句之下，彭加勒可拼湊出事實的殘酷真相，那是「對侵略、戰敗、失去亞爾薩斯的三重公告」。他感覺自身立即的義務是，把實情告訴國人，讓人民準備應對未來的「可怕考驗」。他尚未意識到，更急切的是預防巴黎被圍攻。

那天一早陸軍部長梅西米獲悉，首都防禦空虛。負責防禦工事的工兵司令，也是巴黎軍事總督密歇爾的參謀長伊蕭威爾（Hirschauer）將軍，在早上六時來見他。這時間比霞飛的電報早數小時，但伊蕭威爾私下得知，沙勒羅瓦敗得很慘，他的心思從前線一步跨回首都。他直截了當地告訴梅西米，首都周邊的防禦設施，還無法派人進駐。儘管詳細研究過所有預見的需求，但「防禦工事僅存在於紙上，在土地上什麼都未做」。原本防禦工事可啟用日期，訂在八月二十五日，但軍方對法軍攻勢深具信心，啟用日期延到九月十五日。由於不願開始砍樹和拆屋等破壞財產的事，以空出戰地及挖掘戰壕，所以不曾確切下令進行這些重大措施。興建砲座及步兵崗哨、鋪設帶刺鐵絲網、砍樹以便建胸牆，準備儲放彈藥的安全場所等，連一半都未完成，為巴黎儲備存糧根本尚未開始。密歇爾是軍事總督，也負責防禦，當其防禦計畫在一九一一年未被採納，他或許一直為此感到氣餒，始終缺乏幹勁和成果。戰爭爆發後他變成指揮官，很快便因無章法及無決斷而有虧職守。梅西米一九一一年即對密歇爾印象不佳，如今獲得證實，他曾在八月十三日要伊蕭威爾過來，命令他彌補延誤，在三週內完成防禦工事。此時伊蕭威爾坦承辦不到。他說：「空談是慣例。我每天早上浪費三小時聽報告及討論，但無結果。每個決策都需要上級裁示。我即使是總督的參謀長，但只是旅級將軍，就無法命令指揮戰區的師級將軍。」

梅西米按他習慣的做法，立刻請加利埃尼過來，他倆正在開會時，霞飛的電報進來。第一句就把戰敗怪罪於：「我軍在戰場上未展現，期待於他們的進攻品質」，那令梅西米十分沮喪，但加利埃尼看電報中的事實、距離、地名。

他不帶情緒地說：「很快，十二天內，預計就會看到德軍兵臨巴黎城下。巴黎準備好抵禦圍城了嗎？」

梅西米被迫回答：沒有，他請加利埃尼過一下再回來，打算此時先取得政府授權，任命他為總督，取代密歇爾。就在當下另一位訪客帶來的消息，令他「目瞪口呆」。那位是總指揮部在陸軍部的代表伊比奈，他告訴梅西米，被派來防禦巴黎的兩個後備師：六十一及六十二師，要調走。霞飛命令他們北上，增援地方自衛隊三個師的戰鬥團，那是英軍與海岸間唯一的法軍，克魯克右翼部隊正在那一帶掃蕩。梅西米很生氣，抗議道：巴黎屬於內區而非軍區，六十一及六十二師歸他指揮，不是霞飛，未得他及總理、總統允許，不可自巴黎防區調走。伊比奈答，命令已在「執行中」，並有點尷尬地說，他自己要北上去指揮那兩師。

梅西米趕到艾麗榭宮去見總統彭加勒，彭加勒聽到消息「爆怒」，但同樣無計可施。他問還剩下什麼部隊，梅西米不得不答：一個預備騎兵師，三個地方自衛師，除附近軍方後備單位少數幹部，沒有現役單位。他倆發現，法國政府及首都無任何防禦武力，也指揮不動軍方。只剩下一個資源：加利埃尼。

他現在又被請去接替密歇爾，一九一一年如果是他而非霞飛，可能早已這麼做。加利埃尼二十一歲時，剛自聖西爾軍校畢業，官拜少尉，他打過色當會戰，被俘後在德國待過一陣子，學會德語。他選擇在殖民地發展軍旅事業，法國是在殖民地「培養軍人」。雖然參謀學校圈內公開聲稱，在殖民地從軍是「觀光」，但加利埃尼是馬達加斯加征服者的名聲，使他宛如法國駐摩洛哥的將領利奧泰（Lyautey），一路升到法國陸軍最高層。他有一本德、英、義大利文筆記本，名稱也用三種語文表示：*Erinnerungen of my life di ragazzo*。他從不停止學習，無論是俄文，或重型砲發展，或殖民地強國比較行政。他戴夾鼻眼鏡，蓄濃密灰鬍髭，與他幹練、專斷的形象不太相稱。加利埃尼舉手投足有如接受檢閱的軍官。他身材高瘦，保持距離，不易親近，略帶嚴肅氣質，有別於同時代其他法國軍官。彭加勒形容對他的印象是：「直挺、高瘦，抬頭挺胸，眼鏡後的雙眼十分銳利，在我們看來，他是氣勢不凡的大人物的典範。」

加利埃尼當時六十五歲，罹患攝護腺炎，開過兩次刀，醫生說他活不過兩年。上個月才遭喪妻之痛，三年前也放棄法國陸軍最高職位，他超越個人野心，加上來日不多，生氣且不耐軍中政治，不亞於厭惡政客對立。他四月退休前，在戰前那幾個月，各種派系陰謀圍繞著他，有些要他當陸軍部長，或指定他為總司令，以取代霞飛，有些要削減他的退休俸，或趕走他朋友。他的日記中充滿憎惡，對生命，對「政治那可惡的東西」，對「機會主義者」，對軍方備戰不力又無效率，也不怎麼欣賞霞飛。「我今天騎馬在布瓦（Bois）經過他，他像平常一樣走路。……那麼胖那麼笨重；他做不完三年任期。」此刻是法國自一八七〇年以來最危急的時刻，政府請他去接爛攤子，召他去保衛巴黎卻無軍隊。他認為保住首都，在道德效應上，以及對法國鐵路、供應品、工業產能，都很重要。他很清楚，巴黎無法像堡壘那樣自內部防守，只能靠軍隊在周邊外圍作戰來防衛。軍隊必須來自霞飛，霞飛卻另有打算。

加利埃尼正式被要求出任軍事總督那晚，他對梅西米說：「他們不想防衛巴黎。在我國戰略家眼中，巴黎是個地理名詞，跟其他城市沒有兩樣。你能給我什麼，讓我防禦如此無垠的地方，法國的精神與智慧都在其中？幾個地方自衛師加一個非洲來的精兵師。那只是汪洋中的一滴水。若要巴黎免於列日及那慕爾的命運，就必須防守其周遭一百公里，防守需要軍隊。給我三個現役軍的部隊，我就同意接下巴黎總督；滿足這個正式明確的條件，保衛巴黎就包在我身上。」

梅西米對他感激不盡，「握住我的手好幾次，甚至親吻我」，加利埃尼從「這些行為展現的熱情」，確定「我要繼任的不是令人羨慕的位子」。

梅西米不知，他要如何自霞飛那裡榨出一個現役軍，更別說三個。他唯一能掌握的現役單位，是加利埃尼提到的非洲師：在阿爾及爾（Algiers）的第四十五步兵師，那是在正規動員令以外，依陸軍部直接建議而成立的，才剛剛在南方上岸。雖然總指揮部一再打電話要它，梅西米決定不惜代價，抓住這「清新精銳」的一師。他還需要五個師。若要強迫霞飛提供，以滿足加利埃尼的條件，就代表政府與總司令的權威會直接起衝突。梅西米憂心不已。在莊嚴而難忘的動員日，他曾對自己立誓：「絕不落入一八七〇年陸軍部犯下的錯誤」，當年在歐珍妮王后命令下，陸軍部介入，派麥克馬洪（MacMahan）將軍前進色當。梅西米與彭加勒一起仔細研究過一九一三年法令（Decrees of 1913）對戰時權威的限制。在動員首日高昂的情緒下，他曾自願向霞飛保證，他對那些法令的詮釋是戰時的政治行動交給政府，軍事行動交給總司令，那是總司令「絕對專屬」的領域。再者依他解讀，法令還賦予總司令對全法國的「延伸權力」，並且在軍區有「絕對」的民事與軍事權。最後他說：「你作主，我們配合。」可想而知霞飛「無須討論」便同意他。彭加勒與維維亞尼的生手內閣也順從地附和。

如今他到那裡去找，自己已立誓拋棄的權威？梅西米回去翻那些法令，幾乎直到午夜，想找出法律基礎。結果他抓出一句，文人政府要對「國家關鍵利益」負責。防止首都落入敵人之手，當然是國家關鍵利益，但應該用什麼形式對霞飛下令？在其後苦惱、無眠的夜裡，這位陸軍部長試圖鼓起勇氣，撰寫給總司令的命令。自凌晨二時孤軍奮戰到六時，經苦思四小時後，他寫出在「命令」標題下的兩個句子，指示霞飛，若「勝利不眷顧我軍，使他們被迫撤退，至少必須派三個狀況好的現役軍，至巴黎的戰壕陣地。收到此令請告知」。除以電報傳送，此令也在翌日八月二十五日上午十一時，由專人送到，並附帶「私人友好」信函，梅西米在信中說：「此令的重要性逃不過你的注意。」

此時在邊境戰敗及法軍撤退幅度，已在巴黎傳開。部長及國會議員吵吵嚷嚷，要找替罪羊「負責」；他們說，這是應民意要求。在艾麗榭宮前廳，可聽到反霞飛的低聲抱怨：「白癡……無能……立即革職。」陸軍部長梅西米的支持度也不相上下，其副官輕聲道：「遊說團體要來跟你算帳了。」在危機中有必要鞏固各政黨的「神聖聯盟」，並強化維維亞尼虛弱的新內閣。執政黨開始接觸法國重要政治人物，請他們加入政府。其中最年長、最受敬畏與尊崇的，是法蘭西之虎克里蒙梭，他雖極力反對彭加勒，卻是明顯的第一人選。維維亞尼發現他「脾氣暴躁」，也不想加入他預料兩週內就會垮台的政府。

他說：「不，不，別指望我。你們兩週內就會四分五裂，我不想與它有任何關係。」經過這番「熱情發作」後，他痛哭失聲，抱著維維亞尼，但仍拒絕加入其政府。由前總理白里安，戰前法國最著名、最有經驗的外長德爾卡塞（Delcassé），以及前陸軍部長米樂蘭（Millerand）組成的三人幫，願意集體加入，但條件是德爾卡塞與米樂蘭要官復原職，現任外長杜梅格（Doumergue）及陸軍部長梅西米必須讓位。這有點尷尬的交易，至今僅彭加勒知道，尚未定案，內閣在那天上午十時集會。部長們心中聽到砲聲，看到殘破奔逃的部隊，及戴釘盔的德軍向南進發，但他們試圖維持尊嚴及冷靜，遵循例行程序，輪流報告各部會事務。內容有銀行延期償付，徵召法官服役擾亂司法程序，俄國在君士坦丁堡的目標，梅西米愈聽愈生氣。從一開始滿懷熱忱，現在他接近絕望。在伊蕭威爾透露實情，到加利埃尼的十二天在他耳中響起，使他感覺「幾小時值得幾世紀，幾分鐘彷彿幾年」。當討論轉至巴爾幹的外交，彭加勒提到阿爾巴尼亞的主題，梅西米爆炸。

他大叫：「去他的阿爾巴尼亞！」並重重地敲了一下桌子。他譴責故作鎮定是「無尊嚴的鬧劇」，當彭加勒懇求他自制時，他拒絕，並說：「我不清楚你的時間，可是我的時間太寶貴，不能浪費」。他在同僚面前拋出加利埃尼的預測：德軍九月五日就會來到巴黎城外。大家立刻開始討論，多人要求革職霞飛，梅西米遭指責，從「有條理的樂觀」轉到「危險的悲觀」。那次會議得到一個正面結果，即同意任命加利埃尼取代密歇爾。

梅西米回到聖多米尼克街，第二次讓密歇爾去職，而米樂蘭、德爾卡塞、白里安也正在落實讓梅西米走路。他們宣稱，他要為軍方公報不實的樂觀負責，他「緊張過度、神經過敏」，況且米樂蘭想要他的位子。米樂蘭體格粗壯，沉默寡言，愛挖苦人，曾是社會黨員，能力與勇氣都無庸置疑，彭加勒覺得，他「用不完的精力及冷靜沉著」，是當前最需要的。總統眼見梅西米變得「愈來愈憂鬱」，鑑於「會預見慘敗」的陸軍部長，並非最令人嚮往的同事，他同意犧牲梅西米。部長更替過程會不傷感情地進行：請梅西米及杜梅格主動辭職，然後出任政務委員；密歇爾會獲得去見沙皇的使命。這些保全顏面的安排，並未獲受害當事人接受。

當梅西米請密歇爾辭職時，他反應激烈，大聲抗議，氣憤頑固地拒絕離開。梅西米也變得同樣激動，他對密歇爾大吼，若一直拒絕，就叫他離開，但不是回到位於榮軍院（Invalides）的辦公室，而是被警衛帶到宵希密地（Cherche-Midi）軍事監獄。他倆的吼聲傳到辦公室外，幸好維維亞尼趕來，安撫爭吵的二人，最終說服密歇爾讓步。

次日任命加利埃尼為「巴黎軍事總督暨軍團司令」的正式命令才剛簽署，就輪到梅西米發飆，彭加勒及維維亞尼要求他辭職。「我拒絕讓位給米樂蘭，我拒絕辭職讓你們得逞，我拒絕當政務委員。」要是他們在他「枵腹從公」一個月後，要趕他走，那整個政府都必須辭職。辭職後，他說：「我在陸軍有官階，口袋裡也有動員令。我會到前線去。」幾經勸說無效。政府被迫辭職，翌日重組。米樂蘭、德爾卡塞、白里安、里博（Alexander Ribot）及兩位社會黨新部長，取代五位前閣員，包括梅西米。他以少校身分出發，加入杜拜伊的部隊，一直在前線待到一九一八年，並升為將軍師長。

他為法國留下的人才加利埃尼，成為沒有部隊的「巴黎軍團司令」。原本有三個現役軍，要在其後十二天黑暗的糾結混亂中像紅線般指引迷津，霞飛卻並未派出這些軍隊。這位大元帥在梅西米的電報中，立即偵測到「政府干預作戰的威脅」。當時他忙著掌握每個找得到的旅，以恢復在索姆河繼續作戰。要為首都撥出三個「狀況好」的現役軍，這種想法跟要他聽命於陸軍部長，同樣欠缺吸引力。他對兩者都興趣缺缺，便無視於陸軍部長的命令。

次日加利埃尼派伊蕭威爾來訪，要求有個答案，霞飛副手布蘭拍著保險箱，承認：「是，命令在我這裡。政府要拿三個軍去防禦巴黎，那要擔很大的責任。可能是災難的開端。巴黎有什麼重要！」米樂蘭親自前來，也被霞飛告知，巴黎只有用在戰地移動的軍隊，防禦才最有效，但目前一兵一卒都要用於打眼前的戰役，其結果將決定法國的命運。對政府的困境、巴黎受到的威脅，他完全無動於衷。他說，失去首都並不代表戰爭告終。

為堵住德軍右翼前方的空檔，他的迫切目標是讓新的第六軍團就戰鬥位置。第六軍團以洛林部隊為核心，幾天前才倉促成軍，就由被徵召的退役將領莫努里指揮，投入邊境之役。莫努里六十七歲，身材細削瘦長，骨架小，一八七〇年時是中尉，作戰時曾受傷。他曾任巴黎軍事總督及最高戰爭委員會委員，霞飛曾這樣評論他：「此人是完美的軍人。」洛林軍團包括第七軍，即在不幸的邦諾率領下，率先進入亞爾薩斯那一軍，還有從厄菲軍團調來的第五十五及五十六後備師，他們像所有後備部隊所一再展示的：英勇可靠，那是維持法國於不墜的要素之一。第五十五及五十六後備師接到霞飛命令，要向西移防那天，他們正打得如火如荼，以防止德國皇儲的軍團通過凡爾登到圖勒之間，後來證明那是撤退時的一大功績。正當他們在關鍵的布里埃盆地堅守陣地，以支援厄菲軍團反攻的側翼時，卻被調離此戰場，去支撐左翼敗退中的戰線。

他們搭火車經巴黎到亞眠，再換乘北邊的鐵路，但那些路線已因英軍的需要而擁塞。儘管法國的鐵路運輸未經參謀本部的最佳頭腦精修，所以未到德國那種極端完美程度，但透過法國完整性不輸德國的D系統，雖不順暢但仍然很快完成轉車，這裡的D代表se débrouiller，意思是「勉強應付」或「設法解決」。八月二十六日莫努里的部隊已在亞眠下車，卻還是不夠快。前線退走得更快，等不及新軍團就位，而在戰線最遠端，克魯克的追兵已趕上英軍。

——

此時若有觀察者乘坐氣球到夠高的高空，可觀看自孚日山脈到里耳的整個法軍前線，他應會看到一圈紅色，那是法軍七十個師的紅長褲，在左端附近有一小塊楔形卡其色，那是英軍四個師。八月二十四日剛從英國抵達的第四師與第十九旅，會加入他們，使英軍總共有五個半師。如今德軍右翼的包圍作戰終於明朗化，英軍發現本身在戰線上的位置，比十七號計畫中為他們安排的更為重要。但他們守住戰線末端，並非未獲支援。霞飛已趕忙派索戴疲累的騎兵軍，去增援三個由阿馬德指揮的法國地方自衛師，這批部隊填補了英軍與海邊間的空隙。再來是里耳市八月二十四日被宣布為開放城市，居民撤走，里耳守軍那一師也去增援。(不久前凱斯蒂諾才說：「要是他們能攻到里耳，對我們反而更好。」) 霞飛的計畫若要成功，英軍守住蘭赫薩克與新成立的第六軍團之間的空檔，就十分關鍵。根據第二號總指揮令，霞飛是打算要英軍遵循整體撤退步調，一旦到達索姆河聖康坦，則要堅定守住。

但英軍不做此想。法蘭奇、莫瑞、甚至最早熱切推動英法聯手的威爾森，都因英軍的位置意外危險而嚇到。不是一兩個軍，而是四個軍的德國部隊正向英軍攻過來；蘭赫薩克軍團在全面撤退，暴露出其右翼；法軍整個攻勢已崩潰。在這些震撼下，在與敵人首次接觸後，法蘭奇立即確信，此次任務已失敗。他唯一的想法是拯救遠征軍，英國訓練精良的官兵與參謀，幾乎都在其中。他擔心在他的左側或右側，在他與蘭赫薩克間的缺口處，遠征軍即將被包圍。他以基奇納命令，不可讓英軍冒險為理由，不再多想此次來法國的目的，只想讓部隊脫離危險區。當其部隊撤往勒卡托之際，總司令及總部幕僚於八月二十五日，再向後撤二十六英里，來到索姆河聖康坦。

英國士兵以在蒙斯作戰的表現為傲，卻發現自己不斷在撤退，難免氣憤。總司令太急於讓他們脫離克魯克包圍部隊的危險，也不讓他們休息。士兵們在烈日下，食物不足，睡眠不足，拖著腳步，半睡半醒，暫停時站著仍立即入睡。自從蒙斯撤軍開始，史密斯－杜利恩那一軍始終在打後衛戰，克魯克追擊雖使他們遭到強烈砲擊，但德軍無法使英軍止步。

德國士兵從「小戰鬥的經驗」，認定英軍特別善戰，自覺處於不利地位，他們好比紅衫部隊，要對抗阿倫（Ethan Allen）的綠山兄弟。[1]士兵們大力抱怨，英國人「會施各種作戰詭計」。次日也像在蒙

1 譯注：紅衫部隊是指美國獨立戰爭時的英軍，阿倫是戰爭初期佛蒙特州民兵首領，綠山兄弟則是阿倫號召親戚組成的民兵。

斯，英軍「再次消失，未留下蛛絲馬跡」。

在壓力下，某些英軍被迫走上非計畫中的撤退路線。為把食物送給他們，二等兵出身、做事不按牌理出牌的軍需主任羅伯森（"Wully" Robertson）將軍下令，把補給品丟在十字路口。有些補給品未被拿走，德軍對這些棄置食物的報告，證實陸指部認為，敵人是慌亂撤退的印象。

八月二十五日傍晚英軍抵達勒卡托時，蘭赫薩克軍團最近的單位，已退到與英軍同水平線但並未更南的位置。法蘭奇卻認為，他遭到他指稱的蘭赫薩克「輕率」撤退的背叛，生起不想再與蘭赫薩克有任何瓜葛的心情。對他而言，似乎所有不對的事，都是蘭赫薩克引起而非敵軍。當他向基奇納報告，其部隊不願撤退時，他說：「我會向他們解釋，這是友軍的行動所造成。」法蘭奇下令次日繼續撤至聖康坦及努瓦永。在距首都七十英里的聖康坦，路標開始標示與巴黎的距離。

八月二十五日下午，史密斯－杜利恩比其部隊早數小時來到勒卡托，想要見總司令，但法蘭奇已離開，只找到他勤奮的參謀長莫瑞。莫瑞通常沉穩、平衡、自省，與其長官正好相反，在法蘭奇情緒激動時，他應是很好的互補者，然而他生性謹慎悲觀，反而在法蘭奇情緒低落時會助長他。此刻的莫瑞筋疲力竭、憂心忡忡、工作過度，無法給史密斯－杜利恩關於海格那一軍的消息，他們原定當晚住宿勒卡托以東十二英里的朗德爾西（Landrecies）。

當海格部隊進入朗德爾西時，途中遇到一群穿法軍制服的軍隊，其軍官被質問時也講法語。突然這群新出現者「毫無預警便壓低刺刀衝過來」。原來他們隸屬克魯克的第四軍，也像英軍一樣，計畫當晚住宿朗德爾西。在隨後的小規模戰鬥中，兩邊約各有兩個團及一個砲兵連加入，但海格在黑暗中緊張又不確定，以為受到「強力攻擊」，便電請總部「快派援軍。……情況十分危急」。

法蘭奇與參謀聽到，向來鎮定的海格說這種話，只能相信第一軍處於最大危險中。重回聖康坦英軍總部（GHQ）的莫瑞，為此事而昏倒。當時他正坐在桌前研究地圖，助理送來一封電報，過一下另一位軍官注意到，他已前傾昏厥。法蘭奇同樣深受撼動。他脾氣陰晴不定，待人很不客氣，是長期受指揮第一軍的沉著模範軍官所影響。一八九九年海格曾借他兩千鎊還債，要是沒這筆錢他就得離開軍隊。如今海格求助，法蘭奇立刻看到包圍，甚至更糟的：敵軍攻進第一、二軍中間。英軍總部假設最糟情況，下令改變海格次日撤退路線，結果導致海格與史密斯—杜利恩的部隊，分別走在瓦茲河兩岸；兩軍的直接聯繫中斷，此後七天都未恢復。

海格對於在朗德爾西遭到攻擊，激動而誇大地估計，不但使得英國遠征軍分道揚鑣，也造成與成因完全不成比例的效應。那加深其老友兼敏感的總司令的戒心，使他加倍下定決心，要讓英軍遠離一切危險，也使他更難消受下一個打擊。因為此刻，當八月二十五日悲慘的夜晚漸漸發白，快要天亮時，他受到另一震撼。史密斯—杜利恩傳話說，第二軍被敵人圍得太緊，無法脫身，必須在勒卡托停下並作戰。英軍總部的人很驚恐，幾乎當成他已戰敗。

實情是史密斯—杜利恩側邊的騎兵師師長艾倫比，在那晚發現，他次日掩護撤退時必須占據的高地與山脊，已在敵人手裡。他聯絡不上英軍總部，便在凌晨二時去找史密斯—杜利恩商量。艾倫比警告他，敵人已擺好陣勢，天一亮就會攻擊，除非第二軍可「立即」行動，「趁月黑風高離開」，否則明天尚未起步，就要先被迫作戰。史密斯—杜利恩找來旗下師長，他們告訴他，還有士兵陸續進來，很多仍在四處亂轉尋找自己的單位，大家都太疲倦，無法在早晨以前移動。師長們也報告，道路因交通和難民而阻塞，有些地方遭暴風雨侵襲，道路已不堪通行。小房間裡沉默下來。立刻開拔不可能，待在原地作戰又違反命令。由於此軍的野戰總部，與英軍總部無電話連線，軍長必須自做決定。史密斯—杜利恩轉向艾倫比，問他是否接受自己的命令。艾倫比說會。

史密斯—杜利恩宣布：「很好，各位，我們就作戰」，並說他會請剛抵達的第四師師長史諾，也聽命於他。包含這決定在內的訊息，由汽車送往英軍總部，在清晨五時驚動了英軍總部。

亨利・威爾森像同樣熱情洋溢的梅西米，一步就從激情熱衷跨到失敗主義。當法軍攻勢計畫崩潰，身為英方主要推手的他也隨之崩潰，至少一時之間是如此，其長官也受到重大影響，他對思緒較慢的長官有相當影響力。儘管威爾森樂觀、機智、愛笑的天賦無法長期壓抑，他也是隨後幾天維持參謀部精神的唯一支柱，但此時他相信大難即將臨頭，而他或許覺得自己也有責任。

乘機車來的傳令員，請史密斯—杜利恩到最近的電話去。威爾森對他說：「要是你留在原地作戰，就會重演色當的歷史。」他在二十六英里外自己的位置上堅持，危險不可能大到必須留在原地，因為「與海格交戰的部隊無法去打你」。史密斯—杜利恩再次耐心地解釋狀況，並說無論如何無法逃脫，因為已經開打，他說話時都聽得到砲聲。威爾森答：「祝你好運。你是我三天裡第一次聽到的樂觀聲音。」

八月二十六日第二軍及史諾的一個半師，在勒卡托打後衛戰達十一小時，正如法軍在今日和其他撤退日所打的仗。克魯克已下令，當天繼續「追擊敗退的敵軍」。他是施里芬「用袖子掃海峽」準則最忠實的信徒，仍在朝西推進，要完成包圍英軍。他命令右翼兩個軍，朝西南方強行軍。結果那天他們根本未與英軍打到仗，反而遭遇「強大法國敵對武力」。那是阿馬德的地方自衛隊及索戴的騎兵，史密斯—杜利恩曾告訴他們自己的困境，於是他們展現實力，堵住英軍側翼周邊的路。後來史密斯—杜利恩承認，他們拖延德軍，「以及這些自衛隊表現得格外英勇，對我們無比重要，否則幾可確定，二十六日會有另一軍來攻打我們。」

在克魯克左側，因錯誤情報或調度不當，使他又指揮不到另一軍，雖然他在人數上占優勢，但其實在勒卡托，他沒有超過三個步兵師，在對抗史密斯—杜利恩的三個師。不過他聚集了五個砲兵師，在黎明時便開火。從法國老百姓包括婦女，匆忙中挖的不是很好的淺戰壕中，英軍用快速且致命的步槍火力，擊退德軍步兵攻擊。但德軍一波波向他們猛衝而有所進展。在某一區他們包圍排成菱形陣勢的一個連，但英軍步槍仍不停射擊，「使敵軍一個個倒下，他們則高聲數數」，德軍則「不斷號召英軍『停火』，擺出手勢要說服他們投降，但無效」，直到最後德軍衝向他們，加以壓制。沿戰線也被撕裂其他可怕漏洞。脫離與敵軍纏鬥，是作戰最困難的部分，此時尚未完成，到下午五時，史密斯—杜利恩判斷時機到了。就在此刻，錯過機會不再。由於缺口及損傷，加上敵人滲透到某些點，所以停戰和撤退令無法同時到達所有單位。有些單位在原地多待好幾小時，持續射擊，直到被攻下或在黑暗中逃走。有個單位：戈登高地聯隊，從未收到命令，除少數人成功脫逃，這一營已不復存在。單單那一天在勒卡托作戰的三個半師，便損失八千多人及三十八門砲，超過蒙斯的兩倍，占法軍八月整體傷亡的百分之二十。失蹤者中有些人，後來四年都待在德國戰俘營。

基於天色昏暗、強行軍疲憊、本身損傷嚴重，加以英軍有令人猜不透的習慣，會暗中「不見蹤跡地溜走」，德軍並未馬上追擊。克魯克下令暫停，等第二天，他預計其右翼各軍的包圍，會在次日發揮效果。而那天史密斯—杜利恩決定，轉身面對優勢敵人，正面決戰，成功地阻擋了包圍及殲滅英軍的計畫。

史密斯—杜利恩到聖康坦時，發現遠征軍還在打生死存亡之戰時，英軍總部已在中午離開，搬到更後方二十英里的努瓦永。當北部砲火四射時，長官們卻乘汽車離開往南走，此種場面不願被鎮上部隊看到。而同是英國人不免要評斷：「事實上二十六日那天，法蘭奇及其幕僚完全失去理智。」此刻已恢復清醒的海格問：「第二軍沒有消息，只有勒卡托方向傳來的砲聲。請問第一軍可以幫得上忙嗎？」英軍總部慌亂癱瘓，無法給他答案。得不到總部的指示，海格設法直接聯絡史密斯—杜利恩。他說他聽得到打仗的聲音，但由於兩軍分隔，「我們無從知道要如何協助你們」。等他送出這訊息時，戰事已結束。此時英軍總部已對第二軍不抱任何希望。宇傑仍是駐英軍聯絡官，他在晚上八時發給霞飛的電報中，反映了英方心情：「英軍戰敗，似乎軍心渙散。」

史密斯—杜利恩到法國六天，過去四天都在打仗，凌晨一時他到達努瓦永，發現英軍總部人人都在床上睡覺。法蘭奇被叫醒，穿著睡衣出現，看到史密斯—杜利恩活著回來，並報告第二軍未被消滅而是獲救，法蘭奇指責他對戰況看法太樂觀。法蘭奇曾受到嚴重驚嚇，此刻忍不住狂怒，且因從一開始就不滿任命史密斯—杜利恩，而非他中意的人選，所以更是怒不可遏。此人甚至不屬於騎兵，卻在勒卡托擅自決定，不服從參謀部的命令。法蘭奇雖被迫在正式快報中承認[2]，此舉導致「左翼獲救」，但並未很快自驚駭中恢復。在勒卡托的損傷看似比實際情況更嚴重，直到數千個失蹤士兵，混在法國難民跋涉隊伍中跟著撤退，或設法穿過德軍戰線，來到安特衛普，然後到英國，再回法國，最後又重回軍隊。事後證明英國遠征軍作戰前五天，總共損傷距一萬五千人差一點。這增加了總司令的焦慮，執意要讓英軍脫離戰鬥，脫離危險，離開法國。

勒卡托之戰正進行時，霞飛在聖康坦，召集法蘭奇、蘭赫薩克及其參謀們開會，說明第二號總指揮令的指示。一開始他禮貌性詢問英軍狀況，卻引來法蘭奇長篇激烈抗議，說他遭到敵軍優勢人力痛擊，左翼受到包圍威脅，右翼因蘭赫薩克輕率撤退而少了掩護，並且英軍太過疲累，無法恢復攻勢。霞飛最為重視在參謀面前維持鎮定表現，對這位陸軍元帥「激動的語氣」感到震驚。蘭赫薩克聽完，威爾森有點淡化地翻譯其長官的發言，只是聳聳肩。霞飛無法對英軍下命令，便表達希望英軍總司令能遵守前一天新指揮令內含的計畫。

法蘭奇一臉茫然，說不知有此命令。莫瑞因前一晚昏倒，沒有出席。法方各種驚訝、疑問的目光，都對著威爾森。他解釋，總指揮令是在晚上收到，尚未「經過研究」。霞飛解釋命令內容，但顯然不太有信心。討論斷斷續續，暫停時間愈來愈長，尷尬場面變得痛苦，會議解散，並未獲得英軍同意聯合行

2　作者注：快報中說：「八月二十六日上午在我指揮下，我軍左翼獲救，除具非凡稀有的冷靜、膽量、決心的指揮官，親自在現場主持作戰，否則此事無法完成。」法蘭奇顯然是在他不可靠的極端脾氣搖擺中，撰寫或簽署了這份報告，然後又回到反感那一端，直到一九一五年成功地讓史密斯－杜利恩被召回，這才收手，並在戰後出版的書中，繼續公開惡意對他報仇。

動。霞飛帶著左翼「脆弱」的印象回到總指揮部，看到剛收到的消息，指前線各處都弱，部隊每個階層包括參謀本部，都令人洩氣。最後到那天結束時，又收到宇傑的黑色電報，報告英軍「軍心渙散」。

克魯克也有同樣印象。他二十七日的命令是，「切斷全力向西逃的英軍」。他也向陸指部報告，即將聚攏「所有六個」英軍師（在法國只有五個），「若英軍二十七日不動，雙面包圍有可能大獲全勝。」這光明的展望，出現於攻下那慕爾翌日，與畢洛的報告恰好同時。畢洛說，其對手法國第五軍團也是「殘兵敗將」，確認了陸指部勝利在望的印象。陸指部八月二十七日的正式公告宣布：「經過一連串持續勝仗，德國部隊已由自康布雷（Cambrai）到孚日山脈，進入法國。全線敵人均遭擊敗，正全面撤退中……難以大力抵抗德軍前進。」

在眾人看好的氛圍中，克魯克得到獎賞。當畢洛命令他圍攻莫伯日時，他強烈反抗，聲稱那是畢洛的責任，並要求知道他是否仍是部下，陸指部在八月二十七日讓他恢復獨立。將右翼三個軍團交由一人指揮的企圖，引起太多磨擦，所以遭放棄；由於所剩的勝利之路似乎輕而易舉，所以當時並不覺得此事重要。

不過畢洛極為惱怒。身處右翼中央，他不斷因鄰軍拒絕步調一致而倍感苦惱。他警告過陸指部，豪森延後已造成第三、二軍團間「不幸的缺口」。豪森本人除最崇敬頭銜外，最關切的就是每晚住宿地有多舒適。他同樣也很不滿。八月二十七日他在法國的第一晚，無城堡可供他與隨行的薩克森王儲住宿。他們必須住在副省長家，人去樓空後裡面凌亂不堪，「連床都未鋪好！」次晚更糟：他必須忍受借住蕭邦先生的家：「一個農民！」晚飯很粗劣，住處「不寬敞」。參謀們必須住在附近的堂區神父寓所，神父去打仗了，其老母親看似巫婆，四處閒蕩，「希望我們全都被詛咒」。天邊的紅光顯示，豪森部隊剛經過的羅克魯瓦在火焰中。幸好在次晚，他住在富有的法國實業家的豪宅，布置十分華麗，但主人「不在」。豪森在此唯一覺得不舒服的是，有一面牆上是梨樹攀架，樹上已結實累累，「可惜尚未熟透」。但他愉快地與穆恩斯特伯爵、基爾曼塞格（Kilmansegg）伯爵少校、驃騎兵團的申堡－法爾登堡（Schoenburg-Waldenburg）親王、麥克斯（Max）親王兼薩克森公爵等人聚首。麥克斯擔任天主教隨軍牧師，而豪森得以向他傳達可喜的消息，他剛接到其妹瑪蒂達（Mathilda）打來的電話，祝福第三軍團旗開得勝。

豪森抱怨，他的薩克森士兵已在敵國行軍十天，冒著溽暑，也經常作戰。補給趕不上行軍速度，麵包與肉均不足，部隊必須取食當地牲畜，馬的草料也不夠，但他勉力達到平均每天行進二十三公里。其實這是德軍的最低要求。在輪圈外圍的克魯克軍團，一天走三十公里以上，有時強行軍達到四十公里。他的做法是讓士兵沿著路邊睡，不要分散至左右兩側，這樣每天可省六、七公里。隨著德軍交通路線拉長，部隊離鐵路盡頭走得愈遠，食物供給經常跟不上。馬從未收割的田裡直接吃穀物，士兵走一整天卻只能吃生胡蘿蔔及包心菜。德軍與敵人一樣又熱又累，腳又疼，雖愈來愈餓，卻遵守時程。

八月二十八日在布魯塞爾到巴黎的半途，克魯克很欣慰收到德皇的電報，對第一軍團「決定性勝利」，表達「以帝國之名的謝忱」，也恭賀他們正接近「法國心臟」。那晚就著營火，軍樂隊奏起勝利之歌「萬歲勝利者的桂冠」。克魯克旗下軍官也在日記中寫著：「有數千人隨樂聲唱和。次日我們繼續前進，希望能在巴黎之前，慶祝色當週年紀念。」

同一天一個誘人的新想法，映入克魯克腦海，它將在那一週結束前，留下歷史刻印。據偵察結果顯示，在畢洛前方撤退的法軍第五軍團，正朝西南方向前進，會與克魯克的行軍路線交錯。他看到機會，可「找到此軍團的側翼……迫使它遠離巴黎，然後從側面包圍它」。如今此一目標對他，似乎比切斷英軍到海岸的退路更重要。他向畢洛提議，由他們兩個軍團像「輪子般向內轉」。他們尚未做出決定，就有軍官帶著陸指部的新總指揮令，交給所有七個軍團。

據皇儲表示，陸指部雖受「全面勝利感」鼓舞，但已知有法軍從洛林調走，因而此刻要求「快速前進，以防止新部隊組成，同時要盡可能自法國，奪取更多繼續作戰的資源」。克魯克軍團預定走向巴黎西南的塞納河。畢洛軍團要直接前進巴黎。豪森、符騰堡及皇儲，則要將部隊帶往巴黎東邊的馬恩河，分別到蒂耶里堡（Château-Thierry）、埃佩爾奈（Epernay）及維特里勒法蘭索瓦。由魯普雷希特指揮第六、七軍團，突破法國堡壘線的任務，不是很具體，但「敵人若退卻」，他們預計要在圖勒與艾皮納勒間，渡過摩薩爾河。現在則「急切想要」速度，以使法軍無時間重新整合，組織抵抗行動。陸指部基於一八七〇年的記憶，下令「對人口執行嚴厲措施，以盡快破壞平民游擊隊的反抗」，並防止「全國性叛亂」。預期敵人會在埃納河強烈抵抗，然後再退至馬恩河繼續抵抗。此時陸指部呼應克魯克的新想法，決定：「這或許需要轉動部隊，由西南轉向南方。」

八月二十八日的命令除提出此建議外，仍按照原作戰計畫，但執行的德軍軍團已不一樣。要減去五個軍，相當於一整個野戰軍團。克魯克留下兩個預備軍，去圍攻安特衛普，及守住布魯塞爾與比利時其他部分。畢洛與豪森各為俄國前線少去一個軍：相當於另一軍的旅和師，則留下來圍攻日韋和莫伯日。為涵蓋如原計畫那片區域，第一軍團則要穿過巴黎西側，使德軍右翼必須拉長，分布變得稀疏，否則參與軍團之間會出現空隙。此現象已在發生：八月二十八日符騰堡軍團在色當南方激戰，要求「立即協助」，豪森因而被拉向左邊，但其右翼跟不上畢洛，反而要求畢洛掩護其右翼。應該出現在此兩軍團接合點的兩個軍，此刻卻前往坦能堡。

陸指部八月二十八日開始，首次感到頭痛。毛奇、史坦、塔本焦急地討論，是否要從魯普雷希特的部隊，調派援軍至右翼，可是他們又不想放棄擊潰法國堡壘線的企圖。施里芬曾夢想、後又放棄的坎尼會戰完美再現，由左翼經洛林，右翼繞巴黎，同時進行雙包圍，此刻看似有望達成的可能。魯普雷希特大軍已打下艾皮納勒；其部隊正在南錫大門口，並敲著圖勒城牆。自從打下列日，如塔本所說，有堡壘防禦之地已「失去名聲」，每一天彷彿都看得到魯普雷希特有所突破。比利時鐵路遭破壞，反正已使師級調動不切實際，陸指部也說服自己，強奪圖勒與艾皮納勒間的夏姆隘口是可行的，並照塔本所說，還可達成「大規模包圍敵軍，若獲勝將結束戰爭」。於是魯普雷希特旗下的左翼，保留二十六個師的全部實力，約與人數已減少的右翼三個軍團相當。這並非施里芬過世時，喃喃說道「只要強化右翼」，他心中所要的比例。

——

繼比利時的戲劇化發展後，世人的目光便盯住布魯塞爾到巴黎的戰事進程。人們幾乎不知道，為強行打開法國東邊大門，此期間有更激烈、更持久的戰役，在洛林打得不可開交。沿艾皮納勒到南錫八十英里的戰線，有兩個德軍軍團轉而攻擊凱斯蒂諾與杜拜伊軍團，進行鎖定式、近乎固定的戰鬥。

八月二十四日魯普雷希特聚集四百門砲，加上更多來自梅斯軍械庫的武器，發動一連串謀殺式攻擊。法軍現在把所有技能都用於防守，掘好戰壕，並準備各種躲避砲擊的臨時與巧妙避難所。魯普雷希特的攻擊未能趕走南錫前方的福煦第二十軍，但在更南邊猛攻莫爾塔涅河（Mortagne）對岸突出部成功，那是夏姆隘口前的最後一條河。法軍立刻看出有攻擊側翼的機會，這次他們有準備砲擊。連夜運來野戰砲。二十五日早晨凱斯蒂諾下令：「出發！全面進攻！一個不留！」發動其部隊進攻。第二十軍自大古隆納最高點往下跳，收復三個鎮及十英里國土。杜拜伊軍團在右邊，經激戰一天後獲得同樣進展。高山步兵（chausseurs alpins）師師長莫崔伊（Maud'huy）在開戰前檢閱部隊，要他們唱〈西迪布拉辛姆〉（La Sidi Brahim）[3]：

前進，前進，前進
對抗法蘭西之敵

那天結束時有許多四散、殘缺的單位，不清楚是否已占領被指定的目標克勒藏坦（Clezentaine）。莫崔伊騎著馬，看到滿身大汗、形容憔悴的一連士兵，在尋找住宿處。他舉起手臂，以手勢指著前方，叫著他們：「兄弟們！在你們攻下的村子裡安睡吧！」

為大古隆納及夏姆隘口，打了三天的血腥殘酷戰鬥，在八月二十七日到達頂點。霞飛在那天受其他地方的慘淡氣餒所圍繞，難以找到可稱讚的事，便向第一、二軍團的「勇氣與不屈不撓」致敬。自從洛林各戰役開打以來，他們已連續作戰兩週沒有喘息，並「對勝利有牢不可破的頑強信心」。他們窮盡一切力量守住緊閉的城門，不讓敵人的攻城槌攻進來。他們知道一旦被敵人突破，戰爭即會結束。他們不知道坎尼會戰，但知道色當及包圍作戰。

守住堡壘線絕對必要，但霞飛左側的情況更不堪一擊，逼使他從東邊各軍團，抽走主要的精神支柱。那就是福煦，「勝利意志」的象徵，霞飛現在需要他去增強左側搖搖欲墜的戰線。

第四、五軍之間的危險空隙愈來愈大，現已擴大到三十英里。那是第四軍團的朗格所造成，他不願讓德軍不打仗就渡過默茲河。他緊守色當南方的河岸高地，在八月二十六至二十八日三天的激戰中，抵擋住符騰堡軍團。朗格覺得，其部隊在默茲河之役的表現，報了在阿登區戰敗之仇。但此舉是以與蘭赫薩克軍團失去連結為代價。蘭赫薩克仍在撤退中，靠第四軍團那一邊的側翼缺少掩護。霞飛正是派福煦來守住這一塊，讓他指揮由三個軍組成的特別軍團[4]，成員分別調自第四、三軍團。福煦接到命令那天獲悉，獨子傑曼．福煦（Germain Foch）中尉及女婿貝庫（Bécourt）上尉，已陣亡於默茲河。

在更西面，全是蘭赫薩克及英軍的地區，霞飛仍希望把戰線釘在索姆河，但它像沙堡的地基，一直在流失。英軍總司令不保證留在戰線上，他與蘭赫薩克只有最低限度的合作；蘭赫薩克本人似乎也不再

3　譯注：阿爾及利亞小鎮，一八四五年法軍曾在此與殖民地人民部隊交戰。

4　作者注：九月五日前稱為福煦分遣隊，之後成為第九軍團。

可靠，霞飛對他失去信心。霞飛在八月雖開革了少數將領，但以蘭赫薩克的聲望，霞飛對免他的職有所遲疑。霞飛的參謀仍在找尋攻勢失敗的怪罪對象；某位參謀從前線出差回來時說：「我公事包裡有三個將軍的腦袋。」蘭赫薩克不是那麼容易就處理得掉。霞飛認為，第五軍團需要更有自信的領導者。可是在撤退中換掉指揮官，可能危及士氣。他對助理承認，為此問題已失眠兩晚。這是已知一次大戰期間，唯一一次引起他這種嚴重煩惱的情況。

來自巴黎的第六十一與六十二預備師，原本應加入新的第六軍團，此時卻走失了；其指揮官伊比奈找他們找了一整天，但沒人知道他們的下落。霞飛擔心第六軍團下火車之處，即將遭到攻擊，為爭取時間讓他們就戰鬥位置，情急之下便下令第五軍團轉身反攻。這需要在聖康坦與吉斯之間向西攻擊。霞飛在第五軍團的聯絡官亞歷桑德，以口頭把命令傳達給蘭赫薩克總部，當時是在聖康坦以東約二十五英里的馬爾勒（Marle）。此外霞飛為緩和法蘭奇的怒氣，鼓舞其精神，特地打電報給他，表達法軍感謝英軍同志英勇相助。電報正要發出時，他得知英軍已撤出聖康坦，使蘭赫薩克應要攻擊的時刻，左翼卻失去屏障。據宇傑另一不幸的信函，英軍「已遭擊潰，失去實際戰力」，其五個師中有三個，在徹底休息及整備前，無法再上戰場，亦即「要好幾天，甚至數週」。法蘭奇也是以幾乎相同字句，向基奇納報告同一件事，所以不能怪宇傑是反映英軍長官心情，而非部隊心情或事實真相。除他的訊息外，亞歷桑德也傳訊說，蘭赫薩克對攻擊令遲疑不決。

儘管旗下許多軍官對此命令反應熱烈，蘭赫薩克本人卻認為它「近乎瘋狂」，也公開表明。第五軍團轉向西，等於把無掩護的右翼拱手讓敵人來攻。他認為有必要完全擺脫敵人，並再退到拉昂（laon），然後才能建立穩定的戰線，反攻才有可能成功。現在若按霞飛命令的方向進攻，他需要在半途中讓半混亂的部隊轉彎，那是很複雜的移動，就他的位置及右翼遭到的威脅而言十分危險。蘭赫薩克的作戰指揮官施尼德（Schneider），試著向亞歷桑德解釋其中的難處，亞歷桑德卻面露詫異。

他說：「什麼！哦，還有更簡單的嗎？你們現在朝北，我們要你們從聖康坦向西進攻。」他伸出手，五指分開代表五個軍，在空中描繪向右轉。

施尼德大叫：「上校大人，別胡說！」他十分氣憤。

亞歷桑德說：「好，如果你們什麼都不肯動……」並以輕蔑的聳肩做結尾。這使也在場的蘭赫薩克動怒，他長篇大論但不夠技巧地說明，他對總指揮部戰略的意見。此刻他對霞飛及總指揮部，就像他們對他，一樣沒有信心。一邊是拒絕聯合行動的獨立外國將領，另一邊是無保護的側翼（福煦分遣隊是兩天後，八月二十九日才開始組成），現在又要他反攻，蘭赫薩克承受極大壓力。他不是能心平氣和面對壓力的人。他被交付對法國命運如此重要的任務，又對霞飛的判斷毫無信心，便以壞脾氣及尖酸刻薄來紓解情緒，那是他在平時也很有名的。他詳述對霞飛沒有敬意，稱他為「工兵」，只是個工程師。

有某一軍的參謀來見他，事後報告：「我發現蘭赫薩克將軍被一群軍官包圍。他似乎極為不悅，以粗暴語言表達自己。他毫不修飾地批評總指揮部與盟軍。他對總指揮部和英國人十分惱火。他要說的重點就是，他只求別來干擾他，他會視情況需要，撤到該撤之處。他會自己選時間，然後把敵人趕回他們原來的地方。」依蘭赫薩克自己的說法：「我有很嚴重的焦慮，我連對參謀也不掩飾。」在部下面前表現焦慮已經夠糟；公開批評總指揮部及大元帥，更罪加一等，蘭赫薩克當指揮官已來日無多。

次日八月二十八日晨，霞飛本人出現在馬爾勒，他發現蘭赫薩克臉色憔悴，兩眼充滿血絲，用緊張的姿勢反對反攻計畫。當蘭赫薩克再度堅持，他整個部隊若面向西方，其右翼有遭敵人攻擊的風險，霞飛突然一陣暴怒，對他大吼：「你要被解除指揮權嗎？你一定要進攻，不必多說。此次行動成敗就在你手裡。」此次霞飛大發雷霆，遠至巴黎都受震動，而且愈傳愈嚴重，所以次日傳到總統彭加勒的日記時，上面記的是，若蘭赫薩克遲疑或不遵守進攻令，霞飛威脅要槍斃他。

蘭赫薩克認定這計畫不對，便要求書面命令，否則不會行動。霞飛此時已冷靜下來，同意並簽署了由他口述，蘭赫薩克參謀長擬好的命令。在霞飛看來，懂得自己的命令和職責的指揮官，沒有理由再焦慮不安。他或許對蘭赫薩克說過，有一天他將對貝當（Pétain）說的話。他命令貝當在史上最猛烈的砲轟下，守住凡爾登時說：「好啊，朋友，你現在很鎮定。」

談不上鎮定的蘭赫薩克，接受了任務，但堅持明晨以前無法完成轉彎。一整天當第五軍團各軍，以錯綜複雜的調動方式，越過彼此陣線，要轉身之際，總指揮部卻不斷打電話來，催促他們「趕快」，直到蘭赫薩克氣到命令屬下不准接電話。

同一天英軍指揮官忙著讓部隊向南行，急切到讓士兵無法休息，他們需要休息，遠超過需要與敵人拉開距離。那天八月二十八日，克魯克的縱隊未給英軍帶來麻煩，法蘭奇與威爾森卻十萬火急要加快撤退，以致命令運輸馬車「丟下所有彈藥，及其他非絕對必要障礙物」，改為載人。丟棄彈藥代表放棄再作戰。由於英軍不是在英國土地上打仗，其總司令打算讓部隊撤出戰線，不管這對友軍有何影響。法軍已輸掉首場戰役，正處於嚴重甚至絕望狀態，每一師對避免戰敗都很重要。但法軍並未被敵人攻破或包圍；他們很努力地作戰，霞飛也充分表現要繼續打下去的意圖。然而法蘭奇認為，此次面臨了致命危險，已決心必須保全英軍，勿涉入法軍戰敗。

戰地指揮官不像總部那麼悲觀，他們收到幾乎是拒絕再戰的命令時倍感灰心，海格的參謀長高夫氣得把命令撕掉。史密斯—杜利恩自認狀況「極佳」，敵人「僅有小規模集結，且在相當距離外」，因此他反而對旗下第三、五師下達相反的命令。這份訊息太晚到達史諾（Snow）的第四師。史諾先收到「致史諾 亨利寄」的直接命令：「載著你的跛腳鴨，趕快一起撤退」並已執行完畢，造成部隊「很消沉的反應」。如此匆忙使士兵相信，他們必然處於極度危險中，多餘的衣物和靴子也來不及帶走。

英軍在塵埃、燠熱、洩氣與無以名狀的疲累中繼續後退。拖著步伐走過聖康坦後，有兩營疲憊的士兵放棄前進，索性把武器堆在火車站，就地坐在站前廣場，不肯再走。他們告訴騎兵隊長布里吉斯，其營長已書面向市長承諾投降，以免聖康坦再遭轟炸。布里吉斯是奉令抵擋德軍，直到部隊全部離開聖康坦為止。他不在乎對抗那些軍階比他高的熟識營長，只迫切希望有個軍樂隊來振奮兩三百名躺在廣場上的消沉士兵。「何不試試？附近有個玩具店，提供我的喇叭手一個六孔笛和一張鼓。我們繞著噴泉一圈又一圈，士兵像死了一樣躺在噴泉四周，我們吹奏〈不列顛擲彈兵進行曲〉（British Grenadiers）與〈蒂珀雷里〉（Tipperary），並像瘋了一般打鼓。」士兵們坐起來，開始笑，開始歡呼，一個個站起來，排起隊伍，「現在又加入一組口琴……最後，隨著臨時樂團的音樂，我們慢慢走入了黑夜。」

笛鼓並未振奮法蘭奇，他眼中只有自己的部隊，並相信德皇「以其仇恨，確實冒著讓戰場其他部分出現弱點的風險」，只為集中壓倒性武力來「摧毀我們」。他要求基奇納把第六師派給他，當基奇納說，要等印度來的部隊接下第六師在英國的位置才行，他覺得這種拒絕「最令人失望和受傷」。其實在蒙斯震撼後，基奇納一度曾考慮派出第六師在比利時德軍的側翼登陸。費雪與艾雪素來主張，用英國遠征軍在比利時獨立作戰，而非附隨於法軍戰線。英軍從未放棄這傳統想法。如今小規模嘗試，兩個月後又會在安特衛普再嘗試，但效果不彰。八月二十七、二十八兩天，第六師沒來，反而是皇家海軍陸戰隊的三個營在奧斯滕德登陸，目的在排除克魯克的部隊。有六千個比國士兵與他們同行，那些士兵是在那慕爾陷落後隨法軍撤退，現在又用英國船從海路送到奧斯滕德。但他們的狀況無法打仗。從法國境內撤退到此，已把戰線拉得太遠，陸戰隊的行動失去意義，便在八月三十一日又重新上船。

法蘭奇早在八月二十八日就撤出在亞眠的前進基地，那裡現在正受到克魯克向西掃蕩的威脅。次日法蘭奇下令，將英國主基地自阿弗爾搬回諾曼第半島南方的聖納澤爾（St. Nazaire）。此次搬遷與丟棄彈藥的命令異曲同工，反映出他現在唯一的急迫期望，就是離開法國。威爾森半認同，又半恥於認同，他像某個軍官同僚所形容，「在辦公室慢慢地走過來走過去，臉上是好笑的怪異表情。他已習以為常，一面輕拍雙手，計算時間，並低聲唱著：『我們永遠到不了，我們永遠到不了。』我在他經過時問：『亨利，你說到哪裡？』他繼續唱著：『到海邊，到海邊，到海邊。』」

# 第二十章 前線在巴黎

各大道空空如也，店面緊閉，巴士、電車、汽車、出租馬車均消失。取而代之的是一群群羊，被趕著穿過協和廣場，往巴黎東站而去，準備運往前線。由於不再有熙來攘往的交通，廣場的景色顯露出最原本純粹的設計。大多數報紙已停刊，書報攤只單薄地掛著單頁印行的僅存報刊。觀光客不見蹤影，麗思酒店沒有住客，莫里斯酒店則變成醫院。在巴黎史上，這個八月仍屬於法國人，但寂靜無聲。豔陽高照，樹木蔥鬱，噴泉在圓環噴灑，塞納河靜靜地流過一束束鮮豔的協約國旗幟，為這世上最美麗的城市，在淺灰色河水之外更添景緻。

在廣大擁擠的榮軍院，加利埃尼正積極解決政府官員的問題，他們對採取激烈手段落實「戰壕營」一事遲疑不決，甚至蓄意阻撓。在加利埃尼的設想中，此類營地是作戰基地，而不是像特洛伊遭圍攻時躲藏之用。他由列日與那慕爾戰役的經驗知道，巴黎經不起敵人的新重型攻城砲轟擊，而他的計畫並非被動等待敵人來圍攻，而是用他尚未擁有的軍隊，主動到防禦工事外環作戰。他對巴爾幹及滿洲戰爭的研究使他相信，只要有一系列深而窄的壕溝，用土堤木堆施加保護，旁邊再架設帶刺鐵絲網及「狼坑」，即底部有直立尖刺木樁的寬口洞穴，再由訓練精良、視死如歸、配備機槍的部隊防守，幾乎就是堅不可摧。儘管他尚無部隊可駐守，卻仍努力在砲兵營區間構築此種防禦工事。

他每天打給總指揮部，有時一天兩三次，要求三個現役軍，但希望卻愈來愈渺茫。他寫信給霞飛，派出特使，頻頻對陸軍部與總統說項，一再警告他們巴黎防務空虛。到八月二十九日，他收到至今聽命於他的一個海軍旅。他們走過街頭時身穿白色軍服，吹高音哨，很受居民歡迎，加利埃尼卻不然。

他設想要完成的工作分為三方面：軍事防禦、道德防禦、物資供應。要完成任一項，均必須向民眾坦白。加利埃尼儘管看不起政治人物，但他尊敬巴黎人民，認為可信賴他們在面對危險時會理性應對。他相信彭加勒與維維亞尼不想告訴國人實情，也懷疑他們準備「裝模作樣」欺騙人民。他努力想取得授權，以拆除擋住防禦工事的建築，但因官方不肯驚動人民而受阻。每拆毀房屋都需要大區區長及工兵團長簽署文件，好確定對所有人的賠償價格，這是無窮煩惱及延誤的源頭。每個決策又會被更「錯綜複雜」的論述絆住，好比有人說，巴黎是政府所在地，不可成為有軍事防衛的「要塞營地」。伊蕭威爾便厭煩地論道，此議題提供「極大的爭議空間」。他擔心贊成開放城市的那一派，很快就會證明軍事總督這職位本身就不合法。他說：「要有白紙黑字才能說服法官。」

加利埃尼提供了依據。八月二十八日軍區擴大到納入巴黎，以及巴黎兩側直到塞納河的鄉間，由此巴黎市政府變成受軍事總督管轄。上午十時加利埃尼召集其軍事及文人內閣，開防禦會議，大家站著開會，到十時十五分便結束。他要求與會者不必討論是否應防衛巴黎，只要單純當個證人，證明因為敵人出現所以需要實施「防衛狀態」。提供法律基礎的文件已擬好放在桌上。加利埃尼一一請與會者簽名，然後立刻宣布散會。那是他第一次也是最後一次召開防禦會議。

他沒命地做防禦工作，絕不把一點時間或同情浪費在異議者或優柔寡斷者的弱點或愚昧上。他像霞飛一樣清除能力不足者，上任首日就解職一位工兵將軍，兩天後又請走另一位。所有郊區居民，「即使最老弱最無能力者」，都要拿起鐵鋤和鏟子出一分力。他下令二十四小時內搜集一萬把鏟子與尖鋤，到傍晚已全部蒐集完成。他同時下令要一萬把鋼製獵刀做工具用，供應商抗議說辦不到，因為買這種刀是非法的。加利埃尼答：「正因如此更要弄到」，目光從夾鼻眼鏡後銳利地投射出來。獵刀也備齊了。

八月二十九日，巴黎半徑約二十英里內有個區域，北自達馬爾坦（Dammartin）和蓬圖瓦斯（Pontoise），南至默倫（Melun），被劃歸加利埃尼管轄。區內各橋樑都安放好炸藥。對歸類為「藝術品」的物件及部分「國家遺產」，則安排特別警衛制，以防它們在最後絕境前被毀壞。所有入城管道都要設路障，連下水道也不例外。麵包師、肉販、菜農等都組織起來，牛群則趕到布洛涅林苑去放牧。為加速蒐集彈藥存貨，加利埃尼徵用所有「可用工具」做運輸，包括巴黎計程車，那很快就成為不朽經典。奉派為戰壕營砲兵參謀長的，是已歷史留名的德雷福斯前上尉，現已升為少校，到五十五歲又重回現役軍人。

在洛林前線的第一、二軍團，遭遇魯普雷希特砲火極大的壓力，但仍拚命頑強地守住摩薩爾河防線。這條防線起伏不定並會凸起，在某些地方甚至被德軍楔形隊形穿透。好在法軍以反攻其側翼嚴加圍堵，使穿透無法擴大為重要開口。戰鬥持續進行，魯普雷希特軍團想要探查法軍的最弱處，而杜拜伊與凱斯蒂諾應霞飛要求，有部分部隊被調至西側，不確定還能守多久或守不守得住。在德軍占領的村落，會重演比利時事件。梅斯的德軍總督便在牆上公告中宣稱：位於南錫郊外的諾默尼，「有平民對我軍開槍。因此我已下令燒掉該村作為懲罰。因此諾默尼此刻已全毀。」

在凱斯蒂諾左側，防線向西轉的位置，厄菲的第三軍團，因有幾師調給莫努里而失去平衡，正退回凡爾登以下的默茲河。它旁邊是第四軍團，八月二十八日在原地休息，以證明撤退是「戰略性」而非潰敗，八月二十九日它奉令恢復撤退，令朗格很反感。再靠左邊是法軍防線壓力最大之處，蘭赫薩克的第五軍團正完成轉移，準備對聖康坦發動反攻，那是霞飛的強行要求，蘭赫薩克只能勉為其難。在防線最末端，莫努里的第六軍團正在就位。而莫努里與蘭赫薩克之間，是正被法蘭奇撤走的英軍，儘管他明知反攻即將展開。

反攻差一點就被打斷，因為反攻需要英法密切合作。當時海格送消息給蘭赫薩克，表示其部隊「已充分準備好攻擊，他希望進行直接溝通，並與第五軍團聯手，按計畫進攻聖康坦」。蘭赫薩克的參謀立刻趕去見他，發現海格站在小山丘上像一幅畫，勤務兵則牽著他的坐騎，旁邊是長矛，背景是隨風飄揚的白十字三角旗。海格說，空中偵察報告，指敵人正向聖康坦西南方移動，「邊前進，邊暴露出側翼」。「趕快去將軍那裡，告訴他這個情報。……讓他行動。我很期待在這次攻擊中與他合作。」參謀向蘭赫薩克傳達這些話，令他「愉快地十分滿意」，促使他「說出關於海格爵士的一些好話」。次晨安排的聯合行動獲得確認，只等英軍總司令批准。但凌晨二時英軍總部傳來消息，說法蘭奇拒絕批准，理由是這批部隊「十分疲倦，至少必須休息一天」，這要求無論對第二軍是多麼真切，但卻不是第一軍的實情，因為第一軍軍長自己說，他們狀況良好，隨時準備上陣。蘭赫薩克爆怒。他大吼：「這是背叛！」又加上被聽者形容為：「說出對法蘭奇及英軍口不擇言且不可原諒的話。」

然而，蘭赫薩克次晨卻夾在南下來打他的畢洛，與前來督導攻勢的霞飛之間，他別無選擇只有進攻。畢洛自法國軍官俘虜身上找到的文件，已得知即將發生攻擊，並非毫無提防。霞飛不放心蘭赫薩克，一早便抵達蘭赫薩克位在拉昂的總部所在地，出借後者自身無限制供應的冷靜沉著。拉昂建於高台地上，放眼望去可看到綿延數英里的擺動田野，起起伏伏如綠色海洋的波濤。在北邊二十英里處，第五軍團圍成一個大半圓，西北方向面對吉斯與聖康坦。在拉昂最高點的大教堂塔樓上，是石刻乳牛頭而非滴水獸，呆呆凝視著整個景觀。石刻下方，霞飛同樣沉靜地坐看蘭赫薩克，下令及指揮作戰。他待了三小時一語未發，滿意於蘭赫薩克展現「權威與方法」後，才覺得可以離開，到火車站餐廳吃頓美味午餐，再與愛開快車的座車司機，前往下一行程。

那是去找法蘭奇。霞飛懷疑法蘭奇盯著海峽沿岸，「或許會退出我方戰線很久時間」。法蘭奇在法軍戰線的位置，介於蘭赫薩克軍團與正集結的莫努里第六軍團之間，如今十分關鍵，卻在霞飛控制權之外。霞飛無法像對蘭赫薩克那樣，命令法蘭奇元帥，或坐在他身後默默監視，強迫他作戰。但霞飛若能說服英軍留在原地不動，他冀望能穩定沿亞眠—蘭斯（Rheims）—凡爾登的埃納河前線，由那裡恢復攻勢。英軍總部前一天才又退後一步，目前法蘭奇立足於貢比涅，距巴黎四十英里，對疲憊的部隊而言是約三天的路程。其鄰軍法國第五軍團，這一天都在吉斯作戰，化解敵軍壓力，英軍則在休息。他們前一天撤退未遭追擊，經過八天行軍、挖戰壕及大大小小戰鬥後，現在終於停下腳步。第二軍在傍晚走了短短幾小時，渡過瓦茲河，但第一軍在聖戈班森林（Forest of St. Gobain）休息一整天，那裡距蘭赫薩克軍團左翼僅五英里，該軍團已行軍兼作戰十四天，疲憊不會較少，卻在打主戰役。

霞飛抵達貢比涅時，懇請英軍總司令不要移動，直到能在有利時刻恢復攻勢。他的說項似乎未產生作用。霞飛「明顯看到」莫瑞用力拉著法蘭奇外衣，彷彿要阻止他被說服。那是多此一舉，因為法蘭奇一直對霞飛說「不，不」，堅稱以遭受的損傷來看，他的部隊無法上場打仗，必須有兩天休息及整備。霞飛無法像對法國將領，當場把他革職；甚至無法藉發脾氣來達到目的，如同他在馬爾勒對蘭赫薩克那樣。隨著英軍退出蘭赫薩克與莫努里間的空隙，那兩個軍團無法守住目前戰線，必須放棄執行第二號總指揮令的一切希望。霞飛自己承認，在「非常不快的心情下」離開。

法蘭奇的意圖甚至比他向霞飛承認的更為極端。他無視於友軍正在戰敗邊緣作戰，反在此時告訴通訊督察長羅布（Robb）少將，規畫「確切並延長向南方撤退，分別由東、西兩側經過巴黎」。這甚至無法怪罪於基奇納的指示，因為基奇納十分不同意亨利．威爾森對十七號計畫的承諾，所以訂出這些指示，目的是在約束太激進的法蘭奇，以及太偏法國的威爾森，免得英軍因法方支持的極限攻勢計畫而涉險，導致可能被殲滅或俘虜。但他絕非為了建議審慎到如此程度，以致變成實質上的棄甲曳兵。然而恐懼造成的不安難以控制，此刻的法蘭奇深恐失去他的部隊，連帶失去個人聲譽。

英軍並非如他假裝的，是無法再打仗的破碎部隊。照官兵們自己的說法，他們不想放棄。第三師參謀莫里斯（Frederick Maurice）中校說，儘管很累、腳痠、沒時間吃煮好的餐點，但「一頓熱食，一晚好睡，洗個澡，其復原力簡直有奇效，這些是我們部隊能再上戰場……主要需要的」。第十一驃騎兵團的漢密爾頓（Ernest Hamilton）上尉說，經過八月二十九日的休息，英軍「現正處於隨時可轉身作戰的完美狀態」。英軍人事參謀主任麥克瑞迪（Macready）將軍說：「他們只需休息和食物，便可準備好並渴望」，向德軍展示其實力。

可是次日法蘭奇確切地通知霞飛，情況不允許英軍「在十天內」就戰線上的位置。要是他背對倫敦作戰時，敢要求十天不上戰場，一定保不住指揮官位子。但實際上法蘭奇又繼續擔任一年半的總司令。

那天下午，急於要讓士兵起步，遠離敵人的法蘭奇，焦慮地想讓蘭赫薩克停止戰鬥，好繼續跟他一同並肩撤退。法蘭奇考量的並非掩護蘭赫薩克的側翼，而是保護自己的側翼。為取得讓第五軍團撤退的命令，威爾森打給法軍總指揮部，發現霞飛尚未回來，便與貝特洛通話，貝特洛拒絕授權，但安排讓威爾森當晚七時三十分，在蘭斯的金獅酒店攔截霞飛。霞飛的行蹤在吃飯時間一定不是祕密。威爾森找到霞飛，但爭取無效。霞飛只說：「蘭赫薩克必須堅持到最後」，卻未講明他心中的最後是什麼。威爾森帶回此消息時，法蘭奇決定不等候，下令英軍翌日繼續撤退。

此時蘭赫薩克向聖康坦進軍時遇到了困難。第十八軍有一團奉命攻下沿路一個村莊，他們在彈雨中前進。一個倖存的中士寫道：砲彈「擊毀道路並自樹上打下大片樹枝」。

「趴下很笨；還不如繼續移動。……處處有士兵四腳朝天或趴在地上。都死了。有一個在蘋果樹下，整個臉不見了；血淹沒了他的臉。右邊鼓聲響起，在號角聲後是刺刀衝鋒。斜向的刺刀在藍天下閃耀，象徵著我方戰線推進。鼓聲節拍加快。『衝啊！』士兵們一起高喊：『衝啊！』那是了不起的一刻。一股電流顫動通過頭皮，使髮根收縮。鼓聲急促，熱風傳來號角音符，眾人喊叫，極為激動！……突然我們被阻擋住。向九百碼之外防禦堅固的村莊衝鋒是愚行。命令來了：『趴下，找掩護。』」

如蘭赫薩克的預期，進軍聖康坦的攻勢遭擊退後，強大的敵軍壓力開始逼近他的右側。畢洛全力進攻，不許法軍向前攻擊他，以便克魯克及豪森自後方夾攻法軍。畢洛認為此次行動不過是殘兵敗將的死前掙扎，他「對戰果有信心」。某一塊的法軍被趕回瓦茲河，當他們撤退的橋樑及狹路變得壅塞時，士卒心生恐慌。依最不同情他的觀察者所說，蘭赫薩克展現「最快反應及理解力」，迅速下令放棄攻擊聖康坦，並重新集中力量，挽回右側吉斯的情勢。

第一軍軍長德斯佩雷，個性積極，身材結實短小，在越南北部的東京灣（Tonkin）及摩洛哥太陽下曬得很黑，彭加勒說他「不知沮喪為何物」。他奉命集合左右側第三、第十軍。由騎馬來來回回戰線的軍官協助，樂隊也再度演奏輕快的《桑布爾河與默茲河》，他在下午五時三十分重整好戰線。由準備充分的砲轟打頭陣，法軍再次進攻。在吉斯的橋上，敵人屍首一疊疊堆得很高。在最旁邊的抵抗散漫：法軍感覺得到那正在減弱。有觀察者寫道：「德軍正在逃跑」，法軍「為渴望的新感動而欣喜若狂，由亮麗的勝利浪潮帶著前進」。

那天結束時，參與攻擊聖康坦的中士，回到當天早上出發的村落，有包打聽的朋友來接他。「他說那天很棒。我們受阻不要緊。敵人遭擊退，我軍是贏家。上校被砲彈打死；是他們抬走他的途中死的。指揮官戴洪（Theron）胸部受傷。吉伯提（Gilberti）上尉受傷，性命垂危。許多官兵非死即傷。他重複說今天很不錯，因為我們團兩晚都睡在同一地方。」

畢洛軍團的菁英衛戍軍（Guard Corps）撤回鄰近部隊，讓蘭赫薩克雖未在聖康坦，但在吉斯獲得戰術性勝利。可是他現在孤立無援，暴露於敵軍攻擊下。他面向北方，兩旁鄰軍英軍及第四軍團，各超前他一整天路程，並仍在撤退中，每走一步都更暴露他的側翼。若要解救第五軍團，它必須立即脫離作戰，重新加入夥伴。但蘭赫薩克無法獲得霞飛指示，他打電話過去時，霞飛不在總指揮部。

「第五軍團要在聖康坦—吉斯區耽擱，冒著被俘的風險嗎？」他問霞飛副手布蘭。

「你說什麼？讓你的部隊被俘！那太荒唐！」

「你沒聽懂我的意思。我是在總司令明令下待在這裡。……我無法承擔退到拉昂的責任。請給我總司令的撤退命令。」蘭赫薩克這次不會像在沙勒羅瓦承受責難。

貝林拒絕授權，但說等霞飛一回來，就會報告此事。當霞飛回來時，雖仍表現得很有信心，他的希望卻受到第二次打擊，且比邊境之役慘敗的更嚴重，因為敵軍如今更深入法國許多。由於戰果尚未顯露，他無從知曉，蘭赫薩克的攻擊已經大大阻礙了畢洛的軍團。他只看得出第五軍團確實留在危險位置，而英軍在打退堂鼓，他「對於讓友軍留在預期戰線上，已不再抱任何希望」。第六軍團雖仍在組成過程中，卻遭到克魯克右翼兩個軍的猛攻，他盼望守住的戰線已消散，還必須讓出更多國土，或許遠至馬恩河（Marne），甚至可能到塞納河。

在這「法國史上最悲慘」的時刻（這是主要調查者後來給的稱呼），霞飛並未像法蘭奇那麼慌張，也不像毛奇那般搖擺，或像海格或魯登道夫一時失去理智，或像普里特維茨受制於悲觀主義。他從未顯露出他那不透明的外表下有些什麼東西，要是他的沉著是出於缺乏想像力，那對法國是好事。克勞塞維茲說，一般人會因為危險感及責任感而變得抑鬱；若這些情況能「加速增強判斷力，那必有不尋常的心靈偉大之處」。若說危險並未增強霞飛的任何判斷力，倒確實喚起某種心靈或性格的力量。當他周遭一片殘破，他卻維持一致趨向，頑強控制。八月二十九日福煦曾去見他，說他有「非比尋常的鎮定」，當法軍最需要信心來鞏固自己時，這份鎮定在一小時內便凝聚了法軍。那期間有一天，亞歷桑德出差到第五軍團後回來，為了「我必須帶來的壞消息」，而替自己的鬱悶表情道歉。

霞飛答：「什麼！你不再相信法國了？回去休息一下，你會覺得一切都沒事了。」

八月二十九日晚上十時，霞飛命令蘭赫薩克退守，並炸毀身後瓦茲河上的橋樑。阿馬德則奉令炸毀在亞眠的索姆河橋樑，並與莫努里軍團一起撤退。右側的第四軍團奉令退至蘭斯。朗格要求讓他的部隊休息，得到的回覆是，休息取決於敵軍。八月二十九日晚霞飛最後的難過行動，是下令準備離開維特里勒法蘭索瓦，「那希望破滅、幻想盡失的總部」。總指揮部要移回奧布河畔巴爾（Bar-sur-Aube），那是塞納河東邊的支流。消息在參謀間流傳，正如霞飛不以為然所說的，徒增「整體緊張焦慮」。

因參謀部失誤，霞飛發給第五軍團的命令，次日一早才到蘭赫薩克手中，害他白白苦惱長長一整夜。幸好畢洛並未恢復攻擊，蘭赫薩克撤退時也未追擊。此次戰役結果，對德方與法方都同樣含混不明。畢洛的印象似乎奇怪地摻雜正面負面，因為他既向陸指部報告戰勝，又派副連長去告訴克魯克，其部隊「因吉斯之役打到筋疲力竭，無力追擊」。法軍包括霞飛與蘭赫薩克，不清楚這些，一心一意只有一個目標：在德軍可自左邊攻其側翼前，讓第五軍團脫離戰鬥，走出危險，與其他法軍軍團在同一戰線上。

這時迎面而來的德軍右翼，對巴黎有十分明顯的威脅。霞飛打電報給加利埃尼，要他在緊接巴黎西側塞納河、東側馬恩河的各橋下放置炸藥，並分別派駐工兵排，以確保執行炸橋令。撤退中的莫努里軍團會守衛巴黎，並自然而然提供加利埃尼要求的三個軍。但對霞飛及總指揮部而言，巴黎仍只是「地理名詞」。只為保護巴黎，並因此將莫努里軍團交由加利埃尼處置，聽命於他，不符霞飛的想法。在他看來，巴黎會守住或陷落，要看他打算由他指揮，傾全部戰力，打一場戰役的結果。但巴黎市民覺得，首都的命運有更直接的利害關係。

聖康坦及吉斯之役的明顯結果，更加深籠罩著他們的驚慌氛圍。開打那天早上，參議院副院長及北方工業大亨圖宏（Touron），「像旋風般」衝進彭加勒辦公室，聲稱政府「被總指揮部騙了」，我軍左翼已「被擊退，德軍已到拉費爾（La Fère）」。彭加勒重申霞飛極力保證，法軍左翼會堅守陣地，等第六軍團準備好就立刻恢復進攻，不過在彭加勒內心深處，他擔心圖宏或許是對的。機密訊息陸續傳來，顯示一場大戰役正在進行中。每小時他都收到互相矛盾的報告。快到傍晚時，圖宏又衝進來，前所未有地激動。他剛與來自埃納河的參議員同事塞林（Seline）通過電話，此人在聖康坦附近有房產，一直從其屋頂觀看戰役經過。塞林看到法軍推進，一陣陣煙霧，還有滿天砲彈爆炸的黑色，然後德軍調來增援部隊，像一群灰螞蟻，便看到法軍遭擊退。此次攻擊未成功，戰役輸了，圖宏哭著離開。

戰役的第二階段在吉斯，那位參議員從屋頂上看不到，而政府比總指揮部更加不清楚狀況。他們好像只看得出霞飛企圖制止德軍右翼但失敗，巴黎面臨攻城，可能再像四十年前那樣吃老鼠。自邊境之役後，首都可能淪陷、政府是否應遷都的問題，就一直在部長們心頭，如今則公開、急切地討論。總指揮部與總統的聯絡官潘訥隆（Penelon）上校，在次日早晨抵達，他日常的笑臉此次變得陰沉，他承認情況「無比嚴重」。陸軍部長米樂蘭馬上建議政府離開，以免與法國其他地方切斷聯繫。加利埃尼匆忙被召來表達意見，他建議打給霞飛。霞飛承認情況不好；第五軍團打得很好，但未達成他的希望；英軍「未改變」；無法延緩敵人的進度，巴黎「受到嚴重威脅」。他建議政府離開，以免吸引敵軍朝首都集中。霞飛很清楚，德軍的目標是法軍各軍團，不是政府，但隨著戰地接近巴黎，政府待在軍區，將模糊權威界線。政府撤退可減少干預來源，使總指揮部權力增加。當加利埃尼在電話上試圖說服他，巴黎是作戰物資及精神的樞紐，防禦巴黎有必要性，並再次要求給他部隊，好在巴黎被圍攻前主動去攻打敵軍時，霞飛只模糊地答應給他三個軍，但戰力並不完整，主要由後備師組成。加利埃尼得到的印象是，霞飛認為巴黎可以犧牲，仍不願為了它減損本身部隊。

當時法國總統看似「心事重重，甚至沮喪」，但仍如以往「冷靜自持」。他問加利埃尼，巴黎可以守多久，政府是否應離開。加利埃尼回答：「巴黎守不住，你們應準備盡快離開。」彭加勒不亞於霞飛，也想擺脫政府，他發現這建議並不痛苦。他請加利埃尼過一下再回來，向內閣解釋他的看法。內閣則在此時集會，熱烈討論遷都之事，僅十天前法軍發動攻勢時，根本想不到會有這種問題。

彭加勒、里布（Ribot）及兩位社會黨閣員蓋德（Guesde）、宋巴（Sembat），主張留下，他們認為至少要等即將展開的戰鬥結果。他們的論點是，政府遷走的心理效應，可能造成信心盡失，甚至革命。米樂蘭堅持離開。他說一連烏蘭騎兵可能滲透到巴黎南邊，切斷往南的鐵路，政府無法冒著像一八七〇年的風險，被關在首都裡。法國此次是與盟國聯手作戰，政府有義務保持與協約國、與外在世界、與法國其他地方的聯繫。杜梅格的一番話也十分感人，他說：「看似怯懦的行為需要更大勇氣，寧可冒不得民心之險，也不要冒生命危險。」再來的熱烈爭辯主題是，此次緊急情況是否需要像國會兩院院長激動來訪所要求的，由國會重新集會。

加利埃尼等不及要回去辦公，但在部長們辯論時，被留在外面等了一小時。最後他被請進去，他直率地告訴部長們，他們「在首都已不安全」。加利埃尼堅毅且軍人氣質的外表及態度，還有表達自我的「清晰與力量」，產生了「深遠的效應」。他解釋，要是沒有部隊可在巴黎周邊以外的地方作戰，他就抵擋不了敵人的攻城砲襲；他警告，巴黎不是在防禦狀態，也「無法建立防禦。……若以為在未來幾天，敵人若出現在外部城堡防線前，我們有戰壕營可做認真抵抗，那只是幻想」。由四個或至少三個軍組成的部隊，作為法軍戰線最左翼，在巴黎城外由他指揮作戰，是「絕對必需的」。在他獲任命為總督前，防禦準備工作遭到延宕，他指控是有影響力的團體所造成，他們想要巴黎被宣布為開放城市，好免於萬劫不復。那些人是受到總指揮部的鼓勵。

米樂蘭打斷他：「對，總指揮部是認為，不應防守巴黎。」

社會黨的蓋德當了一輩子反對黨，現在首次以部長身分發言，很激動地插話進來。「你們想要向敵人敞開大門，避免巴黎被劫掠。然而在德軍走上我們的街道那天，勞工住宅區每扇窗戶都會有人開槍。然後我告訴各位會發生什麼：巴黎會被燒掉！」

經過熱烈激辯，最後的決議是，必須守衛巴黎，必須要求霞飛遵守決議，否則必要時會免他的職位。加利埃尼反對在現階段倉促免職總司令。至於政府應留應走，內閣完全沒有共識。

加利埃尼離開那些「受制於情緒與遲疑不決」的部長，他覺得他們「無法做出確切決議」，便返回榮軍院。他穿過一群群焦急市民，他們包圍著入口，想要取得出城許可，取回自己的車，或結束主要生意，及一千個其他理由。焦躁時的雜音比平時大聲，那天下午首次有德國鴿式軍機（Taube）轟炸巴黎。除在法米碼頭（Quai de Valmy）投下三枚炸彈，造成兩人死亡，數人受傷，它還投下傳單，告訴巴黎市民，德軍已兵臨城下，像一八七〇年一樣，「只有投降一途」。

此後每天有一架以上的敵機，會固定在下午六時回來，投擲兩三枚炸彈，殺死偶爾路過的人，目的想必在恐嚇巴黎人。害怕的居民逃向南方。而此期間留在巴黎的人，當誰也不知道戴著釘盔的敵人，是否明天就會進城，總是在飲開胃酒時刻來襲的敵機，便提供彌補政府禁苦艾酒的刺激。敵機首次造訪那天晚上，巴黎首次燈火管制。彭加勒在日記中寫著，唯一穿過一片黑暗的「一線光明」在東方。據法國武官的電報，俄軍正在「擬訂對柏林的攻勢」。實情是俄軍在坦能堡被切斷支援和包圍，薩姆索諾夫那晚在森林中自戕。

霞飛聽到了較準確的版本。在貝爾福攔截到的德軍無線電訊息，提到殲滅俄軍三個軍，虜獲兩名軍長及七萬戰俘，並宣布「俄軍第二軍團不復存在」。在法國的期望已逐漸消沉之際，傳來這可怕的消息，或許連霞飛也會感到氣餒，好在後續有其他消息，顯示俄軍並未白白犧牲。情報單位的報告透露，德軍至少有兩個軍由西線調往東線，次日也有報告證實，有三十二列運兵火車經由柏林向東行。這是霞飛的「一線光明」，是法國向俄國施加種種壓力所獲得的援助。但即便如此，也很難抵消缺少英軍的預期損失。英軍總司令拒絕繼續與敵人作戰，使第五軍團被圍之路洞開。第五軍團右側也有被包圍的危險，那段空隙只有福煦分遣隊稀疏地填充著。

每當有弱勢地區需要增援，就有另一區必須危險地抽走部隊。在八月三十日同一天，霞飛視察第三、四軍團前線，找尋可指派給福煦的人力。路上他經過曾在阿登區及默茲河高地作戰、目前正在後退的隊伍。大紅長褲已褪為紅磚色，外套破破爛爛，鞋上泥土結成塊，雙眼凹陷，臉上因疲憊面無表情，因蓄留多天的鬍子變得暗沉。二十天的戰鬥似乎讓士兵衰老了二十年。他們腳步沉重，彷彿每一步都可能倒下。馬匹消瘦見骨，馬具磨出流血傷口，有時拖著車轅倒下，砲兵急忙解下馬具，把牠們拉到旁邊以免擋路。大砲看來老舊且歷經滄桑，被泥土塵埃覆蓋，只露出斑駁的新造好時的灰色油漆。

反之其他單位仍活力充沛，在二十天裡成為有信心的老手，以自身作戰技巧為傲，急於停止撤退。最終中選的是厄菲軍團第四十二師。他們在守住後方、成功擺脫敵人後，軍長薩海伊說：「你們證實了衝力。」當霞飛下令把這一師移給福煦，厄菲強烈抗議，理由是預期中的攻擊。厄菲不像第四軍團的朗格，霞飛才看到朗格的鎮定、自信、「充分自制」，那在霞飛眼中是指揮官的主要職責之一。相較下，厄菲顯得緊張、易激動、「想像力過強」。厄菲的作戰指揮官塔儂說，他非常聰明，主意又多，其中有一個主意會很厲害，但問題在於是哪一個。霞飛也像巴黎的國會議員，需要為法軍攻勢失敗找替罪羊，厄菲的行為決定了由誰中選；他當天被解除第三軍團司令職務，由薩海伊取代。次日厄菲受邀與霞飛共進午餐時，厄菲把在阿登的失敗怪罪於最後一刻被調走了兩個後備師，那是霞飛調去給洛林軍團的。厄菲說，如果有那四萬名剛到戰場士兵，加上第七騎兵師，他原可席捲敵人左翼，「我軍的戰鬥將獲得多大的勝利！」霞飛精簡而神祕地回答：「噓，不能這麼說。」他的語氣並未傳下來，我們永遠不知道，他的意思是「你錯了，不可以那麼說」，還是「你是對的，但我們絕不可承認」。

—

八月三十日那個星期天，是坦能堡之役結束日，也是法國政府被警告要離開巴黎的日子，英國則收到震撼消息，後來被稱為「亞眠報導」（Amiens dispatch）。新聞出現在《泰晤士報》星期日特別版的頭版，造成極大影響。一開始是標題誇大：「史上最激烈戰鬥」，通常頭版一格格不起眼的廣告，會使讀者錯過新聞。副標題則說：「英軍損傷慘重 蒙斯與康布雷 在嚴重不利下作戰 需要增援。」最後四個字是關鍵。儘管這則報導後來引起政府風暴，挑起國會激辯，並遭到首相斥責，新聞界整體雖「為愛國而節制」，這卻是「令人遺憾的例外」，但它其實是為了官方目的而刊登。新聞檢查官起初是史密斯（F. E. Smith），後來是伯肯海勛爵（Lord Birkenhead），立刻看出它適合作為募兵宣傳，就轉出去，促請《泰晤士報》刊登，該報基於愛國職責而刊出，並附注：「我國面對的任務極為嚴峻」。報導由特派員摩爾（Arthur Moore）撰寫，他是在英軍從勒卡托撤退和總部的慌亂絕望中抵達前線。

他寫到在一連串「可稱為蒙斯行動」的戰鬥後，有「潰散的部隊在撤退」；寫到法軍側翼撤退的情況；寫到德軍「立即、無情、無休止」的追擊，及其「無可抗拒的猛攻」；寫到英軍各團雖「受傷慘重」，卻「守住紀律、不慌張、不認輸」。儘管種種磨難，士兵們仍「穩定而士氣高昂」，但「被迫後退，無止境地後退」。他提及「非常可觀的損傷」、「破碎部隊的殘兵敗將」、「某些師幾乎所有軍官都陣亡」。他顯然受英軍總部氣氛影響，把德軍右翼寫得相當誇張，「估計其人數優勢大到所向無敵，唯有大海波濤抵擋得住」。他結尾時說，英國必須面對「德軍首次大規模行動成功」，及「無法排除巴黎可能遭圍攻」等事實。

他簡述需要增援時，談到英國遠征軍「承受主要打擊」，由此衍生出一種神話。彷彿法軍是在附近的附屬部隊。事實上英軍在開戰首月，在德軍三十多個軍之中，從未接觸超過三個軍，但英軍「承受主要打擊」的觀念，在此後所有英方對蒙斯及「光榮撤退」的記述中，卻永久傳誦下去。它成功植入英人心中一個信念，即在參戰首月可怕但英勇的日子裡，英國遠征軍拯救了法國，拯救了歐洲，拯救了西方文明，或如英國某作者大言不慚地說：「蒙斯。那一個單字便可總結為解救全世界。」

在交戰國中，唯有英國是事先沒有全國行動架構便參戰，士兵口袋裡也沒有動員令。除正規軍外，一切都是臨時安排。在前幾週，在亞眠報導之前，幾乎是抱著度假心情。在那之前德軍進展的真相，借用阿斯奎斯講究的詞彙，是被「愛國節制」所掩蓋。呈現給英國民眾的戰事，就如同對法國民眾，是德軍屢屢戰敗，但敵人卻無法解釋地從比利時推進到法國，且每天出現在地圖上的位置都更向前。《泰晤士報》是星期日在早餐桌上看的報紙，八月三十日全英國人民都驚呆了。布瑞特林心想：「那就好像大衛擲出石頭，卻未打中！」[1]

人們突然而可怕地意識到，敵人正贏得這場戰爭，他們為尋找希望，抓住一個幾天前出現的故事，把它變成全國性的妄想。八月二十七日，利物浦到倫敦的火車誤點十七小時，便引起傳言，說那是為運送俄軍所致，據說他們已在蘇格蘭登陸，準備馳援西部戰線。他們應是從阿爾漢格爾斯克（Arkhangelsk）渡過北極海到挪威，再乘一般輪船到英國亞伯丁（Aberdeen），由此再以特別軍用列車送到英吉利海峽各港口。從此凡碰上火車誤點，人們就會故意歸咎於「俄軍」。在亞眠報導後的鬱悶中，又講到德軍人

1　譯注：指聖經中記載，大衛用投石器投擲石塊，擊中敵軍勇士歌利亞。

數多如「海浪」，而且還在要求「士兵、士兵、更多士兵」，思緒不知不覺便轉向俄國的無限人力。在蘇格蘭見到的幻影也變得具體，愈傳愈聚集確鑿的細節。

俄軍在車站月台上踏掉靴上的雪（此時是八月），又據說愛丁堡有個火車搬運工把雪掃掉。有人在路過的軍用火車上，瞥見「奇怪的制服」。對他們的目的地有不同說法，一說是經由哈維奇（Harwich）去解救安特衛普，一說是經由多佛去解救巴黎。有人看到午夜後，有一萬人在倫敦行軍，沿堤岸（Embankment）走到維多利亞車站。海軍的黑爾戈蘭之戰，被聰明人解釋為要轉移焦點，好掩護俄軍，把他們送往比利時。有最可靠的人看過他們，或是有認識的朋友看過。牛津大學有教授認識一個同事，被叫去替他們翻譯。愛丁堡有蘇格蘭陸軍軍官，看到他們「穿鮮豔長外套，頭戴大毛帽」，拿著弓箭而非步槍，帶著自己的馬，「就像蘇格蘭矮種馬，只是瘦一些」，這形容正符合出現在維多利亞早期銅版畫裡，百年前的哥薩克騎兵。亞伯丁居民柯茲（Stuart Coats）爵士，寫信給美國的姐夫說，有十二萬五千名哥薩克騎兵，曾行經他在伯斯郡（Perthshire）的地產。某英國陸軍軍官向朋友保證，有七萬俄軍在「最機密」下，經由英格蘭到西線。起先說的是五十萬，後來是二十五萬、十二萬五千，最後人數逐漸固定在七到八萬，與派出的英國遠征軍相同。這故事純由口耳相傳，由於官方新聞檢查，除美國以外，完全未出現在報紙上。返國的美國人，其中大多數在利物浦上船，當地正對俄軍掀起一陣轟動，他們的報導為後世保存了這現象。

其他中立國也刊登了相關消息。發自阿姆斯特丹的報導說，有大批俄軍被緊急送往巴黎協助防禦。在巴黎，有民眾在火車站附近徘徊，希望看到哥薩克騎兵抵達。這些幻影傳到歐陸變成了軍事因素，因為德軍也聽到那些謠言。他們擔心後方可能有七萬俄軍，到馬恩河戰役時，那成為真正的因素，就與被調到東線而使德軍少掉七萬人一樣。直到馬恩河之役結束後，九月十五日英國報紙上才出現官方正式否認這則謠言。

同一星期日，當亞眠報導嚇壞民眾時，法蘭奇撰寫的報告，對基奇納造成更大震撼。英軍總部當時在巴黎以北四十英里的貢比涅，英軍前一天便未被追擊，並因敵人被法軍纏住而得以休息。當天有法蘭奇署名的英軍行動令指出，敵軍壓力「因法軍在我方右側大有進展而減輕，法軍在吉斯一帶十分成功，德國衛戍軍與第十軍均被趕回瓦茲河」。這等於承認，事實與法蘭奇當時寫給基奇納的完全兜不攏，只能假定法蘭奇未看命令內容就簽字。

法蘭奇向基奇納報告，霞飛要求他守住貢比涅北方，並與敵軍保持交戰，不過他說他「絕對無法留在前線」，而打算退到「塞納河後方」，保持「與敵人相當大的距離」。其撤退包含行軍八天，「不會令部隊疲累」，並將通過巴黎西方以接近英軍基地。法蘭奇並說：「我不喜歡霞飛將軍的計畫，我寧可強有力地攻擊」，但他前不久才剛在聖康坦拒絕實踐這偏好，因為他禁止海格與蘭赫薩克在聖康坦之役合作。

下一句法蘭奇又立刻翻轉立場，他表明，在作戰十天後，已準備放棄戰敗的法軍返國。他寫道，他對法軍是否有能力「持續戰鬥到成功的結局」，信心「正在快速消失中」，「這是我讓英軍退至那麼後面的真正原因」。儘管「受到很大壓力要留在前線，即使以我疲憊的狀況」，仍「斷然拒絕這麼做」，以符合基奇納指示的「文字與精神」，並堅持保有行動獨立，必要時「退至我的基地」。

基奇納讀完八月三十一日收到的報告，驚訝到了驚駭的程度。法蘭奇打算退出協約國戰線，並把英軍跟法軍分開，看來就是在友軍最艱困時刻遺棄他們，他認為自政治及軍事角度來看，這都是「大災難」。這有違協約國精神，已成為政策問題，基奇納要求首相馬上召開內閣會議。在會前他發了有節制的電報給法蘭奇，對退到塞納河後方的決定表達「驚訝」，並小心地以問句說出自己的失望與不快：「這麼做對你與法軍的關係，及整個軍事局面有何影響？你撤走是否會在法軍戰線留下缺口，或令法軍洩氣，反而對德軍有利？」最後他提醒，有三十二列運兵火車通過柏林，顯示德軍正自西線撤走部隊。

基奇納宣讀完法蘭奇致內閣的信函後，他解釋退到塞納河後方，可能導致整場戰爭的失敗。借用阿斯奎斯隱晦的說法，內閣感到「心神不寧」。基奇納獲授權告知法蘭奇，政府對他提出的撤退感到憂心，並期待「你會盡可能遵照霞飛將軍的作戰計畫」。考慮到法蘭奇的自尊心，他說，政府「對你的部隊與你本人深具信心」。

當德國陸指部得知，普里特維茨有意退到維斯杜拉河後方，他立刻被解職；但當法蘭奇建議，不只是放棄一省，而是一個盟國，處理方式卻不相同。原因或許在於阿爾斯特爭端造成的破壞，以致找不出政府與軍方都會同意的替代人選。政府或許認為，此刻免掉總司令的職對民眾衝擊太大。總之，受法蘭奇易怒氣質的驅使，包括法方與英方，人人都繼續極為小心翼翼地對待他，但事實上已對他沒有信心。一年後英軍軍需主任羅伯森在寫給國王祕書的信中說：「霞飛與他向來離心離德。他從未真正真心誠意地與法軍一致行動，法軍則認為他絕非有能力的人或誠信的朋友，所以不信任他。」這是對協約國作戰不利的情況。自波爾戰爭以來，便與法蘭奇關係不睦的基奇納，自八月三十一日後，就從未恢復對他的信心。但直到一九一五年十二月，法蘭奇陰謀對付基奇納，且進行方式如貝肯海後來所說的，「既不端正嚴謹，也不忠誠」，終於惹得英國政府把他換掉。

基奇納在倫敦不耐地等候法蘭奇回覆，霞飛則在巴黎動員法國政府提供協助，設法讓英軍留在前線。霞飛此時已發現，蘭赫薩克的戰役至少有一半，也就是吉斯那一半是成功的。報告顯示，德軍衛戍軍及第十軍遭到「嚴重對付」，畢洛軍團也未追擊，再加上有德軍部隊撤往東線的消息，使他備受鼓舞。霞飛對彭加勒說，政府或許終究不必遷離；他現在覺得，由第五、六軍團恢復攻擊，有希望阻住德軍前進。他寫信告訴英軍總司令，第五、六軍團現已奉令，除非在壓力下不得讓出領土。由於這兩個軍團間若有空隙，便無法期待他們守得住，因此他「誠摯」請求法蘭奇元帥不要撤退，「至少留下後衛部隊，以免給敵人明確的印象，有部隊在撤退及第五、六軍團間有缺口」。

霞飛請彭加勒運用總統影響力，以取得有利的回覆，彭加勒打給英國大使，大使打給英軍總部，但所有電話及聯絡官的拜訪都無效。法蘭奇後來簡述其回覆是：「我拒絕」，從而戳破霞飛短暫而虛幻的希望。

基奇納等候法蘭奇回覆政府，焦急到當天夜晚回覆傳來時，他要解密員一字一字唸給他聽。電文中說法軍戰線「當然」會因他的撤退而產生缺口，但「法軍若繼續目前的戰術，那等於是從我的左右方後退，通常也不會通知，並放棄所有進攻行動想法……後果由他們自行負責。……我不懂為何要叫我去冒絕對大敗的風險，以便第二次救援他們」。在霞飛剛告訴過他相反的狀況後，他卻對實情做如此激烈的虛偽陳述。正是這種事在法蘭奇的著作《一九一四》出版時，使得英國人想尋找「謊言」的禮貌性代名詞，卻無能為力，甚至導致阿斯奎斯使用了「歪曲事實」一詞。即便以法蘭奇的性格限制，但他有威爾森當參謀，威爾森熟諳法語，又熟識法國高階軍官，其中包括霞飛本人。所以英軍總司令究竟是如何得出法軍必敗的結論，至今仍是個謎團。

基奇納凌晨一時看完電報，便立即決定只有一件事可做，且無法等到天亮。他必須親赴法國。他是資深元帥、陸軍首長，因此自認在軍事事務上，有權對法蘭奇下令。他以陸軍大臣身分，在政策事務上也能命令法蘭奇。他趕到唐寧街，與阿斯奎斯及一群大臣開會，包括邱吉爾。邱吉爾下令，兩小時內會在多佛準備好快速巡洋艦，送基奇納過海。基奇納打電報給法蘭奇，通知說自己會過去，以免他出現在英軍總部，會使敏感的總司令尷尬，並請法蘭奇選擇會面地點。凌晨二時格雷從睡夢中，被基奇納走進其臥室的景象嚇醒，基奇納是來說他要到法國去。二時三十分他自查令十字（Charing Cross）車站搭乘特別火車出發，九月一日早晨已在巴黎。

法蘭奇元帥看來「慍怒、火爆、面紅耳赤、陰沉、氣憤」，在莫瑞陪同下來到，他選的會面地點是英國大使館。法蘭奇打算強調此次會議的文人性質，因為他堅持認定，基奇納只是軍政首長，除文人陸軍大臣外，別無其他地位。當法蘭奇發現基奇納穿著軍服，他的怒氣絲毫不得緩和，立刻認為這是企圖拿軍階來壓他。但其實基奇納在陸軍部，除首日穿禮服大衣，戴大禮帽出現，之後就放棄文人裝束，一直穿著陸軍元帥的藍色軍便服。法蘭奇卻認為那是故意冒犯他。衣著對他而言最為重要，他傾向用衣著來增強個人尊嚴，所用的方法卻讓同僚們覺得奇怪。他「在卡其服上別星星」，「全身都是外國廉價裝飾品」，這習慣曾惹得喬治國王不快；亨利．威爾森曾說他「在浴室裡是不錯的人。但穿上衣服時就不能信任他。你永遠不知道他會穿什麼」。

出席英國大使館會議的，有柏提、維維亞尼、米樂蘭及幾位代表霞飛的軍官。當會議的火藥味愈來愈濃，基奇納要法蘭奇與他另闢房間密談。基於法蘭奇對談話內容的說法，是在基奇納過世後才出版，所以不可靠，我們可以確定的只有他們倆交談的結果。這份結果呈現在基奇納打給政府的電報中說：「法蘭奇部隊目前已在戰線上，他們會持續與法軍行動一致」，這代表會向巴黎東方而非西方後退。基奇納在發給法蘭奇的複本中說，他確定這代表他倆達成的協議，但不論如何「請視它為指示」。他說，這「在戰線上」意指讓英軍與法軍相連。為免得罪法蘭奇，他又加上致命的一句：「當然你會判斷部隊在戰線上的位置。」英軍總司令不買帳，在怒氣中比原先退得更深，後果更嚴重。

在那兩天，克魯克軍團為了在法軍站穩腳跟之前快速包圍法軍，已透過急行軍超越貢比涅，渡過瓦茲河，使得英法聯軍不得不在其軍團眼前撤退。九月一日，克魯克軍團開始與法軍第六軍團及英軍的後衛部隊作戰。此時距巴黎已只剩三十英里。

為準備條頓歷史上最偉大的時刻，德軍以令人稱羨的效率，打造好一批要頒給部隊的銅質獎章並發給各參謀。獎章上自信地刻著「德軍進入巴黎紀念」。獎章下面還刻著艾菲爾鐵塔、凱旋門的圖案，以及混合了驕傲記憶與期待的日期：一八七一至一九一四年。

# 第二十一章 克魯克轉向

在貢比涅北方十二英里的拉西尼（Lassigny）有棟別墅，八月三十日被德國人強行徵用。屋主法布爾（Albert Fabre）記下：「一輛汽車駛來。上面下來一位舉止令人印象深刻的傲慢軍官。他單獨昂首闊步前進，其他軍官則成群排在別墅前，為他開路。他高大威武，臉上有疤痕，鬍子刮得很乾淨，面容凶狠，眼神令人敬畏。他右手持步槍，左手放在左輪手槍槍托上。他數次轉身，用步槍槍托敲擊地面，然後以戲劇化的姿勢停住。似乎無人敢接近他，他的態度也確實令人害怕。」法布爾驚嚇地盯著這位帶武器的幽靈，他想到阿提拉，後得知此人是「聲名遠播的克魯克將軍」。

克魯克是施里芬計畫的「右翼支柱」，當時他正在考慮一個攸關重大的決定。他覺得自己在八月三十日差一點陷入危機。當時克魯克最右側的部隊已擊退莫努里軍團若干單位，使他認為勝利已是囊中物。他在中央陣線的追擊並未趕上英軍，但沿路發現一堆堆遭丟棄的外套、靴子、彈藥，都是英軍急於撤退所丟下的，這證實了克魯克的看法，即對手已被擊潰。在左側，他借給畢洛協助吉斯之役的那一師報告，法軍正在逃離戰場。克魯克於是下定決心，絕不給他們時間復原。

針對蘭赫薩克撤退方向的報告指出，法軍戰線並未延伸到如預期那麼西邊。克魯克認為，在巴黎北方便可解決，沒有必要廣泛掃蕩巴黎西南。克魯克因此需要轉移前進方向，由向南改為向東南，此舉還有縮短與畢洛軍團間缺口的好處。他像其他人一樣，剛開始作戰時就假設援軍會來自左翼。如今他需要援軍，來取代不得不留在安特衛普的那一軍、布魯塞爾的那一旅，留守他愈來愈長的交通線的各單位，更別說在戰鬥中損傷的官兵。但援軍不會來。毛奇仍未自左翼派出任何部隊。

毛奇有很多事要擔心。「憂鬱的朱利厄斯」確實人如其名。他為德軍進展遭遇困難而感到沮喪，多過為德軍攻城掠地而感到的興奮。現在已是動員第三十天，原定計畫則是第三十六到四十天要在法國取得勝利。儘管德軍右翼各指揮官不斷報告，法軍英軍「已遭到決定性擊敗」，並在「潰散」與「逃竄」中撤退，毛奇卻感到不安。他注意到，英法軍並未出現撤退時常見的混亂潰散。他不免起疑：為何戰俘那麼少？他的老長官施里芬曾說：「若戰場上的勝利，並未導致突破或包圍，則意義不大。敵人雖被擊退，但還會在不同戰地再出現，恢復他暫時放棄的抵抗。戰事將持續下去。……」

毛奇雖說擔心，但並未親赴前線調查，而是在總部倚賴他派出的使節報告。八月二十九日他寫信給妻子：「皇上對戰況的嚴重性毫無疑心，令人心痛。他已是某種大喊萬歲的心情，我對此恨之入骨。」

八月三十日，德軍各軍團接近作戰高峰，陸指部由科布倫茲向前遷往盧森堡市，距法國邊界僅十英里。如今德軍正處於情緒上懷有敵意的領土（儘管盧森堡官方保持中立），當地基於地理及情感因素而成為了協約國的謠言中心。耳語流傳，有八萬名俄軍正前來援助英軍法軍。陸指部忙著拼湊在海峽沿岸某地有部隊登陸的各種跡象。實際上是三千名英軍陸戰隊在奧斯滕德登陸，可是當消息傳到盧森堡時，已嚴重失真，甚至到如同俄軍的規模，大幅增添德軍的憂慮。

除有背後的俄軍幽靈，毛奇也很在意德軍戰線上的缺口，尤其是右翼各軍團間。克魯克與畢洛相隔二十英里，畢洛與豪森也相隔二十英里，豪森與符騰堡則將近那三分之一。毛奇不安地意識到，那些稀薄的空隙，應由取自左翼的增援部隊來填補，但此刻他已讓左翼全力投入摩薩爾河戰役。他內咎地想起施里芬曾經堅持，正確方向是讓左翼以最少武力採取守勢，把能騰出的每一師，都派給第一、二軍團。但突破法國堡壘線的憧憬，仍吸引著陸指部。猶豫不決的毛奇在八月三十日派砲兵專家鮑爾親自去查訪魯普雷希特的前線。

鮑爾在魯普雷希特總部發現，「完全沒有一致的作戰計畫」。他驅車到戰線上時，各指揮官與軍官給他相衝突的意見。有些指著確實正自其前方撤退的敵軍，對勝利在望充滿信心。有些卻抱怨圖勒以南、摩薩爾河沿岸「難打的森林山地」，德軍在那裡的攻擊遭遇麻煩。就算打贏，德軍也會暴露從圖勒過來的側翼攻擊，並缺乏補給線，因為所有鐵公路都通過加強防禦的圖勒市。必須先攻下圖勒才行。在第六軍團總部，一度十分積極熱切的魯普雷希特，已冷卻地承認他正在執行「困難而不愉快的任務」。

在代表陸指部的鮑爾看來，法軍自此戰線撤退的報告並非好事，因為那代表敵人正撤出此地，去加強在德軍右翼對面的戰線。他回到陸指部向毛奇報告，他的結論是，對南錫—圖勒及摩薩爾河的攻擊，「並非沒有機會」，但需要加強戰力，只是此時看似「理由並不充分」。毛奇同意，但無作為。他無法鼓起勇氣取消，已付出如此高代價的攻勢。況且德皇想要以勝利之姿，騎馬穿越南錫。他未對第六軍團發出更改命令，而是全力突破摩薩爾河戰線的努力繼續進行。

未能在此關鍵時刻強化有進展的右翼，令克魯克感到不滿。但促使他決定向內轉彎的，倒不在於他認為法軍已被打敗，只須加以聚攏，所以需要縮小戰線。他也無意用袖子去掃海峽，而是要直接追擊蘭赫薩克軍團，去掃巴黎城內。他並未忽視在此過程中，他的側翼會暴露於巴黎駐軍、或在他前方退回巴黎的莫努里部隊的攻擊下，但他估計危險性不大。他認為目前集結在莫努里之下的部隊無關緊要。他認為他們獲得增援的可能性也不必在意，因為法軍在戰敗與災難的劇烈動蕩中踉蹌撤退，必定太過散亂，無法攻擊他。更何況他認定，在凡爾登周遭的皇儲軍團及沿摩薩爾河的魯普雷希特軍團的強大壓力下，所有法軍可用的部隊都已被盯住。只要把他本身的一個軍，即進度落後的第四預備軍，留在巴黎前方，當整個軍團行經巴黎前方往東走時，即足以防衛他的側翼。畢竟德軍演習時已證明，在築有戰壕的營地內，守軍除非遭到攻擊，否則不會冒險出來。他相信第四預備軍阻擋得了莫努里旗下七拼八湊的法軍。他從截獲的信函得知，法蘭奇打算退出戰線，退至塞納河後方，使他認為，至今一直當作直接對手的英國遠征軍，不再值得一顧。

相對於法軍，在德國制度下，克魯克身為戰地指揮官，可享有做獨立決策的最大可能自由。經由理論教導、地圖演練及實地演習，以便針對特定軍事問題，找出正確解答。德軍將領在如此薰陶下，預期在必要時會自動找到答案。克魯克計畫忽略巴黎，去追擊撤退的敵軍，雖與原始戰略有出入，但由於他看出或許不必包圍巴黎，即可在戰場上殲滅法軍，因此這才是「正確」解答。根據德國軍事理論，在敵人的移動武力遭壓制前，不可攻擊有防禦工事的營地。而一旦摧毀移動武力，所有其他勝利果實將隨之而來。儘管巴黎的誘惑很強，但克魯克決心，不要受此誘惑以致偏離正確軍事程序。

八月三十日下午六時三十分，他收到畢洛的訊息，那促使他下定決心。畢洛要求他向內轉彎，以協助畢洛對法國第五軍團，「取得充分的獲勝優勢」。無論畢洛用什麼字眼，他求助究竟是為了利用在聖康坦得到的勝利，還是為了彌補在吉斯的失敗，我們並不確定。總之這要求符合克魯克想採取的行動，於是他做出決定。他為次日行軍設定的目標，不再是向南，而是向東南到努瓦永及貢比涅，切斷法國第五軍團的退路。十六天前開始向列日進發，從此就未休息過的克魯克部隊已在抗議，腳也痠痛，但八月三十一日克魯克給他們的命令是：「因此，我們同樣必須要求部隊強行軍。」

陸指部得知，第一軍團次晨將展開大轉向，連忙批准。毛奇擔心那些缺口，覺得右翼三個軍團在進行最後攻擊時無法相互支援很危險。德軍人數已低於為攻勢設定的密度，克魯克若要遵守原訂計畫掃蕩巴黎一帶，則戰線必須再延長五十英里以上。毛奇把克魯克轉向視為幸運解方，當晚即以電報批准。

終局就在眼前，德國預計在動員第三十九天會擊敗法國，以便及時轉向俄國；德軍所有訓練、計畫、組織獲得證明；贏得此次大戰及主宰歐洲已近在咫尺。目前只須趁撤退中的法軍，重新凝聚並恢復抵抗以前，將他們團團圍住。絕不容許有何事，或是軍團間的缺口，或是畢洛軍團在吉斯受阻，或是士兵疲累，或是最後一刻的差錯，妨礙爭取勝利的最後衝刺。在克魯克極力催促下，驅使他的部隊前進。八月三十一日上午，軍官騎馬前後走動，軍士尖聲布達命令，部隊疲憊地排成縱隊，開始又一天無止境的辛苦跋涉。他們不知地圖或地名，不清楚行進方向已改變。是巴黎這魔幻字眼拖著他們前進。無人告訴他們，巴黎已不再是目的地。

飢餓增加士兵的苦況。他們已超前補給線，而補給線也因比利時橋樑及鐵路隧道被毀，運行不順。修復工作跟不上，無法讓鐵路終點追上部隊進度，例如那慕爾的主要橋樑，要到九月三十日才會修好。疲累的步兵經常在辛苦行軍一整天後，發現他們預期住宿的村莊已被自家騎兵占用。騎兵所需物資照理應就地取材，但他們卻總是急於找到補給火車及馬匹飼料，據曾是騎兵的皇儲說，因此他們「常自行安置」於應留給步兵的地方。從他口中又意外多出一則證詞，他說：「他們總是在前方情勢變得不利時，停下來並擋住步兵去路。」

克魯克軍團九月一日便遭遇不利的意外，他們碰上英軍後衛部隊。克魯克的公報說，英軍是在「混亂至極的情況下」撤退，但他們卻令人費解地能夠轉身對付德軍，進行劇烈、費力的戰鬥。英軍後衛部隊在貢比涅與維萊科特雷（Villers-Cotterets）的森林內及周遭，拚命作戰了一天，抵抗敵人，英軍主力則再次脫逃，這令克魯克十分懊惱。克魯克延後其部隊「十分需要」的休息，下令次日繼續行軍，並略向西後退，希望可包圍英軍。但九月三日英軍再次「及時」脫身，並渡過馬恩河。此刻他消滅英軍的機會已失，浪費時間，人員損傷增加，並拉長行軍距離，他沒好氣地恢復向內轉，改去追逐法軍。

克魯克軍團某軍官，在九月二日的日記中寫道：「我們的士兵累慘了。他們步履蹣跚，臉上蓋滿塵埃，制服破爛不堪。看起來像有生命的稻草人。」在到處是炸彈坑洞、倒下樹木擋道的路上，每天平均走二十四英里，連走四天後，「他們是閉著眼睛前進，齊聲合唱以免睡著。……唯有及早獲勝的確切把握，及凱旋進入巴黎的想法，支撐著他們繼續。……少掉這些，他們會累得倒下，就地入睡。」這則日記證實在德軍推進中，有一個日益嚴重的問題，尤其是在更靠東邊，畢洛及豪森的部隊正通過香檳區（Champagne）。「他們無節制地喝酒，但酒醉讓他們能支撐下去。將軍今日視察後十分生氣。他要停止這種集體酗酒，但我們設法勸阻他，勿下嚴厲的禁令。如果太過嚴格，軍團將不肯前進。對抗反常的疲憊需要反常的刺激物。」最後那軍官滿懷希望地寫下：「我們會在巴黎把這些矯正過來」，顯然他也不知道行軍的新方向。

德軍行經法國也像對比利時一樣，凡路過處都會留下一片焦土。燒毀村莊，殺害百姓，打家劫舍，拆毀房屋，騎馬穿越房間，把重砲馬車拖過花園，彭加勒家族在尼貝庫爾（Nubécourt）的家族墓地，被挖作公廁。九月二日克魯克第二軍，經過距巴黎二十五英里的桑利斯（Senlis）時，打死鎮長與六個平民人質。在鎮外一處農田邊，他們埋藏的地方，有石碑工匠刻下他們的名字：

鎮長 Eugène Odène
製革匠 Emile Aubert
馬車夫 Jean Barbier
餐館侍者 Lucien Cottreau
汽車司機 Pierre Dewerdt
麵包店幫手 J-B. Elysée Pommier
石匠 Authur Régant

九月二日對豪森是快樂的日子，他發現當晚要住進埃納河圖尼（Thugny）的夏布里永伯爵（Comte de Chatrillon）的城堡。他睡在伯爵夫人臥房，檢查其名片時興奮地發現她在娘家的身分是列維—米赫帕瓦女伯爵（Contesse de Lévy-Mirepois），這使他睡在床上更倍感愉快。他的補給官安排了在城堡公園裡打獵，豪森吃了獵到的雉雞當晚餐，然後清點伯爵夫人的銀製餐具，並把一份清單留給村子裡一個老人。

那晚毛奇再度考慮後，又開始擔憂克魯克向內轉，會使其側翼暴露在巴黎攻擊下，他發出新總指揮令。就像關於左翼的事，這道命令顯示他無法決斷。他批准克魯克轉向，並下令第一、二軍團「把法軍趕向東南方，遠離巴黎」。可是他又企圖防備可能的危險，所以下令克魯克軍團跟隨「第二軍團後成梯形編隊」，並「負責保護各軍團側翼」。

做梯形編隊！對克魯克而言，這侮辱比之前陸指部要他聽命於畢洛更嚴重。他是面容嚴肅的阿提拉，一手步槍，一手左輪手槍，也是德軍右翼的先導者，他可不會待在任何人後面。他自己下令給第一軍團：「明日（九月三日）繼續前進，過馬恩河，把法軍趕往東南方。」他留下兩個最弱的單位：分別是有一旅留在布魯塞爾的第四後備軍，以及九月一日跟英軍作戰時，損傷慘重的第四騎兵師，他認為這已足以保護暴露給巴黎的側翼。

---

八月三十一日，克魯克轉向的首個早晨，索戴騎兵軍的軍官勒皮克（Lepic）上尉，正在偵察貢比涅西北邊時，看見不遠處有九大隊的敵軍騎兵縱隊，十五分鐘後又出現帶著大砲、彈藥車的步兵縱隊，及一個自行車連。他注意到他們是走往貢比涅的路，而非直接向西南往巴黎之路。勒皮克不知，他是最早目睹一項歷史性轉向的人，他較感興趣的是報告，烏蘭騎兵不戴他們特殊的頭盔，改戴布帽，「用鑿腳

法語向當地人問路，自稱『英果人，英果人。』」他有關德軍行進路線的情報，當時尚未引起總指揮部重視。大家以為，德軍或許受貢比涅及其城堡吸引，他們仍可由貢比涅轉往巴黎。何況勒皮克看到的兩隊德軍，不見得代表整個克魯克軍團。

八月三十一日，法軍也知道戰鬥已接近高峰。八月二十五日的第二計畫，即把重心轉向左側，以阻擋德軍右翼，失敗了。第六軍團加上英軍、第五軍團的任務，是在索姆河抵抗敵軍，也失敗。霞飛承認，如今第六軍團的使命是「掩護巴黎」。他私下說，英軍「不肯前進」，克魯克又在追擊第五軍團側翼，所以它仍有被包圍的危險。確實有令人擔憂的消息傳來，指克魯克騎兵的先鋒部隊，已穿過第五軍團與巴黎之間，進入英軍撤退留下的缺口。霞飛的作戰局長彭恩（Pont）上校對他說，顯然「不再可能有充足的武力，可用於對抗敵軍右翼，以阻止其包圍行動」。

法軍需要新計畫。生存是直接目標。在總指揮部霞飛與兩位副手布蘭及貝特洛，與作戰局高階軍官，討論該怎麼做。在攻勢的「殿堂」裡，吹進各種事件熱風，逼出一種新想法：「先守住」，待法軍可穩住一條戰線，再由此恢復攻勢。同時他們意識到，德軍的進展將使其部隊由凡爾登延伸至巴黎，形成一個巨大弧形。此次法軍的計畫不在反制前進中的德軍右翼，而是藉攻擊德軍中央，以切斷其側翼。這是回到十七號計畫的戰略，只是當前戰場在法國心臟地帶。若法軍此次戰敗，就無法像邊境之役那樣捲土重來，一切將成定局。

問題在於「前進行動」應多快恢復？最早的時刻是在與巴黎同水平線的馬恩河河谷？還是應繼續撤退到塞納河後方再四十英里的線上？繼續撤退代表要再放棄那麼多國土給德軍，但塞納河天險可給予部隊喘息時間，在無敵軍直接壓力下凝聚實力。鑑於德軍主要目標是消滅法軍，所以布蘭主張，「我方主要目標」必須是「維持存活」。此刻採取「審慎態度」，在塞納河後方重整旗鼓，既是國家義務，也是讓敵人無法得逞的最佳途徑。布蘭這麼主張，貝特洛發揮口才，也表示支持。霞飛聽了進去，次日他發布第四號總指揮令。

時間是九月一日，色當週年前夕，法國的展望也像當年一樣悲觀。法國駐俄武官傳來消息，官方證實俄軍在坦能堡戰敗。邊境戰役潰敗後發出的總指揮令，語氣十分肯定，相形之下第四號總指揮令卻反映出，經過一週的侵略擴散後，總指揮部的樂觀已動搖。命令中指示第三、四、五軍團，「在一段時間內」繼續撤退，並以塞納河及奧布省（Aube）為行動界限，「但並非一定須到達此限」。只要第五軍團一脫離包圍威脅，全軍「即將恢復攻勢」；但不同於前一總指揮令，它不曾指出明確時間或地點。但該令對未來的戰役卻有所安排，因其中提到，要自南錫及艾皮納勒軍團召來援軍，參與重新發動的攻勢，並說「巴黎防禦工事營的機動部隊，也可能參加整體行動」。

針對此命令，及隨後四天所有其他行動與命令，霞飛支持者與加利埃尼支持者不時起爭執，以致對馬恩河之役的源由，造成長期而痛苦的爭議。霞飛心中想到的必然是一場總體戰，即使並非實際發生於某時某地的戰役。他想像中打那場仗的時間，是五個德軍軍團追擊，來到「巴黎與凡爾登間的角區」，而法軍各軍團會組成平滑曲線或網狀，一路跨過法國中央地帶。霞飛認為，他有一週時間可做安排，因為他告訴九月一日來辭行的梅西米，他預計在九月八日恢復攻擊，並預料戰爭名稱是「布列訥堡之役」（battle of Brienne-le-Château）。布列訥堡在馬恩河以南二十五英里，約正好在馬恩河與塞納河中間，那裡是拿破崙擊敗普魯士元帥布魯歇爾（Blücher）之地。這對霞飛或許是合適的吉兆。在被迫繼續撤退的集體鬱悶中，在敵軍近逼的可怕陰影下，其沉著，其外表的平和與信心，再次令梅西米感動。

但巴黎無法感到安心，巴黎看到的是，各軍團撤往塞納河，使它失去保護。霞飛打給米樂蘭，毫不保留地為他簡述軍情。英軍「加強式」撤退使蘭赫薩克軍團左翼失去掩護，他必須擺脫敵軍才能繼續撤退。莫努里奉令退到巴黎，並與加利埃尼產生「關聯」，但霞飛支字未提，把第六軍團交給加利埃尼指揮。敵軍隊伍的走向略偏離巴黎，這或許有某種「緩刑」作用；但他仍認為，政府離開巴黎「急切而重要」，不是今晚就是明天，「刻不容緩」。

加利埃尼被慌亂的政府告知此一發展，他打給霞飛，霞飛不願跟他通話，但有收到他的訊息：「我們無力抵抗。……霞飛將軍必須明白，若莫努里守不住，巴黎抵擋不了敵軍。一定要為巴黎營區部隊增加三個現役軍。」那天下午後來霞飛打回去，通知加利埃尼，他把莫努里軍團交到加利埃尼手中。這樣他們就變成巴黎營區機動部隊。此種部隊傳統上不歸戰地軍團指揮，可依駐軍指揮官意願，不參與總體戰。但霞飛並不打算放棄他們。他在同一天以巧妙手腕，要求陸軍部長讓巴黎營區及其所有部隊，聽命於法軍總司令，「好讓我在需要時，把巴黎駐軍的機動部隊用於作戰。」米樂蘭受霞飛左右不下於梅西米，九月二日便發出此令。

另一方面加利埃尼終於有了軍隊。他現在可調兵遣將的莫努里部隊，由屬於第七軍的一個現役師、一個摩洛哥殖民旅、四個後備師組成，後備師包括原本取自巴黎的第六一、六二師，及曾在洛林英勇作戰的第五五、五六師。霞飛同意增加，來自阿爾及爾的一流輕步兵（Zouaves）第四十五師，當時剛在巴黎下火車，反正他們也不受霞飛節制，還有一個自戰地軍團來的現役軍。霞飛也像克魯克，選的是傷痕累累的單位，像是在阿登區傷亡慘重的第三軍團第四軍。不過這支軍隊會有補充兵員，而他們從第三軍團在凡爾登的前線，轉到巴黎前線，這是克魯克以為法軍做不到的增援。加利埃尼接獲通知，第四軍部隊將於九月三、四日乘火車抵達巴黎。

加利埃尼接獲霞飛口頭指派第六軍團給他，立刻驅車北行，與新指揮對象接觸。從他經過逃離逐漸接近的德軍而聚集於巴黎的難民，可看出時機已有多晚，難民們臉上帶著「恐怖與絕望」。巴黎城外西北邊的蓬圖瓦斯，第六一及六二師正從這裡進來，也是一片混亂與低迷。撤退時打仗打得很辛苦的士兵，疲累且受傷流血；當地居民聽見砲聲，又聽說烏蘭騎兵就在附近，人人驚慌。加利埃尼與伊比奈談過後，到巴黎北方三十英里的瓦茲河邊克雷伊（Creil），去見莫努里。他命令莫努里炸掉瓦茲河上的橋樑，在退回巴黎之際，設法拖延敵人前進，並且任何情況下，不得讓德軍切進他與首都之間。

加利埃尼趕回巴黎途中，經過相較難民，比較讓人愉快的景象：阿爾及爾第四十五師的精良輕步兵浩浩蕩蕩走過大街，來到他們在各城堡的位置。他們穿著鮮豔上衣及燈籠褲，引起一陣騷動，使巴黎人又有值得歡呼的事。

但各部會的氣氛晦暗。米樂蘭已把「令人心碎」的事實告知總統：「我們一切希望都破碎；我們沿戰線全面撤退；莫努里軍團正退往巴黎。……」米樂蘭以陸軍部長身分，只肯為政府負責到明天九月二日傍晚，再留下的話一小時也不負責。彭加勒面臨「人生最悲慘的事件」。政府決定必須全體一起遷至波爾多，在巴黎不留一人，以免人民對各部長做出令人反感的比較。

當晚加利埃尼回到巴黎時，從米樂蘭那得知，由於歐洲首要的都市被圍困，巴黎的所有民政及軍事權威，都將交到他手上。除塞納省省長及巴黎警察廳長，「我將獨撐大局」。他發現他必須仰仗的警察廳長，才上任不到一小時。前廳長恩尼永（Hennion）得知政府將遷走，斷然拒絕留守，在奉令不得離開時，「以健康理由辭職」。對加利埃尼而言，政府遷走起碼有個好處，就是讓主張開城的人閉嘴；他們的合法藉口消失，他可以把巴黎當作軍事營地來防禦。雖然他「寧可不要那些部長」，但他以為「可能會有一兩位為了面子而留下來」。這對喜歡留下來的人並不公平，不過加利埃尼鄙視政治人物是一視同仁。

他預期德軍兩天內會來到大門口，因此與幕僚徹夜未眠，做「各種部署，準備在巴黎北邊，自蓬圖瓦斯到烏爾克河一線作戰」，那是超過四十五英里寬的區域。烏爾克河是在巴黎東邊流入馬恩河的小河。

當天夜裡有情報傳到總指揮部，那原可讓政府不必遷離。當日白天第五軍團情報官法蓋德（Fagalde）上尉收到一個袋子。那是在克魯克軍團的騎兵軍官身上發現的，此人在汽車上遭法軍巡邏兵擊中身亡。袋子內有許多文件，包括一張沾上血跡的地圖，上面顯示克魯克每一軍的行進路線，及當天行軍結束時各要到達的地點。整個軍團的路線都指向東南方，由瓦茲河前往烏爾克河。

總指揮部正確解讀法蓋德的發現，認為這顯示克魯克為了席捲法軍主防線左側，打算跳過第六、五軍團間的巴黎。若他們也體認到，這代表他會放棄攻擊巴黎。要讓政府接受這種看法不會太難。隔天一早總統與總指揮部的聯絡官潘訥隆，帶給彭加勒克魯克改變方向的消息，但並未帶來霞飛說政府不必遷移的建議。霞飛反而傳話，政府一定要走，克魯克意向未定，其部隊已在二十英里外的桑利斯及尚蒂伊（Chantilly），巴黎很快便會在其砲口下。我們很難說彭加勒或米樂蘭，對克魯克轉向的重大意義了解多少；在戰爭及危機當中，沒有事情是像後見之明，看起來那麼清楚或確定。空氣中瀰漫著急迫，甚至慌亂。一旦經歷過做決定的煎熬，政府便很難改變。總之米樂蘭仍固執地主張離開。

九月二日色當日，「可憎的時刻來臨」。當彭加勒知悉政府已安排在夜裡而非在白天當著民眾的面離開，其「悲哀和恥辱感」大增。內閣堅持，依法政府所在地一定要有他，連彭加勒夫人都懇求讓她繼續在巴黎的醫院工作，但她也不許留下來。美國大使赫瑞克噙著淚水，臉整個「縮著」來道別。

對赫瑞克，對那一刻在法國首都的每個人，就像他寫給兒子所說：「德軍可怕的殺戮看似難以抵抗。」他收到德方警告，建議他離開到鄉下去，因為巴黎「整個地區」都可能被摧毀。但他決心留下，並向彭加勒保證，他會在美國國旗下以「替全人類監管」為名，保護巴黎各博物館及紀念物。他已做好適合當時絕望與激昂氛圍的計畫，「若德軍抵達巴黎郊外，要求巴黎投降，就出去與德軍指揮官談判，可能的話與德皇談判」。他應德方要求，替他們看管大使館，所以可以要求他們聽他說。後來，當在巴黎活過九月第一週的一群朋友，喜歡數數他們共有多少人時，加利埃尼會說：「別忘了還有赫瑞克。」

加利埃尼七時去與米樂蘭道別。在聖多米尼克街的陸軍部，「悲痛、黑暗、人去樓空」，庭園裡擠滿大型家具搬運車，上面堆著要運往波爾多的檔案，帶不走的就燒掉。打包過程滿是「哀傷」氣息。加利埃尼爬上未點燈的樓梯，發現部長獨自坐在空蕩蕩的房裡。既然政府要走了，米樂蘭便索性讓巴黎及城內每個人受到戰火威脅。他給加利埃尼的命令是「堅壁清野」，防守巴黎。加利埃尼自不必他提醒。

加利埃尼問：「部長，你明白堅壁清野這幾個字的意義嗎？那代表破壞，損毀，在市中心橋樑埋炸藥。」

米樂蘭重複：「堅壁清野」。他一面說再見，一面像再也見不到面似地看著加利埃尼。加利埃尼覺得：「我自己也很相信，我是留下來犧牲的。」

幾小時後，在令他們許多人感到羞愧的黑暗及自願保密中，部會首長及國會議員搭上開往波爾多的火車，翌晨則會向人民發表冠冕堂皇的聲明，好掩飾這不名譽的時刻。聲明中說：「抵抗與戰鬥」現在必須成為常態。法國將抵抗及戰鬥，英國將在海上，切斷敵人與世界各地的交通，俄軍將「持續推進，給德意志帝國心臟決定性一擊！」（此時被認為不宜加上俄軍戰敗的消息）。為賦予法國反抗最大「衝力及效益」，政府應軍方要求，「暫時」遷至可維持完整及持續與全國聯繫之地。「法國同胞們，切勿辜負這些不幸的境遇。我們將以不動搖的意志，以耐力，以韌性，以拒絕被消滅，獲得最後勝利。」

加利埃尼認為，簡短清晰的告示即已足夠，遣詞用字皆刻意破除巴黎將被宣布為開放城市的謠言，並讓民眾知道未來會有什麼狀況。其公告上午出現在巴黎各處牆上：

致巴黎軍民：

共和政府成員已離開巴黎，以進一步激勵全國防禦。我接獲指令，要防衛巴黎，抵抗入侵者。我將徹底執行此令。

一九一四年九月三日　巴黎

巴黎軍事總督、巴黎軍團司令

加利埃尼

由於總指揮部的政策是，只發布最含糊的公報，使人民不知軍情嚴重程度，所以此次反而受到更大驚嚇。政府似乎無正當理由就撤營。趁夜裡離開所留下的痛苦印象，並未因對波爾多愛屋及烏的強烈喜好，而獲得化解。政府成為雙關語取笑對象，被稱為「波爾多嫩牛肉片」，犧牲睡眠湧向火車站的民眾予人靈感，諷刺地改編《馬賽曲》為：

前進，國民們，前進火車站！
登上一節節車廂！

那些是巴黎軍政府的「苦日子」。隨著各軍團退向巴黎北邊東邊，能防守多久，及何時炸毀那一帶八十座橋樑等問題，使緊張焦慮與日俱增。各區指揮官一旦確知本身部隊已通過，便急著要炸掉身後橋樑，以切斷追兵。總指揮部的命令是：「不可有橋樑完好落入敵人之手」；但重新發動攻勢時，又需要那些橋樑。同時有三個指揮部在當地作業：加利埃尼、霞飛及地理上夾在他倆之間的法蘭奇。自基奇納來訪後，法蘭奇首要關心的是，向每個人展現其獨立性。駐守巴黎營區各橋樑的工兵們，備受命令相衝突的困擾。某工兵軍官向伊蕭威爾報告：「有災難正在醞釀中。」

九月二日黃昏，英軍抵達馬恩河，次日渡河。走到貢比涅以南，士兵們才發現，並未照地圖路線前進，這時他們才明白，此行終究不像軍官們說的，是「戰略性撤退」。英軍在布洛涅及阿弗爾的基地如今已撤離，所有補給品及人員，都向南遷至羅亞爾河（Loire）出海口聖納澤爾。

約晚他們一天路程的法軍第五軍團，仍未擺脫被包圍的危險。在持續炎熱的天氣裡，撤退及追擊依舊進行著，追逐者與被追者同樣疲憊。自吉斯之役以來，第五軍團每天都要走十八至二十英里。沿途有一群群逃兵，搶劫農地和房屋，講德軍可怕的故事，在居民間散播恐慌。也有人被處決。蘭赫薩克認為，從未有軍隊像他的部隊，經歷過那麼多苦難。同時某英國軍官提到遠征軍時說：「我永遠不會相信，人可以那麼疲倦，那麼飢餓，卻依然活著。」那時威爾森想找個鼓勵來源，他對宇傑說：「德軍欲速而不達。他們追擊追得太緊。一整個做得太過頭。他們注定會犯大錯，然後你們的時刻將來臨。」

直到此刻，霞飛及其總指揮部的顧問們，雖已知曉克魯克正調頭轉向，卻未及早看出可以攻擊其側翼的重要機會。克魯克九月二日改為追擊英軍，使他們不確定他是否會調頭攻擊巴黎。總之霞飛的心思不在巴黎，只顧著沿塞納河的全面攻擊，但在他們重建鞏固的戰線前不可進行。霞飛在總指揮部焦急地進一步磋商，接著做出繼續撤退的決定，「向後方再走幾天」，然後部隊停下來，以便有時間從右翼調來援軍。儘管有削弱勉強守住的摩薩爾河戰線的風險，但他決定自第一、二軍團各抽出一個軍。

其決定具體呈現於九月二日發給那兩位軍長的密令，其中以塞納河及奧布河為確定必須到達的戰線。霞飛解釋，這麼做旨在「使各軍團擺脫敵軍壓力，以便能夠重整」，完成重整後，來自東面的援兵也能到達，「那時即能轉為攻勢」。英軍會「被要求參與行動」，巴黎駐軍「會朝莫城（Meaux）方向前進」，即攻擊克魯克側翼。霞飛仍未提出日期，只說會在「數日內」發出訊號。指揮官們奉命，要對逃兵採取「最嚴厲手段」，以確保撤退時維持秩序。霞飛要他們每個人都了解戰況，並盡最大努力表明這是「拯救國家所仰仗」的戰役。

加利埃尼在巴黎接到命令，他譴責霞飛的計畫，因為這犧牲了巴黎且「脫離事實」。他認為以德軍追擊的步調，不會讓法軍有時間到達塞納河或整隊。他收到來自各處有關克魯克向東南轉進的報導，但法蓋德發現的關鍵確認卻沒人告知他。九月二日晚間，他預期德軍次日會攻擊，便睡在總部。此時總部設在維克特杜爾瑞高中，是榮軍院對街的一所女子學校。那一棟大建築物矗立於樹叢後，與民眾隔絕，出入口比榮軍院少，較易於守衛。門外有哨兵站崗，與營區內所有師級總部有野戰電話連線，作戰處與情報處人員的辦公室分開，並設有食堂及寢室。加利埃尼能搬進「與前線一樣的正規戰地總部」，大感鬆了一口氣。

翌日九月三日上午，加利埃尼確定克魯克已遠離巴黎，朝馬恩河移動。巴黎駐軍飛行員瓦投（Watteau）中尉，在飛行偵察時看到敵軍縱隊「由西向東行」，改朝烏爾克河谷前進。後來巴黎營區的第二架飛機確認了此份報告。

在加利埃尼第二局的參謀室，軍官間默默地傳達著興奮之情。在前線受傷的軍官吉何東（Girodon）上校，「自認適合做參謀工作」，如今正躺在躺椅上，眼睛盯著牆上的地圖，地圖上有彩色圖釘追蹤德軍前進方向。加利埃尼的參謀長克萊傑利（Clergerie）走進來，剛好另一份英軍飛行員的偵查報告也送到。那些圖釘又移動一次，克魯克轉向的軌跡準確地呈現在地圖上。克萊傑利與吉何東一起大喊出聲：「他們把側翼送給我們！他們把側翼送給我們！」

# 第二十二章 「各位，我們要在馬恩河作戰」

加利埃尼立即看到巴黎軍團的機會。他立刻下定決心要盡快對德軍右翼發動側面攻擊，希望勸說霞飛恢復全線攻勢，而非繼續退向塞納河。自前一天起，整個巴黎營區的所有部隊便已歸屬霞飛，僅剩以莫努里第六軍團為骨幹的部分單位仍由加利埃尼指揮。若要第六軍團發動攻勢，就必須滿足兩個條件：一是霞飛同意，二是要獲得最近的鄰軍（英軍）支援。這兩支軍隊都在巴黎與克魯克的側翼之間，莫努里在馬恩河以北，英軍在南。

加利埃尼召來參謀長克萊傑利將軍，一起開克萊傑利所稱「為嚴重問題舉行的會議，通常持續二到五分鐘」。此刻是九月三日晚間八時三十分。他們同意，若明晨克魯克的行進路線不變，即須向霞飛施加一切壓力，要求立即發動聯合攻勢。巴黎營區的飛行員奉命及早起飛偵察，任何「重大決定都必須倚賴」偵察結果，上午十時前要報告。

如伊蕭威爾所警示，攻擊側翼能否成功，「取決於前鋒部隊的穿透力」，而第六軍團並非加利埃尼想要的精銳部隊。該軍團已到達指定位置，但部隊整體已是筋疲力竭。有些單位在九月二日那天日夜兼程行軍了三十七英里，而疲勞會影響士氣。此外，莫努里軍團大多由後備師組成，而加利埃尼也像其他將領，認為後備師「價值不高」。先前撤退時，第六十二後備師從沒有休息過一天，也沒有一天未打仗。

該師已失去三分之二的軍官，且只有後備中尉能補缺。第四軍尚未抵達。唯有未向南逃的巴黎人民，其「鎮定與決心」令人滿意。

克魯克在九月三日傍晚來到馬恩河，追擊當天更早渡河的蘭赫薩克軍團，以及在他外側的英國遠征軍。匆忙撤退的疲憊英法軍隊陷入混亂，要求摧毀橋樑的電報紛至沓來，但可能正因為如此，他們反而留下了完整無缺的橋樑，或只部分破壞。克魯克據有橋頭堡，他不打算遵守與畢洛留在同一陣線的命令，打算明早渡河，繼續追擊法軍第五軍團。他發給陸指部三則訊息，宣布他打算渡過馬恩河，但因為跟盧森堡的無線電通訊比跟科布倫茲還糟，那些訊息要再隔一天才會傳到陸指部。陸指部與第一軍團已失去聯繫兩天，所以不知道克魯克違抗九月二日的命令。等他們發現時，克魯克的先頭隊伍早已渡過馬恩河。

德軍在九月三日行軍二十五到二十八英里。一個法國目擊者說，當士兵進到住宿處，「他們累得倒頭就睡，茫然中嘟囔道：『四十公里！四十公里！』他們只說得出這句話。」在隨後的戰役中，許多德軍已累得再多走一步都不行，結果就在睡夢中被俘。那一陣子的天氣熱得不得了，唯有期待「明後天」就會到巴黎，才使他們願意繼續行軍。軍官們不敢說破真相。克魯克熱切想要滅掉法軍，結果不僅讓士兵累垮，也讓補給火車及重砲跟不上他。他在東普魯士的同袍弗朗索瓦則相反：若不帶著所有火砲及彈藥車，他壓根就不會轉移陣地。但弗朗索瓦那邊是正面交戰，而克魯克認為自己只是追擊及掃蕩殘敵，便不再謹慎行事。他相信法軍撤退十天後，已不再具備士氣與戰力，無法聽到號角聲就轉身再戰。他也不擔心自己的側翼。九月四日有個軍官記著：「將軍對巴黎方向來的一切毫無畏懼。等我們摧毀英法殘餘部隊後，他就會進軍巴黎，並讓第四預備軍享有頭一個進入法國首都的榮譽。」

克魯克直率地通知陸指部，他無法執行留在後頭擔任側翼護衛的命令，於是他在九月四日仍繼續前進。若要使畢洛趕上，就必須止步兩天，那只會削弱德軍整體攻勢，給敵人時間重整旗鼓。克魯克認為，唯有靠其軍團的「大膽行動」，才能為其他軍團開啟橫渡馬恩河之路，「如今盼望此次成功的一切優勢獲得善用」。克魯克愈講愈生氣，他要求知道「其他」軍團（意指畢洛）為何總在「請求支援」後才能取得「決定性勝利」。

畢洛十分生氣，鄰軍把「陸指部所指示，在兩個軍團後排成梯隊」，轉換為「前進梯隊」。一如大多數德軍單位，他的部隊在到達馬恩河時也已疲累不堪。第十預備軍有軍官寫道：「我們再也無法前進。士兵跌進溝裡，便躺在那只為喘一口氣。……命令下來叫我們上馬。我彎著身騎，頭枕在鬃毛上。我們又渴又餓。漠然籠罩著我們。這條命真不值得，失去了也沒什麼損失。」豪森軍團的部隊抱怨：「連續五天沒有熟食可吃。」鄰近的第四軍團也有個軍官寫著：「我們在酷暑中行軍一整天，滿臉鬍子和塵土，士兵們就像行走的麵粉袋。」德軍為拚進度，付出兵疲馬困的代價。但戰場指揮官們並未因此心生警惕。他們像克魯克一樣，相信法軍無法重整旗鼓。九月三日畢洛報告，法軍第五軍團遭第三、四次「決定性擊垮」，「完全潰不成軍」，逃往「馬恩河南方」。

法國第五軍團即使尚未「完全潰不成軍」，也確實是狀況欠佳。蘭赫薩克毫不掩飾自己已對霞飛失去信心，他也對總指揮部聯絡官口出惡言，更質疑命令。這些情緒都感染了他的幕僚，加深內部失和。人人都有氣，人人都在擔心。為了在法軍撤退時擔任殿後部隊，他們得要長期忍受神經緊繃的痛苦。最接近敵人的是第十八軍的馬德拉特里（Mas de Latrie）將軍，他對底下部隊的狀況「極為苦惱」。可是無論敵人如何猛攻，法軍第五軍團還是渡過了馬恩河，與敵軍保持足夠的安全距離，因而符合霞飛恢復攻勢的條件。

儘管霞飛告知法國政府自己打算「在數日內」行動，但他的態度並不明確，總指揮部的士氣也相當低落。聯絡官每日探訪各軍團，回來時都倍感沮喪。其中一位說道：「戰敗之風吹過」每一支軍團。總指揮部決定再後退三十英里，退到塞納河畔的沙蒂永（Chatillon-sur-Seine），並於兩天後的九月五日完成。在十天之內，法國連失里耳、瓦朗謝訥、康布雷、阿拉斯（Arras）、亞眠、莫伯日、梅濟耶爾（Mézieres）、聖康坦、拉昂、蘇瓦松，還丟失了煤礦區、鐵礦區、小麥區、甜菜區，及六分之一的人口。法軍在九月三日放棄蘭斯，而該城的大教堂可是法國自克洛維（Clovis）到路易十六以來每位國王的加冕之處。當蘭斯對德軍的畢洛軍團宣布成為開放城市，人人臉上都蒙上陰影。兩週後，德軍因馬恩河之役敗北而惱羞成怒，決定轟炸蘭斯大教堂，希望能像魯汶圖書館般警告世人。

霞飛仍穩如泰山，他對正常三餐的胃口依舊不變，每天依舊維持晚上十時就寢。九月三日，他不得不處理一項令他感到不安的任務：他決心要讓蘭赫薩克走人。表面上的理由是蘭赫薩克的「體力與精神消沉」，及他與英國元帥法蘭奇「不愉快的個人關係」已惡名遠播。鑑於英軍會在第五軍團即將展開的攻勢中扮演關鍵角色，蘭赫薩克必須被撤換。儘管蘭赫薩克在吉斯之役已行事穩當，但霞飛仍認為蘭赫薩克「已精神崩潰」。更不用說蘭赫薩克不停批評及違反命令。這不見得是精神淪喪的證據，卻令大元帥惱怒。

霞飛很少抱持強烈的主觀意見，他通常擅於聽取建議，也多少會刻意服從作戰局的主流信條。那些信條形成法國某軍事批評家所稱的「一言堂，從不原諒揭發信條謬誤的人」。蘭赫薩克錯就錯在他始終正確，又太過直言不諱。他從最初就擔心法國低估德軍右翼會帶來致命後果，此事事後證明正確，如今法國已有一大片領土在德軍鐵蹄之下。當遭遇畢洛與豪森軍團雙重包圍的威脅時，他決定在沙勒羅瓦擺脫作戰，拯救了法軍左翼。豪森在戰後便承認此舉壞了德軍整個計畫，因德軍原本寄望於包圍法軍左翼，結果蘭赫薩克的後撤反而導致克魯克為了圍住第五軍團而大轉向。無論蘭赫薩克退守是出自恐懼或智慧，這點已經不大重要，因為有時候恐懼也是智慧。正是他下令撤退，才使霞飛得以重新發動準備已久的攻勢。這些功勞都要在很久以後才獲得世人肯定，法國政府屆時將會以遲來的賠罪姿態，頒給蘭赫薩克榮譽軍團大綬勳章。但在慘痛失敗的戰爭首月，他的犯上行為使總指揮部再也無法忍受。當他帶著部隊渡過馬恩河時，他就已被判了死刑。

經歷過前述的一切後，蘭赫薩克的心境已不再適合擔任指揮官。他與總被人怪罪的總指揮部及法蘭奇相互不信任，無疑使他在危機時刻擔任指揮官太過冒險。霞飛認為有必要採取一切可能措施，避免即將發動的攻勢失敗。戰爭開打以來的五週，霞飛已經罷黜了兩位軍團司令、十位軍長、三十八位師長（占師長總數一半）。升上來補遞補的軍官，多半是表現較佳的新人，包括三位未來的元帥：福煦、貝當、德斯佩雷。即便有些不甚公正之處，但陸軍確實是有在進步。

霞飛登上座車，前往塞扎訥（Sézanne），那是當天第五軍團總部的所在地。他在事先安排好的見面地點，與第一軍軍長德斯佩雷商談。因為天氣太熱，他頭上圍著浴巾。

霞飛問：「你自認有沒有能力指揮一個軍團？」

德斯佩雷答：「任何人都辦得到。」霞飛盯著他，於是德斯佩雷聳聳肩解釋：「位置愈高愈容易，因為你有更多幕僚，會有更多人幫你。」此事定案後，霞飛驅車繼續前進。

他在塞扎訥與蘭赫薩克私下碰面，他對蘭赫薩克說：「朋友，你累了。由於你失去決斷力，你必須放棄指揮第五軍團。我很不願這麼說，但情非得已。」據霞飛的說法，蘭赫薩克想了一下後才回答：「將軍你說的對」，表現如釋重負。但按照蘭赫薩克自己的說法，他強烈抗議，並要求霞飛提出證據，霞飛卻只是重複：「表現太過猶豫，缺乏決斷」，並抱怨蘭赫薩克對命令總是有「意見」。蘭赫薩克則認為這根本不是理由，因為事實證明他所有的意見都是正確的。這當然正是麻煩所在，但霞飛顯然未聽進去。他擺在「臉上的表情顯示，我已耗盡他的耐心，他不肯與我正眼相視」。蘭赫薩克放棄抗爭。根據副官回憶，霞飛在談話結束時表現出不尋常的「緊張」。

此時德斯佩雷被找去。他當時正在吃晚餐，才剛喝下第一口湯。他奉命起身，吞下一杯葡萄酒，穿上外套，前往塞扎訥。他在一處十字路口被好整以暇、轉運軍用補給品的作業擋住去路，於是他跳下車。德斯佩雷結實硬挺的身材在軍中很出名，他頂著榴彈砲般的平頭，黑色眼珠十分銳利，嚴厲的聲音深具權威感，使士兵、馬匹、車輛都像中了魔法般讓開。隨著往後的局勢愈趨緊張，德斯佩雷的脾氣也愈來愈大。當他奔馳於各軍之間，他處理路障的方法便是舉著自己的左輪手槍，從座車窗戶向外開火。英國士兵後來以「拚命的法蘭基」戲稱這位將軍。而他的軍官同僚們則發現，這位嚴格但友善快活的熟悉指揮官，如今已變成了暴君。他變得殘酷獨斷且冰冷，對幕僚與底下部隊同樣實施恐怖統治。到了塞扎訥，蘭赫薩克才剛把機密檔案交給他並讓出指揮權，電話鈴聲便響起。艾利多瓦塞去接聽，只聽得他一再說：「是，將軍。不，將軍」，且愈講愈激動。

德斯佩雷厲聲道：「誰打來的？」原來是第十八軍軍長馬德拉特里，後者堅稱部隊已極度疲憊，無法執行翌日命令。

新任司令說：「我來接。哈囉？我是德斯佩雷，我已接掌第五軍團。沒有商量餘地，你給我前進，不然就去死。」然後掛上電話。

---

九月四日來臨，到處都出現緊繃的感覺。即便相距遙遠的地方，也會出現重大事件發生前的某種難以言喻的預感。在巴黎，加利埃尼覺得「決戰日」已至。在柏林，布魯夏王妃在日記中寫下：「沒有人談起，但人們預期會進軍巴黎。」在布魯塞爾，樹葉開始落下，突然一陣強風把落葉掃過街頭。人們感受到秋日空氣中藏著的涼意，不知若戰爭拖過冬天會變成什麼樣子。在美國公使館，吉布森注意到德軍總部已有四天未宣布戰勝消息，「氣氛愈來愈緊張」，「我確定今天空氣中瀰漫著大事」。

在盧森堡的德軍陸指部，隨著德國歷史性勝利的時刻一步步接近，緊張來到最高點。人們早已按耐不住，因為德軍即將在馬恩河完成始於薩多瓦（Sadowa）[1]及色當的大業。德皇話中帶著勝利的口氣，對前來晉見的大臣說：「今天是第三十五天了，我們圍攻蘭斯，距巴黎僅三十英里。……」

1　譯注：一八六六年普奧戰爭重要戰役的戰場。

在前線，德國各軍團紛紛把最後決戰想像成包圍敵軍而非打仗。一位第五軍團的軍官在日記中記著：「好消息，法軍向我們提議休戰，並準備支付一百七十億賠償。」他嚴肅地加上一句：「目前休戰已被拒絕。」

德軍一心認定敵人已經徹底戰敗，拒絕相信任何反面證據。克魯克參謀長庫爾看到報告，指蒂耶里堡附近有一隊法軍在撤退時一路唱著軍歌，他於是心生可怕疑慮，但卻壓抑不說，「因為新行動的所有命令均已發出」。除去少數這種例子，德軍大多毫無疑心，或這種疑心未能讓指揮官在做決定時感受到敵人正在準備反攻。雖有明顯跡象，但在敵軍領土上作業的德國情報單位卻並未察覺。九月四日，陸指部的情報官來到皇儲總部，報告前線戰況皆對德軍有利，「我軍在各處都在朝勝利前進」。

但有一個人不做此想，那便是毛奇。毛奇不同於霞飛，他並不相信自己福星高照，也因此不會被自信心給蒙蔽雙眼，他看待事情時不會心存幻想。這一點上，毛奇其實像蘭赫薩克。他在九月四日時「嚴肅而沮喪」，並對剛與德皇談完話的大臣赫弗里希（Helfferich）說：「我們部隊裡沒有哪匹馬能再多走一步了。」他想了一下後又補充：「我們不可自欺欺人。我們曾經打贏，但打贏並不代表勝利。所謂勝利是消滅敵人的反抗能力。當一百萬人在戰場上對壘，勝方會有戰俘。但我們的戰俘在哪裡？我們在洛林抓到兩萬人，戰俘總計大概就是三四萬人而已，而且虜獲的火砲數量也相當少。在我看來，法軍是有計畫、有秩序的撤退。」他把不能承認的想法說了出來。

克魯克即將渡過馬恩河的消息，那天終於傳抵陸指部，但要阻止已太遲。毛奇很擔心克魯克的側翼暴露在巴黎的敵軍眼前。陸續有報告進來說，朝巴黎方向出現大量運輸火車，「顯然是法軍在移動」。魯普雷希特那天也傳回報告，表示前線有法軍兩個軍撤離。敵人反抗力量尚未終結的證據，再也不容迴避。

塔本上校警告，法軍移動可能意味著「從巴黎進攻我軍右翼，而我軍對此卻無預備部隊可用」。毛奇及戰場指揮官們都很明白這個弱點。此外，德軍在法軍撤退時仍不斷與法軍後衛部隊作戰，蒙受的損傷無法像法軍那樣從後備軍人補充。德軍戰線的漏洞依舊存在，調至東普魯士的兩個軍也回不來。即便魯普雷希特九月三日才在摩薩爾河再度發動攻擊，但毛奇現在仍打算從左翼搬來援兵。毛奇的提議傳到時，德皇人剛好在魯普雷希特的總部。德皇這次十分確定南錫的防禦線會被破壞，因此堅決支持魯普雷希特及克拉夫特，反對縮減他們的兵力。換作是別人，或許還會堅持己見，但毛奇不是別人。自八月一日令人難安的那一夜起，戰爭的不確定性及緊張削弱了他的意志。他增援不成，便決定制止右翼。

毛奇連夜擬好發給各軍團的新命令，次日一早發出。命令中公開承認右翼失敗，承認德國的戰爭計畫雖然犧牲了比利時中立，但最終並未成功。命令發布日期是九月四日，距入侵比利時剛好滿一個月，內容正確評估了當前的情勢。命令中說：「敵人逃過第一、二軍團的包圍攻擊，其部分部隊已與巴黎的部隊聯手。」敵軍自摩薩爾河前線抽調部隊，改向西前進，「很可能是為集中優勢兵力於巴黎地區，威脅德軍右翼」。因此「第一、二軍團必須繼續面對巴黎東面戰線……以因應敵人來自那一區的行動」。第三軍團則繼續向南前進至塞納河，其他各軍團繼續執行九月二日的命令。

對陸軍大臣法金漢（von Falkenhayn）來說，要勝券在握的右翼停止前進簡直瘋狂。他會在兩週後接替毛奇出任總司令。他在九月五日的日記中寫道：「唯有一件事是確定的，那就是參謀本部已完全失控。一旦無法參考施里芬的計畫，毛奇就不再有機智可言了。」但問題不在毛奇的機智，而是德軍沒有足夠的時間。毛奇正確評估法軍的移動，看出德軍的側翼外圍正醞釀著危險，所以採取正確合理的措施來因應。但他的命令只有一個瑕疵：時間晚了。即使如此，要不是法國的加利埃尼將軍十萬火急的應變，德軍原本或許還來得及。

九月四日黎明時分，巴黎飛行員的報告使加利埃尼警覺「快速行動萬分緊要」。克魯克轉向東南的行進路線後方，給了莫努里軍團及英軍明顯的目標，只待雙方及時聯合發動攻擊。上午九時，加利埃尼決定在霞飛同意前就搶先發給莫努里初步命令：「我打算派你們的軍團與英軍聯手，攻打德軍側翼。立即做好各項安排，以便部隊今天下午即可出發，為巴黎的部隊集體向東移動打頭陣。」莫努里一準備好，即應馬上親自到巴黎開會。

接著，加利埃尼著手取得霞飛「迅速果斷的決定」。他倆之間留有指揮官與部屬的舊關係。兩人也都心知肚明，若霞飛出事，加利埃尼將會成為下一任總司令。加利埃尼也很清楚霞飛忌諱且憎惡他的影響力，因此他不打算說服霞飛，而是要強迫霞飛同意。為此他已打給在波爾多的彭加勒總統，說明自己認為有一個立即恢復攻勢的「好缺口」。

九時四十五分，加利埃尼打到總指揮部，那是一連串電話的第一通。他後來說：「真正的馬恩河之役是在電話上打的。」由於霞飛不肯接電話，加利埃尼也不願跟低於霞飛的人講話，所以通話的是克萊傑利跟作戰局長彭恩。霞飛討厭電話，過去曾假裝「不了解這種機械裝置」。真正原因或許就像上位者一般，是擔心歷史評價。他很怕在電話上講的事被人記錄下來，而他無法控制那些紀錄。

克萊傑利在電話中說明，他們計畫發動第六軍團及所有可用的巴黎守軍，去攻打克魯克的側翼，最好是在馬恩河北邊，這樣便可在九月六日接觸敵軍；否則就在馬恩河南岸，而為了讓莫努里的部隊渡河，這將會延後一天。不論南北，克萊傑利請總部下令讓第六軍團當晚出發。他強烈主張加利埃尼的信念，就是法軍必須停止撤退，而全軍恢復攻勢的時刻已經來臨。請總指揮部決斷。

加利埃尼與總指揮部相反，他不願意犧牲首都。因此他的出發點就是必須守住巴黎。他並不知道戰地各軍團的實際情況，因為他是從巴黎的觀點去看前線。但他仍決心把握克魯克突然轉向帶來的機會。他相信如此一來必會促成全面攻勢。他的計畫十分大膽，甚至可謂魯莽，因為他並不充分了解其他軍團的狀況，也無從合理判斷成功的機率。但加利埃尼認為如今已經沒有選擇的餘地。或許他對屬於自己的時刻有著偉大指揮官的直覺，但更可能的狀況是，他覺得法國不會再有另一次機會。

上午十一時，莫努里抵達巴黎參加簡報。霞飛尚未給出答案，於是中午克萊傑利又再打電話過去。

霞飛的總指揮部設在奧布河畔巴爾的學校，此時作戰局參謀們正擠在牆上地圖前熱烈討論加利埃尼提議的聯合攻擊。過去一個月來，法國軍方的種種期望皆慘遭德軍踐踏，某些人心中因此留有謹慎行事的種子。也有人不改初衷，仍是攻勢戰略的熱情門徒，對所有建議謹慎的忠告都不屑一顧。霞飛在場聽他們辯論，副官穆列（Muller）在旁記錄。「部隊的力量已耗盡？沒關係，他們是法國人，也厭倦了撤退。他們只要聽到前進的命令，就會忘掉疲勞。福煦及朗格軍團間有空隙？杜拜伊軍團來的第二十一軍會補上。各軍團尚未準備好進攻？問問戰地指揮官，就知道他們會怎麼回答。與英軍合作？這確實比較困難，因為我們不能命令他們的總司令。你必須展開協商，但時間緊迫。最重要的是抓住機會，因為機會稍縱即逝。不能讓克魯克有機會彌補錯誤，因為第六軍團的移動勢必引起他的注意，發現自己暴露在危險之下。」

霞飛一言不發，走到貝特洛的辦公室。貝特洛反對此一計畫，認為各軍團無法突然轉身發動攻勢。他們應按原定計畫完成撤退，來到堅固的防線，再讓德軍深入法軍的陷阱。尤其是若想要擁有人數優勢，就必須等洛林前線過來的兩個軍有時間就定位。

霞飛安靜跨坐在墊草蓆的椅子上，面對貝特洛的地圖牆，思考這個問題。在他原定的攻勢計畫裡，向來包含用第六軍團去攻擊敵人右翼，但這回加利埃尼卻是倉促行事。霞飛想要再等上一天，讓援軍抵達，讓第五軍團做好準備，也有更多時間爭取英軍合作。當克萊傑利的第二通電話接通，他被告知總司令比較希望在馬恩河的南岸發動攻擊。當克萊傑利表示異議時，得到的答覆是：「只要延後一天，就會有更多部隊可用。」

霞飛還要面對更艱困的決定，是要繼續按計畫撤至塞納河，還是抓住現在就面對敵人的機會，並承擔風險。暑氣令人難以招架，霞飛走出戶外，坐在學校遊戲場一株白蠟樹蔭下。他天生是裁決者，蒐集他人意見，整理分類，衡量發言者的個人份量，綜合評估後再宣布其裁決。決定必然由他做。若成功，榮譽歸他，若失敗，他要負責。此刻擺在他眼前的問題攸關法國命運。過去三十天裡，他見證了法軍過去三十年準備的偉大任務遭到挫敗。法軍拯救法國的最後機會，同時也是再度證明法國仍是一七九二年的法國的最後機會，或許就看現在。侵略者距霞飛坐著的樹蔭不過四十英里，距最近的法軍更不到二十英里。克魯克軍團經過桑利斯與克雷伊（Creil）後，兩鎮都陷入火海，桑利斯鎮長更是不幸身亡。要是法軍乘敵不備時轉身抵抗，卻反而失敗了怎麼辦？

霞飛首要必須確定法軍是否來得及反攻。鑑於第五軍團正在關鍵位置，霞飛已發訊息給德斯佩雷：「明後天開戰也許較有利，讓第五軍團全員投入，並與英軍及巴黎機動部隊一同進攻德軍第一、二軍團。請告知部隊狀況是否合適，以及是否有成功機會。立即回覆。」霞飛也同樣詢問在第五軍團旁邊、面對畢洛的福煦。

霞飛繼續坐在樹下思考。下午大半時間他始終保持沉默，這點令副官們十分頭痛。他那寬大的身影一動不動，穿著黑色長衫、紅色寬短褲、軍隊發的長靴，靴上的靴刺裝飾已拿掉。

另一方面，加利埃尼帶著莫努里在下午一時離開巴黎，驅車前往南邊二十五英里、塞納河旁默倫的英軍總部。他曾請求英軍支援，卻僅得到宇傑負面的答覆。宇傑說，法蘭奇「接受參謀長（莫瑞）提出要審慎的忠告」，除非法方保證防衛英軍與海岸間的塞納河下游，否則英軍不會加入攻勢。這兩位法國將軍的座車，經過一排排向南逃出巴黎的汽車，在三時抵達英軍總部。穿蘇格蘭裙的哨兵舉槍行禮，辦公室內士兵們忙著打字，但法蘭奇元帥與其主要軍官都不在，參謀們對眼前情況似乎「不知所措」。參謀們找了好一陣子才找到莫瑞。他說法蘭奇去檢視部隊了，不清楚什麼時候會回來。

加利埃尼試著解釋他的攻擊計畫，以及英軍的參與為何「不可或缺」。但他感覺得出這位英國人一直「極不願認可我方看法」。莫瑞一再表示英國遠征軍有總司令的正式命令，要休息、重組、等候增援，在總司令回來前他無能為力。經過兩個多小時討論，法蘭奇始終沒現身，但加利埃尼成功說服莫瑞寫下攻擊計畫的要點，還有英法聯合行動的提議，對後者「他似乎不怎麼了解」。加利埃尼離開前獲得莫瑞保證，總司令一回來就會通知他。

與此同時，另一場英法會議在往塞納河上游三十五英里的布萊（Bray）舉行，法蘭奇同樣缺席。德斯佩雷急於修補蘭赫薩克留下的不睦關係，安排了下午三時在布萊與法蘭奇會面。他為此特別佩戴維多利亞二等高級爵士勛章的飾帶。德斯佩雷的座車抵達布萊時被法軍哨兵攔下，哨兵說電報室有緊急訊息等著將軍。原來是霞飛詢問即將展開的作戰。德斯佩雷一邊研究電報、一邊在街上大步踱來踱去，等英國人等得愈來愈不耐煩。十五分鐘後，一輛勞斯萊斯駛來，司機旁邊坐著「高大的蘇格蘭高地人」，後座卻不是臉色紅潤且身材短小的法蘭奇，反而出現「一個大高個子，長相奇醜，臉上表情豐富，充滿智慧」。那是威爾森，由英軍情報處長麥克當納（Macdonogh）少校陪同。他們在路上耽擱了，因為看到路邊有位垂頭喪氣的巴黎女士，威爾森發揮紳士風度，花時間給她的汽車加油，又提供地圖給她的司機。

他們一群人避至鎮公所二樓房間，高地人充當守門的警衛。麥克當納掀起厚桌布，盯著桌下看，又打開通往隔壁臥房的門，檢查床底，用力拍打被子，打開衣櫃，用拳頭敲打牆壁。當德斯佩雷詢問英軍狀況，他邊答邊打開一幅標示著確切位置的地圖，藍色箭頭代表英軍前方的敵軍，他精闢分析德軍第一、二軍團的動態，給德斯佩雷留下深刻的印象。

德斯佩雷說：「你們是我們的盟友，我對你沒有祕密」，然後大聲唸出霞飛的提議。「我的回答是，我的部隊已準備進攻」，然後以鋼鐵般的眼神盯住英國訪客：「希望你們不會迫使我們唱獨角戲。由你們補足第五、六軍團間的空隙，是這場仗的關鍵。」然後他大致講出一個確切的行動計畫，那是他收到霞飛電報後短短十五分鐘內在腦中擘劃好的。他的基本設想是，九月六日由莫努里軍團攻擊馬恩河北岸，那是他自己個人的想法。像過去對福煦那樣，威爾森再次與衝勁十足的法軍將領協調良好，他很樂意地表示同意。他們講好了英法兩軍的配置，各自應在九月六日早上抵達的指定地點，以及攻擊方向等等。但威爾森警告，要取得法蘭奇與莫瑞的同意並不容易，特別是莫瑞，但他保證一定盡力而為。威爾森啟程回默倫，德斯佩雷則發送雙方協議的報告給霞飛。

在奧布河畔巴爾，霞飛自樹蔭下起身。不等德斯佩雷與福煦的回覆，他已心有定見。他走進作戰局，下令草擬指令：「擴大巴黎駐軍計畫的局部行動至協約國左翼所有部隊。」行動定在九月七日展開。熱烈討論後接著的是極度安靜。撤退結束，反攻時刻來臨。大家開始埋頭苦幹，準備詳細命令。為減少洩露給敵軍的風險，總部決定盡可能延到最後一刻才發布命令。

那是晚上六時，霞飛在六時三十分去吃晚餐，他邀請兩位日本軍官同席。餐桌上有人輕聲傳話給他，說德斯佩雷已說服英軍加入攻擊，此時第五軍團也送來重要文件。吃飯何其神聖，國際禮儀也不可輕忽，尤其協約國當時正與日本談判對歐的軍事援助，前景樂觀。霞飛理應不可隨意打斷晚餐，但他仍做出「匆忙用畢」的不當舉動。等他讀到德斯佩雷的爽快答覆時，彷彿被丟進水裡被迫游泳。德斯佩雷魯莽的語氣，不輸給先前所說的「不前進就去死」。德斯佩雷列出第五、六軍團及英軍三方面作戰的確切時間地點與條件。攻擊可在九月六日展開，英軍會「執行轉向」，條件是其左翼有第六軍團支援，而法軍第六軍團必須在特定時間到達沿烏爾克河（Ourcq）的特定戰線，「否則英軍不肯前進」。第五軍團次日繼續撤退，直到大莫蘭河（Grand Morin）以南，後天則會轉而正面攻擊克魯克軍團，英軍與莫努里攻擊克魯克側翼。福煦軍團「熱烈參與」對抗德軍第三軍團也是必要條件。

德斯佩雷的結論是：「我的軍團可在九月六日作戰，但狀況並非最佳。」這只是對真相的輕描淡寫。

後來當他告訴第三軍的艾許（Hache）將軍攻擊訂在翌晨時，艾許的「表情彷彿當頭被打了一棒」。艾許抗議：「這太瘋狂了！部隊累壞了，他們沒得睡沒得吃，已經行軍和作戰了兩週！我們需要武器、彈藥、設備。狀況很糟，士氣低落。我必須更換兩位師長，參謀部毫無幫助。若有時間在塞納河後方重整……。」

德斯佩雷與加利埃尼所見略同，認為眼下已別無選擇。他直接而勇敢的反應也像加利埃尼，這點同樣是關鍵，因為他的前任很可能做不到這一點。其他不可靠的指揮官紛紛被剔除。馬德拉特里也在那天被撤換，由凱斯蒂諾軍團調來的莫崔伊接替，後者衝勁十足。此時第五軍團的五位軍長已有三位換人，十三位師長已更換七位，旅長也換掉差不多比例。

霞飛受到德斯佩雷回覆中「有才智的魯莽」所鼓舞，要作戰局參謀們遵照其地點條件調整作戰命令內容，但保留九月七日為攻擊日。他收到福煦同樣肯定的答覆，福煦只說他「已準備好攻擊」。

但威爾森回到英軍總部時，卻發現令人氣餒的答案。莫瑞甚至不等法蘭奇回來就下令英軍自當晚起再向西南後撤十至十五英里，「實在令人痛心」。威爾森也發現莫瑞寫的加利埃尼計畫備忘錄。他立刻拍電報到巴黎，說「元帥尚未回來」，並報告說莫瑞打算撤退。他似乎並未把此事報告德斯佩雷，或許是希望能說服法蘭奇打消後撤念頭。

法蘭奇回來時，立刻得面對一堆混淆不清且令人頭痛的計畫與建議。包括霞飛的來信，該信完成於前一天，信中建議英軍在塞納河採取行動。此外還有加利埃尼對莫瑞的提議、威爾森與德斯佩雷的協議，更不用說莫瑞本人正熱切地在他耳邊提議撤退。法蘭奇被那麼多行動請求搞糊塗了，無法定奪孰輕孰重，乾脆以不變應萬變。他維持莫瑞的命令，並要宇傑回覆給法方：「基於情勢不斷變化」，為了法方所有提議者好，他寧可「重新研究目前狀況再做決定」。

與此同時，加利埃尼已由默倫回到巴黎。他看到了威爾森的電報，也看見霞飛中午十二時二十分發的電報，後者內容是確認中午在電話上表達的意願，即莫努里應在九月七日自馬恩河南方展開攻擊。這並非最新消息，但與威爾森的訊息對照來看，似乎對加利埃尼產生了重要影響。時機正在流失，克魯克正在前進，他的關鍵時刻不保。加利埃尼決定貫徹自己的主張：他親自打給總指揮部。霞飛想迴避，便要布蘭去接聽，但加利埃尼堅持親自與大元帥通話。據霞飛副官的記錄，加利埃尼在此次談話中說：「第六軍團已安排好自馬恩河北岸進攻，他似乎無法修改軍團已投入的整體方向，他也堅持發動攻擊時不得改變已設定好的條件與時間地點。」

霞飛聽見了老長官的聲音，他或許也再次感受到像加利埃尼這種指揮官所散發的道德權威。他也有可能是被逼地，一如他後來所聲稱。於是霞飛雖「不情願」，但仍把總攻擊提前一天，因為他擔心加利埃尼已下令莫努里提前行動，會暴露法軍行動給敵軍。考慮到福煦及德斯佩雷都向他保證已做好作戰準備，而且還有德斯佩雷那鍥而不捨的魔力已經說服英軍參戰。霞飛並不知道英方已經反悔。無論是授權還是默許，總之他批准了第六軍團自馬恩河以北進攻，並同意「如加利埃尼所願」在九月六日展開全面反攻。加利埃尼立即在晚間八時三十分向莫努里確認向前進發的命令，而莫努里早已出發。總指揮部的參謀們開始修改攻擊位置，以配合提前的日期。在毛奇簽署命令要德軍右翼停止腳步的兩小時後，霞飛在晚間十時簽署了第六號總指揮令。

命令的第一句就體現了他對這歷史時刻的充分認知：「藉德軍第一軍團危險位置獲利的時機已到，應集中最左側協約國所有部隊的力量，對抗德國第一軍團。」法軍第五、第六軍團與英軍的方針就是德斯佩雷回覆的那些。另有命令下達給法軍第三、四軍團，要他們加入攻勢。

夜晚尚未結束。霞飛才剛簽完命令，宇傑就傳來消息，說法蘭奇拒絕批准任何聯合行動計畫，以及他想要「重新研究」現況。霞飛大吃一驚。他已做出重大決定，命令已在傳達途中。三十六小時內就要展開拯救法國命運的戰役。出於命運的捉弄，英軍在戰線上位居關鍵地位，但原本要參戰的英軍卻如福煦所說，為了一個死去的英國士兵又要再度退出。由於命令需要時間加密及傳遞，預計次晨才會抵達各軍團。霞飛唯一能想到的說服辦法，便是將第六號總指揮令的特別複本，派專人送至英軍總部。然而，等該軍官在凌晨三時抵達默倫時，英軍已有三個軍依當天下午莫瑞的命令開始撤退。

九月五日黎明，敵軍也是太早就出發。克魯克急於席捲法軍側翼，拚命向前衝。毛奇要他轉向面對側翼危險的命令，也是上午七時才以無線電傳達，但克魯克的軍團已在路上。那四個軍散布在三十英里的土地上，朝大莫蘭河移動。克魯克並未下令他們止步，因他不相信或不在意法軍在其側翼集結的警告。他認定德國各軍團「整條戰線均勝利地推進」。德軍習於相信軍方公報，他不認為敵人有部隊會威脅到自己的側翼。儘管他也開始注意到一些跡象，顯示法軍撤退或許並非一團散沙，但他仍卻更因此覺得不可放鬆壓力，因為這只會讓敵軍有時間停下來，「恢復行動自由及攻擊精神」。克魯克不理會毛奇的指示，繼續前進，並把總部向前移二十五英里，抵達兩條莫蘭河之間的厄貝（Rebais）。傍晚時德國第一軍團抵達，距英軍及德斯佩雷軍團只剩十至十五英里，各崗哨距離更是不到五英里。那將是他們最後一天的行軍。

當晚，毛奇的全權特使來到克魯克總部。由於有過跟無線電與克魯克脾氣的不愉快經驗，毛奇特別派出情報局長韓奇（Hentsch）上校，由盧森堡開車一百七十五英里，親自來解釋新總指揮令的理由，並見證該令獲得執行。當克魯克與參謀們獲悉魯普雷希特各軍團在法國堡壘線陷入僵局，而皇儲軍團在凡爾登也是難以抽身，他們感到「十分意外」。韓奇描述法軍移動的證據，陸指部估計有「大量敵軍」正被調往西邊，威脅到德軍側翼。有鑑於此，陸指部才下令可惡的撤退。第一軍團必須回到馬恩河北邊。韓奇以令人無慼地安慰補充：「此次移動可從容不迫地進行，毋須特別緊急。」

隨後，原本當作側翼護衛留在馬恩河北邊的德國第四預備軍，傳來令人憂心的確切消息。他們報告遭遇敵軍，雙方陷入戰鬥。敵人至少有兩個半師，還有重砲支援。他們對抗的當然是正向烏爾克河前進的莫努里軍團。法軍攻擊雖被「成功擊退」，但第四預備軍軍長已下令天一黑就撤退。

克魯克決定放棄。自渡過馬恩河以來，過去兩天他拖著部隊向前行軍多遠，如今就必須退回多遠。他擬好命令，次晨九月六日先由兩個軍開始撤退，其他部隊隨後跟上。考慮到他已從列日一路打到巴黎附近，此情此景令他情何以堪。倘若他曾聽命跟在畢洛之後，或是曾在那天早上七時讓部隊停下來，那麼現在就會正好待在面對側翼威脅的位置上，整個軍團也會收攏。據他的參謀長庫爾說：「陸指部或第一軍團的參謀們，都對全體法軍即將發動攻勢一無所悉。……沒有任何跡象，沒有戰俘透露支字片語，沒有一則新聞提出警告。」克魯克固然不知擺在眼前的局勢，但有件事他卻不得不知：距離德軍原訂的勝利時程，只剩下四天。如果現在放棄追擊並後退，就是朝放棄勝利跨出一步。

對協約國來說，九月五日是個更黑暗的日子。自開戰以來，協約國至今只有敗績。各國代表在當天上午集會倫敦，簽署條約，約束彼此「在當前的戰爭中，不可單獨議和」。

在巴黎，莫努里兩眼陰沉地詢問加利埃尼：「萬一我們被擊敗，撤退路線是……？」加利埃尼回答：「無處可撤。」他也為可能的災難預做準備，發密令給巴黎營區的各個指揮官，要他們呈報區內必須摧毀的所有資源，以免落入敵人之手。就連新橋（Pont Neuf）及亞歷山大橋（Pont Alexandre）等市中心的橋樑都要炸掉。他對伊蕭威爾說，要是敵軍突破防線，務必留下「荒蕪」給他們。

總指揮部收到凱斯蒂諾的近況報告，彷彿在攻勢尚未展開前，災難的威脅便已臨頭。凱斯蒂諾說己方以承受過度嚴重的壓力，以至於或許將被迫撤出南錫。霞飛命他再守二十四小時再做決定，但同意屆時若看似無法不撤，他也會批准凱斯蒂諾建議的第二防線。

為了取得前次首攻所沒有的人數優勢，霞飛此次調走第三軍團的一個軍及摩薩爾河前線的兩個軍，這其實冒著很嚴重的風險，因為這些援軍尚未抵達戰線。霞飛在知會政府決定反攻時，小心翼翼地加入萬一反攻失敗、則責任不在他的藉口。他發給總統與總理的電報說：「加利埃尼倉促進攻，我則是下令停止撤退，然後再由我恢復攻勢。」霞飛在事後有計畫地想要壓低加利埃尼在馬恩河之役的角色，甚至意欲刪去紀錄中的某些往事。這則電報後來被前總理白里安挖出，並拿給加利埃尼看。他說：「那『倉促』二字價值可比黃金。」

九月五日上午，霞飛因為不確定英軍的意圖而「陷入徹底的苦惱」。他以電報懇求陸軍部長米樂蘭要發揮政府影響力。他說，即將發生的戰役「可能具有決定性結果，即便無法扭轉戰局，也可能對我國產生嚴重後果。……我全賴您喚起英軍元帥的注意，使他理解毫無保留的攻勢重要無比。若我能以命令法軍的同樣地位去命令英軍，我會立刻轉向進攻」。

當天凌晨三時，威爾森自宇傑處接到第六號總指揮令，但宇傑不准送命令來的蓋勒貝爾（de Galbert）上尉會見任何英軍長官。在那段期間裡，每次英法不和總有宇傑的身影。蓋勒貝爾判定眼前的情況需要更高層級的人，便立即返回總指揮部。上午七時，威爾森拿著總指揮令去見法蘭奇，整個上午都在說服他合作。蓋勒貝爾在九時三十分回到總指揮部，他無法確定英軍意圖，只能報告說英方對攻勢的態度似是「冷漠」。默倫鎮長告訴他，法蘭奇的私人行李正被運回楓丹白露（Fontaineblea），那裡是接近巴黎的度假勝地。

霞飛覺得他必須「不惜代價」讓英軍參戰，即使開車一百十五英里到默倫也在所不惜。他事先以電話通知要去拜訪，便與副官及兩個參謀一起出發。儘管遇上路障，又不免要停下來午餐，擅長開快車的座車司機仍在下午二時把他載到法蘭奇駐紮的城堡。

法蘭奇元帥站在桌前等候，兩旁是莫瑞、威爾森、宇傑及其他幾個幕僚，宇傑「看起來一如往常，好像人人都欠他什麼」。霞飛走上前去，僅此一次不拐彎抹角直接切入正題。他不像平常說話簡潔，反而滔滔不絕說出慷慨激昂的大道理，並用前臂姿勢做標點，「彷彿他在推心置腹」。他說，「最緊要的時刻」已經來臨，命令已經下達。無論結果如何，法軍的最後一個連都要投入這場戰役，以拯救法國。「法國全民的性命，法國的國土與歐洲的未來」都取決於此次攻勢。「我不相信英軍會拒絕在這場最大危機中盡一分力……歷史會嚴厲地評斷你們的缺席。」

然後霞飛一拳打在桌上。「元帥先生，這事關係英國的榮譽！」

原本一直在「熱切」聆聽的法蘭奇，聽到這幾個字突然臉紅。周遭突然安靜下來。眼淚慢慢湧入英軍總司令眼中，流下他的臉頰。他掙扎著想用法語說些話，但最終放棄。「可惡，我無法解釋。幫我跟他說，我們會盡力而為。」

霞飛探詢地看著威爾森，威爾森連忙翻譯：「元帥說『好』。」但其實根本用不著翻譯，眼淚和語氣已說明一切。莫瑞連忙加上一句：英軍目前位置比總指揮令要求的還差十英里，只能從上午九時開始攻擊，而不是霞飛要求的六時。這類警告之聲後來還會陸續出現。霞飛聳聳肩：「那也沒辦法，我有元帥一句話就夠了。」接著，熱茶送了上來。

總指揮部計畫在攻擊前遷至塞納河畔的沙蒂永，並在外出期間完成搬遷。當晚約在韓奇警告克魯克的同時，霞飛回到總指揮部。他進入作戰室，確認已做出的決定，於是告訴聚集在此的軍官：「各位，我們要在馬恩河作戰。」

他簽署命令，這些是明天早上號角響起時要唸給全體官兵聽的命令。一般來說，法語若要聽起來樸實無華往往需要費點心力，尤其在做公開宣示時。然而，霞飛這次的用字卻平淡無奇，近乎陳腐，只有無可妥協的強硬訊息：「各位，這場戰役關乎國家安全，我軍現已全力投入。我必須提醒大家，此刻已無法回頭。我們要盡全力進攻，擊退敵人。若有單位發現無法前進，便必須不計代價守住陣地，寧可就地陣亡也絕不後退。眼前的情況不容許任何失敗。」

全部命令就是如此。詞藻華麗的時刻已過，如今命令中不再有人高喊：「前進！」也未號召士兵們爭取榮耀。經過一九一四年大戰爆發的這三十天，人們已有預感未來再也見不到榮耀。

# 後記

如全世界所知，馬恩河之役以德軍退兵告終。在烏爾克河與大莫蘭河之間，在德軍剩下的四天時程裡，他們爭取「決定性勝利」失利，從而失去贏得戰爭的機會。對法國、對協約國，或對世界長遠而言，馬恩河的悲劇在於原本或可得的勝利期待落空。

莫努里攻擊德軍側翼，克魯克轉身應戰，使德軍第一、二軍團間出現缺口。此次戰役的勝負，就取決於德軍能否在德斯佩雷及英軍成功利用這缺口穿透德軍中央之前，搶先成功粉碎法軍兩翼的莫努里及福煦部隊。莫努里幾乎被克魯克擊敗時，第四軍的增援正好抵達，其中六千人是在巴黎下火車，由加利埃尼以計程車火速運至前線，因而得以守住陣地。福煦在聖貢沼澤（Marshes of St. Gond）遭遇豪森軍團及部分畢洛軍團的極大壓力，其右翼被擊退，左翼也不保。他在這個關鍵時刻發出著名的命令：「不顧一切進攻！德軍的力量已到極限。……勝利屬於比對手堅持更久的一方！」德斯佩雷逼得畢洛右翼後退，英軍則太遲進入缺口。特別情報局的韓奇再次歷史性的現身，建議撤兵，於是德軍各軍團及時後退，以免戰線被突破。

德軍曾極為接近勝利，法軍也曾極為接近慘敗。世人這幾天看著德軍推進勢如破竹，協約國部隊退至巴黎，一度極為驚訝與灰心，以至於這場扭轉乾坤的戰役，被後人稱為「馬恩河奇蹟」（Miracle of the

Marne)。替法國闡述「生命衝力」奧祕的文學家柏格森，從這場戰疫中看到另一次奇蹟：他斷定是「聖女貞德贏了馬恩河之役」。敵人彷彿被一夜之間湧現的石牆阻擋，對此德國人也有同感。毛奇在戰役期間悲哀地向妻子寫道：「就在法國的生命衝力正要熄滅時，又能熊熊燃燒起來。」克魯克事後說，德軍在馬恩河失敗的基本原因，「超越所有理由」，在於「法國士兵快速復原的獨特天賦。死守陣地的士兵戰死沙場是常見的情況，所有作戰計畫也都仰仗於此。但已撤退十天且累得半死、就地而眠的士兵，卻能在號角響起時舉槍進攻，這是我們始料未及的事。我們在戰爭學院裡從未學過此種可能性」。

無論柏格森怎麼說，決定馬恩河之役的不是奇蹟，而是在戰爭第一個月中不斷累積的種種如果，種種錯誤與投入。也不論克魯克，德軍指揮官犯的錯與法國士兵的活力對最後結果的貢獻都一樣重要。要是德國不曾撤走兩個軍去對抗俄軍，其中之一就會出現在畢洛右翼，或許能填補他與克魯克之間的缺口；另一軍會在豪森軍團，或許可增加壓制福煦的力量。俄國明明沒有準備好卻忠實地發動攻擊，把那些德國部隊吸走，受到法國情報局長杜彭（Dupont）稱道。他說：「我們要向盟國致上應有的敬意，因為我們戰勝的因素之一源於他們的慘敗。」

各種各樣的「如果」不斷累積。如果德國未投入太多軍力試圖以左翼進行雙包圍，如果右翼未耗盡補給，未耗盡士兵體力，如果克魯克能與畢洛保持同樣的指揮水準，如果他曾退回馬恩河對岸（即使是在最後一天），而非前進到大莫蘭河，那麼馬恩河之役的結果或許會不一樣，而德軍六週戰勝法國的計畫或許就能達成——六週是有可能的，前提是德軍的計劃本身不以借道比利時為基礎，而這就是第一個決定性的「如果」。增加比利時這個敵人，不只讓英國參戰，也對整體戰爭產生影響，也影響了全球輿論，最終使來到馬恩河的德軍數量減少好幾師，反倒為協約國陣線增加英軍的五個師。協約國軍隊在馬恩河的人數優勢，是此前任何時刻的邊境戰役都不曾享有的。其中部分原因是德軍少了幾個師，而法軍從第三軍團與身經百戰、英勇堅定的凱斯蒂諾和杜拜伊軍團調來的幾個師，則使天平更加傾斜。在法軍撤退的過程中，多數軍團都不得不讓出國土，但唯獨這兩支軍團緊守住法國的東部大門。他們在十八天內幾乎不停打仗，直到最後一刻才獲得勝利，因毛奇在九月八日終止攻擊法軍城堡線。若法軍第一、二軍團曾在任一時刻放棄，若他們在九月三日魯普雷希特最後猛攻下退卻，則德軍將贏得坎尼式包圍戰，法軍便無機會在馬恩河、塞納河或其他地方進行反攻。若有馬恩河奇蹟可言，那也是摩薩爾河促成的。

若無霞飛，則不會有協約國戰線存在。是他在悲慘又可怕的十二天撤退中，以毫不動搖的信心，防止法軍解體成烏合之眾。更英明、反應更快、更有自己想法的指揮官，或可避免最初的根本錯誤，但霞飛擁有法國在大敗後需要的一樣東西。很難想像還有別人可以帶領法軍走出撤退，重新進入戰鬥狀況與位置。當轉身時刻來臨，只靠他一人是不夠的。他原先考慮的塞納河位置，大有可能會錯過時機。是加利埃尼看到機會，是德斯佩雷提供有力的支援，才促成較早的反攻。是蘭赫薩克沮喪的形象，使他不得參與馬恩河之役，也是他在無意中拯救法國走出十七號計畫原定的愚行，才讓法軍有機會復原。諷刺的是，他在沙勒羅瓦的愚蠢決定，與他的指揮官位子被德斯佩雷取代，這兩件事對反攻來說都同樣必要。但提供反攻軍隊的，卻是永遠處變不驚的霞飛。日後繼任霞飛的福煦說：「一九一四年要不是有他，我不知道會變成什麼樣子。」

世人則從此記得，這場戰役曾用到計程車。當時已有百輛計程車在為巴黎軍政府服務。克萊傑利曾經計算，只要再增加五百輛，每輛載五名士兵，便可來回兩趟行駛六十公里到烏爾克河，運送六千名士兵到緊迫的前線。命令在下午一時發出，出發時間定為傍晚六時。警方把消息傳給街頭計程車。駕駛們熱心地讓原本的乘客下車，驕傲地解釋自己必須「上戰場」。他們回到車庫加滿油，開到指定地點集合。時間一到，六百輛車排得整整齊齊。加利埃尼被請來檢閱車輛，平時喜怒不形於色的他此刻十分欣喜。他叫著：「很好，至少這裡有不同凡響的東西！」每輛計程車載上士兵，車隊後面跟著卡車、巴士及各種交通工具。當夜色降臨時，計程車開始奔馳。這是一九一四年最後的俠義之舉，是舊世界最後的十字軍。

德軍在馬恩河碰壁後，接著退往埃納河，競相衝往海邊以取得英吉利海峽的港口。安特衛普陷落，然後在比利時境內上演了伊珀爾之役（Battle of Ypres）。英軍官兵死守陣地，戰到最後一兵一卒，最終在法蘭德斯阻斷德軍。英軍英勇的真正紀念地，不在蒙斯或馬恩河，而是在伊珀爾，這裡是五分之四英國遠征軍的墓地。此後隨著冬天到來，局勢開始緩緩變成致命的壕溝戰僵局。戰壕由瑞士一路延伸到英吉利海峽，彷彿一道跨越法比兩國領土的發膿傷痕。陣地戰及消耗戰由此而生，人稱「西線戰場」（Western Front）的殘酷、泥濘、殺戮等瘋狂現象，還要再持續四年。

施里芬計畫失敗了，但它曾成功到足以讓德軍占領整個比利時，以及南至埃納河的整個法國北部。如克里蒙梭的論文月復一月、年復一年，不厭其煩地提醒讀者：「德國人總是到努瓦永。」他們出現在那裡，深入法國，錯是錯在十七號計畫。是該計畫讓敵人太過深入，等法軍在馬恩河重拾戰力時已難逐出德軍。是該計畫讓敵人得以突破，導致只能以大量消耗法國男性的性命為代價，才能勉強止住德軍，也使一九一四到一九一八年戰爭，成為一九四〇年戰爭之母。[1]那是永遠無法彌補的錯誤。十七號計畫失敗的致命程度，與施里芬計畫的失敗等量齊觀，這兩者一起製造了西線僵局。以每天吸走五千乃至於五萬條人命的速率，加上消耗彈藥、精力、金錢、腦力、訓練有素的士兵，西線戰場吃盡協約國的戰爭資源，也注定了邱吉爾在達達尼爾海峽所嘗試的間接戰略不會成功，否則是有可能縮短戰爭。因首月戰敗而確立的僵局，決定了此次大戰的未來走向，甚至也決定了戰後和平的條件、戰間期的形勢與「第二次世界大戰」的景況。

人們能夠支撐如此龐大而痛苦的戰爭，是因為懷有希望。希望如此規模的戰爭，會一勞永逸地確保它不再發生。希望戰爭結束時，能夠為更有秩序的世界奠下基礎。如同恍惚的巴黎泡影，促使克魯克的士兵不斷前進，而更美好世界的幻影，也閃爍於被砲彈炸成廢墟及無葉樹幹的前方，它們曾是綠地及飄

---

1　作者注：在聖西爾軍校的教堂（毀於二次大戰），一戰陣亡將士的紀念牌上，只有簡單一行：「一九一四級」。其死亡率由瓦哈尼亞（André Varagnac）的經驗可進一步說明。他是內閣部長松巴（Marcel Sembat）的外甥，一九一四年已到從軍年齡，但因病並未在八月被動員，他發現高中班上二十七個男生中，到耶誕節只有他一人還活著。據《法國陸軍》（*Armées Françaises*），單在八月一個月法軍的死傷人數，即多達二十萬六千五百十五人，包含死亡、受傷、失蹤，而戰場上可作戰士兵總數是一百六十萬。這些數字不包括軍官或駐軍及地方自衛隊，其人數估計近三十萬人。大部分傷亡發生於邊境之役那四天。馬恩河之役沒有單獨公布的數字，但若把到九月十一日的估計損傷，與八月相加，則前三十天的總數，相當於每天損失如蘇瓦松或貢比涅的全鎮人口。由於依據總指揮部的固定政策，不得公布任何可能對敵軍有價值的資訊，傷亡名單便不曾發布，所以缺少確切數字。也無法提供與其他交戰國的比較數字，因各國製作傷亡統計表的間隔時間不同，計算基礎也不一樣。到大戰結束時，已知人均死亡率，法國是一比二十八，德國一比三十二，英國一比五十七，俄國一比一百零七。

搖的白楊樹。若非如此，那些殘酷的攻勢，就無法擁有意義與尊嚴。在每一次的攻勢中，有數以萬計甚至數以十萬計的人，換過一個又一個積水的戰壕，只為了前進十碼而死。每到秋天，人們總說戰爭不會拖過冬季；到了春天，卻仍看不到終點。唯有冀望這一切痛苦能替人類積累一些好處，才能讓士兵和國家繼續打下去。

大戰終於結束時，一切都已經改觀。最重要的改變，莫過於幻滅。勞倫斯（D. H. Lawrence）為同時代之人留下了直截了當的注解：「所有偉大字眼都因那個世代而一筆勾銷。」要是他們之中有任何人，會像維爾哈倫，懷著無比痛苦想起「昔日的自己」，那也是因為他知道，一九一四年以前的偉大字眼與信念，從此再也無法復原。

馬恩河之役後，戰爭持續升高擴大，直到把東、西半球的國家都拖進來，糾纏於無法以和約解決的全球衝突之中。馬恩河戰役之所以是世界史上的決定性戰役之一，並非因為該役決定了德軍最後會戰敗，或協約國最後會勝利，而是它決定了大戰會繼續打下去。霞飛在此役前夕告訴士兵，如今已無法回頭。此役之後再無退路，各國紛紛落入陷阱。陷阱源自於戰爭開打的這三十天來，無人能在戰場上獲得決定性的勝利。無論在過去還是現在，這個陷阱都不曾有過出口。

1914), *The Campaign in Gallipoli*, tr., London, Hutchinson, 1928.

MORGENTHAU, HENRY, *Ambassador Morgenthau's Story*, New York, Doubleday, Page, 1918.

NOGALES, GENERAL RAFAEL DE, *Four Years Beneath the Crescent*, New York, Scribner's, 1926.

## 二手史料

BENSON, E. F., *The Kaiser and English Relations*, London, Longmans, 1936.

BUCHAN, JOHN, *A History of the Great War*, Vol. I, London, Nelson, 1922.

CRAIG, GORDON, A., *The Politics of the Prussian Army, 1640–1945*, New York, Oxford, 1956.

CRUTTWELL, C. R. M., *A History of the Great War, 1914–18*, Oxford Univ. Press, 1936.

DE WEERD, H. A., *Great Soldiers of Two World Wars*, New York, Norton, 1941.

EARLE, EDWARD MEADE, ed., et al., *Makers of Modern Stategy*, Princeton Univ. Press, 1943.

______, *Modern France*, Princeton Univ. Press, 1951.

FLORINSKY, MICHAEL T., *The End of the Russian Empire*, New Haven, Yale, 1931.

FROTHINGHAM, CAPT. THOMAS G., *The Naval History of the World War*, Vol. I, Offensive Operations, 1914–15, Cambridge, Harvard, 1925.

GOERLITZ, WALTER, *History of the German General Staff*, tr. Brian Battershaw, New York, Praeger, 1955.

HALÉVY, ELIE, *A History of the English People*, Epilogue, Vol. II, 1905–1915. London, Benn, 1934.

MAUROIS, ANDRÉ, *Edwardian Era*, tr., New York, Appleton-Century, 1933.

MCENTEE, COL. GIRARD L., *Military History of the World War*, New York, Scribner's, 1937.

MONTEIL, VINCENT, *Les Officiers*, Paris, Editions du Seuil, 1958.

NEAME, LT.-COL. PHILIP, *German Strategy in the Great War* (Lectures at Staff College, Camberley), London, Arnold, 1923.

PONSONBY, ARTHUR, *Falsehood in Wartime*, New York, Dutton, 1928.

RENOUVIN, PIERRE, *The Forms of War Government in France*, New Haven, Yale, 1927.

ROSINSKI, HERBERT, *The German Army*, London, Hogarth, 1939.

GILLIARD, PIERRE (tutor to the Czar's children), *Thirteen Years at the Russian Court*, tr., New York, Doran, 1922.

GOLOVIN, LIEUT.-GENERAL NICHOLAS N., *The Russian Army in the World War*, tr., New Haven, Yale, 1931.

———, *The Russian Campaign of 1914*, tr., Captain Muntz, A.G.S. Command and General Staff School Press, Fort Leavenworth, Kansas, 1933. 第一部寫俄軍的組織，第二部寫俄軍的作戰，皆是描寫俄軍在戰爭早期的優秀史料。

GOURKO, GENERAL VASILII (BASIL) (Commander of a Cavalry Division in Rennenkampf's Army), *War and Revolution in Russia, 1914–17*, tr., New York, Macmillan, 1919.

GOURKO, VLADIMIR, *Features and Figures of the Past: Government and Opinion in the Reign of Nicholas II*, tr., Stanford University Press, 1939.

IRONSIDE, MAJOR-GENERAL SIR EDMUND, *Tannenberg: The First Thirty Days in East Prussia*, Edinburgh, Blackwood, 1925.

KNOX, MAJOR-GENERAL SIR ALFRED, *With the Russian Army*, London, Hutchinson, 1921.

KOKOVTSOV, COUNT V. N. (Premier, 1911–14), *Out of My Past*, tr., Stanford Univ. Press, 1935.

NIKOLAIEFF, COL. A. M., "Russian Plan of Campaign in the World War, 1914," tr., *Infantry Journal*, September-October, 1932.

PALÉOLOGUE, MAURICE, *An Ambassador's Memoirs*, tr., F. A. Holt, Vol. I, London, Hutchinson, 1923.

RADZIWILL, PRINCESS CATHERINE, *Nicholas II, Last of the Czars*, London, Cassell, 1931.

———, *Sovereigns and Statesmen of Europe*, New York, Funk & Wagnalls, 1916.

RODZIANKO, M. V. (President of the Duma), *Memoirs: Reign of Rasputin*, tr., London, Philpot, 1927.

SAZONOV, SERGEI, *Fateful Years, 1909–16*, tr., New York, Stokes, 1928.

SUKHOMLINOV, VLADIMIR, *Erinnerungen*, Berlin, Hobbing, 1924.

WITTE, COUNT SERGIUS, *Memoirs*, tr., New York, Doubleday, Page, 1921. 儘管他的外交生涯結束於 1906 年，但在沙皇政權垮台後所產生的大量回憶錄裡面，這是內容最紮實豐富的一本。

WRANGEL, BARON NICHOLAS, *Memoirs, 1847–1920*, tr., Philadelphia, Lippincott, 1927.

## 土耳其

DJEMAL PASHA, *Memoirs of a Turkish Statesman, 1913–1919*, tr., New York, Doran, 1922.

EMIN, AHMED, *Turkey in the World War*, New Haven, Yale, 1930.

KANNENGIESSER, GENERAL HANS (a member of the German military mission to Turkey in

TIRPITZ, GRAND ADMIRAL ALFRED VON, *My Memoirs*, 2 vols., tr., New York, Dodd, Mead, 1919.

TOPHAM, ANNE (Governess to the Kaiser's daughter), *Memories of the Kaiser's Court*, New York, Dodd, Mead, 1914. 局外人由內部提出的寶貴意見。

WETTERLÉ, ABBÉ E. (deputy in the Reichstag from Alsace-Lorraine), *Behind the Scenes in the Reichstag*, tr., New York, Doran, 1918.

WILE, FREDERIC WILLIAM, *Men Around the Kaiser*, Philadelphia, Lippincott, 1913.

———, *The Assault: Germany Before—and England After—the Outbreak*, Indianapolis, Bobbs-Merrill, 1916.

WILHELM, CROWN PRINCE OF GERMANY, *My War Experiences*, tr., London, Hurst, 1922.

———, Memoirs, tr., New York, Scribner's, 1922.

WILHELM II, *The Kaiser's Memoirs*, New York, tr., Harper's, 1922. 由於德皇威廉晚年長期保持沉默，這位時代當紅人物的小冊子顯得過於單薄而令人失望。

———, *Letters from the Kaiser to the Czar*, ed. Isaac Don Levine, New York, Doubleday Page, 1920. 以「威廉與尼基書信集」之名而廣為人知。

WOLFF, THEODOR (editor of the Berliner Tageblatt), *Eve of 1914*, tr. E. W. Dickes, New York, Knopf, 1936.

ZEDLITZ-TRUTZSCHLER, ROBERT, GRAF VON, *Twelve Years at the Imperial German Court*, tr., New York, Doran, 1924. 本書由德皇不愉快的王室侍從所撰寫，別具意義。

## 俄國

AGOURTINE, LéON, *Le Général Soukhomlinov*, Clichy, l'Auteur, 1951.

ALEXANDRA, EMPRESS OF RUSSIA, *Letters of the Tsaritsa to the Tsar, 1914–16*, ed. and intro. by Sir Bernard Pares, London, Duckworth, 1923.

BOTKIN, GLEB (son of the Czar's physician), *The Real Romanovs*, New York, Revell, 1931.

BUCHANAN, SIR GEORGE, *My Mission to Russia*, Boston, Little, Brown, 1923.

BRUSILOV, GENERAL A. A., *A Soldier's Notebook*, tr., London, Macmillan, 1930.

DANILOV, GENERAL YOURI, *La Russie dans la guerre mondiale*, tr., Col. A. Kaznakov, Paris, Payot, 1927.

———, *Le Premier Généralissime des armées russes: le grand-duc* Nicolas, tr., Paris, Berger-Levrault, 1932.

DOBROROLSKY, GENERAL SERGE (Chief of Mobilization Service in the Ministry of War in 1914), "La Mobilisation de l'armée russe en 1914," *Revue d'Histoire de la Guerre, 1923*, pp. 53–69 and 144–165.

*Schlact im Lothringen im August, 1914*, Wissen und Wehr, Sonderheft, Berlin, Mittler, 1925.

KUHL, GENERAL HERMANN VON (Chief of Staff of Kluck's Army), *Le grand état-major allemand avant et pendant la guerre mondiale*, tr. & ed. by General Douchy, Paris, Payot, 1922.

KURENBERG, JOACHIM VON, *The Kaiser*, tr. Russell and Hagen, New York, Simon & Schuster, 1955.

LICHNOWSKY, PRINCE KARL, *Memorandum* (published in English under the title The Guilt of Germany) with Introduction by Viscount Bryce, New York, Putnam's, 1918.

LUDENDORFF, GENERAL ERICH, *Ludendorff's Own Story, August 1914–November 1918*, Vol. I, tr., New York, Harper's, 1919.

LUDWIG, EMIL, *Wilhelm Hohenzollern*, New York, Putnam's, 1926.

MOLTKE, GENERALOBERST HELMUTH VON, *Erinnerungen-Briefe-Dokumente, 1877–1916*, Stuttgart, Der Kommendetag, 1922.

MüHLON, WILHELM (a director of Krupp's), *L'Europe devastée: notes prises dans les premiers mois de la guerre*, tr., Paris, Payot, 1918.

RITTER, GERARD, *The Schlieffen Plan, Critique of a Myth*, tr. (contains first published text of many of Schlieffen's papers), London, Oswald Wolff, 1958.

RUPPRECHT, CROWN PRINCE OF BAVARIA, *Mein Kriegstagebuch*, Vol. I, Munich, Deutscher National Verlag, 1929.

SANTAYANA, GEORGE, *Egotism in German Philosophy*, 2nd ed., New York, Scribner's, 1940.

SCHINDLER, OBERLEUTNANT D., Eine 42 cm. *Mörser-Batterie im Weltkrieg*, Breslau, Hoffmann, 1934. 作者是 402 團的砲兵軍官，當日參與在列日的戰鬥。這本書是當時唯一針對圍城砲兵作戰的第一手史料。

SCHLIEFFEN, ALFRED, FELDMARSHALL GRAF VON, *Cannae*, tr. Fort Leavenworth, Command and General Staff School Press, 1936.

SCHOEN, FREIHERR WILHELM VON, *Memoirs of an Ambassador*, tr., New York, Brentano's, 1923.

SOUCHON, ADMIRAL WILHELM, *La Percée de SMS Goeben et Breslau de Messine aux Dardanelles in Les marins allemands au combat*, ed. Vice-Admiral Eberhard von Mantey, Reichs Marine-Archiv, tr. Capitain R. Jouan, Paris, Payot, 1930.

STÜRGKH, GENERAL GRAF JOSEF (Austrian representative at OHL), *Im Deutschen Grossen Hauptquartier*, Leipzig, List, 1921.

TAPPEN, GENERAL GERHARD (Chief of Operations at OHL), *Jusqu'à la Marne en 1914 in Documents allemands sur la bataille de la Marne*, tr. and ed. by Lt.-Col. L. Koeltz of the French General Staff, Paris, Payot, 1930.

BüLOW, GENERAL KARL VON, *Mon Rapport sur la Bataille de la Marne*, tr. J. Netter, Paris, Payot, 1920.

CLAUSEWITZ, GENERAL CARL VON, *On War*, tr. Col. J. J. Graham, 3 vols., London, Kegan Paul, 1911.

CONRAD VON HöTZENDORFF, FELDMARSCHALL FRANZ, *Aus Meiner Dienstzeit, 1906–18*, 5 vols., Vienna, 1921–25.

ECKHARDSTEIN, BARON H. VON, *Ten Years at the Court of St. James, 1895–1905*, tr., London, Butterworth, 1921.

ERZBERGER, MATTHIAS, *Souvenirs de guerre*, tr., Paris, Payot, 1921.

FOERSTER, WOLFGANG, *Le Comte Schlieffen et la Grande Guerre Mondiale*, tr. Paris, Payot, 1929.

FRANçOIS, GENERAL HERMANN VON, *Marneschlacht und Tannenberg*, Berlin, Scherl, 1920.

FREYTAG-LORINGHOVEN, FREIHERR VON, *Menschen und Dinge wie ich sie in meinem Leben sah*, Berlin, Mittler, 1923.

GERARD, JAMES W., *My Four Years in Germany*, New York, Doran, 1917.

GRELLING, RICHARD, *J'Accuse, tr., A. Grey*, New York, Doran, 1915.

HALLAYS, ANDRÉ, *L'Opinion allemande pendant la guerre, 1914–18*, Paris, Perrin, 1919.

HANSSEN, HANS PETER (deputy of Schleswig-Holstein in the Reichstag), *Diary of a Dying Empire*, tr. O. O. Winter, Indiana University Press, 1955.

HAUSEN, GENERAL FREIHERR MAX VON, *Souvenirs de campagne de la Marne en 1914*, tr., Paris, Payot, 1922.

HAUSSMAN, CONRAD, *Journal d'un deputé au Reichstag*, tr., Paris, Payot, 1928.

HINDENBURG, FIELD MARSHAL PAUL VON, *Out of My Life*, Vol. I, tr. New York, Harper's, 1921.

HOFFMANN, GENERAL MAX, *The War of Lost Opportunities*, tr., New York, International, 1925.

———, *The Truth About Tannenberg*, included in Vol. II of his War Diaries and Other Papers, tr., Eric Sutton; Intro. by K. F. Nowak, London, Secker, 1929.

KLUCK, GENERAL ALEXANDER VON, *The March on Paris and Battle of the Marne, 1914*, tr., New York, Longmans, 1920.

KOPP, GEORG (a member of the crew of the Goeben), *Das Teufelschiff und seine kleine Schwester*, tr. as Two Lone Ships, Goeben and Breslau, by Arthur Chambers, London, Hutchinson, 1931.

KRAFFT VON DELLMENSINGEN, GENERAL (Chief of Staff of Rupprecht's Army), *Die Führung des Kronprinzen Rupprecht von Bayern auf dem linken Deutschen Heeresflügel bis zur*

MULLER, COMMANDANT VIRGILE (aide-de-camp to Joffre), *Joffre et la Marne*, Paris, Cres, 1931.

PALAT, GÉNÉRAL BARTHÉLMY, *La Grande Guerre sur le front occidental*, Vols. I-IV, Paris, Chapelot, 1920–27.

PALÉOLOGUE, MAURICE, *Un Grand Tournant de la politique mondiale, 1904–06*, Paris, Plon, 1934.

———, "Un Prélude à l'invasion de Belgique," *Revue des Deux Mondes*, October, 1932.

PERCIN, GÉNÉRAL ALEXANDRE (Member of Supreme War Council in 1911 and Governor of Lille in 1914), 1914, *Les erreurs du haut commandement*, Paris, Michel, 1920.

PIERREFEU, JEAN DE (a journalist by profession who, as an officer, was attached to GQG to prepare the communiqués for publication), *GQG*. Secteur I, Paris, Edition française Illustrée, 1920.

———, *Plutarque a menti*, Paris, Grasset, 1923.

POINCARÉ, RAYMOND, *Mémoirs*, 4 vols., tr. Sir George Arthur, New York, Doubleday, 1926–29. 儘管僅是法國名義上的元首，但法國總統彭加勒卻是當時法國政治的核心人物，一如霞飛之於軍方。彭加勒的紀錄彌足珍貴，有助於我們理解當時的戰爭、法國政治、國際事務與政府內部與陸軍總部的衝突。

TANANT, GÉNÉRAL (Chief of Operations in the French Third Army), *La Troisième Armée dans la bataille*, Paris, Renaissance, 1923.

VIVIANI, RENÉ, *As We See It*, tr. New York, Harper's, 1923.

WHARTON, EDITH (who was living in Paris in August, 1914), *Fighting France*, New York, Scribner's, 1915.

## 德國

BAUER, COLONEL M. (Chief of Artillery section at OHL), *Der Grosse Krieg in Feld und Heimat*, Tübingen, Osiander, 1921.

BERNHARDI, GENERAL FRIEDRICH VON, *Germany and the Next War*, tr. Allen H. Powles, London, E. Arnold, 1914.

BETHMANN-HOLLWEG, THEODOR VON, *Reflections on the World War*, tr. London, Butterworth, 1920.

BLOEM, WALTER (Reserve Captain of Brandenburg Grenadiers in IIIrd Corps of von Kluck's Army), *The Advance from Mons, 1914*, tr. G. C. Wynne, London, Davies, 1930.

BLüCHER, EVELYN, PRINCESS, *An English Wife in Berlin*, London, Constable, 1920.

BüLOW, BERNHARD, PRINCE VON, *Memoirs*, 4 vols., tr. Boston, Little, Brown, 1931–32.

———, *La Conduite de la guerre jusqu'à la bataille de la Marne*, Paris, Chapelot, 1922.

GUARD, WILLIAM J., *The Soul of Paris—Two Months in 1914* by an American Newspaperman, New York, Sun Publishing Co., 1914.

HANOTAUX, GABRIEL, *Histoire illustrée de la guerre de 1914*, 17 vols., Paris, 1916. 本書摘錄許多法軍與德軍戰俘的日記，因此相當有參考價值。

HIRSCHAUER, GÉNÉRAL, and KLÉIN, GÉNÉRAL (Chief and Deputy Chief of Engineers of Military Government of Paris in 1914), *Paris en état de défense*, Paris, Payot, 1927.

HUDDLESTON, SISLEY, *Poincaré. A Biographical Portrait*, Boston, Little, Brown, 1924.

HUGUET, GENERAL A., *Britain and the War: a French Indictment*, London, Cassell, 1928. 光從書名就能看出宇傑對英法關係的苦澀與不滿，也因此影響本書的參考價值。

ISAAC, JULES, *Joffre et Lanrezac*, Paris, Chiron, 1922.

———, "L'Utilisation des reserves en 1914," *Revue d'Histoire de la Guerre*, 1924, pp. 316–337.

JOFFRE, MARSHAL JOSEPH J. C., *Memoirs*, Vol. I, tr. Col. T. Bentley Mott, New York, Harper's, 1932. 對霞飛的個人回憶記載不多，反而都在記錄戰爭。本書對戰場指揮官的描寫堪稱目前為止最完整詳盡的，但卻不是霞飛親筆寫成。相較於霞飛戰後在布里埃聽證會上的含糊證詞，這本書卻顯得格外清晰準確，而且淺顯易懂。有許多跡象顯示，這本書是由霞飛忠實的參謀軍官根據官方紀錄所寫成，也因此本書的弊病就是太積極凸顯主人翁霞飛在歷史中的重要性。儘管如此，重要的地圖與良好的翻譯仍使本書成為不可或缺的參考，但必須與其他史料一同對讀。

LANGLE DE CARY, GÉNÉRAL DE, *Souvenirs de commandement*, 1914–16, Paris, Payot, 1935.

LANREZAC, GÉNÉRAL CHARLES, *Le Plan de campagne français et le premier mois de la guerre*, Paris, Payot, 1920.

LIBERMANN, HENRI, *Ce qu'a vu en officier de chasseurs à pied*. Ardennes belges-Marne-St. Gond, 2 Aôut-28 Septembre, 1914, Paris, Plon, 1916.

MARCELLIN, LEOPOLD, *Politique et politiciens pendant la guerre*, Vol. I, Paris, Renaissance, 1923.

MAYER, LT.-COL. EMILE, *Nos chefs de 1914*, Paris, Stock, 1930.

MESSIMY, GÉNÉRAL ADOLPHE, *Mes Souvenirs*, Paris, Plon, 1937. 梅西米幾乎對每件事都有紀錄。他的紀錄一如比利時的蓋雷將軍充滿有用的資訊，而且更加熱情洋溢、揮灑自如（蓋雷的書寫則相對沉默寡言、紀律嚴明）。梅西米曾在關鍵的 1911 年 7 月與 1914 年 8 月擔任戰爭部長之職，他的著作就跟蓋雷、邱吉爾與考茨基的著作一樣重要，且當時並未出版。

MOTT, COL., T. BENTLEY, Myron T. Herrick, *Friend of France*, New York, Doubleday, Doran, 1929. (Chiefly excerpts from diary and letters.)

## 法國

ADAM, H. PEARL, *Paris Sees It Through: A Diary, 1914–19*, London, Hodder & Stoughton, 1919.

ALLARD, PAUL, *Les Généraux Limogés pendant la guerre*, Paris, Editions de France, 1933.

BIENAIMÉ, ADMIRAL AMADÉE, *La Guerre navale: fautes et responsabilités*, Paris, Taillander, 1920.

BRUUN, GEOFFREY, *Clemenceau*, Cambridge, Harvard, 1943.

CHARBONNEAU, COL. JEAN, *La Bataille des frontières*, Paris, Lavanzelle, 1932.

CHEVALIER, JACQUES, *Entretiens avec Bergson,* Paris, Plon, 1959.

CLERGERIE, GÉNÉRAL (Chief of Staff of GMP), *Le Rôle du Gouvernement Militaire de Paris, du 1er au 12 Septembre, 1914*, Paris, Berger-Levrault, 1920.

CORDAY, MICHEL, *The Paris Front*, tr., New York, Dutton, 1934.

DEMAZES, GÉNÉRAL, *Joffre, la victoire du caractère*, Paris, Nouvelles Editions Latines, 1955.

DUBAIL, GÉNÉRAL AUGUSTIN, *Quatres années de commandement, 1914–18: Journal de Campagne, Tome I, 1ere Armée*, Paris, Fournier, 1920.

DUPONT, GÉNÉRAL CHARLES (Chief of Deuxième Bureau in 1914), *Le Haut Commandement allemand en 1914: du point de vue allemand*, Paris, Chapelot, 1922.

ENGERAND, FERNAND (deputy from Calvados and rapporteur of the Briey Commission of Inquiry), *La Bataille de la frontière, Aôut, 1914*: Briey, Paris, Brossard, 1920.

______, *Le Secret de la frontière, 1815–1871–1914*; Charleroi, Paris, Brossard, 1918.

______, *Lanrezac*, Paris, Brossard, 1926.

FOCH, MARSHAL FERDINAND, *Memoirs*, tr. Col. T. Bentley Mott, New York, Doubleday, Doran, 1931.

GALLIENI, GÉNÉRAL, *MÉmoires: défense du Paris, 25 Aôut-11 Septembre, 1914*, Paris, Payot, 1920.

______, *Les Carnets de Gallieni*, eds. Gaetan Gallieni & P. B. Gheusi, Paris, Michel, 1932.

______, *Gallieni Parle*, eds. Marius-Ary et Leblond, Paris, Michel, 1920. 加利埃尼在 1916 年不及完成回憶錄就過世，本書因此是由他的兒子與前副官根據其筆記本補遺而成。

GAULLE, GÉNÉRAL CHARLES DE, *La France et son armée*, Paris, Plon, 1938.

GIBBONS, HERBERT ADAMS, *Paris Reborn*, New York, Century, 1915.

GIRAUD, VICTOR, *Le Général de Castelnau*, Paris, Cres, 1921.

GRASSET, COLONEL A., *La Bataille des deux Morins: Franchet d'Esperey à la Marne, 6–9 Septembre, 1914*, Paris, Payot, 1934.

GROUARD, LT.-COL. AUGUSTE, *La Guerre éventuelle: France et Allemagne*, Paris, Chapelot, 1913.

LEE, SIR SIDNEY, *King Edward VII*, 2 vols., New York, Macmillan, 1925–27.

LLOYD GEORGE, DAVID, *War Memoirs*, Vol. I, Boston, Little, Brown, 1933.

MACREADY, GENERAL SIR NEVIL (Adjutant-General in the BEF), *Annals of an Active Life*, Vol. I., London, Hutchinson, n.d.

MACDONAGH, MICHAEL, *In London During the Great War: Diary of a Journalist*, London, Eyre & Spottiswoode, 1935.

MAGNUS, SIR PHILIP, *Kitchener*, New York, Dutton, 1959.

MAURICE, MAJOR-GENERAL SIR FREDERICK (staff officer of BEF, 3rd Division, August, 1914) *Forty Days in 1914*, New York, Doran, 1919.

MCKENNA, STEPHEN, *While I Remember*, New York, Doran, 1921.

MILNE, ADMIRAL SIR ARCHIBALD BERKELEY, *The Flight of the Goeben and the Breslau*, London, Eveleigh Nash, 1921.

MORLEY, JOHN, VISCOUNT, *Memorandum on Resignation*, New York, Macmillan, 1928.

NEWTON, THOMAS, LORD, *Lord Lansdowne*, London, Macmillan, 1929.

NICOLSON, HAROLD, *King George the Fifth*, London, Constable, 1952.

______, *Portrait of a Diplomatist: Being the Life of Sir Arthur Nicolson*, First Lord Carnock, Boston, Houghton Mifflin, 1930.

PEEL, MRS. C. S., *How We Lived Then, 1914–18*, London, John Lane, 1929.

REPINGTON, LT. COL. CHARLES à COURT, *The First World War, 1914–18*, Vol. I, Boston, Houghton Mifflin, 1920.

ROBERTSON, FIELD MARSHAL SIR WILLIAM, *From Private to Field Marshal*, Boston, Houghton Mifflin, 1921.

______, *Soldiers and Statesmen, 1914–18*, Vol. I, New York, Scribner's, 1926.

SHAW, GEORGE BERNARD, *What I Really Wrote About the War*, New York, Brentano's, 1932.

SMITH-DORRIEN, GENERAL SIR HORACE, *Memories of 48 Years' Service*, London, Murray, 1925.

SPEARS, BRIG.-GEN. EDWARD L., Liaison, *1914: A Narrative of the Great Retreat*, New York, Doubleday, Doran, 1931. 這是一本文筆出色、色彩斑斕的戰爭回憶錄，對細節觀察入微。這是當時英語著作中，對法國戰役初期的描述最有趣的一本。不過作者在特定部分懷有個人偏見，甚至會扭曲事實。

STEED, WICKHAM H. (Foreign Editor of The Times), *Through Thirty Years*, New York, Doubleday, Doran, 1929.

TREVELYAN, GEORGE MACAULAY, *Grey of Fallodon*, Boston, Houghton Mifflin, 1937.

WILSON, GENERAL SIR HENRY, see CALLWELL.

1930.

CHURCHILL, SIR WINSTON, *The World Crisis*, Vol. 1, 1911–1914, New York, Scribner's, 1928. 邱吉爾在大戰爆發時正擔任重要職務，本書因此是英語世界中最重要的單一參考史料來源。

———, *The Aftermath*, Vol. 4 of The World Crisis, New York, Scribner's, 1929.

———, *Great Contemporaries*, New York, Putnam's, 1937.

CORBETT-SMITH, MAJOR A. (artillery officer in Smith-Dorrien's Corps), *The Retreat from Mons,* London, Cassell, 1917.

CUST, SIR LIONEL, *King Edward and His Court: Some Reminiscences*, London, Murray, 1930.

CUSTANCE, ADMIRAL SIR REGINALD, *A Study of War*, London, Constable, 1924.

DUGDALE, BLANCHE E. C., *Arthur James Balfour*, 2 vols., New York, Putnam, 1937.

ESHER, REGINALD, VISCOUNT, *The Influence of King Edward and Other Essays*, London, Murray, 1915.

———, *The Tragedy of Lord Kitchener*, New York, Dutton, 1921.

———, *Journals and Letters*, Vol. 3, 1910–15, London, Nicolson & Watson, 1938.

FISHER, ADMIRAL OF THE FLEET, LORD, *Memories*, London, Hodder and Stoughton, 1919.

———, *Fear God and Dread Nought: Correspondence of Admiral of the Fleet Lord Fisher of Kilverstone*, 3 vols., ed. Arthur J. Marder, London, Cape, 1952–56–59.

FRENCH, FIELD MARSHAL VISCOUNT, OF YPRES, *1914*, Boston, Houghton Mifflin, 1919. 本書無法作為一個可靠的參考來源，因為法蘭奇爵士的書寫充滿敵意且刻意選擇性的省略許多實情。

GARDINER, A. G., *The War Lords*, London, Dent, 1915.

GREY, VISCOUNT, OF FALLODON, *Twenty-Five Years*, 2 vols., London, Hodder & Stoughton, 1925.

HALDANE, RICHARD BURDON, VISCOUNT, *An Autobiography*, New York, Doubleday, Doran, 1929.

———, *Before the War*, New York, Funk & Wagnalls, 1920.

HAMILTON, CAPTAIN ERNEST W. (Captain of 11th Hussars in Allenby's Cavalry Division), *The First Seven Divisions*, New York, Dutton, 1916.

HURD, SIR ARCHIBALD, *The German Fleet*, London, Hodder & Stoughton, 1915.

———, *The British Fleet in the Great War*, London, Constable. 1919.

JELLICOE, ADMIRAL VISCOUNT, *The Grand Fleet, 1914–16*, New York, Doran, 1919.

KENWORTHY, J. M. (Lord Strabolgi), *Soldiers, Statesmen and Others*, London, Rich & Cowen, 1933.

Belgium in August, 1914), *Six Weeks at the War*, Chicago, McCluny, 1915.

VERHAEREN, EMILE, *La Belgique sanglante*, Paris, Nouvelle Revue Française, 1915.

WHITLOCK, BRAND, *Belgium: A Personal Narrative*, Vol. I, New York, Appleton, 1910. 威洛克是美國總統威爾遜任命的駐比利時公使，他曾擔任過律師與媒體人，還曾獨立參選並當過四屆俄亥俄州托雷多市市長，贏得好評。他是一位進步派，直言不諱且勇於任事，更是一位優秀的作家。他與公使祕書吉布森的著作雖然都是外交官的作品，但卻沒有虛偽的包裝，反而替戰爭首月的比利時保留了珍貴的紀錄，這不能不說是歷史之幸。

**英國與英國遠征軍**

ADDISON, CHRISTOPHER (Parliamentary Secretary to Board of Education), *Four and a Half Years: A Personal Diary from June 1914 to January 1919*, London, Hutchinson, 1934.

ANGELL, NORMAN, *The Great Illusion: A Study of the Relation of Military Power to National Advantage*, 4th ed., New York, Putnam's, 1913.

ARMY QUARTERLY, London. 這本刊物評論了 1920 年代各國與戰爭主題有關的出版品，因此替英語世界提供了一次大戰著作的詳實資訊。

ARTHUR, SIR GEORGE, *Life of Lord Kitchener*, Vol. III, New York, Macmillan, 1920.

______, *George V*, New York, Cape, 1930.

ASQUITH, EARL OF OXFORD AND, *Memories and Reflections*, 2 vols., London, Cassell, 1928.

ASTON, MAJOR-GENERAL SIR GEORGE, *Biography of the Late Marshal Foch*, London, Hutchinson, 1930.

BACON, ADMIRAL SIR REGINALD, *Life of Lord Fisher*, London, Hodder & Stoughton, 1929.

BEAVERBROOK, LORD, *Politicians and the War, 1914–16*, New York, Doubleday, Doran, 1928.

BERTIE, LORD, *Diary of Lord Bertie of Thame*, Vol. I, London, Hodder & Stoughton, 1924.

BIRKENHEAD, VISCOUNT, *Points of View*, Vol. I, London, Hodder & Stoughton, 1922.

BLAKE, ROBERT, ed., *Haig: Private Papers, 1914–18*, London, Eyre & Spottiswoode, 1952.

BRIDGES, LIEUT.-GENERAL SIR TOM (Officer in the 2nd Cavalry Brigade of the BEF and formerly military attaché in Brussels), *Alarms and Excursions*, London, Longmans, 1938.

CALLWELL, MAJOR-GENERAL SIR CHARLES E. (Became Director of Operations and Intelligence at the War Office in August, 1914, when Wilson and Macdonogh went to France), *Experiences of a Dug-Out, 1914–18*, London, Constable, 1920.

______, *Field Marshal Sir Henry Wilson: His Life and Diaries*, Vol. I, New York, Scribner's, 1927.

CHAMBERLAIN, SIR AUSTEN, *Down the Years*, London, Cassell, 1935.

CHARTERIS, BRIGADIER-GENERAL JOHN, *At GHQ*, London, Cassell, 1931.

CHILDS, MAJOR-GENERAL SIR WYNDHAM, *Episodes and Reflections*, London, Cassell,

*Supplements*, World War, 1914, Washington, G.P.O., 1928

## 非官方出版品

### 比利時

BASSOMPIERRE, BARON ALFRED DE, *The Night of August 2–3, 1914*, at the Belgian Foreign Office, tr. London, Hodder & Stoughton, 1916.

BEYENS, BARON, *Deux Années à Berlin, 1912–14*, 2 vols., Paris, Plon, 1931.

CAMMAERTS, EMILE, *Albert of Belgium*, tr. New York, Macmillan, 1935.

CARTON DE WIART, HENRY (Belgian Minister of Justice in 1914). *Souvenirs politiques*, Brussels, Brouwer, 1948.

COBB, IRWIN S., Paths of Glory—*Impressions of War Written at and near the Front*, New York, Dutton, 1914.

DAVIS, RICHARD HARDING, *With the Allies*, New York, Scribner's, 1914.

DEMBLON, CELESTIN (deputy of Liège), *La Guerre a Liège: Pages d'un témoin*, Paris, Lib. Anglo-Française, 1915.

D'YDEWALLE, CHARLES, *Albert and the Belgians*, tr. New York, Morrow, 1935.

ESSEN, LéON VAN DER, *The Invasion and the War in Belgium from Liège to the Yser*, tr. London, Unwin, 1917.

GALET, GENERAL EMILE JOSEPH, *Albert, King of the Belgians, in the Great War*, tr. Boston, Houghton Mifflin, 1931. 這本著作是由艾伯特國王的私人軍事顧問（後來擔任參謀總長）寫成，具權威性、完整詳實，且不可或缺。

GIBSON, HUGH (First Secretary of the American Legation), *A Journal from Our Legation in Belgium*, New York, Doubleday, 1917.

KLOBUKOWSKI, A. (French Minister in Brussels), "Souvenirs de Belgique," *Revue de Paris*, Sept.-Oct., 1927.

———, "La Résistance belge à l'invasion allemande," *Revue d'Histoire de la Guerre*, July 1932.

MALCOLM, IAN, ed., *Scraps of Paper: German Proclamations in Belgium and France*, New York, Doran, 1916.

MILLARD, OSCAR E., *Burgomaster Max*, London, Hutchinson, 1936.

POWELL, E. ALEXANDER (correspondent of the New York World attached to the Belgian forces in 1914), *Fighting in Flanders*, New York, Scribner's, 1914.

SCHRYVER, COL. A. DE, *La Bataille de Liège*, Liège, Vaillant-Carmanne, 1922.

SUTHERLAND, MILLICENT, DUCHESS OF (leader of a volunteer ambulance corps of nurses to

*Bassin de Briey*, 1re et 2me parties.

______. *Rapport de la Commission d'Enquète par* M. Fernand Engerand, deputé. 1re partie: "Concentration de la metallurgic française sur la frontière de l'Est." 2me partie: "La perte de Briey." 這些聽證會是我們對法軍在 1914 年 8 月軍方政策的主要參考來源，許多重要的法國參謀總長與現場指揮官皆被要求到場作證。在布里埃的鐵礦區遭到德軍占領後，法國政府就召開了這些聽證會，調查戰爭初期的戰略安排。

FRANCE, Ministère de la Guerre; Etat-major de l'Armée, Service Historique, *Les Armées Françaises dans la grande guerre*, Tome I, Vols. 1 and 2 and Annexes Paris, Imprimerie Nationale 1922–1925. 這部官方戰史的第一卷，始於 1914 大戰爆發以前的 1911 年米歇爾事件，同時涵蓋了戰爭初期至邊境戰爭。第二卷則從撤退開始書寫，一路寫到馬恩河之役。兩卷戰史的價值在於附錄中收錄了法國陸軍總部與前線部隊的通訊與命令文書，是當時最生動也最直接的原始材料。

GERMANY, Foreign Office, *Outbreak of the World War*; German documents collected by Karl Kautsky and edited by Max Montgelas and Walther Schucking, translated by Carnegie Endowment, New York, Oxford, 1924. 本書由德國威瑪政府編著與出版，為了補充德國白皮書之不足。

GERMANY, Genralstaab, *Kriegsbrauch im Landkriege* (Usages of War on Land), translated as *The German War Book* by J. H. Morgan, London, Murray, 1915.

GERMANY, Marine-Archiv, *Der Krieg zur* See, 1914–18, No. 5, Band 1, *Der Krieg in dem Turkische Gewassen*; Die Mittelmeer Division, Berlin, Mittler, 1928.

GERMANY, Reichsarchiv, *Der Weltkrieg 1914–18*, Band 1, *Die Militärische Operationen zu Lande*; *Die Grenzschlachten im Westen*, Band 3, Von der Sambre bis zur Marne, Berlin, Mittler, 1924.

GREAT BRITAIN, Committee of Imperial Defence, Historical Section, CORBETT, SIR JULIAN, *Naval Operations: History of the Great War Based on Official Documents*, Vol. I, New York, Longmans, 1920.

______, EDMONDS, BRIGADIER-GENERAL JAMES E., *Military Operations: France and Belgium, 1914*, Vol. I and volume of maps, 3rd ed., London, Macmillan, 1933. 極好的學術著作，特別具有參考價值，因為它收錄了法國與德國的史料，證明在特定日期下，英國遠征軍的盟友與敵人的實際情形，以及三軍對彼此的看法。

______, FAYLE, C. ERNEST, *Seaborne Trade*, Vol. I, London, Murray, 1920.

GREAT BRITAIN, Foreign Office. *British Documents on the Origins of the War, 1898–1914*, 11 vols., eds. G. P. Gooch and H. W. V. Temperley, London, 1927–38.

UNITED STATES, Department of State. *Papers Relating to the Foreign Relations of the U. S.*

# 參考書目

此處羅列的史料將以一手史料為主，包括傳記與收錄一手史料的專門研究，例如針對希里芬計畫的專門研究。最末也會收錄一部分二手史料。若為外文著作，也會至少提供英文或法文譯本的資訊。

有關一次大戰的史料多到可以另成一本書，歷史上從未有過留下更多史料的事件。所有曾參與其中的人，似乎就像當年經歷過法國大革命的人一樣，認為一次大戰是一場歷史的大震盪。所有人都能從中感受到歷史的重量。戰爭結束時，儘管戰爭時期曾有過勇氣、技巧與犧牲，但戰後的一切卻顯得失敗、悲劇與徒勞。戰爭沒有創造更好的世界，因此許多政界與軍界要人都感到有義務解釋一切，解釋他們的決定與行為。幾乎所有在那年八月遭到解職或降級的高階指揮官（無論是否為代罪羔羊），都留有用於平反用的私人紀錄。隨著愈來愈多相關文件問世，有關戰爭罪責的爭論也開始浮上檯面。私人恩怨成為公開爭議，許多原本保持沉默的人也開始發聲，例如史密斯—杜利恩將軍或法蘭奇爵士。著作與爭議都開始大增，而諸如霞飛或加利埃尼等歷史事件的相關參與者，他們所催生的著作多到足以塞滿圖書館。

歷史學家在這片爭議的森林中摸索前進，試圖重新捕捉過去的真相，「明白過去的一切」。然而，歷史學家中就發現真相是主觀的，是各自獨立的，是由許許多多感官經驗的小碎片組合而成，來自各個不同人的紀錄。歷史學家就像是在看萬花筒，當圓筒轉動時，無數顏色的碎片就會形成一幅新的景象，即便它們正是原本構成另一幅景象的相同碎片。只要根據歷史當事人留下來的資料，就免不了會碰上這種問題。「明白過去的一切」是人盡皆知的理想，卻也是個遙不可及的理想。

## 官方出版品

CARNEGIE ENDOWMENT FOR INTERNATIONAL PEACE, *Diplomatic Documents Relating to the Outbreak of the European War*, 2 vols., ed. James Brown Scott, New York, Oxford, 1916. 這些檔案收錄了戰爭爆發後一段時間各國外交部的出版品，包括倉促集結且高度選擇性的德國外交白皮書（發布於 1914 年 8 月 4 日），以及奧匈帝國紅皮書、比利時的灰皮書、法國的黃皮書、英國的藍皮書兩本、義大利的綠皮書、俄國的橘皮書兩本，以及塞爾維亞的藍皮書。

FRANCE, Assemblée Nationale, Chambre des Deputés, Session de 1919. *Procès-Verbaux de la Commission d'Enquète sur le rôle et la situation de la metal-lurgie en France: defense du*

| 中文 | 英文 | 中文 | 英文 |
|---|---|---|---|
| 14 畫 | | | |
| 榮譽軍團大綬勛章 | Grand Cordon of the Legion of Honor | 赫迪夫 | Khedive |
| 維也納會議 | Congress of Vienna | 齊柏林飛船 | Zeppelin |
| 蒙斯之役 | Battle of Mons | | |
| 15 畫以上 | | | |
| 德勒斯登號 | Dresden | 霍亨索倫號 | Hohenzollern |
| 德國陸軍最高指揮部 | Oberste Heeresleitung | 薩本事件 | Zabern Affair |
| 德雷福斯事件 | Dreyfus Affair | 邊境戰役 | Battle of the Frontiers |
| 戰爭危險 | Kriegesgefahr | 嚴君號 | Jawus |
| 穆拉 | Mullah | 警戒時期 | Precautionary Period |

| 中文 | 英文 | 中文 | 英文 |
|---|---|---|---|
| 法國軍事行動局 | Bureau of Military Operations | 法蘭西最高戰爭學院 | Ecole Supérieure de la Guerre |
| 法國國民議會 | French Assembly | 波加迪爾號 | Bogadir |
| 法國國家圖書館 | Bibliotèque National | 波爾戰爭 | Boer War |
| 法國陸軍總指揮部 | Grand Quartier Général，簡稱 GQG | 阿里阿德涅號 | Ariadne |
| 法國最高戰爭委員會 | Supreme War Council | 青年土耳其黨人革命 | Young Turk Revolution |
| 9 畫 | | | |
| 哈里發 | Caliph | 美國藝文學會 | American Academy and Institute of Arts and Letters |
| 查騰姆號 | Chatham | 胡格諾派 | Huguenot |
| 柯尼斯堡號 | Königsberg | 英國遠征軍 | British Expeditionary Force |
| 科隆號 | Köln | 韋茅斯號 | Weymouth |
| 10 畫 | | | |
| 恩登號 | Emden | 豹號 | Panther |
| 格本號 | Goeben | 馬恩河之役 | Battle of the Marne |
| 格奈森瑙號 | Gneisenau | 馬恩河奇蹟 | Miracle of the Marne |
| 11 畫 | | | |
| 基督科學教會 | Christian Science | 都柏林號 | Dublin |
| 條頓騎士團 | Order of Teutonic Knights | 麥克米倫公司 | Macmillian Company |
| 12 畫 | | | |
| 斯科達公司 | Skoda | 費奧多西亞 | Feodosia |
| 最後彈藥筒之役 | Battle of the Last Cartridge | 黑色百人團 | Black Hundreds |
| 無畏艦隊 | Dreadnought Fleet | 黑爾戈蘭灣之戰 | Battle of Heligoland Bight |
| 菲利普維爾 | Philippeville | | |
| 13 畫 | | | |
| 奧斯曼蘇丹號 | Sultan Osman | 義和團運動 | Boxer Rebellion |
| 極限攻擊 | offensive à outrance | 聖喬治十字勛章 | Cross of St. George |
| 瑞沙迪埃號 | Reshadieh | | |

| 中文 | 英文 | 中文 | 英文 |
|---|---|---|---|
| 《德國海軍法》 | German Navy Law | 《戰爭行為》 | La Conduite de la Guerre |
| 《德國與下一場戰爭》 | Germany and the Next War | 《戰爭原理》 | Les Principes de la Guerre |
| 《德意志評論》 | Deutsche Revue | 《驕傲之塔》 | The Proud Tower |
| 《論壇報》 | Tribune | 「亞眠報導」 | Amiens dispatch |
| 2 畫 | | | |
| 十七號計畫 | Plan 17 | | |
| 3 畫 | | | |
| 三帝同盟 | Drei-Kaiser Bund | 大英帝國防禦委員會 | Committee of Imperial Defence |
| 三國同盟 | Triple Alliance | 大英帝國參謀總長 | Chief of Imperial General Staff |
| 三國協約 | Entente | 大維齊爾 | Grand Vizier |
| 土耳其兵 | Turcos | 大艦隊 | Grand Fleet |
| 大十字榮譽勛章 | Grand Cross of the Legion of Honor | | |
| 4 畫 | | | |
| 不屈號 | Inflexible | 中央黨 | Catholic Centrist Party |
| 不倦號 | Indefatigable | 公海艦隊 | High Seas Fleet |
| 不撓號 | Indomitable | 卡爾斯魯爾號 | Karlsruhe |
| 5 畫 | | | |
| 布朗熱運動 | Boulangism | 瓦隆人 | Walloons |
| 布雷斯勞號 | Breslau | 生命衝力 | élan vital |
| 6 畫 | | | |
| 伊珀爾之役 | Battle of Ypres | 自由黨小英國派 | Little Englanders |
| 同盟國 | Central Powers | 自由黨帝國派 | Liberal Imperialists |
| 米迴利號 | Midilli | | |
| 7 畫 | | | |
| 克里奧爾 | Creole | 坎尼會戰 | Battle of Cannae |
| 克魯伯公司 | Krupp | 沙恩霍斯特號 | Scharnhorst |
| 利摩人 | limogés | 沙勒羅瓦之役 | Battle of Charleroi |
| 8 畫 | | | |
| 坦能堡戰役 | Battle of Tannenberg | 彼列 | Bilial |

| 中文 | 英文 | 中文 | 英文 |
|---|---|---|---|
| 〈萬歲勝利者的桂冠〉 | Heil dir im Siegeskranz | 《柏林日報》 | Berliner Tageblatt |
| 〈德意志之歌〉 | Deutschland über Alles | 《柯立爾》週刊 | Collier's |
| 《三年兵役法》 | Three-Year Military Service Law | 《約伯記》 | Job |
| 《大幻覺》 | The Great Illusion | 《倫敦協定》 | Pact of London |
| 《大憲章》 | Magna Carta | 《倫敦宣言》 | Declaration of London |
| 《巴黎回聲報》 | Echo de Paris | 《泰晤士報》 | The Times |
| 《巴黎時報》 | Le Temps | 《泰晤士報文學附刊》 | Times Literary Supplement |
| 《比雅給條約》 | Treaty of Björkö | 《浮士德》 | Faust |
| 《世界危機》 | The World Crisis | 《海牙公約》 | Hague Convention |
| 《出版者週刊》 | Publishers Weekly | 《紐約時報》 | The New York Times |
| 《史迪威與美國在中國的經驗》 | Stilwell and the American Experience in China | 《國家》雜誌 | The Nation |
| 《再保險條約》 | Reinsurance Treaty | 《曼徹斯特衛報》 | Manchester Guardian |
| 《自由比利時報》 | Le Libre Belge | 《梅崗城故事》 | To Kill a Mocking Bird |
| 《西敏報》 | Westminster Gazette | 《猛擊》週刊 | Punch |
| 《西發利亞條約》 | Treaty of Westphalia | 《第一聲禮砲》 | The First Salute |
| 《我的沉思》 | Reveries on the Art of War | 《凱撒大帝》 | Julius Caesar |
| 《我的法庭生涯》 | My Life in Court | 《畫報》 | l'Illustration |
| 《每日紀事報》 | Daily Chronicle | 《費加洛報》 | Le Figaro |
| 《每日郵報》 | Daily Mail | 《週六晚郵報》 | Saturday Evening Post |
| 《每日電訊報》 | Daily Telegraph | 《奧黛莉女士的祕密》 | Lady Audley's Secret |
| 《貝爾福宣言》 | Balfour Declaration | 《愚政進行曲》 | The March of Folly |
| 《武裝國家》 | The Nation in Arms | 《新軍隊》 | L'Armée nouvelle |
| 《法蘭妮與卓依》 | Franny and Zooey | 《新聞報》 | Courant |
| 《物種源始》 | Origin of Species | 《聖經與利劍》 | Bible and Sword |
| 《芝加哥日報》 | Chicago Daily News | 《資本論》 | Das Kapital |
| 《芝加哥論壇報》 | Chicago Tribune | 《實踐歷史》 | Practicing History |
| 《冒險戰》 | La Guerre aventuelle | 《遠方之鏡》 | A Distant Mirror |
| 《拜梨雅士與梅李三德》 | Pelléas et Mélisande | 《齊默曼電報》 | Zimmermann Telegraph |

| 中文 | 英文 | 中文 | 英文 |
|---|---|---|---|
| 14 畫 | | | |
| 圖尼 | Thugny | 維斯杜拉河 | Vistula River |
| 圖勒 | Toul | 維萊科特雷 | Villers-Cotterets |
| 榮軍院 | Invalides | 維塞 | Visé |
| 漢諾威 | Hanover | 維爾通 | Virton |
| 瑪麗亞溫泉鎮 | Marienbad | 蒙托沃 | Montovo |
| 福根瑙 | Frögenau | 蒙特內哥羅 | Montenegro |
| 維多利亞車站 | Victoria Station | 蒙梅迪 | Montmédy |
| 維克特杜爾瑞高中 | Lyce Victor-Duruy | 蒙斯 | Mons |
| 維特里勒法蘭索瓦 | Vitry-le-François | | |
| 15 畫 | | | |
| 劇院廣場 | Place du Théâtre | 熱馬普 | Jemappes |
| 德努薩島 | Denusa | 蓬圖瓦斯 | Pontoise |
| 德里納河 | Drina | 魯汶 | Louvain |
| 摩薩爾河 | Moselle | 黎凡特 | Leventine |
| 16 畫 | | | |
| 暹羅 | Siam | 霍亨索倫－錫格馬林根 | Hohenzollern-Sigmaringen |
| 盧昂 | Rouen | 霍爾斯坦 | Holstein |
| 諾德克 | Neudeck | 默倫 | Melun |
| 諾默尼 | Nomeny | 默茲河 | Meuse |
| 17 畫 | | | |
| 優湖 | Loch Ewe | | |
| 18 畫以上 | | | |
| 薩多瓦 | Sadowa | 羅明頓森林 | Rominten Forest |
| 薩克森 | Saxony | 鏡廳 | Hall of Mirrors |
| 薩爾 | Saar | 麗思酒店 | Ritz |
| 薩爾堡 | Sarrebourg | 龐貝 | Pompeii |
| 薩羅尼加 | Salonika | 蘇瓦尼 | Soignies |
| 薩蘭堡 | Château Salins | 蘇瓦松 | Soissons |
| 羅克魯瓦 | Rocroi | 蘭斯 | Rheims |
| 羅亞爾河 | Loire | | |

## 其他

| | | | |
|---|---|---|---|
| 〈守衛萊茵〉 | Die Wacht am Rhein | 〈送葬進行曲〉 | Dead March |

| 中文 | 英文 | 中文 | 英文 |
|---|---|---|---|
| 12 畫 | | | |
| 傑特河 | Gette | 斯塔盧波能 | Stalluponen |
| 凱旋門 | Arc de Triomphe | 普茲茅斯 | Portsmouth |
| 博里納日 | Borinage | 普雷格河 | Pregel |
| 喀土木 | Khartoum | 費奧多西亞 | Feodosia |
| 堤岸 | Embankment | 隆尚 | Longchamps |
| 彭提斯堡 | Pontisse | 隆桑堡 | Fort Loncin |
| 提爾勒蒙大道 | Boulevard Tirlemont | 隆維 | Longwy |
| 敦克爾克 | Dunkirk | 雅法門 | Jaffa Gate |
| 斯卡帕灣 | Scapa Flow | 黑斯廷斯 | Hastings |
| 斯海爾德河 | Scheldt | 黑爾戈蘭島 | Heligoland |
| 斯特奈 | Stenay | | |
| 13 畫 | | | |
| 圓環 | Rond Point | 聖多米尼克街 | Rue St. Dominique |
| 塔米訥 | Tamines | 聖安德魯 | St. Andrew |
| 塔拉特 | Talaat | 聖西爾軍校 | St. Cyr |
| 塔蘭托 | Taranto | 聖伯多祿教堂 | St. Pierre |
| 塞凡堡 | Sevastopol | 聖彼得堡 | St. Petersburg |
| 塞扎訥 | Sézanne | 聖阿沃爾 | Saint-Avold |
| 塞納河 | Seine | 聖朗貝廣場 | Place St. Lambert |
| 塞納河畔沙蒂永 | Chatillon-sur-Seine | 聖納澤爾 | St. Nazaire |
| 塞爾奈 | Cernay | 聖貢沼澤 | Marshes of St. Gond |
| 奧布河畔巴爾 | Bar-sur-Aube | 聖康坦 | St. Quentin |
| 奧布省 | Aube | 聖富瓦路 | Rue Sainte-Foi |
| 奧克尼 | Orkney | 聖赫勒拿 | St. Helena |
| 奧斯特羅德 | Osterode | 聖熱納維耶夫 | St. Geneviève |
| 奧斯滕德 | Ostend | 萬塞訥城堡 | Vincennes |
| 奧爾洛瓦 | Orlau | 蒂永維爾 | Thionville |
| 奧蘭 | Oran | 蒂耶里堡 | Château-Thierry |
| 楓丹白露 | Fontainebleau | 蒂爾加滕公園 | Tiergarten |
| 溫泉關 | Thermopylae | 達夫華大道 | Boulevard d’Avroy |
| 溫莎城堡 | Windsor Castle | 達夫華公園 | Parc d’Avroy |
| 滑鐵盧 | Waterloo | 達馬爾坦 | Dammartin |
| 聖戈班森林 | Forest of St. Gobain | 達達尼爾海峽 | Dardanelles |
| 聖皮耶廣場 | Place St. Pierre | | |

| 中文 | 英文 | 中文 | 英文 |
|---|---|---|---|
| 迪滕霍芬 | Diedenhofen | 香檳區 | Champagne |
| 香榭麗舍大道 | Champs Elysées | | |
| 10 畫 | | | |
| 倫堡 | Lemberg | 特里爾 | Trier |
| 唐寧街 | Downing Street | 特拉法加 | Trafalgar |
| 埃佩爾奈 | Epernay | 紐倫堡 | Nuremberg |
| 埃施 | Esch | 索弗尼埃爾大道 | Boulevard de Sauveniere |
| 埃納河 | Aisne | 索邦 | Sorbonne |
| 埃斯登 | Eysden | 索姆河 | Somme |
| 埃森 | Essen | 索爾達烏 | Soldau |
| 夏姆隘口 | Trouée de Charmes | 翁艾 | Onhaye |
| 宵希密地 | Cherche-Midi | 貢比涅 | Compiègne |
| 庫馬斯多夫 | Kummersdorf | 貢賓能 | Gumbinnen |
| 朗德爾西 | Landrecies | 馬利恩堡 | Marienburg |
| 格斯通－卡林 | Gaston-Carlin | 馬利葉特 | Mariette |
| 桑布爾河 | Sambre | 馬里阿角 | Cape Malea |
| 桑利斯 | Senlis | 馬林 | Malines |
| 泰內多斯 | Tenedos | 馬約卡島 | Majorca |
| 泰恩河 | Tyne | 馬恩河 | Marne |
| 海法 | Haifa | 馬格拉波瓦 | Marggrabowa |
| 海德公園 | Hyde Park | 馬祖爾湖區 | Masurian Lakes |
| 涅瓦河 | Neva | 馬斯拉圖爾 | Mars-la-Tour |
| 烏夫林根 | Ulflingen | 馬爾勒 | Marle |
| 烏斯道 | Usdau | 馬爾普拉凱 | Malplaquet |
| 烏爾克河 | Ourcq | | |
| 11 畫 | | | |
| 勒包 | Löbau | 梅斯 | Metz |
| 勒卡托 | Le Cateau | 梅濟耶爾 | Mézieres |
| 勒泰勒 | Rethel | 莫伯日 | Maubeuge |
| 基爾 | Kiel | 莫里斯酒店 | Meurice |
| 密爾瓦基 | Milwaukee | 莫城 | Meaux |
| 康布雷 | Cambrai | 莫朗日 | Morhange |
| 敖德薩 | Odessa | 莫爾塔涅河 | Mortagne |
| 梅泰 | Mettet | 訥沙托 | Neufchâteau |

| 中文 | 英文 | 中文 | 英文 |
|---|---|---|---|
| 坦能堡 | Tannenberg | 波森 | Posen |
| 坦蒂尼 | Tintigny | 波爾多 | Bordeaux |
| 坦達羅斯 | Tantalus | 芬蘭灣 | Gulf of Finland |
| 奈登堡 | Neidenburg | 金羊毛大道 | Avenue de la Toison d'Or |
| 白廳大道 | Whitehall | 金伯利 | Kimberley |
| 尚蒂伊 | Chantilly | 金角灣 | Gold Horn |
| 岩石堡 | Château de la Roche | 金獅酒店 | Hotel Lion d'Or |
| 帕丁頓車站 | Paddington Station | 阿加迪爾 | Agadir |
| 拉西尼 | Lassigny | 阿弗爾 | Havre |
| 拉昂 | laon | 阿亨 | Aachen |
| 拉費爾 | La Fère | 阿拉斯 | Arras |
| 於伊 | Huy | 阿金庫爾 | Agincourt |
| 昂代訥 | Andenne | 阿倫 | Haelen |
| 東京灣 | Tonkin | 阿倫施泰因 | Allenstein |
| 林登大道 | Unter den Linden | 阿登 | Ardennes |
| 林蔭大道 | the Mall | 阿爾及爾 | Algiers |
| 法米碼頭 | Quai de Valmy | 阿爾特基什 | Altkirch |
| 法律街 | Rue de la Loi | 阿爾斯特 | Ulster |
| 法國外交部 | Quai d'Orsay | 阿爾斯霍特 | Aerschot |
| 法紹達 | Fashoda | 阿爾隆 | Arlon |
| 法蘭德斯 | Flanders | 阿爾漢格爾斯克 | Archangel, Arkhangelsk |
| 波特蘭 | Portland | 阿爾赫西拉斯 | Algeciras |
| 波茨坦 | Potsdam | | |
| 9 畫 | | | |
| 南安普頓 | Southampton | 洛林 | Lorraine |
| 南錫 | Nancy | 皇家路 | Rue Royale |
| 哈維奇 | Harwich | 科布倫茲 | Coblenz |
| 威倫堡 | Willenburg | 科爾馬 | Colmar |
| 威廉路 | Wilhelmstrasse | 突厥斯坦 | Turkestan |
| 恰納卡 | Chanak | 美因茨 | Mainz |
| 查令十字 | Charing Cross | 美西納 | Messina |
| 柯尼斯堡 | Königsberg | 英斯特堡隘口 | Insterburg Gap |
| 洛西紐 | Rossignol | 迪南 | Dinant |

| 中文 | 英文 | 中文 | 英文 |
|---|---|---|---|
| 布洛涅 | Boulogne | 瓦朗謝訥 | Valenciennes |
| 布洛涅林苑 | Bois de Boulogne | 瓦茲河 | Oise |
| 布萊 | Bray | 申堡－法爾登堡 | Schoenburg-Waldenburg |
| 布隆拜 | Blombay | 白金漢宮 | Buckingham Palace |
| 布蘭登堡門 | Brandenburg Gate | 白廳 | Weisser Saal |
| 弗蘭克瑙 | Frankenau | 皮卡迪利街 | Piccadilly |
| 瓦夫卡維斯克 | Volkovisk | 石勒蘇益格－霍斯坦 | Schleswig-Holstein |
| 瓦沙吉 | Warsage | | |
| **6 畫** | | | |
| 伊珀爾 | Ypres | 安特衛普 | Antwerp |
| 伊爾松 | Hirson | 米盧斯 | Mulhouse |
| 列巴爾 | Reval | 色當 | Sedan |
| 列日 | Liège | 艾比斯達 | Herbesthal |
| 吉斯 | Guise | 艾皮納勒 | Epinal |
| 多佛海峽 | Straits of Dover | 艾菲爾鐵塔 | Eiffel Tower |
| 安那托利亞 | Anatolia | 艾麗榭宮 | Elysée |
| 安格拉普河 | Angerapp | | |
| **7 畫** | | | |
| 伯斯郡 | Perthshire | 廷布克圖 | Timbuktu |
| 克里米亞 | Crimea | 沙皇格勒 | Czargrad |
| 克勒藏坦 | Clezentaine | 沙勒羅瓦 | Charleroi |
| 克雷伊 | Creil | 貝爾格勒 | Belgrade |
| 克魯 | Crewe | 貝爾福 | Belfort |
| 努瓦永 | Noyon | 赤塔 | Chita |
| 君士坦丁堡 | Constantinople | 那不勒斯 | Naples |
| 孚日山脈 | Vosges | 那慕爾 | Namur |
| 希耶河 | Chiers | 邦納 | Bone |
| 希邁 | Chimay | 里耳 | Lille |
| 庇里牛斯山 | Pyrénées | | |
| **8 畫** | | | |
| 亞伯丁 | Aberdeen | 亞爾薩斯 | Alsace |
| 亞眠 | Amiens | 協和廣場 | Place de la Concorde |
| 亞得里亞海 | Adriatic | 和平咖啡館 | Café de la Paix |
| 亞瑟港 | Port Arthur | 和平街 | Rue de la Paix |

| 中文 | 英文 | 中文 | 英文 |
|---|---|---|---|
| 藍德維爾 | Landwehr | 蘇霍姆林諾夫 | Sukhomlinov |
| 羅伯茲 | Roberts | 饒勒斯 | Jean Jaurès |
| 羅伯森 | ”Wully” Robertson | 蘭赫薩克 | Lanrezac |
| 羅曼・羅蘭 | Romain Rolland | 鐵必制 | Tirpitz |
| 羅曼諾夫王朝 | Romanov | 蘿拉・蒙泰茲 | Lola Montez |
| 蘇相 | Wilhelm Souchon | | |

地名

| 3 畫 | | | |
|---|---|---|---|
| 三斯堡 | Sensburg | 土倫 | Toulon |
| 三聖女 | Trois Vierges | 士麥那 | Smyrna |
| 上亞爾薩斯 | Upper Alsace | 大古隆納 | Grand Couronné |
| 凡爾登 | Verdun | 大莫蘭河 | Grand Morin |
| 凡爾賽 | Versailles | 山提島 | Zante |
| **4 畫** | | | |
| 丹吉爾 | Tangier | 巴澤耶 | Bazeilles |
| 厄貝 | Rebais | 戈烏達普 | Goldap |
| 孔代運河 | Condé Canal | 日韋 | Givet |
| 巴拉諾維奇 | Baranovich | 比亞里茲 | Biarritz |
| 巴勒迪克 | Bar-le-Duc | 比夏斯堡 | Bischofsburg |
| 巴提斯 | Battice | 比雅給 | Björkö |
| 巴斯托涅 | Bastogne | 加里西亞 | Galicia |
| 巴隆山 | Ballon d’Alsace | 加里波利 | Gallipoli |
| 巴雄堡 | Barchon | 加斯科涅 | Gascony |
| 巴滕施泰因 | Bartenstein | 加萊 | Calais |
| 巴黎北站 | Gare du Nord | 卡爾斯巴德 | Carlsbad |
| 巴黎東站 | Gare de l’Est | 卡爾斯魯爾 | Karlsruhe |
| 巴黎歌劇院 | Opéra | | |
| **5 畫** | | | |
| 史威力湖 | Loch Swilly | 布瓦 | Bois |
| 史特拉斯堡 | Strasbourg | 布列訥堡 | Brienne-le-Château |
| 尼米 | Nimy | 布里埃 | Briey |
| 尼貝庫爾 | Nubécourt | 布拉班特 | Brabant |
| 尼斯 | Nice | 布林迪西 | Brindisi |

| 中文 | 英文 | 中文 | 英文 |
|---|---|---|---|
| 裴迪南國王 | Ferdinand | 赫岑多夫 | Franz Conrad von Hötzendorff |
| 豪斯曼 | Conrad Haussman | 赫林根 | Heeringen |
| 豪森 | von Hausen | 赫瑞克 | Myron Herrick |
| 豪爾・凱利 | Howard Kelly | 齊默曼 | Arthur Zimmermann |
| 赫弗里希 | Helfferich | | |
| 15 畫 | | | |
| 德斯佩雷 | Franchet d'Esperey | 歐佩斯多夫 | Oppersdorf |
| 德瑞克 | Drake | 歐珍妮 | Eugénie |
| 德爾卡塞 | Delcassé | 潘訥隆 | Penelon |
| 摩里斯 | Hermann Maurice | 魯特維茲 | Luttwitz |
| 摩根 | von Morgen | 魯普雷希特 | Rupprecht |
| 摩爾 | Arthur Moore | 魯登道夫 | Erich Ludendorff |
| 歐文 | Will Irwin | | |
| 16 畫 | | | |
| 穆列 | Muller | 霍亨索倫家族 | Hohenzollern |
| 穆恩斯特 | Münster | 霍恩比 | Hornby |
| 蕭伯納 | George Bernard Shaw | 霍普特曼 | Gerhart Hauptmann |
| 諾斯克里夫 | Northcliffe | 鮑茨 | Dierik Bouts |
| 霍丹 | Richard Haldane | 鮑爾 | Bauer |
| 霍夫曼 | Max Hoffmann | | |
| 17 畫 | | | |
| 戴布流克 | Hans Delbrück | 賽利埃 | de Selliers de Moranville |
| 戴洪 | Theron | 賽門 | John Simon |
| 戴高樂 | Charles de Galle | 霞飛 | Joseph-Jacques-Césaire Joffre |
| 戴維斯 | Richard Harding Davis | 韓奇 | Hentsch |
| 戴維農 | Davignon | 韓森 | Harry Hansen |
| 繆恩 | Berkeley Milne | | |
| 18 畫以上 | | | |
| 獵兵 | Jager | 薩宗諾夫 | Sazonov |
| 薩克森－科堡的利奧波德 | Leopold of Saxe-Coburg | 薩海伊 | Sarrail |
| 薩姆索諾夫 | Samsonov | 藍辛 | Robert Lansing |

| 中文 | 英文 | 中文 | 英文 |
|---|---|---|---|
| 12 畫 | | | |
| 傑利科 | Jellicoe | 斯比 | von Spee |
| 傑曼・福煦 | Germain Foch | 斯托雷平 | Stolypin |
| 凱斯蒂諾 | de Castelnau | 普列斯 | Pless |
| 凱斯頓 | Kersten | 普里特維茨 | von Prittwitz und Gaffron |
| 勞合・喬治 | Lloyd George | 普塔勒斯 | Pourtalès |
| 勞倫斯 | D. H. Lawrence | 登布隆 | Célestin Demblon |
| 博杜安 | Baudouin | 腓特烈大帝 | Frederick the Great |
| 喬治三世 | George III | 華格納 | Richard Wagner |
| 喬治五世 | George V | 萊特 | Wright |
| 富尼耶 | Fournier | 費希特 | Fichte |
| 彭加勒 | Raymond Poincaré | 費雪 | John Fisher |
| 彭恩 | Pont | 費德曼 | Feldmann |
| 彭德薩克 | Pendezac | 黑格爾 | Hegel |
| 斐迪南大公 | Archduke Franz Ferdinandd | | |
| 13 畫 | | | |
| 塔本 | Tappen | 葛倫 | John Glenn |
| 塔列朗 | Talleyrand | 葛瑞格里 | Gregory |
| 塔儂 | Tanant | 路德維希國王 | King Ludwig |
| 塞林 | Seline | 載濤親王 | Tsia-tao |
| 微德 | Witte | 道爾 | Conan Doyle |
| 愛倫・坡 | Edgar Allan Poe | 達尼洛王太子 | Danilo |
| 愛德華七世 | Edward VII | 雷恩波特 | Reinbot |
| 溫特費 | Winterfeld | | |
| 14 畫 | | | |
| 圖宏 | Touron | 維爾哈倫 | Emile Verhaeren |
| 漢米爾頓 | Ian Hamilton | 維維亞尼 | René Viviani |
| 漢納佩 | von Hannapel | 蒙克 | Monk |
| 漢密爾頓 | Ernest Hamilton | 蒙將 | Mangin |
| 瑪蒂達 | Mathilda | 蓋費埃 | Gaiffier |
| 福勒希特 | Flechet | 蓋雷 | Emile Galet |
| 福煦 | Ferdinand Foch | 蓋德 | Guesde |
| 維多利亞女王 | Queen Victoria | 蜜莉莎 | Militza |

| 中文 | 英文 | 中文 | 英文 |
|---|---|---|---|
| 拿破崙三世 | Napoleon III | 納爾遜 | Nelson |
| 索爾納 | Zollner | 馬漢 | Mahan |
| 索爾斯貝利 | Salisbury | 馬爾博羅 | Marlborough |
| 索戴 | Sordet | 馬維 | Malvy |
| 郝斯坦 | Holstein | 馬維茲 | Marwitz |
| 馬卡哥夫斯基 | Machagovsky | 馬德拉特里 | Mas de Latrie |
| 馬肯森 | August von Mackensen | 高乃依 | Corneille |
| 馬特斯 | Martos | 高夫 | Gough |
| 馬傑利特 | Margueritte | 高提耶 | Gauthier |
| 馬雄 | Marchand | | |
| **11 畫** | | | |
| 勒巴 | Lebas | 符騰堡公爵 | Duke of Württemberg |
| 勒皮克 | Lepic | 荷拉提厄斯 | Horatius |
| 勒斯特・塔克曼 | Lester Tuchman | 莫利 | Morley |
| 勒蒙 | Leman | 莫努里 | Maunoury |
| 參孫 | Samson | 莫里斯 | Frederick Maurice |
| 基奇納 | Kitchener | 莫崔伊 | Maud’huy |
| 基爾曼塞格 | Kilmansegg | 莫瑞 | Archibald Murray |
| 密歇爾 | Michel | 莫德王后 | Maud |
| 崔布里吉 | Earnest Troubridge | 被詛咒的阿卜杜勒 | Abdul the Damned |
| 康彭 | Paul Cambon | 麥卡欽 | John T. McCutcheon |
| 康德拉托維奇 | Kondratovitch | 麥考利 | MacCauley |
| 康諾特公爵 | Duke of Connaught | 麥克米倫 | Macmilé |
| 張伯倫 | Joseph Chamberlain | 麥克唐納 | Ramsay MacDonald |
| 曼努埃爾國王 | Manuel | 麥克馬洪 | MacMahan |
| 湯瑪斯曼 | Thomas Mann | 麥克斯 | Max |
| 梅西米 | Messimy | 麥克瑞迪 | Macready |
| 梅洛特 | Melotte | 麥克當納 | Macdonogh |
| 梅特林克 | Maeterlinck | 麥亞西迪夫 | Myasoedev |
| 梅特涅 | Metternich | 麥肯納 | McKenna |
| 畢弗布魯克 | Beaverbrook | 麥金納 | Stephen McKenna |
| 畢洛 | Karl von Bülow | 麥迪遜總統 | Madison |
| 畢洛－沙勒斯克 | Herr von Below-Saleske | | |

| 中文 | 英文 | 中文 | 英文 |
|---|---|---|---|
| 芮克爾 | de Ryckel | 阿斯奎斯 | Asquith |
| 邱吉爾 | Winston Churchill | 阿塔蒙諾夫 | Artomonov |
| 阿方索國王 | Alfonso | 阿德貝 | Adelbert |
| 阿倫 | Ethan Allen | 雨果 | Victor Hugo |
| 阿馬德 | d'Amade | | |
| 9 畫 | | | |
| 侯赫貝格 | Hochberg | 柏恩斯 | John Burns |
| 勃艮第公爵 | Duke of Burgundy | 柏格森 | Bergson |
| 勃根地的大膽查理 | Charles the Bold of Burgundy | 柏提 | Francis Bertie |
| 哈夫奈爾 | Raffenel | 查理二世 | Charles II |
| 哈柯特 | Lewis Harcourt | 柯布 | Irwin Cobb |
| 哈康國王 | Haakon | 柯威爾 | Callwell |
| 威坦姆 | Maurice Wertheim | 柯茲 | Stuart Coats |
| 威洛克 | Brand Whitlock | 柯茲布 | Kotzebue |
| 威特 | de Witte | 洪多奈 | Rondoney |
| 威特爾斯巴赫 | Wittelsbach | 珍芳達 | Jane Fonda |
| 威廉二世 | William II | 科科夫佐夫 | Kokovtsov |
| 威爾斯 | H. G. Wells | 約瑟夫皇帝 | Franz Josef |
| 威靈頓 | Wellington | 約翰・凱利 | John Kelly |
| 施尼德 | Schneider | 迪斯雷利 | Disraeli |
| 施里芬 | Alfred von Schlieffen | 韋德西 | Waldersee |
| 10 畫 | | | |
| 修恩 | von Schoen | 朗格 | de Langle de Cary |
| 修茲 | Scholtz | 格拉姆 | Kenneth Grahame |
| 倫能坎普夫 | Rennenkampf | 格萊斯頓 | Glastone |
| 埃申 | Eyschen | 格瑞森 | James Grierson |
| 埃茨貝格爾 | Matthias Erzberger | 格雷 | Edward Gray |
| 埃提安 | Etienne | 格魯納特 | Grünert |
| 席利 | John Seely | 格蘭梅松 | Grandmaison |
| 庫爾 | Kuhl | 海格 | Douglas Haig |
| 庫羅帕特金 | Kuropatkin | 特萊奇克 | Treitschke |
| 恩尼永 | Hennion | 班奈肯多夫 | Beneckendorff |
| 恩維爾 | Enver | 納克斯 | Knox |

| 中文 | 英文 | 中文 | 英文 |
|---|---|---|---|
| 伯克 | Burke | 李希諾斯基 | Lichnowsky |
| 伯肯海勛爵 | Lord Birkenhead | 杜拜伊 | Dubail |
| 克里烏伊夫 | Kliouev | 杜梅格 | Doumergue |
| 克里蒙梭 | Clemenceau | 杜許 | Arno Dosch |
| 克拉夫特 | Krafft von Dellmensingen | 杜彭 | Dupont |
| 克拉克 | George Clarke | 杜瑞 | Duruy |
| 克洛維 | Clovis | 沃夫・鐵必制 | Wolf Tirpitz |
| 克倫威爾 | Cromwell | 貝克 | de Becker |
| 克勒斯 | von Kress | 貝松皮耶 | Bassompierre |
| 克勞塞維茲 | Clausewitz | 貝肯海 | Birkenhead |
| 克萊傑利 | Clergerie | 貝洛 | Otto von Below |
| 克萊斯特 | von Kleist | 貝庫 | Bécourt |
| 克魯克 | von Kluck | 貝特洛 | Berthelot |
| 克魯泡特金 | Kropotkin | 貝特曼－霍爾韋格 | Bethmann-Hollweg |
| 利平頓 | Repington | 貝揚 | Beynes |
| 利奧波德二世 | Leopold II | 貝當 | Pétain |
| 利奧泰 | Lyautey | 貝爾福 | Balfour |
| 坎寧 | Canning | 邦諾 | Bonneau |
| 宋巴 | Sembat | 里布 | Ribot |
| 希里留斯 | Sirelius | | |
| **8 畫** | | | |
| 亞努什克維奇 | Yanushkevitch | 拉佩瑞爾 | Boué de Lapeyrère |
| 亞拉崗的凱薩琳 | Catherine of Aragon | 拉基許 | de Laguiche |
| 亞瑟・威爾森 | Arthur Wilson | 拉斯普丁 | Rasputin |
| 亞歷山大三世 | Alexander III | 明斯特柏格 | Hugo Münsterberg |
| 亞歷山德羅維奇 | Vladimir Alexandrovich | 松巴 | Marcel Sembat |
| 亞歷珊卓王后 | Queen Alexandra | 法布爾 | Albert Fabre |
| 亞歷桑德 | Alexandre | 法利埃 | Fallières |
| 佩吉 | Walter Hines Page | 法金漢 | von Falkenhayn |
| 叔本華 | Schopenhauer | 法蓋德 | Fagalde |
| 帕克曼 | Parkman | 法德曼 | Clifton Fadiman |
| 帕默斯頓 | Palmerston | 法蘭奇 | John French |
| 拉辛 | Racine | 芭芭拉・史翠珊 | Barbra Streisand |

| 中文 | 英文 | 中文 | 英文 |
|---|---|---|---|
| 布里埃蒙 | Henri Brialmont | 布蘭 | Belin |
| 布拉戈維申斯基 | Blagovestchensky | 弗朗索瓦 | von François |
| 布洛克維爾 | Broqueville | 弗索 | Wussow |
| 布朗 | George Boulanger | 本哈蒂 | Friedrich von Bernhardi |
| 布勒姆 | Walter Bloem | 瓦投 | Watteau |
| 布萊里奧 | Blériot | 瓦哈尼亞 | André Varagnac |
| 布雷卡 | Brécard | 瓦德西 | von Waldersee |
| 布魯克 | Rupert Brooke | 甘貝爾－班納曼 | Henry Campbell-Bannerman |
| 布魯姆 | Léon Blum | 白里安 | Briand |
| 布魯夏 | Blücher | 皮松 | Pichon |
| 布魯歇爾 | Blücher | 皮特 | Pitt |
| 6 畫 | | | |
| 伊比奈 | Ebener | 米絲垣潔特 | Mistinguette |
| 伊莉莎白王后 | Queen Elizabeth | 米樂蘭 | Millerand |
| 伊斯沃斯基 | Isvolsky | 老羅斯福總統 | Theodore Roosevelt |
| 伊蕭威爾 | Hirschauer | 艾文史雷本 | d’Alvensleben |
| 伍德 | Evelyn Wood | 艾卡斯坦 | Eckhardstein |
| 伏見親王 | Fushimi | 艾米希 | von Emmich |
| 列文 | Levin | 艾伯特國王 | King Albert |
| 吉布森 | Hugh Gibson | 艾克森 | Axon |
| 吉伯提 | Gilberti | 艾利多瓦塞 | Hely d’Oissel |
| 吉何東 | Girodon | 艾兒瑪 | Alma |
| 吉拉德 | Gerard | 艾奇拉 | Altschiller |
| 吉朋 | Gibbon | 艾倫比 | Allenby |
| 吉林斯基 | Jilinsky | 艾娜王后 | Ena |
| 多梅斯 | Dommes | 艾格林 | von Eggeling |
| 宇傑 | Huguet | 艾莉絲皇后 | Alix |
| 安吉爾 | Norman Angell | 艾雪 | Esher |
| 安娜絲塔夏 | Anastasia | 艾爾斯特 | Elst |
| 米哈伊爾大公 | Michael | 西哈諾 | Cyrano |
| 7 畫 | | | |
| 亨利・威爾森 | Henry Wilson | 亨利八世 | Henry VIII |
| 亨利・摩根索 | Henry Morgenthau | 亨利親王 | Prince Henry |

# 重要名詞中英對照表

| 中文 | 英文 | 中文 | 英文 |
|---|---|---|---|
| 人名 | | | |
| 3 畫 | | | |
| 凡根海姆 | Wangenheim | 小雅戈 | little Jagow |
| 4 畫 | | | |
| 丹尼洛夫 | Danilov | 戈茲 | von der Goltz |
| 切爾寧 | Czernin | 比洛 | Bülow |
| 厄菲 | Ruffey | 毛奇 | Moltke |
| 尤索夫親王 | Yussuf | 加利埃尼 | Gallieni |
| 巴列奧洛格 | Paléologue | 包項 | Beauchamp |
| 巴托斯基 | Potovsky | 卡利古拉 | Caligula |
| 巴枯寧 | Bakunin | 卡約 | Cailaux |
| 巴奧 | Pau | 卡爾·比洛 | Karl Ulrich von Bülow |
| 巴滕貝格的路易親王 | Prince Louis of Battenberg | 卡爾親王 | Carl |
| 戈申 | Edward Goschen | 卡薩畢昂加 | Casabianca |
| 5 畫 | | | |
| 古阿赫 | Grouard | 史諾 | Snow |
| 古契科夫 | Alexander Guchkov | 尼古拉二世 | Nicolas II |
| 古爾柯 | Gourko | 尼古拉大公 | Grand Duke Nicholas |
| 史多姆 | Stumm | 尼可森 | Arthur Nicolson |
| 史考特 | Cecil Scott | 尼采 | Nietzsche |
| 史坦 | von Stein | 尼基塔 | Nikita |
| 史密斯 | F. E. Smith | 尼塞 | Louis Nizer |
| 史密斯－杜利恩 | Horace Smith-Dorrien | 尼祿 | Nero |
| 史畢爾斯 | Spears | 布由 | Georges Bouillot |
| 史普林－萊斯 | Cecil Spring-Rice | 布伊 | Boë |
| 史塔布 | von Staab | 布里吉斯 | Tom Bridges |

THE WAR
大戰略
05

# 八月砲火：資訊誤判如何釀成世界大戰

The Guns of August


| | |
|---|---|
| 作者 | 芭芭拉・塔克曼（Barbara W. Tuchman） |
| 譯者 | 顧淑馨 |
| 執行長 | 陳蕙慧 |
| 總編輯 | 張惠菁 |
| 責任編輯 | 洪仕翰 |
| 特約編輯 | Hisland |
| 行銷總監 | 陳雅雯 |
| 行銷企劃 | 余一霞 |
| 封面設計 | 莊謹銘 |
| 內頁排版 | 宸遠彩藝 |
| 出版 | 廣場出版 / 遠足文化事業股份有限公司 |
| 發行 | 遠足文化事業股份有限公司（讀書共和國出版集團） |
| 地址 | 23141 新北市新店區民權路 108-2 號 9 樓 |
| 電話 | 02-22181417 |
| 傳真 | 02-22180727 |
| 客服專線 | 0800-221029 |
| 法律顧問 | 華洋法律事務所　蘇文生律師 |
| 印刷 | 呈靖彩藝有限公司 |
| 初版 | 2022 年 8 月 |
| 初版三刷 | 2023 年 8 月 |
| 定價 | 680 元 |
| ISBN | 978-986-06936-6-9（紙本） |

AGORA
廣場出版
Email acropolismde@gmail.com
Facebook www.facebook.com/acrolispublish

國家圖書館出版品預行編目(CIP)資料

八月砲火：資訊誤判如何釀成世界大戰/芭芭拉.塔克曼(Barbara W. Tuchman)著；顧淑馨譯. -- 初版. -- 新北市：遠足文化事業股份有限公司廣場出版：遠足文化事業股份有限公司發行, 2022.08
面；　公分. -- (大戰略；5)
譯自：The guns of august.
ISBN 978-986-06936-6-9 (平裝)

1. 第一次世界大戰　2. 軍事史　3. 西歐

740.272　　111010018